HISTOIRE

DE

L'ALGÉRIE

1830 - 1860

PARIS. — IMPRIMERIE DE DUBUISSON ET Cᵉ, RUE COQ-HÉRON, 5.

HISTOIRE
DE LA CONQUÊTE
ET DE LA COLONISATION
DE L'ALGÉRIE
(1830-1860)

PAR

ACHILLE FILLIAS

PARIS
ARNAULD DE VRESSE, LIBRAIRE-ÉDITEUR,
55, RUE DE RIVOLI, 55.
—
1860

PRÉFACE

Les plus courtes préfaces sont les meilleures. Quelques mots seulement au sujet de ce livre.

Il y a trente ans, la Méditerranée appartenait aux corsaires, et les Etats barbaresques étaient à peine connus de quelques explorateurs. Alors la milice turque était toute-puissante à Alger; le chef de l'Odjeac traitait d'égal à égal avec les souverains d'Europe, et faisait vendre en place publique, ou jeter dans les bagnes les chrétiens tombés en son pouvoir.

Aujourd'hui, la nationalité arabe est détruite, l'ancienne Régence forme une annexe de l'Empire Français, et notre domination s'étend des frontières du Maroc à celles de Tunis, et du littoral au désert.

La lutte a duré trente ans. — Nous en avons raconté toutes les phases, et si nous avions à mettre une épigraphe en tête de ce volume, nous écririons : « L'armée a conquis, pacifié, colonisé l'Algérie; ce sera sa gloire éternelle! »

Mais l'armée a fini sa tâche; que feront les hommes d'Etat?

INTRODUCTION

Fin de la domination arabe en Espagne. — Expéditions des Espagnols sur la côte d'Afrique. — Origine de la piraterie. — Les Barberousse (Aroudj et Kaïr-Ed-Din); leurs conquêtes dans la Régence; fondation de l'Odjeac. — Expéditions et défaite de Charles-Quint. — Situation des esclaves. — Origine des établissements français en Afrique. Le duc de Beaufort. — Duquesne. — Le maréchal d'Estrées. — Expédition et défaite D'O'Reilly. — Lord Exmouth devant Alger. — Hussein-Dey. — Affaire Busnach et Bacri. — M. Deval. — Le coup d'éventail. — La guerre.

I

La chute de Grenade (1492) devait avoir pour les Maures d'Espagne des conséquences funestes : elle marquait la fin de leur domination. — Aussi bien, Ferdinand-le-Catholique n'était point homme à se contenter d'avoir planté sur les tours de l'Alhambra les étendards réunis de Castille et de Saint-Jacques. Guidé, soutenu, par les conseils du cardinal Ximénès, il voulait encore que sa victoire servît la Chrétienté.

C'est en vain que les termes de la capitulation signée par Gonzalve de Cordoue assuraient aux vaincus « leur liberté, leurs biens, leurs coutumes, leur religion et maintenaient l'institution des cadis chargés de rendre la justice d'après la législation musulmane » ; le jour où il put tout oser, Ferdinand résolut de fondre la race maure dans la race espagnole. On avait affecté, dans le principe, d'observer les engagements pris; bientôt l'inquisition fut chargée de convertir les Arabes au catholicisme. La persuasion ne suffisant point, on eut recours à la terreur : l'exercice public du culte musulman fut défendu; puis, sans se soucier davantage de la foi jurée, Ferdinand chassa de Grenade les infidèles qui refusaient de recevoir le baptême (1499).

Ces persécutions atteignirent successivement sous Charles V, Philippe II et Philippe III, tous les Maures de l'Espagne, qui, après avoir vainement tenté de se soulever, furent définitivement expulsés du royaume, et transportés sur la côte d'Afrique (1609).

L'Église chrétienne triomphait : mais l'Espagne allait payer chèrement sa victoire : « On a calculé, dit M. Sédillot, que, depuis la conquête de Grenade jusqu'en 1609, trois millions d'Arabes furent expulsés du sol espagnol. C'était l'élite de la population au point de vue de l'industrie et de l'agriculture; aussi leur départ laissa-t-il dans la péninsule un vide que plusieurs siècles n'ont pu combler. Jamais, en effet, les Espagnols n'ont rendu aux plaines de Valence, de Murcie et de Grenade l'aspect florissant qu'elles présentaient sous la domination des Arabes. Le décret de 1609 fut aussi funeste à l'Espagne que, plus tard, la révocation de l'édit de Nantes pour la France (1) ».

Ce n'est point là, cependant, le seul résultat que produisirent les mesures iniques prises par Ferdinand et par ses successeurs : en même temps qu'elles appauvrissaient l'Espagne, elles fournissaient aux corsaires africains des auxiliaires implacables et préparaient, si nous pouvons ainsi parler, le règne de la piraterie.

---

(1) Sédillot : *Histoire des Arabes;* voy. p. 328-331.

II

Aussitôt après la prise de Grenade, ceux d'entre les Maures qui ne voulaient point supporter la domination des chrétiens s'étaient établis de l'autre côté du détroit, dans la province d'Oran. Exilés de l'Espagne, mal accueillis de leurs coreligionnaires, contre lesquels ils avaient eu souvent à combattre, ils occupèrent les points principaux du littoral ; et, poussés qu'ils étaient par un irrésistible besoin de vengeance, ils se firent écumeurs de mers : « Jamais, selon l'expression de Galibert, les côtes d'Espagne ne furent plus tourmentées qu'à cette époque : on eût dit que les musulmans voulaient reconquérir par portions cette terre qu'ils n'avaient pas su défendre, et leurs corsaires, s'acharnant à l'attaque des rivages de l'Andalousie, semblaient s'efforcer d'en arracher des lambeaux et de transporter en Afrique les débris de leurs foyers ruinés (1). »

Ferdinand, qui tenait à honneur d'achever son œuvre, résolut de châtier les pirates : une flottille composée de six galères et d'un grand nombre de caravelles, portant cinq mille hommes de débarquement sous les ordres de Diègue de Cordoba, marquis de Comarès, partit de Malaga et se dirigea sur Mers-el-Kébir, port excellent, que défendait une assez puissante artillerie (août 1504).

L'époque était mal choisie : l'escadre, battue par les vents contraires, fut forcée de relâcher à Alméric et ne parut devant Mers-el-Kébir que dans le courant de septembre. — Ce contre-temps pouvait être fatal aux Espagnols : il les servit,

---

(1) L. Galibert. — *L'Algérie ancienne et moderne.*

tout au contraire ; les Maures, en effet, qui défendaient la côte, croyant à l'impossibilité d'une attaque, se dispersèrent ; mais bientôt le vent tourna ; la mer devint plus calme : Diègue de Cordoba fit débarquer ses troupes et s'empara de la place, presque sans coup férir.

L'occupation de Mers-el-Kébir assurait aux Espagnols un port militaire important : on fortifia la ville, de manière à tenir en respect les Arabes de la plaine, et don Diègue conclut un traité de paix avec le Chérif d'Oran. Mais le nouveau gouverneur cède bientôt à l'esprit de conquête qui le tourmente : jaloux d'étendre sa domination, il marche, avec la plus grande partie de son armée, contre les tribus de Messerghuine, les attaque à l'improviste et fait un butin considérable. Au retour, il est assailli par les cavaliers Maures : sa retraite se change en déroute ; les troupes royales, harcelées de toutes parts, fuient en désordre et regagnent péniblement Mers-el-Kébir.

Un pareil échec compromettait la vieille réputation de bravoure dont jouissaient les Espagnols, et ajoutait à l'audace de l'ennemi. Le gouvernement s'en émut : don Diègue fut rappelé. — Le cardinal Ximénès, qui ne voulait laisser aux infidèles ni trêve ni repos, conseilla une nouvelle expédition : Ferdinand, alors entraîné dans la guerre d'Italie, se souciait peu d'envoyer ses soldats guerroyer contre les Maures et motivait ses refus par la pénurie du Trésor ; mais Ximénès leva, d'un mot, l'objection : il déclara prendre à sa charge tous les frais de la campagne. L'Église, jalouse de participer à cette nouvelle croisade, ouvrit ses coffres-forts, et l'expédition fut résolue.

L'armée était forte de quinze mille hommes. Le cardinal la commandait ; il avait pour lieutenant Pierre de Navarre, un véritable homme de guerre. On mit à la voile le 16 mai 1509. Le surlendemain, grâce à la trahison d'un juif qui leur livra la porte principale de la ville, les Espagnols s'emparaient d'Oran, après un combat de quelques heures (1).

Ce succès inespéré détermina Ferdinand à adopter les projets du cardinal : il fut décidé qu'on poursuivrait les conquêtes en Afrique. Pierre de Navarre prit le commandement des troupes ; l'année suivante (1510), il se rendait maître de Bougie et s'y installait militairement. — Les villes voisines, frappées d'épouvante, envoyèrent à l'envi des députés au général espagnol pour implorer sa protection et se soumettre à l'obéissance du roi.

Alger donna l'exemple.

Alger formait, dès cette époque, un État indépendant. « C'était, dit naïvement l'historien Mariana, une ville peu considérable, qui depuis est devenue fameuse, la terreur de l'Espagne, s'est élevée à nos dépens et enrichie de nos dépouilles » — La ville était alors gouvernée par Selim Eutemi : les corsaires algériens, trop éloignés de Bougie pour être activement surveillés, ravageaient les côtes d'Espagne. Ferdinand enjoignit au comte de Navarre de faire cesser ces brigandages, et l'escadre espagnole se présenta devant Alger. Les habitants capitulèrent aussitôt : ils s'engagèrent à rendre hommage au monarque chrétien, à lui payer tribut pendant dix ans, et à ne plus armer en course. — Mais le comte de Navarre, qui croyait peu aux serments des pirates, fit éle-

(1) En 1708, tandis que l'Espagne était occupée et affaiblie par la guerre de succession, les Arabes se rendirent maîtres d'Oran ; ils en furent chassés en 1732, sous le règne de Philippe V, par le comte de Montemar. En 1790, la ville fut presque entièrement détruite par un tremblement de terre. Les Espagnols l'abandonnèrent alors, et les Arabes en prirent possession. Ils s'y maintinrent jusqu'en 1830.

ver une forteresse, armée de canons, sur une des îles situées en avant du port (1510). Les pièces étaient braquées sur la ville : aucun navire ne pouvait plus entrer dans le port ni en sortir sans l'autorisation expresse des Espagnols qui surveillaient, nuit et jour, les mouvements des Arabes.

La puissance de Ferdinand était alors à son apogée : tous les ports de la côte d'Afrique, à l'exception de Tunis, étaient occupés par ses troupes ; il put croire, et il crut à la durée de son œuvre. Mais le temps était proche où cette puissance allait crouler : voici venir Aroudj et Kaïr-ed-Din ; avec eux commence le règne de la piraterie.

III

Aroudj et Kaïr-ed-Din, dont l'histoire a si étrangement défiguré les noms (1), étaient fils du renégat Jacoub-Reïs. Dressés, dès leur enfance, au rude métier de la mer, ils s'étaient voués, corps et âme, à la piraterie. L'aîné, Aroudj, fut un jour surpris par les chrétiens dans une de ses expéditions aventureuses et conduit à Rhodes : là, il fut vendu comme esclave. Actif, intelligent, doué surtout d'un rare esprit d'observation, il sut mettre à profit les heures de sa captivité : il apprit le français et l'italien, se ménagea la bienveillance des plus

---

(1) Les historiens du XVIe siècle, peu scrupuleux sur l'orthographe, écrivirent BARBEROUSSE au lieu d'AROUDJ, et le nom resta : « Les circonstances les plus importantes de la vie des deux frères prirent peu à peu le caractère le plus apocryphe : la marche de leurs conquêtes finit même par s'intervertir ; on exagéra jusqu'à leurs crimes et leurs victoires, et l'on sait que dans son enthousiasme pour leur gloire récente, Brantôme ne craignit point de voir en eux deux aventuriers de bonne maison, appartenant à la Saintonge, et dont l'histoire chevaleresque se liait à celle de la France. » SANDER RANG, *Fondation de la Régence d'Alger*, p. 5 et 6.

grands personnages de l'île et étudia, sans que personne y prît garde, l'organisation militaire des chevaliers de Rhodes.

Comme Aroudj rêvait aux moyens de recouvrer sa liberté, le frère du Sultan envoya l'un de ses officiers avec les fonds nécessaires pour solder la rançon de quarante musulmans. Le grand maître de l'île fournit une galère pour transporter à Satalie les croyants devenus libres : Aroudj fut du nombre des esclaves qu'on embarqua pour ramer.

A l'approche de la nuit, le navire vint mouiller près de Castello-Rossa. Tout à coup le vent s'élève, le ciel s'obscurcit, la tempête éclate; la galère, secouée dans tous les sens, chasse sur ses ancres; chacun croit qu'elle va sombrer : Aroudj se débarrasse des chaînes qui l'attachent à son banc, se jette à à la mer, et gagne à la nage la rive prochaine. — A peine libre, il court rejoindre à Lesbos son frère Kaïr-ed-Dîn, et les deux aventuriers courent de nouveau les mers.

Leur réputation grandit avec leurs succès ; leur fortune s'accroît : ils équipent huit galères et désolent la côte depuis l'embouchure du Guadalquivir jusqu'à Marseille ; les corsaires les reconnaissent pour chefs suprêmes, et les Bougiottes, fatigués du joug que leur impose Pierre de Navarre, les pressent d'attaquer les Espagnols.

Aroudj cède à leurs instances : une première fois, il se présente devant Bougie (1512), avec douze navires, et canonne la place pendant huit jours : les troupes royales tiennent ferme. Aroudj a le bras gauche emporté; il lève l'ancre aussitôt et rentre à Tunis. Deux ans plus tard (1514), il renouvelle son attaque, mais sans plus de succès; furieux, il se retire à Gigelli, en chasse les Génois et y établit son quartier général.

La mort de Ferdinand le Catholique (1516) vint à propos servir les intérêts du pirate et décupler sa puissance :

Le successeur du roi d'Espagne était encore enfant : les Algériens pensèrent qu'il y aurait, durant la régence, compétition de pouvoirs entre les grands dignitaires de l'État, partant, guerre dans les provinces, et qu'ils pourraient secouer, à la faveur de ces troubles, le joug incommode des Espagnols. Le Penon (cette forteresse que Pierre de Navarre avait fait construire à l'entrée du port), se dressait devant eux comme une menace : Sélim Eutémi résolut de l'abattre. Trop faible pour tenter avec ses seules ressources une pareille entreprise, il s'adresse directement à Aroudj. Celui-ci avait trop d'ambition pour refuser ses services : il part aussitôt, débarque à Alger et s'y installe avec ses compagnons, gens de sac et de corde, tous recrutés parmi les Turcs. — Sélim comptait sur la bonne foi de son allié : il s'aperçut trop tard qu'en appelant les corsaires à son aide, il avait préparé sa ruine.

Aroudj avait promis de vaincre : il élève une batterie à cinq cents pas du Penon et le canonne pendant un mois, mais sans résultat décisif. Tandis que les Algériens suivent avec anxiété toutes les phases de la lutte, lui, mûrit son plan et poursuit son œuvre : il se fait des partisans parmi les Arabes, séduit les uns, épouvante les autres et commande à tous. Ses soldats violentent les habitants, méconnaissent ou bravent l'autorité du roi ; ils parlent et agissent en maîtres. Bientôt Aroudj lui-même jette le masque ; ce qu'il veut, ce n'est plus la destruction de la forteresse espagnole : c'est le trône de son allié. Lorsqu'il juge que le moment est venu de frapper un coup décisif, il fait étrangler Eutémi et se déclare souverain d'Alger : — Le peuple tremble et s'humilie.

Mais les Arabes sont versatiles, et ils peuvent, revenus de leur surprise, chasser le Corsaire-Roi ; Aroudj abandonne l'administration du pays à ses principaux lieutenants, livre aux exécuteurs ceux d'entre les Maures qui résistent ou sont accusés de résister à son autorité, appelle à lui tous les pirates de l'archipel, et donne à sa milice une puissante organisation : les membres seuls de cette milice peuvent concourir aux emplois ; à l'exception des renégats étrangers, nul ne peut en faire partie s'il n'est originaire de Turquie ; enfin, pour mieux soustraire la troupe aux influences locales, les fils mêmes des miliciens en sont exclus s'ils sont nés à Alger. L'Odjeac ainsi constitué, Aroudj, que Kaïr-ed-Din est venu rejoindre, bravera la vengeance des Maures et la haine des chrétiens.

Les Espagnols, cependant, voyaient d'un œil jaloux le triomphe de l'usurpateur : depuis que les Turcs occupaient Alger, la trêve était rompue ; la piraterie avait repris son essor, et les troupes qui défendaient le Penon se voyaient sans cesse menacées d'une attaque sérieuse. — Ximénès, chargé de gouverner le royaume pendant la minorité de Charles-Quint, voulut mettre ordre à cet état de choses. En politique habile, il fit taire ses vieilles haines et songea sérieusement à se ménager l'alliance des musulmans ; une occasion se présenta qui lui permettait de jouer le rôle protecteur : il la saisit avec empressement :

Eutémi laissait un fils, lequel avait pu, à la faveur du tumulte qui suivit la mort de son père, échapper aux assassins et gagner la province d'Oran, alors gouvernée par le marquis de Comarès. Ce dernier adressa le jeune skeick au cardinal Ximénès. — Le cardinal prouva au conseil de régence que l'Espagne avait un intérêt direct à soutenir l'héritier d'Eutémi, ou, qui mieux est, à étouffer dans son germe la puissance du roi-corsaire. Francesco de Véro, Maître de l'artillerie, fut chargé de diriger l'expédition.

Une flottille de quatre-vingts voiles, portant huit mille hommes, sortit de Carthagène et se présenta devant Alger : le débarquement s'opéra en toute sécurité, et les troupes, divisées en quatre corps, marchèrent contre la ville.

Le général espagnol comptait, sinon sur l'assistance, au moins sur la neutralité des indigènes ; il fut cruellement désabusé. La question religieuse dominait la question politique : les Arabes se réunirent aux Turcs en haine des Chrétiens : Francesco de Véro avait, nous l'avons dit, commis la faute grave de diviser ses troupes : partout où l'un de ces corps se présente, il est assailli par des forces supérieures et culbuté. Bientôt les Espagnols lâchent pied et se débandent. Aroudj lance sur eux sa cavalerie ; les fuyards abandonnent leurs armes et regagnent leurs vaisseaux. Au même instant, une tempête furieuse s'élève, qui brise les navires les uns contre les autres et couvre la plage de débris. La flottille espagnole parvient enfin à gagner la haute mer, et Aroudj rentre dans Alger, où il est accueilli comme un sauveur (1516). Le triomphe qu'il vient de remporter ne suffit point à son orgueil : il songe à étendre sa puissance et rêve de nouvelles conquêtes.

Les Arabes de la Metidja, voulant venger la mort d'Eutémi, s'étaient adressés au roi de Ténès et l'avaient décidé à marcher contre les Turcs. Aroudj en est averti ; il rassemble aussitôt ses troupes, laisse à Kaïr-ed-Din le gouvernement d'Alger, emmène à sa suite vingt des principaux Arabes, qui lui serviront d'ôtages, et se dirige vers la plaine. Après deux jours de marche, il rencontre l'ennemi, l'attaque avec fureur et en fait un horrible carnage (1). Le roi maure, frappé d'épouvante, fuit vers le Sahara, abandonnant Ténès aux vainqueurs.

Toutes les tribus voisines viennent reconnaître l'autorité des Turcs ; Médéah et Milianah font successivement leur soumission; bientôt la gloire des Barberousse emplit tout le maghreb, si bien que les habitants de Tlemcen envoient des ambassadeurs complimenter Aroudj et implorer son secours contre leur propre souverain. — Aroudj les suit, s'empare de la ville et s'en proclame roi. Son premier soin est d'enjoindre aux habitants, sous peine de mort, de cesser toutes relations avec les Espagnols d'Oran.

Or, c'était de Tlemcen que les Espagnols tiraient leurs approvisionnements. Le marquis de Comarès allait donc se trouver dans une situation des plus critiques : il fallait agir, et agir vite. Comarès organisa un corps d'armée et chargea le colonel Martin d'Argote de prendre l'offensive.

La forteresse de Callah était alors au pouvoir des Turcs ; un des frères d'Aroudj, Ishaac, qui ne joue dans l'histoire des Barberousse qu'un rôle secondaire, en avait le commandement. Les Espagnols, secondés par les troupes du roi déchu, attaquent et prennent Callah, dont ils massacrent la garnison, puis gagnent Tlemcen et l'investissent.

Le siége durait depuis un mois : le feu de l'artillerie, savamment dirigé, abattait chaque jour des pans de murailles ; encore quelques jours, et les assiégés manquaient de vivres. Une plus longue résistance était impossible : Aroudj se décide à fuir. — Il courait à sa mort : au dire de Sandoval, ce fut

(1) La victoire ne pouvait être un instant douteuse : les Arabes ne se servaient, en effet, que de l'arc et de la lance, tandis que les Turcs étaient armés d'arquebuses. — V. la *Chronique arabe* déjà citée, note 8, page 169.

« secrètement et par une poterne qu'il s'évada, emportant avec lui toutes ses richesses ; à l'instant même, cette fuite fut connue, et les Espagnols, dans le désir de s'emparer des trésors qu'il emportait, volèrent sur ses traces. » Pour arrêter leur marche, Aroudj jonche le sol d'argent monnoyé et de vaisselle précieuse : stratagème inutile ! Les Espagnols le poursuivent sans relâche et l'atteignent sur les bords du Rio-Salado (Oued-el-Malah). « Accablé de fatigue et de soif, ajoute Sandoval, Aroudj se réfugia dans un parc à chèvres, qu'entourait une faible muraille de pierres amoncelées sans ciment. Là, il se mit en défense avec ceux qui ne l'avaient point quitté, et il combattit valeureusement et avec une singulière audace, jusqu'à ce que Garcia de Tineo lui donna un coup de pique qui le renversa. Il se jeta sur lui et lui coupa la tête (1518). »

Ainsi finit Aroudj, le fondateur de l'Odjeac : il avait, quinze ans de suite, humilié l'Espagne et fait trembler la Chrétienté ; sa mort devait, il semble, entraîner la destruction des Turcs. Il n'en fut rien cependant : les Espagnols avaient su vaincre ; ils ne surent point profiter de leur victoire.

IV

La mort d'Aroudj et la destruction de son armée mettaient Alger à la merci des Espagnols : une attaque immédiate eût certainement abouti. Mais Comarès n'osa point assumer sur lui la responsabilité d'une nouvelle entreprise : il rendit compte à Charles-Quint des résultats de sa campagne et attendit de nouveaux ordres.—Ce manque d'audace, que la discipline militaire peut seule faire excuser, sauva les Turcs.

En effet, Kaïr-ed-Din, frappé de stupeur à la nouvelle de

la mort de son frère et croyant toute résistance inutile, rassemble les débris de la milice et veut fuir d'Alger avec les galiottes qui lui restent ; mais ses lieutenants, rassurés par l'inaction des Espagnols, s'opposent énergiquement au départ. Revenu de ses terreurs, Kaïr-ed Din cède aux représentations du divan, et s'applique à recueillir la succession d'Aroudj. Doux et affable avec les musulmans, sans pitié pour les chrétiens, il flatte les instincts populaires et captive la masse, qui le proclame roi.

Mais le nouveau chef de l'Odjeac connaissait trop les hommes et les choses pour prendre au sérieux sa royauté. Constamment menacé soit par les Espagnols, soit par les Arabes de l'intérieur ; soumis aux caprices des Turcs, sans argent, sans armée, pour échapper au péril qui le menace il fait au sultan de Constantinople (1) hommage de l'Odjeac, et se reconnaît volontairement tributaire de la Sublime-Porte.

Sélim accepte avec empressement ; il nomme Barberousse gouverneur d'Alger sous le titre de bey, et lui expédie en toute hâte deux mille hommes de ses meilleures troupes (1518). — De cette époque date la prise de possession d'Alger par les Ottomans ; et le même fait qui s'était produit en Asie va se reproduire en Afrique : les Turcs se substitueront aux Arabes comme défenseurs de l'Islamisme.

Donc, en se constituant le vassal du sultan, Barberousse avait fait un acte de haute politique : il consolidait sa puissance et acquérait, pour les luttes prochaines, un puissant auxiliaire. Les chrétiens ne l'effrayaient plus.

Les événements qui suivirent justifièrent ses prévisions.

Charles-Quint, après avoir pris communication du rapport

---

1) Sélim Ier.

que lui adressait Comarès sur la mort d'Aroudj, pensa que le moment était venu d'anéantir les corsaires et voulut tenter une nouvelle expédition. Hugo de Moncade, vice-roi de Sicile, en reçut le commandement; Marino de Ribera lui fut adjoint comme chef de l'artillerie. L'armée était forte de sept mille hommes; la flotte se composait de trente navires, de huit galères et de quelques brigantins de transports.

Après avoir, pendant un mois, longé la côte de l'est à l'ouest, et avoir fait escale à Bougie et à Oran, Moncade se présente devant Alger (17 août 1518). Les troupes débarquent le lendemain, gagnent la colline sur laquelle plus tard on bâtit le fort l'Empereur, puis s'y retranchent.

Moncade voulait que, sans perdre de temps, on attaquât la ville; mais Ribera s'y opposa formellement, sous le prétexte qu'il fallait attendre les auxiliaires promis par le roi de Tlemcen. On attendit; or, le huitième jour survint une violente tempête qui jeta vingt-six navires à la côte : « Il se noya quatre mille hommes; perte immense et déplorable qui déchirait le cœur, car on voyait les navires se fracasser les uns contre les autres, et se disperser ensuite en morceaux, comme s'ils eussent été construits d'un verre fragile; et il était horrible d'entendre tout ce monde poussant des cris affreux (1). » — Le malheureux Moncade rallia le peu d'hommes qui lui restait et se rembarqua, abandonnant aux Turcs un matériel immense.

Grande fut la joie des Arabes; plus grande encore fut la colère de Charles-Quint à la nouvelle de cet épouvantable désastre. Les deux défaites successives que ses généraux venaient de subir l'humiliaient profondément; il jura de les

(1) Sandoval.

venger. — « L'homme propose et Dieu dispose, » disent les sages.

Kaïr-ed-Din sut exploiter son succès, qu'il attribua modestement à l'intervention divine ; son autorité, jusqu'alors compromise, se consolida d'autant plus vite que les musulmans, eux-mêmes étonnés de cette facile victoire, le considérèrent comme le protégé de Dieu. — C'est alors qu'il songea sérieusement à continuer l'œuvre d'Aroudj, à donner à la milice turque une Constitution définitive, à étendre et à fortifier le territoire de l'Odjeac.

Nous ne le suivrons pas dans ses courses rapides à travers monts et vallées ; aussi bien, nous ne voulons raconter ni l'histoire des Barberousse, ni celle de leurs successeurs. Notre tâche est plus bornée : elle consiste à rappeler dans cette première partie les différentes expéditions qui, de 1510 à 1830, furent organisées par l'Espagne, l'Angleterre et la France contre les Deys d'Alger ; et, sans en rechercher les causes, nous en indiquerons succinctement les résultats.

V

A l'époque dont nous parlons, on ne reconnaissait guère, dans les différents États de l'Afrique septentrionale, que le droit de la force. Tel, aujourd'hui, était proclamé roi qui devait bientôt céder la place à un compétiteur plus habile ou plus fort. — Le souverain de Tunis, qu'un de ses parents venait de renverser du trône, invoqua la protection de la Sublime-Porte : sur les ordres formels du Sultan, Kaïr-ed-Din, qui croisait devant Gênes, se présenta devant Tunis. Il venait, disait-il, défendre la cause du roi déchu ; mais, en réalité, il voulait profiter des événements, et placer un nouveau royaume sous la domination des Turcs. En peu de jours, il se rendit maître de la Goulette et de la ville ; fit, bientôt après, disparaître secrétement son protégé et prit possession du pouvoir au nom du Grand Seigneur (1).

Cette nouvelle jeta l'épouvante parmi les chrétiens : l'Empereur d'Espagne, inquiet sur ses possessions d'Italie et cédant aux sollicitations qui lui étaient adressées, rassembla en toute hâte une armée de vingt-sept mille hommes et vint débarquer près des ruines de Carthage. — Après un combat assez vif, la Goulette fut emportée par les Espagnols qui restèrent maîtres de la flotte et de l'arsenal (14 juillet 1535). Six jours après, Charles-Quint marcha sur Tunis ; les Maures, battus dans une première rencontre, se replièrent sur la ville : Kaïr-ed-Din, dont les forces étaient singulièrement réduites, n'osa ou ne voulut point risquer une bataille générale et s'enfuit. Aussitôt, les esclaves chrétiens, au nombre de dix mille, assaillirent les assiégés et les forcèrent à se rendre : Tunis fut livrée au pillage, et Muley-Hassem fut rétabli sur le trône aux conditions suivantes :

1° Il tiendrait le royaume de Tunis en fief de la couronne d'Espagne ;

2° Les esclaves chrétiens seraient mis en liberté sans rançon ;

3° Les sujets de l'Empereur auraient la liberté de faire le commerce et de pratiquer la religion chrétienne ;

4° Il y aurait dans le fort de la Goulette une garnison espagnole, pour l'entretien de laquelle les Tunisiens payeraient douze mille écus;

5° Tous les ports du royaume seraient remis à l'Empereur.

---

(1) *Histoire des Etats barbaresques* traduit de l'anglais, par Boyer de rébandier ; Paris 1757.

En outre, Charles-Quint donna Tripoli aux chevaliers de Saint-Jean-de-Jérusalem, que les Ottomans venaient de chasser de Rhodes.

Les Espagnols firent grand bruit de leur victoire : historiens et poètes exaltèrent à l'envi le mérite de Charles-Quint et la valeur de ses troupes ; à leurs yeux, la prise de Tunis effaçait la défaite de Véro, celle de Moncade, et la destruction plus récente du Penon d'Alger (1). Rome donna le signal des actions de grâces, et ce ne fut, bientôt, dans l'Europe chrétienne, qu'un concert de louanges en l'honneur du souverain des Espagnes.

Et cependant, s'il faut en croire un des généraux qui accompagnèrent l'Empereur dans cette expédition, bien peu sanglante fut la bataille ; nous lisons, en effet, les lignes suivantes dans une lettre écrite à l'un de ses compatriotes, par le comte d'Anguillara, alors commandant des troupes papales : « Après la prise de la Goulette, notre marche, tant remise, contre Tunis fut enfin décidée... Barberousse, feignant de vouloir combattre, se retira de la ville et s'enfuit avec les siens et ce qu'il avait de plus précieux. Les pauvres esclaves chrétiens qui étaient à Tunis en assez grand nombre, trouvèrent le moyen de sortir de leurs prisons en s'aidant l'un l'autre, et de révolter le pays et le château ; aussi l'empereur fut-il assez heureux pour y entrer avec son armée et presque sans com-

---

(1) Nous avons rappelé précédemment dans quelles circonstances et dans quel but Pierre de Navarre avait fait construire cette forteresse. Le gouvernement espagnol avait un intérêt immense à la conserver ; or, telle était son incurie qu'il laissa la garnison manquer de vivres, alors même qu'elle était décimée par les fièvres. Kaïr-ed-Din, profitant de cette situation, somma les troupes royales de se rendre, et, sur le refus du commandant Don Martin de Vargas, il investit la place et s'empara du Penon. La citadelle fut rasée (1530).

battre, les habitants s'étant en grande partie enfuis : il y est resté jusqu'à hier mercredi, qu'il est parti avec l'armée.... Beaucoup de personnes jugent que cette affaire a été de peu d'importance, et qu'il en résulte plus de bruit que toute autre chose : Barberousse ayant encore tant de galères, d'esclaves et de Turcs, se remontera facilement. En résumé, le siége de Tunis est un pauvre fait d'armes et de bien peu de gain, les habitants s'étant sauvés et ayant emporté ou caché ce qu'ils avaient de plus précieux. Sa Majesté s'est mise en grand danger, car, si Barberousse était resté deux ou trois jours de plus, même sans combattre, l'armée était sûrement détruite par le manque d'eau, et facilement taillée en pièces... » (1).

En dépit des historiens, dont l'orgueil national excitait l'enthousiasme, nous pensons, avec le comte d'Anguillara, que le siége de Tunis fut « un pauvre fait d'armes; » s'il est vrai qu'en politique on mesure l'importance d'une victoire aux résultats obtenus, l'opinion du comte est amplement justifiée. Sans nul doute, la prise de Tunis humilia Barberousse; mais elle ne servit en rien les intérêts de la chrétienté : — on disait les corsaires anéantis, ou placés pour longtemps du moins dans l'impossibilité de nuire ; ils ne montrèrent jamais plus d'audace ni ne commirent plus de pilleries. Sous la conduite d'Hassan-Aga qui gouvernait l'Odjeac en l'absence de Kaïr-ed-Din, alors à Constantinople, ils attaquèrent sans relâche les navires espagnols, interrompirent tout commerce dans la Méditerranée et inquiétèrent à ce point les popula-

(1) Cette lettre, curieuse à plus d'un titre, appartient à la bibliothèque impériale. Voir, pour plus amples renseignements, les manuscrits collectionnés sous ce titre : « *Ambassade ottomane.* »

tions du littoral que, suivant Paul Jove, « les chrétiens furent obligés de placer des vigies le long de la côte; à l'approche des pirates les gardiens donnaient l'alarme. »

Pour mettre un terme à ces brigandages, le pape Paul III publia une croisade contre les Algériens. Le roi de France (François Ier), dont la politique avait fait un allié de la Sublime Porte, refusa d'entrer dans la ligue; Charles, qui se plaisait à jouer le rôle de protecteur de la chrétienté, se déclara prêt à tenter une nouvelle expédition.

Ce n'était point seulement une question religieuse qui poussait l'Empereur d'Espagne à recommencer la guerre; d'autres motifs l'y décidaient encore : le plus impérieux peut-être, était celui de détourner les Turcs de la Hongrie où il ne pouvait les vaincre, et de reconquérir, par une éclatante victoire, le prestige que des échecs répétés lui avaient fait perdre.

De l'aveu des marins les plus expérimentés et du pape lui-même, l'époque était mal choisie : « Mieux valait, disait l'amiral André Doria, remettre à l'année suivante le siège d'Alger et passer l'hiver en Italie, que menaçait le roi de France. » Charles ne voulut rien entendre : ni les conseils du Souverain Pontife, ni les objections de ses généraux ne purent changer sa détermination ; les troupes appelées à faire partie de l'expédition reçurent l'ordre d'embarquer.

Chaque province avait fourni son contingent :

Le duc d'Albe avait enrôlé la noblesse d'Espagne, et, parmi les gentilshommes qui s'étaient fait un devoir d'accompagner l'empereur, on distinguait le conquérant du Mexique, Fernand Cortès et ses deux fils.

Pierre de Tolède et Ferdinand de Gonzague avaient fait des levées de vieux soldats en Sicile et à Naples;

Urbino d'Anguillara commandait, comme à Tunis, les troupes du pape;

Les Colonna, les Doria, les Spinola avaient rassemblé sous leurs drapeaux les vieilles bandes italiennes;

Les Allemands et les Wallons avaient envoyé leurs soldats les plus aguerris, et le Grand-Maître de Malte fournissait cent cinquante chevaliers.

Tous ces corps réunis donnaient un effectif de vingt-quatre mille hommes.

Les flottes combinées d'Espagne et de Gênes, placées sous le commandement d'André Doria, se composaient de 65 galères et de 451 navires de transport; leur personnel était de 12,000 hommes environ; elles devaient se réunir à Mayorque.

Après une navigation que les vents du nord et les brouillards rendirent pénible, la flotte passa devant Alger et jeta l'ancre entre la ville et le cap Matifoux (1).

Ainsi que nous l'avons dit plus haut, c'était Hassan-Aga qui gouvernait l'Odjeac en l'absence de Barberousse : — à l'approche des chrétiens, « dont les vaisseaux couvraient la mer, » les pirates furent frappés d'épouvante : la milice guerroyait à l'intérieur; à peine restait-il, pour défendre Alger, huit cents Turcs incorporés et six mille Morisques : la situation semblait désespérée.

Mais le successeur de Kaïr-ed-Din était doué d'une indomptable énergie; loin de songer à fuir, ainsi que le Divan

---

(1) Parmi les historiens qui ont écrit l'histoire de cette expédition il nous faut citer Villegagnon, qui accompagnait l'Empereur; — Marmol; Sandoval, abbé de Pampelune; — parmi les auteurs modernes : Roberston (Histoire de Charles-Quint); Sander Rang et Denis, auteurs consciencieux et parfaitement renseignés. — Voir également *Le Spectateur militaire* (1830), et l'*Aperçu historique sur l'Etat d'Alger*, publié par le ministère de la guerre, en 1830.

le conseillait, il organisa rapidement la défense, fit un appel suprême au patriotisme et à la foi religieuse des musulmans, et attendit.

Ce fut le 23 octobre que l'infanterie débarqua et prit position (1) : — Charles-Quint croyait tellement au succès de son entreprise, que, pour éviter l'effusion du sang, il crut devoir sommer les Algériens de lui livrer la ville. Un de ses officiers, don Lorenzo Manuel, s'avança, par son ordre, vers la porte Bab-Azoun, portant une pique surmontée d'un pavillon blanc et se fit conduire, en qualité de parlementaire, près du Chef de l'Odjeac.

Hassan-Aga le reçut aussitôt : Manuel, « dont l'air dédaigneux représentait de tout point l'orgueil du Maître, » exposa brièvement sa mission. Les chrétiens, dit-il, voulaient châtier les corsaires; l'Empereur d'Espagne venait, escorté d'une flotte immense, chasser de leur repaire les compagnons de Barberousse, et prendre possession du pays; en conséquence, il enjoignait au bey de livrer la ville, promettant « que les Turcs auraient la vie sauve, et que les Maures resteraient libres, maîtres absolus de leur fortune et de leur opinion religieuse.»

Hassan avait écouté sans colère; il répondit sans jactance qu'il comptait, lui aussi, sur la protection de Dieu; qu'il opposerait aux soldats de la Croix les défenseurs de l'Islamisme, et que, le Prophète aidant, aux défaites de Véro et du marquis de Moncade allait se joindre encore la défaite de Charles-Quint; — puis, pour couper court à toute nouvelle discussion,

---

(1) La date et le point de débarquement ont donné lieu à de nombreuses contestations. Nous pensons, avec Villegagnon et un auteur arabe, que les chrétiens débarquèrent, le 23, sur la plage située entre l'Arach et la Maison des Bains.

il congédia don Manuel et le fit accompagner jusqu'aux avant-postes.

La réponse était fière : l'Empereur en fut violemment irrité; sans plus attendre, il dressa son plan d'attaque.

L'armée devait former trois corps principaux :

L'avant-garde, entièrement composée des divisions espagnoles, et commandée par Fernand de Gonzagues ;

Le corps de bataille, composé des Allemands, sous les ordres immédiats de Charles-Quint ;

Puis l'arrière-garde, formée des troupes italiennes, des Chevaliers de Malte et des volontaires.

Le lendemain 24, dès qu'on eut achevé le débarquement du matériel d'artillerie et des cavaliers, l'armée se mit en marche : l'avant-garde tenait le haut de la plaine, l'arrière-garde suivait le bord de la mer ; le corps de bataille était au centre. — La chaleur était excessive ; les troupes firent un millier de pas, puis bivouaquèrent à l'Hamma (maison des bains).

Le 25, on repartit. Gonzagues, après avoir mis en déroute les Arabes qui inquiétaient la colonne, s'empara des hauteurs qui avoisinent la ville et s'étendit à l'ouest. Le centre et l'arrière-garde suivirent le mouvement ; les troupes impériales se déployèrent autour de la place.

La marine, cependant, ne restait point inactive : l'artillerie de siége avait été débarquée; les échelles, les haches, tout le matériel, en un mot, qui pouvait servir en cas d'assaut, avait été mis à terre ; et, sur le soir, André Doria ayant fait approcher tous les navires armés de canons avait ouvert le feu.

L'attaque, on le voit, était savamment conduite :—l'avant-garde occupait une excellente position ; les deux autres corps, placés en face même des remparts, interceptaient toute communication entre les cavaliers du Sahel et les assiégés ; enfin, l'artillerie de marine pouvait, au signal donné, foudroyer la place. Ajoutons à cela que les troupes étaient pleines d'ardeur et attendaient impatiemment l'assaut.

Charles-Quint pouvait donc croire, sans trop de présomption, au succès de son œuvre. Mais il est au-dessus des prévisions humaines une force invisible qui, parfois, brise ou déjoue les entreprises les mieux combinées et met à néant le génie de l'homme : pour la troisième fois, en l'espace d'un quart de siècle, les troupes espagnoles allaient être vaincues et dispersées par la tempête.

Dans l'après-midi du 25, le ciel se couvrit subitement de nuages noirs que chassait le vent du nord ; bientôt, à une chaleur accablante succéda, sans transition, un froid vif et piquant ; la pluie tomba avec abondance. — Au coucher du soleil, l'orage éclatait avec furie et jetait dans les rangs de l'armée chrétienne un désordre irréparable.

Laissons parler Villegagnon :

« Après avoir, dit-il, refoulé l'ennemi dans la ville, l'empereur avait pris toutes les précautions que pouvait suggérer la prudence humaine..... L'armée se livrait tout entière à la joie, quand arriva tout à coup un événement funeste qu'il était impossible d'éviter. Des pluies épouvantables commencèrent à la première heure de la nuit et continuèrent pendant toute sa durée ; déjà insupportables par leur abondance, elles le devinrent davantage par la force du vent ; car les soldats avaient débarqué sans se prémunir d'aucun moyen d'abri : ils n'avaient ni manteaux pour se garantir du froid, ni tentes pour y chercher un refuge contre l'eau du ciel ; ils sentirent leur courage manquer en même temps que leurs forces. La mer s'était soulevée d'une manière incroyable ; son agitation s'était accrue de telle manière, que beaucoup de navires, trop faibles pour résister à sa violence, cassèrent leurs câbles ou leurs ancres et vinrent se fracasser sur le rivage; d'autres s'entr'ouvrirent et coulèrent à fond. »

Ce fut une nuit horrible, — nuit de désastre et de deuil ; à l'aube du jour, Charles put mesurer l'étendue de son malheur : les débris de cent cinquante navires couvraient la plage; les troupes étaient exténuées de fatigue et démoralisées. Comme il cherchait à fortifier leur courage, il vit les Turcs s'élancer dans les retranchements. Excités, soutenus par la présence de l'Empereur, les chrétiens résistèrent avec l'énergie du désespoir et reprirent un moment l'offensive : les chevaliers de Rhodes, notamment, combattirent avec un courage héroïque. Ce fut, de part et d'autre, une lutte furieuse; la mêlée devint générale ; on se battit corps à corps; mais les Italiens, accablés par le nombre, se débandèrent : Charles-Quint, qui lui-même payait bravement de sa personne, fut impuissant à les rallier... La bataille était perdue !

Charles réunit son conseil et déclara que son intention était de lever le camp ; il remettait à l'année suivante la reprise des hostilités. Aussitôt les troupes se mirent en marche pour gagner les navires.

Ce que fut cette retraite dans de semblables conditions, on le devine : « On vit alors une chose déplorable; les soldats, énervés par la disette et la pluie, avaient tellement perdu toute espèce de force, qu'à peine en route plusieurs d'entre eux tombèrent morts de fatigue. La terre était à ce point fangeuse, qu'on ne pouvait ni s'y asseoir, ni marcher sans de grandes difficultés. Quand les soldats voulaient se reposer, ils s'appuyaient contre leurs lances, qu'ils avaient enfoncées dans le sol (1). » — Les Turcs et les cavaliers du Sahel se ruèrent sur les impériaux et les harcelèrent sans relâche. Après trois jours de marche et de lutte incessante, les chrétiens atteignirent la plage.

Ce fut alors que Fernand Cortès et le comte d'Alcaudète, puisant dans leur vieille expérience et leur courage l'espoir de vaincre, proposèrent un retour offensif sur Alger. Ils offraient de recommencer le siége à l'unique condition qu'ils auraient le commandement absolu des troupes et choisiraient leurs hommes. Mais l'Empereur ne pouvait admettre que d'autres réussissent là où lui-même avait échoué ; il repoussa l'offre de ses lieutenants et donna l'ordre du départ : André Doria recueillit sur le peu de navires qui lui restait les débris de l'armée, et la flotte s'éloigna.

Ainsi se termina cette expédition dont Charles-Quint voulait faire l'acte le plus glorieux de son règne : sa flotte était détruite, son armée presque anéantie ; lui-même avait été forcé de fuir devant une bande de corsaires, laissant au pouvoir des vainqueurs un matériel immense et six mille prisonniers.

Cette catastrophe devait avoir ses conséquences : à dater de ce jour, l'influence espagnole fut complétement détruite dans les États barbaresques ; les Turcs purent étendre leur domination dans le pays, sans crainte d'être inquiétés, et durant trois siècles, les souverains de l'Europe furent tributaires des pirates (2).

Certaines modifications apportées au gouvernement inté-

(1) Villegagnon.
(2) A la nouvelle de cette victoire inespérée, l'empereur de Constantinople envoya complimenter les défenseurs de l'Odjeac. Hassan-Aga fut nommé gouverneur titulaire d'Alger. Le vieux Kaïr-ed-Din habitait alors Péra ; il y mourut en 1548.

rieur de l'Odjeac en avaient décuplé la force. — Dans le principe, les Reïs seuls avaient le droit d'exercer la piraterie; ils équipaient un navire, choisissaient leurs hommes et croisaient sur les côtes; au retour de l'expédition, l'équipage se partageait les prises. Les Turcs, qu'un service spécial retenait à l'intérieur, se plaignirent de leur inaction; ils voulaient leur part du danger et leur part du butin. Il fallut compter avec eux. Mohammed-Pacha prescrivit qu'à l'avenir les janissaires seraient admis comme soldats à bord des navires. — C'était fournir aux Reïs d'intrépides auxiliaires; la marine prit aussitôt une immense extension. Les bâtiments du Bey promenaient impunément leur pavillon de Gibraltar à l'Archipel; bientôt les particuliers armèrent en course; chaque Algérien se fit corsaire; la piraterie eut son organisation particulière, son code et ses lois. « Quand ils avaient opéré des prises importantes, les pirates rentraient dans le port, où l'on procédait au partage, selon le rang et le droit de chacun. Douze pour cent sur la valeur totale étaient attribués au pacha; un pour cent était réservé pour l'entretien du môle; un pour cent pour les marabouts qui servaient dans les mosquées. Après ce prélèvement, on partageait par moitié : l'une était partagée entre le Reïs et les armateurs, suivant les proportions convenues (1); l'autre formait la part des janissaires, des officiers et des soldats qui montaient le vaisseau capteur (2). »

Ils avaient pris la Méditerranée pour leur domaine : entraînés par l'appât du gain, ils franchissent le détroit et s'avan-

(1) On désignait sous ce titre tous les capitaines, indistinctement, et même les patrons de barques. L'importance du Reïs dépendait de celle du bâtiment qu'il commandait.

(2) Galibert, page 204.

cent dans l'Océan jusqu'aux îles Canaries, qu'ils ravagent ; encore quelques années, et ils désoleront les côtes de la Manche et de la Baltique. Leur audace ne connaît plus de bornes ; et telle est l'importance de leurs captures, qu'à la fin du xvie siècle on comptait trente mille prisonniers chrétiens dans les différentes parties de la Régence.

C'est ici le cas de rappeler à quelle triste condition les esclaves étaient assujettis :

La vente des prisonniers constituant en partie le bénéfice des corsaires, on divisait les captifs en deux catégories : la première comprenait le capitaine et les officiers du bâtiment capturé, les passagers qui semblaient appartenir à une famille riche, leurs femmes et leurs enfants. — Les hommes de cette classe, présumés rachetables, jouissaient à Alger d'une certaine liberté ; les femmes entraient dans les harems où servaient les Mauresques ; quant aux enfants, ils étaient remis au bey et aux principaux officiers de l'Odjeac.

La seconde catégorie comprenait les matelots, les soldats et les artisans ; ceux-là, « chiens de chrétiens, » étaient vendus au plus offrant et dernier enchérisseur.

Les esclaves appartenant à l'État étaient logés dans les bagnes et employés aux travaux publics. Leur situation était véritablement intolérable : « Nourris de pain grossier, de gruau, d'huile rance et de quelques olives, il n'y avait, dit Leweso, que les plus adroits qui pouvaient, par leur industrie, en travaillant pour leur compte après le soleil couché, se procurer quelquefois une meilleure nourriture et un peu de vin. » Occupés tout le jour, et par une chaleur torride, aux plus rudes travaux, sous la surveillance d'un gardien responsable, ils étaient, le soir venu, entassés dans des bouges infectés de vermine. Leur existence était un supplice perpétuel; pour le motif le plus futile, on les frappait à outrance. — Le Turc, dans son fanatisme aveugle, se vengeait du Chrétien.

Ceux qui appartenaient aux particuliers avaient une condition meilleure; ils servaient comme domestiques dans la ville, ou travaillaient aux champs; lorsqu'ils voulaient se racheter, ils traitaient de gré à gré.

Les rachats étaient fréquents.

Les États de l'Europe payaient, de temps à autre, la rançon de leurs prisonniers; de leur côté, les religieux de la Merci consacraient le produit de leurs quêtes à la délivrance des chrétiens; quelquefois aussi, des parents ou des amis achetaient la liberté des captifs.

Parmi les prisonniers illustres qui peuplaient à cette époque les bagnes d'Alger, il en est un dont le courage resta longtemps proverbial : nous voulons parler de Michel Cervantès, « homme illustre avant d'être illustre écrivain, et qui fit de grandes choses avant de faire un livre immortel. » — Qu'on nous permette de raconter en peu de mots l'histoire de sa captivité :

A la bataille de Lépante (1571), où il s'était vaillamment conduit, Cervantès avait reçu trois coups d'arquebuse : deux à la poitrine et l'autre à la main gauche. Déposé à l'hôpital de Messine, il prit part, après son rétablissement, à l'expédition de la Goulette, puis fut ramené en Italie sur les galères de Marcel Doria : il obtint alors de don Juan d'Autriche un congé pour retourner en Espagne. Il partit de Naples à bord du navire *el Sol* (le soleil) avec son frère aîné et plusieurs militaires de distinction. Le 26 septembre 1575, la galère *el Sol* fut enveloppée par une escadre algérienne : après un combat opiniâtre, elle fut forcée d'amener son pavillon et conduite en triomphe au port d'Alger. Là, on fit la répartition des captifs : Cervantès échut au capitan Mami, qui avait capturé le navire espagnol.

Le soldat de Lépante n'était point homme à se laisser abattre par l'adversité : il résolut de fuir. C'était chose difficile : trahi par un misérable sur lequel il avait cru pouvoir compter, il allait payer de sa vie sa téméraire entreprise quand il fut acheté par Hassan-Aga, alors bey d'Alger. — C'était tomber de mal en pis. Hassan avait toute la férocité des bêtes fauves : « Rien ne nous causait, dit Cervantès, autant de tourments que d'être témoins des cruautés inouïes que mon nouveau maître exerçait sur les chrétiens. Chaque jour, il en faisait pendre quelqu'un. On empalait celui-là, on coupait l'oreille à celui-ci, et cela pour si peu de chose, ou plutôt tellement sans motif, que les Turcs eux-mêmes reconnaissaient qu'il ne faisait le mal que pour le faire, et parce que son humeur le portait à être le meurtrier du genre humain. »

Cervantès, à qui la mort semblait plus douce que la captivité, reprit ses projets d'évasion : une seconde fois, puis une autre, puis une autre encore, il essaya de fuir ; chaque fois, il fut dénoncé par un traître, et, chose étrange, son maître le laissa vivre. — Tant d'héroïsme imposait l'admiration : le chef des pirates eut pour son esclave une sorte de respect : « Jamais il ne lui donna un coup de bâton, ni ne lui en fit donner, ni ne lui adressa une parole injurieuse. » Seulement, il redoubla de vigilance. La fuite était désormais impossible. Par bonheur pour Cervantès, sa famille réunit toutes les ressources pécuniaires dont elle pouvait disposer et racheta sa liberté (1). — Tel était le sort des esclaves.

(1) 1580. — Voir, pour plus amples détails, la *Notice sur la vie et les ouvrages de Cervantès*, par Louis Viardot.

L'Europe, cependant, laissait pleine carrière aux pirates et dévorait sa honte.... Mais le jour était proche où la France se substituerait à l'Espagne affaiblie et vengerait la Chrétienté !...

VI

Tandis que les Espagnols multipliaient leurs attaques contre les États Barbaresques, François Ier mettait à profit l'alliance qu'il avait contractée avec l'empereur des Turcs et obtenait l'autorisation d'établir plusieurs comptoirs sur la côte d'Afrique. — En 1520, des négociants provençaux traitèrent avec les tribus de la Mazoule pour faire exclusivement la pêche du corail depuis Tabarca jusqu'à Bône. Sous Charles IX, l'empereur des Turcs concéda à la France le commerce des ports et hâvres de La Calle, de Collo, du cap Rose et de Bône ; le bastion de France fut établi. Délaissées sous le gouvernement d'Henri III, ces concessions furent plus tard confirmées par les sultans, et, sur les instances de Richelieu, de nouvelles conventions garantirent à la France l'entière propriété des établissements qu'elle avait fait construire. Une ordonnance royale porta à 1,400 hommes l'effectif des troupes chargées d'y tenir garnison.

Mais, il faut bien le dire, ces conventions ne furent pas toujours observées, et, de 1520 à 1640, notre marine eut souvent à souffrir. Pour continuer leurs brigandages, tout était prétexte aux corsaires : c'est ainsi que, sous Henri IV, ils prétendirent que le roi de France les frustrait de leur droit de course en permettant à certains navires de naviguer sous son pavillon, et demandèrent l'annulation de ce privilége. — Sur le refus énergique du roi d'admettre leurs prétentions, ils capturèrent un grand nombre de navires marseillais.

L'administration politique de l'Odjeac poussait, d'ailleurs, les Barbaresques à la piraterie.

Les Régences relevaient, nous l'avons dit plus haut, de la Sublime-Porte, et les pachas étaient nommés par le Sultan. Or, à l'époque dont nous parlons, ces commandements supérieurs n'étaient plus conférés comme récompense de services exceptionnels rendus à la cause de l'Islamisme : ils s'achetaient ; et, comme le prix en était considérable, les acquéreurs, mettant à profit leur puissance temporaire, tyrannisaient et pillaient le peuple.

Les janissaires d'Alger, qui constituaient la force vive de l'Odjeac, se lassèrent promptement d'une administration qui les appauvrissait : ils dépêchèrent à Constantinople des députés chargés d'éclairer le gouvernement turc et de réclamer de lui des réformes que la nécessité rendait urgentes. Les finances, dirent les délégués, étaient mal gérées, les impôts irrégulièrement perçus, et, chose plus grave, la solde des miliciens n'était pas toujours payée ; ils demandaient, en conséquence, qu'un dey ou patron, élu par la milice elle-même, résidât constamment sur les lieux pour contrôler la gestion du Gouverneur (1600). Les ministres acquiescèrent à leur demande ; il en advint, ce qui du reste était facile à prévoir, que l'autorité des Pachas disparut peu à peu et fit place à celle du Dey.

Cette substitution de pouvoirs amena de prompts résultats : l'emploi des deniers publics fut rigoureusement surveillé, la totalité des impôts remise au Trésor. A dater de ce jour, les Algériens s'attachèrent avec ardeur aux principes de leur association, et l'autorité du grand Seigneur devint purement nominale. On s'en aperçut bientôt à Constantinople. En **1616**, les Reïs, fatigués de leur inaction, armèrent quarante navires et, sans tenir compte des traités existants, attaquèrent tous les vaisseaux chrétiens. — La Porte leur envoya l'ordre formel de respecter ses alliés ; les Algériens n'en tinrent point compte : « Nos courses n'ont d'autre but, répondirent-ils, que de contenir les Chrétiens, ennemis nés des vrais Croyants. Si nous respections tous ceux qui pourraient acheter de la Porte la paix ou la liberté du commerce, il ne nous resterait plus qu'à brûler nos navires, à renoncer aux glorieux devoirs de défenseurs perpétuels de l'Islamisme, à prendre part aux paisibles opérations des caravanes et à devenir chameliers... »

Bientôt, leurs attaques devinrent si fréquentes que M. de Beaulieu reçut l'ordre de bloquer Alger et de détruire sa marine. Malheureusement, cette expédition n'aboutit point : la flotte française, après avoir donné la chasse aux corsaires qui menaçaient les côtes d'Espagne, fut surprise par le mauvais temps et rentra dans le port de Toulon (1617).

Les Marseillais, dont le commerce avait pris une certaine extension, souffraient cruellement de cet état de choses ; leur comptoir de La Calle avait été détruit, et leurs navires osaient à peine s'aventurer en pleine mer : les principaux armateurs adjurèrent le roi de leur prêter secours. Sanson Napollon fut chargé de se rendre à Alger : il acheta la paix ; le bastion de France fut rétabli, la pêche du corail autorisée de nouveau, moyennant redevance, et il fut stipulé que les navires de la Compagnie marseillaise navigueraient librement sur les côtes de la Régence.

On comptait sur une paix durable : c'était compter sur la foi punique ; à quelque temps de là, les corsaires reprirent leurs excursions. Richelieu s'en émut : l'amiral de Montis se présenta devant Alger à la tête d'une escadre ; mais le mauvais état de la mer empêcha toute tentative, et la flotte se retira. — Comme représailles, les Turcs brûlèrent le bastion : un nouveau traité fut signé en 1640, mais les actes de piraterie n'en continuèrent pas moins (1).

VII

En France, cependant, tout avait changé de face : les dissensions civiles étaient apaisées; la Fronde avait dit son dernier mot, et chanté son dernier couplet; le règne de Mazarin venait de finir, celui de Louis XIV commençait.....

Déjà, les chevaliers d'Hocquincourt, de Cruvillier, de Tourville et d'Artigny avaient armé des bâtiments à leurs frais et s'étaient distingués par de brillants exploits contre les Algériens et les Tunisiens. Louis XIV, conseillé par Colbert, se fit le protecteur de toutes les nations assises au bord de la Méditerranée, et jugea que le moyen le plus infaillible de contenir les pirates était de fonder sur leurs côtes un établissement durable.

L'amiral de Beaufort, — l'ancien *Roi des Halles*, — eut le commandement d'une flotte de seize vaisseaux, à laquelle se joignirent quelques bâtiments maltais et hollandais ; six mille hommes furent embarqués, sous les ordres du marquis de Gadagne. — On alla descendre à Gigelli; la place fut attaquée, et en peu de jours on s'en rendit maître (2).

(1) Voy. pour toute cette partie : RUFFI, *Histoire de Marseille* ; DAN, *Histoire de la Barbarie et de ses Corsaires;* SOURDIS, *Correspondance* ; PÉLISSIER, *Exploration scientifique de l'Algérie*, t. VI, etc.

(2) 1663. Voy. QUINCY, *Histoire militaire du règne de Louis XIV*; PÉLISSON, *Histoire du règne de Louis XIV*; PÉLISSIER, *Exploration scientifique de l'Algérie*, t. VI, p. 262-270.

La prudence commandait aux Français de fortifier les retranchements, afin de se mettre à l'abri d'un coup de main : soit par insouciance du péril, soit que les chefs ignorassent les principes les plus élémentaires de l'attaque et de la défense des places, on n'en fit rien. Les fortifications, élevées à la hâte présentaient si peu de résistance, qu'il suffit de quelques coups de canon pour les abattre. Le camp fut bientôt ouvert en plusieurs endroits; les Maures, revenus de leur surprise, se ruèrent contre les troupes : « La peur saisit alors toute l'armée ; on se crut près, à chaque instant, d'être attaqué par une multitude innombrable de barbares ; le marquis de Gadagne eut beau représenter que l'on était en état de se soutenir jusqu'à l'arrivée des secours considérables que l'on préparait en France, et que l'on se disposait à faire partir, s'ils n'étaient déjà partis, personne ne l'écoutait : officiers et soldats, tous ne songeaient qu'à la retraite ; il fallut que le général cédât au torrent (1). » — Gigelli fut abandonnée et les troupes se rembarquèrent (30 octobre 1664).

Le mauvais succès de cette entreprise affligea plus qu'il n'étonna la cour de France : mais Louis XIV voulait assurer la liberté du commerce et faire cesser la piraterie; dès le commencement de l'année suivante, il arma une flotte considérable et donna l'ordre au duc de Beaufort de recommencer les hostilités : le commandeur Paul, homme d'énergie et d'initiative, fut mis à la tête des troupes (1665).

Le duc de Beaufort prit aussitôt la mer, rencontra les pirates à la hauteur de Tunis et les battit complétement; puis, virant de bord, il se présenta devant Alger, attaqua avec une furie toute française la flotte des corsaires et l'anéantit

---

(1) Voy. Boismélé, *Histoire générale de la marine*, t. II.

presque. Cette double victoire effaçait l'abandon de Gigelli : le Dey sollicita la paix (1); la France en dicta les conditions : les esclaves français recouvrèrent la liberté et les bâtiments furent rendus à leurs légitimes propriétaires.—Mais les corsaires étaient incorrigibles : dès qu'ils eurent réparé leurs pertes, ils recommencèrent leurs brigandages. Le roi de France dut leur infliger un nouveau châtiment :

VIII

Les Tripolitains étaient venus pirater sur les côtes de Provence et avaient enlevé plusieurs navires : Louis XIV enjoignit à Duquesne de les attaquer partout où il les rencontrerait. L'amiral prit aussitôt la mer, et courut sus aux corsaires, qui, n'osant accepter le combat, se retirèrent dans le port de Scio, une des îles de l'Archipel appartenant au Grand Seigneur. Ils s'y croyaient à l'abri; mais Duquesne envoya l'un de ses officiers, M. de Saint-Amand, sommer le gouverneur de la ville de faire sortir les pirates du port, déclarant qu'en cas de refus il s'embosserait sous les murs de la ville et la ruinerait complétement. — Le pacha répondit qu'il était maître chez lui. Duquesne ouvrit le feu et le continua si vigoureusement, qu'en moins de quatre heures il démantela les

---

(1) « Un beau dévouement honora cette guerre : le dey d'Alger avait parmi ses captifs un officier malouin nommé Porcon de la Barbinois; il l'envoya porter au roi des propositions de paix, en lui faisant jurer de revenir, s'il échouait; les têtes de six cents chrétiens répondaient de sa parole. Les propositions étaient inacceptables, Porcon le savait; il va à Saint-Malo, met ordre à ses affaires, puis revient à Alger, certain du sort qui l'attendait. Le dey lui fit trancher la tête. Cet homme vaut Régulus, et personne ne le connaît!... » V. Duruy, *Abrégé de l'histoire de France*, t. III, p. 263 et 264.

remparts et jeta la consternation dans la place. Le gouverneur se voyant perdu, fit supplier Duquesne de cesser la canonnade, et lui proposa d'entrer en accommodement par l'intermédiaire de l'ambassadeur de France à Constantinople, M. de Guilleragues, ce qui fut accepté.

A l'arrivée du courrier, Méhémet IV entra dans une effroyable colère et voulut faire étrangler tout net M. de Guilleragues. L'ambassadeur, qui tenait à la vie, apaisa cette grande colère en payant de ses deniers personnels une somme de cent mille écus ; le Sultan se déclara satisfait, et les corsaires durent quitter le port de Scio (1).

Tandis que M. de Guilleragues négociait à Constantinople, les Algériens prenaient fait et cause pour les gens de Tunis, et Baba-Hassan, le nouveau chef de la Régence, déclarait au P. Le Vacher, notre consul, qu'il jugeait à propos de rompre avec la France. — Louis XIV fit équiper aussitôt une flotte considérable, et Duquesne reçut l'ordre d'en venir prendre le commandement (1682). Tourville et Forans devaient l'accompagner ; Duquesne partit de Toulon avec son escadre. Tourville, qui conduisait les galères, s'embarqua le même jour à Marseille ; Forans, qui venait de Brest avec cinq galiotes, les avait précédés. L'armée réunie arriva le 21 juin entre Cherchell et Alger : elle comptait onze vaisseaux de guerre, quinze galères, cinq galiotes à bombes, trois brûlots, quelques flûtes et tartanes. Après avoir brûlé un des vaisseaux ennemis qui s'était réfugié dans le port de Cherchell, elle se présenta devant Alger.

Ici, nous touchons à l'un des points les plus curieux de l'histoire de notre marine :

(1) Voy. Boismélé, *Histoire générale de la marine*, t. II ; — Eugène Sue, *Histoire de la Marine* ; Chassériaux, *Annales de la Marine*.

Un homme, nous ne dirons pas de talent, mais de génie, qui s'était voué, dès son enfance, à l'étude des sciences abstraites, venait de résoudre un problème jugé jusqu'alors insoluble, — celui de faire usage des mortiers dans les guerres maritimes. Cet homme, c'était Renau d'Éliçagaray.

L'appareil consistait en une sorte de petit vaisseau destiné à porter les mortiers, qu'on établissait sur des bâtis en charpente. Chaque navire recevait deux mortiers placés en avant du grand mât, et quatre pièces de canon sur chaque bord. Les mortiers, de douze ou quinze pouces, étaient fixés sur une inclinaison de quarante cinq degrés, la plus favorable à l'emploi du tir. Pendant l'exécution de la manœuvre, la secousse violente résultant de l'explosion était prévenue par la compressibilité de la plate-forme, laquelle formait un appareil élastique appelé puits. Pour diminuer le roulis, on donnait au support des bouches à feu des formes plates, et on ajoutait à la largeur et à l'épaisseur du bordé (1).

C'était tout simplement admirable.

Mais « nul n'est prophète dans son pays. » Renau ne trouva, dans le principe, que des contradicteurs : on riait de son invention, on riait de lui-même ; et, chaque fois qu'il voulait convaincre, on lui répondait par des sarcasmes. — Cependant il tint ferme, et eut raison des rieurs : Colbert, qui se connaissait en homme, le prit sous sa protection et le recommanda vivement à Louis XIV ; ordre fut donné par le roi d'expérimenter le nouveau système. Les essais réussirent au delà de toute espérance, et quand le bombardement d'Alger fut résolu, Renau fut mis à la disposition de Duquesne.

L'escadre française s'était rapprochée le plus possible de

---

(1) Voy. Édouard Lapène, *Tableau historique de l'Algérie*, p. 243.

l'entrée du port. Le 30 au soir, les galiotes prirent leur poste de combat. Le marquis de Bellefonds, le duc de Villars et beaucoup d'autres volontaires s'embarquèrent sur *la Fulminante,* que montait Renau. Au signal donné, on engagea l'action. Un accident faillit tout compromettre : une carcasse (espèce de cartouche), dont on allait charger l'un des mortiers, s'enflamma, et, au lieu de décrire sa parabole, retomba dans l'intérieur du navire et mit le feu aux voiles. L'équipage, croyant que les deux cents bombes qui étaient à bord allaient éclater, se sauva à la nage malgré les ordres du capitaine et de Renau. Les galiotes voisines, craignant une explosion, s'éloignèrent rapidement de *la Fulminante*, qui était devenue le point de mire de l'artillerie algérienne. — Le péril était grave : on s'attendait d'une minute à l'autre à voir sombrer la galiote. Cependant, le major de Ramondi reproche aux fuyards leur faiblesse et décide son équipage à nager droit sur *la Fulminante* : il accoste, et que voit-il? « Renau et Combes s'occupant avec un sang-froid merveilleux à couvrir de cuir les bombes qui auraient pu s'enflammer. » Les bombes recouvertes, l'incendie fut rapidement éteint, et *la Fulminante*, sauvée comme par miracle, fut encore la première à recommencer l'attaque.

Les galiotes jetèrent toutes la nuit des bombes dans Alger ; elles y causèrent un tel désordre, que, le 4 au matin, le P. Le Vacher vint en parlementaire demander la paix et prier Duquesne, de la part du Divan, de faire cesser le feu. Duquesne répondit « qu'il n'était point venu là pour parler de paix, mais pour châtier les corsaires ; que, si les membres du Divan avaient à lui faire des propositions, ils devaient se présenter eux-mêmes, et que jusque-là il continuerait le feu. » Et il tint parole ; le lendemain, le consul se présenta de nouveau : Duquesne lui déclara qu'il avait encore quatre mille bombes à lancer sur la ville, mais que, néanmoins, si le Bey voulait rendre quatre cents esclaves chrétiens, on pourrait parler de paix : Baba-Hassan allait peut-être céder quand une sédition éclata dans la ville et le força de continuer la défense.

La nuit du 7 au 8, les galiotes allaient recommencer le feu, lorsque le vent fraîchit tout à coup. Duquesne, redoutant les tempêtes de l'équinoxe, partit le 12 et arriva avec les galiotes et les navires de charge à l'île de Formentera ; il laissait devant Alger une partie de l'escadre qui, devait croiser devant le port et le bloquer étroitement jusqu'à ce que la saison permît de reprendre le bombardement (1).

Louis XIV espérait mieux, et il reçut assez froidement le chef de l'expédition ; ses plans, néanmoins, n'en furent pas modifiés ; il fit, l'hiver suivant, construire un plus grand nombre de galiotes, et Duquesne vint continuer son œuvre de destruction (1683).

Renau, utilisant ses loisirs, avait perfectionné l'artillerie à ce point que les mortiers, servis par des hommes spéciaux, purent lancer des projectiles jusqu'à 3,400 mètres. — Pour la seconde fois, le feu des galiotes causa dans la ville d'épouvantables ravages : Alger s'abîma dans les flammes, et si grande fut la consternation des habitants, que le P. Le Vacher vint au nom du Conseil demander la paix. Duquesne exigea, avant d'entamer aucune négociation, que tous les esclaves chrétiens lui fussent livrés. Le Divan céda à cette injonction, et renvoya six cents prisonniers, promettant de livrer sous peu de jours ceux qui étaient hors de la place. Mezzo-Morte, chef de la ma-

(1) Voy. *Histoire de la Marine*, t. III, p. 408, 410.

rine algérienne, et Ali-Reïs, capitaine de vaisseau, furent livrés comme ôtages.

Comme dernière condition, Duquesne réclamait une forte indemnité pour couvrir les armateurs français des pertes qu'ils avaient essuyées; en droit, rien n'était plus juste. Les Turcs, cependant, se soulevèrent contre une pareille exigence et enjoignirent au Bey de refuser, dût la ville diparaître sous les décombres. — A cette nouvelle, Mezzo-Morte va trouver le commandant de l'escadre, et le supplie de lui rendre la liberté, affirmant que sa seule présence apaisera la révolte. Duquesne cède; Mezzo-Morte rentre dans Alger, se rend auprès du Dey, le poignarde, et se fait proclamer chef de la Régence.

Duquesne, ignorant ce qui s'était passé, attendait toujours... Mezzo-Morte prit soin de l'en instruire : il envoya un prisonnier français raconter ce qu'il avait vu, et déclarer que, si les galiotes ne cessaient pas immédiatement leur feu, on mettrait les chrétiens à la bouche des canons turcs. — Le bombardement recommença, et le Bey tint parole. Le P. Le Vacher fut attaché à la bouche d'un canon, et ses membres mutilés vinrent tomber sur nos vaisseaux.—Quarante prisonniers subirent le même sort (1).

Cette hideuse exécution appelait des représailles; malheureusement, les bombes vinrent à manquer, et Duquesne fut obligé de faire retraite. Il n'avait pu, faute de temps et de munitions, forcer les pirates à se rendre; mais il avait incendié leurs navires, ruiné leur ville, et il ramenait avec lui six cents esclaves : l'honneur de la France était sauf.

(1) La pièce à laquelle fut attaché le P. Le Vacher fut appelée *la Consulaire* : elle fut prise en 1830 et transportée à Brest. On l'y voit encore, dressée debout, et formant une colonne monumentale.

Cependant, il fallait en finir : l'année suivante (1684), M. de Tourville revint avec une nombreuse escadre pour appuyer M. Dussault, notre ambassadeur, lequel était chargé de traiter directement avec Mezzo-Morte. Les négociations aboutirent, et la paix fut signée (1).

La politique cauteleuse de l'Angleterre obligea bientôt Louis XIV à reprendre les hostilités. Il semblait, en effet, que la France dût exercer dans les États barbaresques une certaine prépondérance. En vertu des traités particuliers avec Tunis et Tripoli, notre commerce jouissait de priviléges exceptionnels, et le roi tenait essentiellement à ces immunités, prix de lourds sacrifices. Les Anglais firent si bien, cependant, que notre influence s'éteignit peu à peu, et qu'ils obtinrent pour leurs établissements les conditions les plus avantageuses : où la France avait semé, ils voulaient récolter. — Louis XIV s'en plaignit, et le maréchal d'Estrées, qui venait d'être nommé vice-amiral, reçut l'ordre de se présenter devant Tunis, « tant pour demander raison des contraventions faites à l'ancien traité de paix que pour en faire un nouveau. » Le roi demandait en faveur de nos nationaux le droit de faire le commerce des blés et la pêche du corail au cap Nègre, à l'exclusion de toutes les autres puissances.

Le maréchal allait s'embarquer lorsque le roi, changeant l'itinéraire de l'expédition, lui enjoignit de se rendre à Tripoli et de bombarder la place. L'escadre mit aussitôt à la voile et vint mouiller devant le port (juin 1685). M. de Tourville

---

(1) L'expédition de Duquesne avait été coûteuse pour la France; si coûteuse, que Mezzo-Morte, apprenant ce qu'avait dépensé Louis XIV pour le bombardement d'Alger, répondit avec un incroyable cynisme : « Votre empereur n'avait qu'à me donner la moitié de ce qu'il a dépensé, et je ruinais Alger moi-même. » *Histoire de la Marine*, t. III, p. 428.

dirigeait l'attaque : les galiotes prirent leur poste de combat et commencèrent le feu. Toute résistance était impossible : les Tripolitains le comprirent et demandèrent la paix. — L'amiral posa trois conditions préalables : 1° restitution de tous les esclaves ; 2° restitution de tous les effets et marchandises pris sur les sujets du roi, ou la valeur en argent ; 3° remise de dix ôtages choisis entre les principaux officiers du Divan pour demeurer à Toulon jusqu'à l'entière restitution des esclaves absents. — Les ôtages et les prisonniers furent livrés ; l'indemnité, réduite d'un commun accord à 125,000 écus, fut soldée, partie en numéraire, partie en marchandises de toutes sortes (1).

Tunis fit également sa soumission : les esclaves furent rendus, et les Tunisiens payèrent les frais de la guerre.

Quelques années plus tard, la paix que Tourville avait conclue avec les Algériens fut rompue par ces derniers qui recommencèrent leurs pilleries ; les pertes de notre commerce devinrent si considérables, que Louis XIV dut prendre des mesures énergiques. Le maréchal d'Estrées reparut devant Alger (juin 1688), et ses galiotes jetèrent dans la ville près de dix mille bombes. Mezzo-Morte, fidèle à ses habitudes, fit subir à notre consul, M. Piolle, et à plusieurs prisonniers de distinction le supplice qu'avait enduré le P. Le Vacter. L'amiral s'en vengea sur les Turcs qui étaient à son bord, puis regagna Toulon.

Ces différentes expéditions ne rapportaient à la France aucun profit, et nécessitaient d'énormes dépenses. Louis XIV, qui avait besoin de toutes ses forces pour tenir tête à la coa-

---

(1) Voy. la *Correspondance générale* (affaires étrangères, Afrique, 1685), t. II.

lition des grandes puissances européennes, fit proposer, par l'intermédiaire du Dey de Tunis, de nouvelles négociations. Le Dey réussit : les traités antérieurs furent modifiés au profit des Algériens, et la paix fut définitivement conclue : elle dura plus d'un siècle. — Ce fut pour obtenir la ratification de ce traité que le Divan envoya une ambassade solennelle à Paris (1688). Nos lecteurs trouveront dans les mémoires du temps la harangue de l'ambassadeur et la réponse hautaine de Louis XIV.

IX

Bien que son autorité fût souvent méconnue, le Grand Seigneur n'en était pas moins le chef nominal de la Régence : c'était lui qui nommait le Pacha d'Alger et qui sanctionnait l'élection du Dey.

Entre ces deux fonctionnaires, dont l'un représentait l'autorité royale, l'autre la milice et le peuple, il devait y avoir et il existait effectivement une sourde rivalité : le Pacha parlait au nom du maître, et, pour faire respecter son pouvoir chaque jour plus compromis, adressait plainte sur plainte à Constantinople, ou intriguait à Alger ; le Dey, fort de l'appui que lui prêtaient les janissaires, agissait sous leur inspiration et bravait le Gouverneur. Cette constante rivalité engendrait l'anarchie et provoquait parfois de sanglantes révolutions. Baba-Ali, qui venait d'être porté au Deylikat (1710), prit, dès les premiers jours de son avénement, un parti décisif.

Son élection n'avait été contestée par personne. Bientôt, cependant, il se forma au sein de la milice et du Divan une puissante opposition, dont le pacha-gouverneur était l'âme et le chef. Une catastrophe pouvait s'ensuivre : Ali fit arrêter les principaux conjurés, puis saisir et jeter sur un navire en partance pour Constantinople le représentant de la Sublime-Porte, lui défendant, sous peine de mort, de reparaître dans la Régence.

Le fait était grave : chasser le pacha, c'était outrager le Sultan qui l'avait nommé. Mais Ali était un politique habile : pour atténuer l'accusation dont il allait être l'objet, il accusa lui-même. Il fit partir pour Constantinople un ambassadeur chargé d'exposer la situation et de justifier sa conduite. Depuis longtemps, dit l'envoyé, les pachas semaient dans la ville le trouble et le désordre, et déconsidéraient l'autorité souveraine ; la milice et le peuple s'en plaignaient à bon droit, et, pour mettre un terme à ce honteux scandale, tous priaient l'empereur de supprimer l'emploi de fonctionnaires inutiles, et de conférer au Dey le titre de Pacha.

L'ambassadeur d'Ali fut d'autant plus persuasif qu'il appuyait ses arguments de cadeaux magnifiques : le Visir et les grands-officiers du sérail furent promptement convaincus de la légitimité de ses réclamations, et le Dey gagna sa cause.

Du jour où l'unité de pouvoir et de commandement fut concentrée entre les mains du Dey, l'Odjeac devint indépendant et se transforma en une république militaire : de nouvelles lois déterminèrent les droits et les devoirs du chef électif, ainsi que sa responsabilité ; on reconstitua l'administration politique ; la milice, qui seule avait droit au vote, fut souveraine et maîtresse ; et, sous l'empire d'un système qui avait l'égalité pour base, chaque soldat put atteindre au poste le plus élevé.

De ce jour encore, la marine algérienne prit une rapide extension. Les reïs empruntèrent aux Génois leurs plus habiles constructeurs ; au lieu de lougres et de barques, ils eurent, pour faire la course, des bâtiments pontés et se livrèrent avec un redoublement d'ardeur à la piraterie : mais tout en pillant les navires de la chrétienté, ils cessèrent de commettre sur leurs prisonniers les actes de barbarie que nous avons signalés. Il semble que le contact des Européens adoucissait leurs mœurs. — Nous avons dit quelle situation pénible était faite aux esclaves : depuis, tout avait changé ; et M. Laugier de Tassy, qui visita la Régence à l'époque dont nous parlons, a décrit sous des couleurs moins sombres le tableau de ces misères : « On ne maltraite point cruellement, dit-il, les esclaves comme bien des gens le croient, et se persuadent même qu'on les tourmente pour les obliger à se faire mahométans. On se trompe fort. On ne les fait point travailler au-dessus de leurs forces, et on les ménage de peur de les perdre... Lorsqu'on les châtie sévèrement, c'est qu'ils l'ont mérité par quelque crime, comme assassinat, vol considérable, révolte et autres cas semblables... Ce n'est pourtant rien en comparaison des mauvais traitements que les Espagnols faisaient subir aux Algériens, lorsque Oran appartenait aux premiers : j'ai été prisonnier de guerre des Espagnols en 1706, et j'ai été traité avec tant d'inhumanité et de rigueur, *que je préférerais dix ans d'esclavage à Alger à un un de prison en Espagne* (1). »

La France et l'Angleterre avaient forcé les pirates à respecter leurs pavillons ; mais les autres peuples de la chrétienté, moins résolus ou moins forts, osaient à peine envoyer leurs vaisseaux dans la Méditerranée..... La marine espagnole était particulièrement en butte aux attaques des cor-

---

(1) Voy. Laugier de Tassy, *Histoire de la Régence d'Alger*, p. 328-330. Amsterdam, 1725.

saires : le commerce en souffrait ; sous le règne de Charles III, les Algériens commirent de si grandes dévastations sur les côtes d'Espagne et de Naples, que la cour de Madrid résolut d'attaquer et de détruire Alger.— On confia le commandement de l'expédition au général O'Reilly (1).

L'escadre partit de Carthagène le 23 juin : elle comptait six vaisseaux de ligne, 14 frégates, 24 galiotes à bombes ou autres navires de guerre, et 344 bâtiments de transport ; elle portait 23,000 hommes de troupes, tant infanterie que cavalerie, un équipage de plus de 100 bouches à feu de siège ou de campagne, et un matériel considérable. — O'Reilly devait commander les troupes de terre ; les forces navales furent confiées à l'amiral Castejon.

La flotte arriva devant Alger le 1er juillet et mouilla devant l'embouchure de l'Arach. La mer était calme : les troupes auraient dû débarquer aussitôt et prendre position. L'amiral, cependant, les retint à bord pendant huit jours pour croiser devant la place. Le Dey, profitant de cette première faute, arma les forts, réunit sa milice et fit prévenir tous les scheiks arabes : près de cent mille hommes répondirent à son appel.

Enfin, les Espagnols opérèrent leur débarquement, à une lieue de l'Arach, du côté de la ville, et vinrent se ranger en bataille, l'aile droite au bord de la mer, l'aile gauche parallèlement à des monticules couverts de cactus et d'aloès (8 juillet). — Jamais, disent les mémoires du temps, descente ne fut aussi tranquille, aussi prompte, aussi heureuse ; les Algériens

---

(1) Général irlandais ; avait d'abord servi la France avec distinction pendant la guerre de sept ans. Entré plus tard au service de l'Espagne il sauva la vie au roi Charles III, lors de l'insurrection de Madrid (1766).— C'était, au dire des historiens, un homme brave et intelligent, mais faible de caractère, et de peu d'expérience.

ne pensèrent pas même à s'y opposer. « Leur inaction fut telle, qu'elle ressemblait à l'indifférence de spectateurs parfaitement neutres, qui regardent une manœuvre militaire sans autre intérêt que la curiosité. »

Mais bientôt les Turcs et les Kabyles s'ébranlèrent : les Espagnols marchèrent à leur rencontre. La bataille n'était point encore engagée que la première brigade, sous les ordres du marquis de la Romana, se sépara du corps de l'armée pour débusquer les Maures qui couvraient les hauteurs. Les Espagnols se trouvèrent subitement engagés au milieu des buissons, dans des sentiers étroits, et livrés presque sans défense au feu meurtrier des Arabes embusqués derrière les broussailles. Leur position n'était pas tenable : ils se replièrent en désordre jusqu'au rivage.

La deuxième brigade, qui venait de former ses lignes, rallia les fuyards et engagea l'action. Tout d'abord, son artillerie jeta le désordre parmi les assaillants ; mais les Maures se mirent à l'abri derrière leurs chameaux et continuèrent leur feu. O'Reilly voulait gagner la montagne et s'y établir : un gros de cavalerie arabe arrêta son mouvement. Le soir même, les troupes du Dey, dont le nombre grossissait d'heure en heure, se ruèrent sur les Espagnols et les culbutèrent.

O'Reilly dut commander la retraite. — Ramenés sur la plage, entassés pêle-mêle avec le matériel et les chevaux, sans retranchements, sans vivres, décimés par les batteries qui croisaient leur feu sur toute la longueur du camp, les Espagnols passèrent une nuit horrible. Le lendemain, à l'aube du jour, comme ils voulaient reprendre l'offensive, ils se virent cernés par une nuée d'Arabes : officiers et soldats furent aussitôt frappés d'une telle épouvante, que le général ordonna le rembarquement immédiat des troupes, laissant à l'ennemi une partie du matériel (1).

L'Espagne entière s'émut à la nouvelle de ce nouveau désastre : à Madrid et dans les provinces, l'indignation fut générale. « Il y eut des émeutes dans plusieurs villes du royaume, et O'Reilly n'échappa qu'avec peine à la fureur de la populace. » — Il fallait une victime expiatoire : le général fut sacrifié ; Charles III lui conféra le commandement militaire de l'Andalousie, « ce qui pouvait être considéré comme une sorte d'exil honorable (2). »

Cinq ans après, la cour de Madrid, libre de toute inquiétude du côté de l'Angleterre avec laquelle la paix était conclue, décida une nouvelle expédition contre la Régence, et chargea l'amiral Barcélo de réduire Alger.

L'amiral doutait de ses troupes et de lui-même : il bombarda la ville pendant huit jours, sans y causer de grands dégâts, puis revint prestement à Carthagène. — L'année suivante, il prit le commandement des escadres combinées d'Espagne, du Portugal et de la Sicile, et se représenta devant Alger. Cette fois encore, il brûla beaucoup de poudre, « mais les Algériens prouvèrent aux puissances alliées qu'il fallait, pour les réduire, des forces beaucoup plus imposantes (3). » — Ces deux expéditions avaient été décidées sur les conseils du premier ministre Florida-Blanca, lequel avait dit bien haut qu'il allait « apprendre à l'Europe comment on devait traiter les pirates. » Mais l'insuccès de Barcélo le rendit plus modeste

---

(1) Comte de Loverdo, *Aperçu historique*, p. 42—62.

(2) Voyez William Coxe, *l'Espagne sous les rois de la maison de Bourbon*, t. V, p. 141, 143, 155 et suivantes; le *Mercure historique*, juillet 1775, et la correspondance de lord Grantham.

(3) Voy. Briand, *Histoire d'Espagne*, tome II, p. 311.

et tempéra son humeur guerrière. Persuadé que l'or de l'Espagne serait plus efficace que ne l'avaient été ses boulets et ses bombes, il chargea M. d'Expilly d'entamer des négociations avec Alger. Peu après, M. Mazaredo reçut pleins pouvoirs pour conclure, et acheta la paix au prix de quatorze millions de réaux (1). — Ce fut une honte pour l'Espagne.

X

La Régence s'était engagée à laisser notre marine parcourir librement la Méditerranée, et à protéger nos possessions : elle tint longtemps parole ; mais lors de l'expédition d'Égypte (1798), elle fut invitée par le Sultan de Constantinople à rompre avec la France, et les corsaires, dont on avait surexcité le fanatisme religieux, firent à nos vaisseaux marchands une guerre acharnée. On expulsa de leurs comptoirs les négociants qui résidaient à La Calle et à Bône; puis, au mépris du droit des gens, le Consul de la République, Dubois-Thinville, fut arrêté, conduit à Constantinople et incarcéré au château des Sept-Tours. Par représailles, le Directoire fit enfermer au Temple Sidi-Abou-Kaïa, envoyé extraordinaire d'Alger à Paris.

Le Dey (Mustapha III), qui avait avec le commerce de Marseille des intérêts particuliers, profita des événements de Brumaire pour envoyer un nouvel ambassadeur faire des propositions de paix. Le premier Consul répondit avec hauteur : le chef de la Régence qu'effrayait le souvenir de de l'expédition d'Egypte, renouvela ses excuses : un armistice fut dabord conclu (20 juillet 1800). L'année suivante, Dubois-

---

(1) Voy. Bourgoin, *Traités avec la Porte, Alger et Tripoli,* tome II, page 126 ; Martens, tome II, p. 219, 531, 665. — L'expédition d'O'Reilly avait eu lieu en 1775.

4

Thinville, rendu libre par le traité d'Amiens, signa avec Mustapha un traité définitif : nos établissements nous furent rendus, la Compagnie d'Afrique jouit de ses anciennes prérogatives, et remise fut faite, comme indemnité, d'un an de droits pour la pêche du corail (27 décembre 1801).

Cependant le « bon vouloir » dont le Dey d'Alger se disait animé pour les négociants français fit bientôt place à une opposition systématique : l'Angleterre, qui venait de détruire notre marine à Trafalgar, fit agir ses consuls sur l'esprit craintif de Mustapha et obtint, moyennant une redevance annuelle de 267,000 francs, l'entière jouissance des concessions qui nous avaient été garanties (1807). Napoléon ressentit vivement cette injure, et il eut un moment l'intention de porter la guerre dans les États Barbaresques : les événements qui occupaient l'Europe l'en empêchèrent ; mais il donna l'ordre au capitaine de génie Boutin d'explorer les côtes de la Régence, et de relever avec une scrupuleuse exactitude tous les points du littoral. — Nous verrons plus tard combien cette exploration nous fut utile.

A l'Empire succéda la Restauration : Le gouvernement de Louis XVIII, qui voulait la paix partout et toujours, ouvrit de nouvelles négociations avec le chef de l'Odjeac : M. Deval fut envoyé à Alger en qualité de consul général (mars 1816) ; il avait à sa disposition une somme de 478,891 francs pour faire droit aux plus pressantes réclamations des Algériens, réclamations qui portaient sur une vieille créance dont nous expliquerons l'origine (*affaire Busnac et Bacri*).

M. Deval devait sa nomination à de hautes influences : on croyait pouvoir compter sur lui parce qu'il avait longtemps vécu à Constantinople, au milieu des Orientaux, dont il connaissait mieux que personne les usages et l'esprit d'intrigue;

mais il était sans énergie et n'avait nul souci de sa dignité. Dans ses rapports officiels avec le gouvernement d'Alger, il devait tenir un langage ferme et digne, ainsi qu'il convient au représentant d'une grande nation : il se montra, tout au contraire, humble, souple, presque soumis ; — c'était le dernier homme qu'on eût dû choisir.

Son premier soin fut de demander le rétablissement de nos comptoirs, moyennant la redevance annuelle fixée, en 1790, par convention spéciale, à 80,000 fr. ; mais les Anglais avaient payé trois fois davantage ces mêmes priviléges : aussi Omar-Pacha, le Dey régnant, exigeait-il de nous 270,000 fr., non compris les cadeaux d'usage. On discuta longtemps, puis on fit de mutuelles concessions, et M. Deval signa une convention qui arrêtait à 214,000 fr. le chiffre des redevances tant en principal qu'accessoires. Le Dey exigeait, en outre, un prélèvement annuel de trois quintaux de corail; deux pour la Régence et un pour le Bey de Constantine (1817). La cour de France ratifia ce traité. — Peut-être Omar se fût-il montré plus tenace s'il eût été plus fort; mais il était encore sous l'impression du châtiment que lui avait infligé lord Exmouth, en suite de faits dont nous allons parler.

XI

Après la première abdication de Napoléon, les rois s'étaient réunis en congrès pour former, disaient-ils, « une sainte alliance et assurer la paix du monde. » L'Angleterre, toute puissante alors, reçut mission d'employer son influence auprès des États barbaresques pour faire cesser l'esclavage des blancs.— En vertu de cette décision, l'amiral lord Exmouth se présenta devant Alger (avril 1816) et s'offrit comme médiateur entre le Dey et les rois de Sardaigne et de Naples, dont plusieurs navires avaient été capturés par les pirates. Le négociateur se montra de si facile composition que la paix fut conclue; mais les principales cours de l'Europe protestèrent avec énergie contre la faiblesse de l'amiral, et le ministère anglais dut désavouer son envoyé. Lord Exmouth reçut l'ordre de réclamer immédiatement la mise en liberté de tous les esclaves chrétiens, et la restitution des sommes payées par les rois de Naples et de Sardaigne pour le rachat de leurs sujets esclaves.

L'amiral revint à Alger; il y fut mal accueilli. Le Dey s'emporta contre l'Angleterre qui, à un mois d'intervalle, violait ainsi sans motif le traité qu'elle avait signé; puis, pressé par lord Exmouth de répondre d'une manière catégorique, il déclara que, vu la gravité de la question, il ne pouvait agir sous sa propre responsabilité et voulait prendre, au préalable, les ordres du Grand Seigneur, chef direct de la Régence.—En réalité, il ne voulait que gagner du temps pour préparer sa défense. Lord Exmouth le savait; néanmoins, comme les forces dont il disposait alors étaient insuffisantes pour livrer un combat sérieux, il feignit de se rendre aux observations du Dey, déclara qu'il attendrait la réponse de la Porte et regagna Gibraltar.

Aussitôt, le gouvernement anglais arma une puissante escadre, qui rejoignit celle de lord Exmouth. L'amiral eut ainsi sous ses ordres six vaisseaux de ligne, quatre frégates, six corvettes, quatre galiotes, dix chaloupes à bombes et trente-six chaloupes canonnières. Une flotte hollandaise, composée de six frégates, sous les ordres du vice-amiral Vander-Capellen, se réunit à l'escadre anglaise.

La flotte combinée se présenta devant Alger (27 août 1816); les vaisseaux anglais s'embossèrent à portée de fusil, en face des batteries du môle; les Hollandais, appuyant à gauche, reçurent l'ordre de canonner vigoureusement les batteries et les forts extérieurs. — Les Arabes engagèrent l'action, qui devint bientôt générale et terrible; les bombes pleuvaient sur la ville; l'artillerie anglaise balayait le môle et brisait les murailles. A un moment donné, lord Exmouth envoya quelques chaloupes attacher une chemise soufrée à la frégate algérienne qui fermait l'entrée du port; le feu gagna rapidement les autres navires, et en peu d'heures toute la marine des corsaires fut détruite.

Ce succès fut chèrement payé. L'escadre anglaise était restée, pendant neuf heures, sous le feu continuel des batteries; elle avait lancé sur le port ou sur la ville 51,000 boulets et 960 bombes; mais presque tous ses vaisseaux étaient désemparés; mais le nombre des blessés et des morts était considérable. — Une seconde attaque semblait impossible. Cependant les Algériens, complétement démoralisés par la destruction de leur marine, acceptèrent toutes les conditions que lord Exmouth leur imposa.

Omar-Pacha se consola de sa défaite en pensant que « c'était écrit »; il fit connaître à la Sublime-Porte, à l'empereur du Maroc et au bey de Tunis la situation presque désespérée de l'Odjeac et sollicita des secours; tous lui vinrent en aide. En moins d'un an, Alger était rebâtie, la marine reconstruite; les forts étaient réparés : il ne restait aucune trace du bombardement. Omar allait prendre de nouvelles mesures pour assurer la défense de la ville du côté de la mer, quand il fut renversé du trône et assassiné (1817).

XII

Ali-Kodja fut élu chef de la Régence. On le disait instruit; mais ce n'était qu'un pédant, qui cachait sous un maintien grave et composé des instincts féroces et des passions brutales. Ses déportements le rendirent odieux; aussi, pour échapper à la vengeance des janissaires, il se retira à la Casbah, après y avoir fait transporter le trésor public. — C'était un véritable coup d'État. — Les Turcs, furieux de n'avoir plus le Dey sous leur main, prirent aussitôt les armes; Ali fit charger les canons de la forteresse et mitrailla l'émeute. Il voulait abolir la milice, et, dit-on même, fonder sa dynastie; mais le temps lui manqua : il fut emporté par la peste (1818).

Dans ses relations avec la France, il fut tour à tour hostile et bienveillant; c'est ainsi qu'après avoir refusé de ratifier la convention passée avec son prédécesseur, il l'approuva sans y rien changer (15 septembre 1817). Plus tard, sur les instances de M. Deval qui demandait une diminution de l'impôt attaché à nos établissements d'Afrique, Ali consentit à reprendre la discussion. Le consul excipa du peu d'importance du comptoir, des dépenses qu'on avait dû faire à titre de frais généraux, et de la nullité des produits. Le Dey se rendit à ces observations et accepta, dans sa forme et teneur, l'acte de 1790 qui fixait à 80,000 francs le chiffre de la redevance. Ce traité fut signé en présence du Divan (octobre 1817), et les arrérages furent payés sur cette base.

Ce n'était point, cependant, par esprit d'équité qu'Ali consentait à diminuer les charges de la France. — Il avait, à plusieurs reprises, manifesté le désir de posséder une de nos frégates, armée en guerre, laissant comprendre que pour prix d'un tel présent il favoriserait de tout son pouvoir notre commerce en Afrique. M. Deval, qui commettait volontiers des excès de zèle et ne reculait devant aucune promesse, s'engagea presque à obtenir de son gouvernement le vaisseau tant désiré. Ali le crut naïvement, et comme la frégate n'arrivait point, il réclama : « J'accorde volontiers à la cour de France, écrivait-il au consul, de rétablir les redevances sur le pied de la convention de 1790; mais mandez-lui que je tiens à ce qu'on m'envoie un beau vaisseau, sans quoi je ne vous regarderai de ma vie, et ne voudrai plus entendre parler d'aucune affaire française. » — Trois mois après, il renouvelait sa demande et ses menaces : « Vous savez, écrivait-il à M. Deval, ce que vous m'avez promis. Faites vite arriver un beau vaisseau bien monté et bien muni de tout, et, dans ce cas, disposez de moi comme vous voudrez : le pays est à vous ; en attendant, je vais suspendre toute disposition en faveur des Français... » — M. Deval ne savait trop que répondre ; la mort d'Ali le tira momentanément d'embarras (1).

XIII

Hussein fut le dernier Pacha d'Alger. Né à Vourla, dans l'Asie-Mineure, il fit ses études à Constantinople, dans l'école spéciale fondée par le baron de Tott. Habile et rusé, tenace autant qu'ambitieux, il servit quelque temps dans l'artillerie turque, puis déserta son poste et vint s'enrôler dans la milice de l'Odjeac, où ses manières affables et son instruction le firent promptement remarquer. Omar-Pacha, qui

---

(1) Voy. Bartillat, *Relation de la campagne d'Afrique en* 1830, 1 vol. in-8°, pag. 8 et 9.

régnait alors, le reçut kodjah, puis iman (professeur de la vraie foi) ; plus tard, il le nomma secrétaire de la Régence et membre du Conseil. Ali confirma ces nominations et conçut pour Hussein une estime telle, qu'il le désigna dans son testament comme le seul homme qui pût gouverner l'Odjeac.

A la mort de ce dernier, Hussein fut institué, — ou s'institua, — chef de la Régence et revêtit le caftan d'honneur. Les jannissaires, gagnés à sa cause, vinrent le complimenter, et le cadi ordonna des prières publiques pour la prospérité du nouveau règne.

A dater de cette époque, les relations du gouvernement français avec la Régence vont avoir un caractère entièrement hostile.

L'expédition de lord Exmouth n'avait point produit les résultats qu'on en pouvait attendre : les corsaires continuaient, comme par le passé, à ravager les côtes d'Espagne et d'Italie. L'Europe s'en émut, et au congrès d'Aix-la-Chapelle (20 novembre 1818) on discuta les moyens à employer pour mettre définitivement un terme à la piraterie. Les plénipotentiaires de France et d'Angleterre, le duc de Richelieu et lord Castelreagh, furent invités à prier leurs gouvernements de faire adresser aux chefs des États barbaresques « des paroles sé-
» rieuses, les avertissant que l'effet infaillible de leur persé-
» vérance dans un système hostile au commerce pacifique,
» serait une ligue générale des puissances de l'Europe, sur
» les résultats de laquelle les Etats barbaresques feraient
» bien de réfléchir à temps, et qui pourrait bien les atteindre
» jusque dans leur existence (1). »

(1) Textuel.

Le contre-amiral Jurieu de la Gravière et le commodore anglais Freemantle notifièrent ensemble cette décision au Dey d'Alger, ainsi qu'aux beys de Tunis et de Tripoli (septembre 1819). La réponse d'Hussein fut évasive : il déclara ne pouvoir se soumettre, quelles que fussent ses intentions particulières, aux avis des puissances européennes ; que s'il osait abolir la course, il serait infailliblement massacré par le peuple, et que la Régence faisait la guerre à qui bon lui semblait.

Cette réponse devait provoquer, ce semble, des mesures énergiques ; les cours signataires du protocole n'appuyèrent cependant d'aucune démonstration le message de leurs envoyés : l'audace des Barbaresques s'en accrut, et la piraterie reprit son essor.

Hussein-Dey, mettant à profit cet excès de mansuétude, fit prévenir les consuls que tout Etat qui ne solderait point régulièrement le tribut et les présents d'usage serait considéré comme ennemi. La Suède, la Hollande, l'Espagne, la Sicile, etc., toutes les nations tributaires, en un mot, renouvelèrent aussitôt leurs traités.

La France subit le contre-coup de ces menaces. Hussein n'avait point oublié les désirs et les espérances de son prédécesseur. Il fit signifier à M. Deval que le gouvernement français ayant refusé à la Régence le don gratuit d'un vaisseau, le traité de 1790 devait être considéré comme nul et non avenu, et son renouvellement établi sur les bases qu'avait stipulées Omar-Pacha ; en d'autres termes, il exigeait que le prix des redevances fut porté à 214,000 fr. La France céda, et son consul reçut l'ordre de déférer aux réclamations du dey (13 mars 1820).

Tant de faiblesse augmenta l'insolence du Dey, qui, de

jour en jour, se montra plus exigeant. C'est ainsi qu'après avoir réclamé et obtenu la remise de deux quintaux de corail choisi, — impôt auquel il n'avait plus aucun droit, — il fit défense au gérant de notre comptoir de réparer les fortifications de La Calle; c'est ainsi que, sans respect pour le droit d'asile, il somma notre consul de lui livrer les Kabyles attachés à sa personne, sous le prétexte que leur tribu était en guerre avec la Régence, si bien que, pour échapper à un nouvel outrage, M. Deval dut faire évader ses serviteurs!... — Mais, pour ne point entrer dans de trop longs détails, nous laisserons parler M. de Damas, dont le discours est consigné au *Moniteur officiel,* numéro du 11 juillet 1829 :

« Nos griefs, disait le ministre aux députés, remontent jusqu'à l'époque de l'accession au pouvoir du Dey actuel. Mais c'est surtout depuis 1824 qu'ils ont acquis plus de gravité.

» A cette époque, contre la teneur expresse des traités, des perquisitions furent exercées dans la maison consulaire de France à Bône, sous prétexte de contrebande. Des autorisations illicites de séjourner et de commercer dans cette ville et sur les côtes de la province de Constantine furent accordées à des négociants anglais et mahométans. Un droit arbitraire de dix pour cent fut établi sur les marchandises introduites dans ces contrées pour le compte de l'agent des concessions françaises.

» En 1826, des navires appartenant à des sujets du Saint-Siége, mais couverts du pavillon et de la protection de la France, furent injustement capturés, et la restitution en fut refusée. Des propriétés françaises, saisies à bord d'un navire espagnol, furent confisquées. Ainsi furent violés les deux principes qui ont constamment servi de base à nos transactions avec les Régences d'Afrique : que le pavillon français couvre la marchandise quelle qu'elle soit, et que la marchandise française est inviolable, même sous pavillon ennemi. Des visites arbitraires et des déprédations furent commises à bord des navires français. La souveraineté de la France sur cette portion de territoire qui se trouve comprise entre la Seybouse et le cap Roux, et dont elle est en possession depuis le milieu du XVe siècle, fut méconnue, etc., etc. »

Un dernier et sanglant outrage allait amener la guerre :

Vers la fin du siècle dernier, le mauvais état de nos récoltes força le gouvernement de la République à demander au Dey d'Alger l'autorisation d'acheter des blés dans la Régence. Le Dey s'y prêta de bonne grâce, et les Juifs Busnach et Bacri expédièrent à Marseille, de 1793 à 1798, des fournitures de céréales dont le prix peut être évalué à quinze millions de francs.

Les premières livraisons furent soldées en monnaie métallique ; mais, lorsque les assignats devinrent la monnaie légale de la France, les créanciers protestèrent contre ce mode de payement, et réclamèrent une indemnité considérable. En droit, ils avaient raison ; mais ils surchargèrent leurs mémoires en y ajoutant des intérêts usuraires, et les négociateurs français chargés de liquider leur compte exigèrent une diminution notable, « attendu que les dernières fournitures se composaient entièrement de blés avariés. » — On ne put s'accorder, et l'affaire resta pendante.

Cependant, sur les réclamations réitérées du Dey d'Alger, personnellement intéressé dans les fournitures, on signa, en 1804, une convention dont l'un des articles était ainsi conçu :

« Son Excellence le Dey d'Alger s'engage à faire rembourser toutes les sommes qui pourraient être dues à des Français par ses sujets, comme le citoyen Dubois-Thinville prend l'engagement, au nom de son gouvernement, de faire acquitter toutes celles qui seraient légitimement réclamées. »

Il fallait procéder à une liquidation difficile; mais le gouvernement français, dont l'attention était ailleurs, se borna à donner, de temps à autre, de faibles à-comptes. Vint la Restauration : Louis XVIII chargea M. Nicolas Pléville d'apurer le compte des Algériens et de s'entendre à ce sujet avec leur fondé de pouvoirs.— On arrêta à sept millions de francs la dette de la France (28 octobre 1819), et il fut stipulé que cette somme serait payée par douzièmes, à dater du 1er mars 1820. Mais il fut expressément convenu (art. 4) « que les sujets français qui auraient eux-mêmes des réclamations à faire valoir contre les sieurs Busnach et Bacri pourraient mettre opposition au payement, et qu'une somme égale au montant de leurs réclamations serait tenue en réserve jusqu'à ce que les tribunaux français eussent prononcé sur le mérite de leurs titres de créance. »

Or, en vertu de cet article, des négociants de Marseille, qui avaient fait à Busnach et Bacri de fortes avances, produisirent leurs réclamations et demandèrent la retenue du montant de leurs créances, dont le chiffre s'élevait à 2,500,000 fr. — Le trésor paya donc aux juifs algériens une somme de 4,500,000 fr., et, suivant l'usage, versa le complément à la caisse des dépôts et consignations.— Le Dey, instruit de cette mesure, dépêcha immédiatement à Paris un envoyé extraordinaire présenter ses doléances : il était, disait-il, créancier du sieur Bacri et réclamait, comme lui appartenant en propre, la somme consignée par le trésor; en outre, il exigeait le remboursement d'une autre somme de deux millions, perçue, affirmait-il, par notre consul général « pour prix de bons offices que ce dernier avait rendus à Bacri, actuellement en prison. » On répondit à l'ambassadeur que les tribunaux étant saisis de l'affaire, le gouvernement ne pouvait intervenir sans dépasser ses pouvoirs.

Cette réponse n'était point de nature à satisfaire Hussein-Dey : il s'emporta contre la cour de France, se prétendit lésé dans ses intérêts, et demanda à plusieurs reprises qu'on lui envoyât les créanciers privilégiés, pour qu'ils eussent à lui justifier la validité de leurs créances ; à ce sujet même, il écrivit au Ministre des affaires étrangères, au Président du Conseil et au Roi une lettre tellement hautaine, que M. le baron de Damas ne crut point devoir y répondre officiellement : il donna l'ordre au consul de s'expliquer verbalement avec le chef de la Régence.

Toutes ces lenteurs irritaient Hussein-Dey ; il se plaignait avec amertume et se déchaînait contre M. Deval en termes les plus injurieux : un jour vint où, dans le paroxysme de sa fureur, il perdit toute mesure.

C'était à l'époque des fêtes du Beyram : les consuls de toutes les nations s'étaient rendus au palais pour complimenter le Dey. M. Deval était à peine introduit, qu'Hussein l'interpella :

— Avez-vous à me remettre, lui demanda-t-il, une lettre de votre Souverain ?

— Votre Altesse sait bien, répondit M. Deval, que le Roi de France ne peut correspondre avec le Dey d'Alger.

Hussein se leva furieux, l'injure à la bouche ; il invectiva le consul et s'oublia jusqu'à le frapper au visage avec un chasse-mouches.

L'injure était grave... M. de Damas enjoignit à M. Deval de cesser tout rapport officiel avec la Régence ; une division de six bâtiments de guerre, sous les ordres du capitaine Collet se présenta bientôt après devant Alger (juin 1827) : le capitaine devait exiger une éclatante réparation de l'outrage fait à la France en la personne de son consul : il notifia sa mission en termes énergiques et pressants ; mais Hussein se riait de nos menaces, et il repoussa toute ouverture d'accommodement. M. Deval et les Français résidant à Alger s'embarquèrent le lendemain. — Aussitôt après leur départ, injonction fut faite au bey de Constantine de détruire de fond en comble le comptoir de La Calle et nos autres établissements : ce fut la réponse d'Hussein à la signification du chef de notre escadre.

XIV

A dater de ce moment, un blocus rigoureux fut établi devant Alger. On comptait appauvrir ainsi la ville et provoquer une révolution ; mais Alger tirait ses subsistances de l'intérieur et la milice était toute dévouée au chef de l'Odjeac. Aussi le blocus, qui coûtait à la France sept millions par an, fut-il absolument illusoire. On le comprit ; et comme il fallait sortir d'un *statu quo* ruineux, n'osant faire la guerre, on ne trouva rien de mieux que de s'adresser à Méhémet-Ali.

Des négociations furent donc ouvertes entre le gouvernement français et le Pacha d'Egypte (1829) : Méhémet s'engageait à prendre possession des trois Régences, à détruire la piraterie et à abolir l'esclavage des chrétiens. Il gouvernerait au nom du sultan et lui payerait tribut. La France devait fournir les subsides nécessaires à l'expédition. Mais on ne pouvait conclure sans l'assentiment des puissances européennes. La Porte, prévenue par notre ambassadeur, ne témoigna ni mécontentement ni inquiétude, bien qu'elle fût particulièrement intéressée dans la question ; la Prusse et la Russie donnèrent à ce projet leur entier assentiment ; l'Autriche se borna à présenter quelques objections ; l'Espagne applaudit des deux mains ; la cour de Londres seule protesta, et il fut impossible de vaincre sa résistance : la France dut renoncer à cette combinaison et agir par elle-même.

Le blocus fut maintenu : M. le comte de la Bretonnière, capitaine de vaisseau, remplaça dans le commandement de l'escadre le vice-amiral Collet, qui venait de mourir, et serra de près la ville. Bientôt, cependant, de faux avis donnèrent à penser que le chef de l'Odjeac désirait la paix. M. de la Bretonnière reçut mission de se rendre auprès du Dey et d'entamer, s'il était possible, de nouvelles négociations. Le capitaine montait la *Provence* : il était accompagné de M. Bianchi, secrétaire-interprète, et de M. de Nerciat, commandant du brick l'*Alerte*. A leur arrivée (30 juillet 1829), ils furent conduits par le consul de Sardaigne, comte d'Attili, chez le ministre des affaires étrangères et de la marine. — Le lendemain, MM. de la Bretonnière et d'Attili furent reçus par Hussein-Dey.

L'entrevue dura trois heures : le représentant de la France exposa l'objet de sa démarche, énuméra les griefs dont il exigeait le redressement, et déploya dans cette circonstance difficile autant d'habileté que d'énergie. — Le Dey l'écouta patiemment, puis demanda vingt-quatre heures pour réfléchir.

Une seconde conférence fut fixée au 2 août. Là, M. de la Bretonnière renouvela ses arguments : conseils et menaces, tout fut inutile ; le Dey ne voulut point céder : il déclara que, se trouvant lui-même offensé, il entendait, non faire des excuses, mais en recevoir ; que si la France désirait la paix, il était prêt à la signer, mais à la condition formelle qu'on lui rendrait, sans retard, la somme par lui réclamée et qu'on l'indemniserait, en outre, des pertes occasionnées à la Régence par la longueur du blocus.

M. de la Bretonnière regagna son vaisseau et attendit jusqu'au lendemain pour mettre à la voile. Le 3 août, l'*Alerte* appareilla et sortit de la baie ; la *Provence* leva ses ancres...

Alors eut lieu un acte incroyable de sauvagerie :

Tandis que la *Provence* louvoyait pour gagner le large, un coup de canon chargé à poudre partit de la batterie du Fanal. A ce signal, donné, s'il faut en croire les Arabes, par le ministre même de la marine, les batteries de la ville et du môle répondirent par une décharge générale. Le vaisseau français, bien que portant au grand mât le pavillon parlementaire, devint le point de mire des canonniers algériens, et plusieurs boulets l'atteignirent, qui, heureusement, ne blessèrent personne, mais causèrent de nombreuses avaries à la voilure et au gréement.

A cette attaque imprévue, véritable guet-apens que le fanatisme le plus exalté ne saurait faire pardonner, les équipages de la *Provence* et de l'*Alerte* s'élancèrent à leurs pièces : officiers et soldats, tous demandaient à combattre. M. de la Bretonnière sut néanmoins les contenir. Décidé à ne point compromettre son caractère de parlementaire, il commanda à sa propre indignation et continua sa route. — De retour en France, il exposa brièvement au roi l'attaque dont il avait été l'objet. Charles X, dont la patience était à bout, renonça à toute idée de conciliation. — **La guerre fut décidée.**

PREMIÈRE PARTIE

CHAPITRE PREMIER

COMMANDEMENT DU GÉNÉRAL COMTE DE BOURMONT.

La France devant l'Europe : attitude de l'Angleterre. — Choix des généraux : MM. de Bourmont et Duperré. — Composition de l'armée et de la flotte. — La Sublime-Porte offre sa médiation. — Tahir-Pacha. — La rade de Sidi-Ferruch. — Débarquement. — Bataille de Staouëli.— Combat de Sidi-Kalef. — Investissement d'Alger.— Explosion du fort l'Empereur. — Les Janissaires. — Hussein-Dey capitule. — Prise et occupation d'Alger.

Cette lointaine expédition contre les Barbaresques plaisait à Charles X, parce qu'elle rappelait à son esprit religieux les croisades du moyen âge ; elle souriait à M. de Polignac, qui, sous l'empire de projets bien arrêtés, voulait distraire l'opinion publique et ruser avec elle ; elle flattait les instincts du peuple, qui, de tout temps, a aimé la guerre pour la guerre elle-même : mais elle rencontra, dans le parti libéral et dans la presse, une opposition systématique. Orateurs, écrivains et journalistes la jugeaient, en effet, non par son but, sa tendance et ses résultats, mais suivant les préventions et la haine qu'inspirait le premier ministre. Aux yeux de tous, la conquête d'Alger masquait un coup d'état : après la guerre extérieure, on craignait la guerre civile. —

M. de Polignac dédaigna de répondre : les récriminations des libéraux l'inquiétaient peu.

Les cours d'Europe, officiellement prévenues, applaudirent à la décision du Roi. L'Angleterre seule, suivant en cela sa politique égoïste, présenta des objections fondées sur les intérêts de son commerce ; mais, à vrai dire, ce qu'elle redoutait le plus, c'était de voir la France réussir là où lord Exmouth avait échoué. Les négociations furent pleines d'aigreur : le chef du *foreing-office*, craignant de voir la France augmenter son territoire, fit demander par son ambassadeur « ce que le gouvernement comptait faire d'Alger après s'en être emparé. » La question parut étrange : M. de Polignac répondit : « que la France insultée ne demandait le secours de personne pour venger son injure, et qu'elle n'aurait besoin de consulter personne pour savoir ce qu'elle aurait à faire de sa nouvelle conquête. » L'Angleterre comprit enfin que ses menaces n'effrayaient plus ; elle se tut.

Le ministère, cependant, ne se dissimulait point les difficultés de l'entreprise ; la défaite de Charles-Quint, celle plus récente d'O'Reilly disaient assez avec quelle circonspection chefs et soldats devaient agir. Le plan d'attaque fut, en conséquence, minutieusement élaboré (1).

La dernière expédition de lord Exmouth avait démontré d'une manière absolue l'impossibilité de réduire Alger par un bombardement ; on savait, en outre, que, dans la prévision

(1) L'expédition d'Alger eut de nombreux historiens ; il nous serait difficile de les citer tous. Voy. pour tous les détails : A.-M. PERROT, *la Conquête d'Alger*. Paris, 1830, 1 vol. in-8° avec pl.: — Baron DENNIÉE, *Précis historique de la campagne d'Afrique*, 1 vol. in-8° ; — FERNEL, *Campagne d'Afrique en* 1830, 1 vol. avec pl.; — E. DUMESNIL, *De l'Expédition d'Afrique*, 1 vol. in-8° ; — DESPREZ (général), *Journal d'un officier de l'armée d'Afrique*, 1 vol.

d'une guerre nouvelle, Omar-pacha et ses successeurs avaient fait élever près du môle de solides fortifications, défendues par une artillerie formidable ; on renonça donc à l'idée de bombarder exclusivement la ville, et on revint au plan soumis à Napoléon par le capitaine Boutin, lequel demandait une attaque simultanée par terre et par mer, et indiquait la presqu'île de Sidi-Ferruch comme point de débarquement (1).

On fit appel aux lumières du Conseil d'Amirauté ; mais les côtes du nord de l'Afrique, jusqu'alors mal étudiées et mal connues, étaient réputées tellement dangereuses que la plupart des amiraux et des officiers supérieurs désapprouvèrent l'expédition. Seul, le vice-amiral Duperré fut d'un avis contraire ; et, comme on appréciait à leur juste valeur sa bravoure et son expérience, on le désigna pour diriger la flotte.

Le choix du commandant en chef de l'armée divisa longtemps la Cour : des maréchaux de France et plusieurs officiers-généraux se présentèrent. Le duc de Raguse, s'appuyant des services qu'il avait rendus à la cause royale, demanda comme une récompense l'honneur de commander les troupes : une intrigue de palais le fit écarter, et le comte de Bourmont, alors ministre de la guerre, fut définitivement nommé.

Les préparatifs avaient été poussés avec une activité toute française : le 1ᵉʳ mai 1830, les troupes expéditionnaires étaient à Toulon, prêtes à s'embarquer.

L'armée se composait de trois divisions ; chaque division de trois brigades ; chaque brigade de deux régiments, excepté la première brigade de la première division, qui en comptait trois, et de troupes de différentes armes. — Pour plus de

---

(1) Voy. JUCHEREAU DE SAINT-DENYS : *la Régence d'Alger*, 1 vol. in-8º.

clarté, nous indiquerons dans un seul tableau la composition de toutes les forces réunies :

ÉTAT-MAJOR DE L'ARMÉE.

M. de Bourmont, lieutenant-général, commandant en chef.

M. Desprez, lieutenant-général, chef d'état-major.

1re Division : Baron de Berthezène.
- 1re Brigade. Poret de Morvan.
- 2e — Achard.
- 3e — Clouet.

2e Division : Comte de Loverdo.
- 1re Brigade. Denis de Damrémont.
- 2e — Monck-d'Uzer.
- 3e — Colomb d'Arcine.

3e Division : Duc d'Escars.
- 1re Brigade. De Berthier.
- 2e — Hurel.
- 3e — De Montlivault.

ARMÉE DE TERRE.

INFANTERIE.

	Effectif.
32 bataillons d'infanterie de ligne............	
4 bataillons d'infanterie légère..............	30852

CAVALERIE.

6 escadrons de cavalerie légère..............	534

ARTILLERIE.

	Effectif.
Batteries montées.........	698
Batteries de siége.........	1040
Pontonniers et ouvriers d'artillerie.............	167
Train des parcs..........	422

GÉNIE.

Sapeurs du génie..........	1310
Ouvriers d'administration..	828
Train des équipages.......	851
Poste et trésor de l'armée..	47

L'effectif total de l'armée, en y comprenant, outre les troupes ci-dessus, l'état-major général, les états-majors des divisions et des diverses armes et les personnes attachées à l'intendance, s'élevait à *trente-sept mille huit cent soixante-dix-sept* hommes.

ARMÉE NAVALE.

Vaisseaux de ligne.	11	Bricks............	26	Gabarres..........	8
Frégates...........	24	Corvettes de charge.	8	Goëlettes.........	2
Corvettes..........	7	Bombardes........	8	Bateaux à vapeur..	7

Soit, **101** bâtiments de guerre, et **27,000** marins, officiers compris ; plus, **400** navires marchands de toutes classes affectés aux transports.

L'embarquement des troupes et du matériel était achevé

le 19 mai : on comptait mettre à la voile le lendemain, mais le vent changea de direction, et la flotte dut rester au mouillage ; le 25, elle leva ses ancres et quitta la rade au milieu des bravos enthousiastes de la population.

La mer était calme, la brise légère et continue : l'armée navale, divisée en trois colonnes suivait heureusement sa route, lorsqu'elle rencontra, dans la matinée du 26, une frégate française et une frégate turque marchant de conserve : c'était *la Duchesse de Berry* (capitaine Kerdrain), qui conduisait à Toulon Tahir-Pacha, envoyé extraordinaire de la Sublime-Porte.

Voici ce qui s'était passé :

Dès qu'on avait appris à Constantinople le projet formé par Charles X de châtier Hussein-Dey et de réduire Alger, le ministère ottoman s'était réuni pour aviser au moyen d'empêcher l'expédition. Au sortir du conseil, le grand-vizir écrivit à notre ambassadeur, M. Guilleminot : il demandait expressément au nom de l'Empereur, chef reconnu de la Régence, que Tahir-Pacha fût autorisé à se rendre à Alger, affirmant que toute satisfaction serait aussitôt donnée à la cour de France. M. Guilleminot refusa. Le grand-vizir, que conseillait l'ambassadeur d'Angleterre, restreignit alors sa demande à un passeport, puis, sans attendre la réponse, il fit partir son représentant.

Tahir-Pacha comptait arriver en temps utile ; mais comme il approchait du port, il fut arrêté par la station française du blocus. Vainement il excipa de son titre d'ambassadeur : le chef d'escadre, M. Massieu de Clerval, avait pour instruction de ne laisser pénétrer aucun bâtiment, à quelque nation qu'il appartînt, et il fut inflexible. — Tahir était libre de retourner à Constantinople ; il préféra se rendre à Toulon, pour de là gagner Paris. Le capitaine Kerdrain fut chargé de l'accompagner.

Dès que les deux frégates eurent rallié la flotte, l'envoyé turc se rendit auprès du général en chef et se présenta comme médiateur. Il était, disait-il, investi par son gouvernement de pouvoirs illimités et offrait en expiation, s'il était nécessaire, la vie même d'Hussein-Dey. — M. de Bourmont répondit que le temps des négociations était passé, et il laissa l'ambassadeur continuer sa route.

La flotte se remit en marche : elle se trouvait, dans la matinée du 30, à une faible distance d'Alger, lorsqu'un gros temps l'assaillit; le convoi fut dispersé. Pour éviter un désastre, l'amiral fit virer de bord et l'escadre vint se rallier à Palma. Elle y resta du 2 au 9 juin : ce jour-là, tous les vaisseaux de guerre et près de cent bâtiments de transport reprirent la mer. La baie de Sidi-Ferruch étant peu spacieuse, on craignit les suites d'un encombrement, et le reste du convoi dut se maintenir au mouillage jusqu'à réception d'ordre contraire.

Le 12, on aperçut Alger; le 13, la flotte défila devant la ville avec un ensemble admirable, et s'avança rapidement jusqu'à la presqu'île où les troupes devaient débarquer.

La pointe de Sidi-Ferruch s'avance à onze cents mètres dans la mer. La presqu'île dont elle a reçu le nom est à vingt kilomètres ouest d'Alger. A l'extrémité septentrionale, sur le point culminant d'une colline, s'élevaient une tour carrée, désignée par les Espagnols sous le nom de *Torre chica* (petite tour), et le tombeau d'un marabout dont le souvenir est en grande vénération parmi les femmes algériennes.

On croyait la position bien défendue ; mais les Arabes dont les connaissances pratiques en fait de tactique et de stratégie

étaient encore à l'état rudimentaire, avaient mal conçu et mal organisé leur résistance. Au lieu d'établir sur la montagne un système de fortifications armées d'artillerie, ils s'étaient groupés dans le camp de la Yasma, à un kilomètre du littoral, derrière deux redoutes qui défendaient le chemin d'Alger.
— Cette faute grossière permit à la flotte de pénétrer sans encombre dans la rade de Sidi-Ferruch.

Le débarquement fut remis au lendemain : il commença le 14, au lever du soleil, les brigades se suivant par numéro d'ordre. Dès qu'elles eurent abordé la plage, les troupes d'infanterie se formèrent en colonne et se portèrent en avant, tandis que la compagnie de mineurs allait prendre possession de la tour *Torre chica,* abandonnée la nuit précédente par la garnison turque.

Les Algériens commencèrent le feu, et leur artillerie, que servaient d'habiles pointeurs, causa dans le principe quelque désordre. Il fallait la réduire ; la première division, (général Berthezène) se porta rapidement sur les redoutes et les enleva avec une impétuosité sans égale ; les Turcs, culbutés sur tous les points, s'enfuirent vers le plateau de Staouëli, laissant au pouvoir des vainqueurs onze canons et deux mortiers. — Notre perte se bornait à trente-cinq hommes tués ou blessés.

Tel fut ce premier engagement, qui devait décider du sort de la Régence. A vrai dire, il coûta peu d'hommes de part et d'autre ; mais il exerça sur l'esprit des deux armées une influence morale dont l'effet se fit immédiatement sentir.

Les musulmans, fiers de leurs précédentes victoires, croyaient que, cette fois encore ils jetteraient à la mer l'armée chrétienne. Dans la ville et sous la tente, de Mers-el-Kébir à La Calle, partout ils avaient entendu raconter, — légendes glorieuses, — et les défaites multipliées des Espagnols, et les triomphes de l'islamisme. Pleins de confiance en la protection du Prophète, convaincus que le Croissant devait humilier la Croix, ils étaient accourus au secours d'Alger-la-Guerrière pour se partager, après la victoire, les dépouilles des infidèles.

Aussi, l'échec qu'ils venaient de subir apparut-il à la majorité d'entre eux comme un signe non équivoque de la chute de la Régence ; et, sous l'empire du fatalisme oriental, Arabes, Turcs et Kabyles sentirent également leur courage décroître. — Beaucoup partirent, dès la première journée, qui jugèrent inutile de « faire plus longtemps parler la poudre. »

Tout à l'encontre, les assaillants puisèrent dans leur premier succès un surcroît d'énergie ; ils connaissaient par oui dire la bravoure des janissaires ; ils savaient que les Turcs étaient implacables, à demi sauvages et qu'ils mutilaient leurs prisonniers : tous, jeunes ou vieux, apportèrent néanmoins dans l'accomplissement de leurs devoirs cette insouciance du péril qui fait des soldats français les meilleurs soldats du monde. — Leur premier combat était une première victoire : confiants dans leur audace, ils demandèrent que, sans plus attendre, on marchât sur Alger.

Mais le général en chef ne voulait rien livrer au hasard, et la prudence lui faisait une loi de s'établir solidement dans la presqu'île de Sidi-Ferruch. Les trois quarts des bâtiments de transport étaient, en effet, restés à Palma ; ils avaient à bord le matériel de siége, les chevaux d'artillerie, du génie, de l'administration militaire, et la plus grande partie des approvisionnements en vivres et en fourrages : force était d'attendre leur arrivée.

L'armée profita de ce retard pour fortifier sa position : le génie traça une ligne de retranchement propre à couvrir la presqu'île du côté de la campagne et en fit une véritable place d'armes. Au fur et à mesure des arrivages, le matériel fut débarqué prestement et avec ordre : toute chose trouva sa place : « Cette pointe de terre, dit un témoin, devenait comme par enchantement, un camp, un port, un arsenal, on pouvait dire presque une ville. Il s'y formait des hôpitaux, des cafés, des restaurants ; ici, un parc d'artillerie ; là, des magasins ; plus loin, des boulangeries, des écuries, jusqu'à des ateliers de peinture, car des artistes s'étaient joints à l'armée pour que Paris pût jouir bientôt des points de vue du pays que nous allions conquérir ; et, le lendemain de leur arrivée, ils s'étaient mis à l'ouvrage au bruit du canon, et presque sous les balles ennemies. Il semblait que la France, avec ses arts, sa civilisation, son activité, fût débarquée tout entière en Afrique (1). »

Cependant, les Arabes voyant qu'on ne les attaquait point, avaient repris courage ; dans la journée du 15, ils s'approchèrent des avant-postes, et, masqués par les broussailles, ils engagèrent avec nos tirailleurs une fusillade meurtrière. Leur feu dura jusqu'à la nuit. Le lendemain, une tempête des plus violentes faillit compromettre l'armée navale : le vent soufflait avec furie, les vagues déferlaient sur la côte avec un fracas épouvantable ; plusieurs navires chassaient sur leurs ancres, quand tout à coup le vent changea et la mer reprit son calme habituel. Grâce, du reste, aux sages dispositions prises par l'amiral, les pertes de la marine furent presque insignifiantes. Le 17 et le 18, les Turcs se présentèrent en plus grand nombre ; la fusillade continua, vive et bien nourrie, comme les

---

(1) Voy. DE MONT ROND, *Histoire de la C   quête de l'Algérie*, t. I, p. 56, 57.

jours précédents; elle aguérissait nos hommes qui, pour la plupart, recevaient le baptême du feu, et se préparaient ainsi à des luttes plus sérieuses.

De part et d'autre, cependant, on était las de ces combats partiels; les Arabes, concentrés sur le plateau de Staouëli, avaient reçu de nombreux renforts. Les Beys d'Oran, de Constantine et de Tittery venaient d'arriver et pressaient Ibrahim-Aga, gendre d'Hussein et généralissime, d'engager l'action.

Le 19 au matin, cinquante mille Arabes s'ébranlèrent au signal donné. Les tirailleurs ouvraient la marche; derrière eux suivaient deux colonnes profondes commandées, l'une par Ibrahim, l'autre par le bey de Constantine. — La première marchait contre la division Berthezène, la seconde contre la division Loverdo; les tirailleurs devaient s'étendre à droite et à gauche et tourner l'armée française.

La bataille commença : — Les Turcs assaillirent la première division avec une telle impétuosité qu'ils pénétrèrent dans le redan occupé par la grand'garde, puis se jetèrent sur une redoute que défendait un bataillon du 28ᵉ : pris à l'improviste, ce bataillon céda; mais, rallié presque aussitôt par le général Clouet, il chargea vigoureusement l'ennemi et reprit ses positions. A la droite et au centre, l'engagement fut vif, mais très court : ordre avait été donné aux généraux français de ne commander le feu qu'au moment même où les Arabes seraient à portée de fusil; cet ordre fut ponctuellement exécuté : quand les troupes algériennes se présentèrent, elles furent reçues par un feu roulant de mousqueterie qui joncha le terrain de blessés et de morts. A trois fois différentes cavaliers et fantassins se ruèrent avec furie contre les lignes françaises; chaque fois, ils durent se replier en désordre. — Comme ils allaient tenter une dernière attaque, le général en chef prit l'offensive : les tambours battirent la charge ; les divisions Berthezène et Loverdo s'élancèrent en avant, tandis que deux brigades de la division d'Escars se formaient en réserve en avant de Sidi-Ferruch.

Dès ce moment, la bataille était gagnée : les Arabes, poursuivis à la baïonnette, décimés par la mitraille, abandonnèrent successivement leurs redoutes et leurs batteries ; moins d'une heure après, le camp de Staouëli était occupé par les Français. On y trouva treize pièces d'artillerie, deux mortiers à barbette, des magasins parfaitement approvisionnés, cent chameaux et près de 400 tentes toutes dressées.

Cette fois, M. de Bourmont fut sérieusement tenté de profiter de sa victoire et de poursuivre les fuyards jusque sous les murs de la ville ; mais de puissantes considérations l'en empêchèrent : le convoi qu'on attendait de Palma n'était point encore arrivé, et les magasins contenaient tout au plus pour douze journées de vivres : un échec eût placé son armée dans une position difficile et compromis gravement, peut-être, le succès de l'expédition : — il attendit. — Les deux premières divisions s'installèrent sur le plateau dont elles s'étaient emparées, la troisième revint à Sidi-Ferruch, et le génie ouvrit aussitôt entre les deux camps une route carrossable, que protégeaient deux redoutes intermédiaires. Ces différents travaux occupèrent les troupes du 20 au 23. Ils furent exécutés sous le feu continuel de l'ennemi, dont les tirailleurs nous tuèrent beaucoup de monde.

Après la bataille de Staouëli, c'est-à-dire dans le premier moment de terreur causé par leur défaite, les Turcs s'étaient retirés à Alger, demandant à grands cris le supplice du Dey dont l'avarice sordide avait provoqué la guerre. Mais Hussein ne s'effrayait pas facilement : à la nouvelle du danger qui le menaçait, il avait fait charger les canons de la Casbah et déclaré qu'il réduirait la ville en cendres au premier mouvement de la milice ; puis, après avoir reproché à Ibrahim de s'être laissé battre par une « bande d'infidèles », il s'était adressé aux chefs des Janissaires et avait relevé leur courage.

Poussés par les marabouts qui, du haut des minarets prêchaient la guerre sainte, vingt mille Arabes se présentèrent aux avant-postes dans la matinée du 24 : comme à la journée de Staouëli, leur ligne embrassait un front très étendu et ils voulaient tourner l'armée française. — A la vue des assaillants, les divisions Berthezène et Loverdo se formèrent en carrés et reçurent à la baïonnette les cavaliers Arabes, qui, après plusieurs charges successives, faiblirent et se replièrent. Aussitôt M. de Bourmont prit l'offensive : les brigades, formées en colonnes, traversèrent rapidement la plaine, chassèrent les musulmans jusqu'au vallon de Baché-Derré, c'est-à-dire à deux lieues du point d'attaque, et, malheureusement, s'y installèrent ; — « malheureusement », disons nous, car la position était mal choisie : commandées, à droite et à gauche, par les crêtes du Bougiaria, aucun de leurs mouvements n'échappait aux Arabes qui, maîtres des collines environnantes, firent un feu continuel. Du 24 au 29, la troisième division, qui avait remplacé la première, perdit près de neuf cents hommes.

Dans l'intervalle, le convoi qu'on attendait de Palma avait enfin rallié la flotte. Il apportait les vivres, les chevaux et tout le matériel de siége : rien ne s'opposait donc plus à la marche des troupes. Le général en chef résolut de débusquer les Arabes et de les refouler dans la ville.

Le 29, à l'aube du jour, l'armée se mit en mouvement, à

l'exception de deux brigades, dont l'une devait garder Sidi-Ferruch, et l'autre protéger les communications. L'ardeur était générale : chefs et soldats s'élancèrent au cri de : *Vive le roi!* et franchirent la plaine au pas de charge. A dix heures, les brigades d'attaque étaient au pied du Bougiaria ; à midi, elles en occupaient les crêtes, chassant devant elles les Algériens, qui ne tinrent nulle part et abandonnèrent leur artillerie. — Encore quelques jours, et nos soldats victorieux allaient planter leur drapeau sur le sommet de la Casbah.

Pour attaquer utilement l'enceinte d'Alger, il fallait, avant tout, soumettre le fort de l'Empereur, qui dominait la ville et la protégeait du côté de la campagne : la tranchée fut ouverte à deux cent cinquante mètres de distance, le soir même de l'occupation du Bougiaria. Les travaux, poussés avec vigueur, malgré les tentatives désespérées des Arabes qui effectuèrent plusieurs sorties, étaient achevés dans la nuit du 3 juillet. Le 4, au signal d'une fusée volante, toutes les batteries de siége commencèrent le feu.

Le fort de l'Empereur était puissamment armé, et la milice turque, chargée de le défendre, se montra digne, cette fois, de sa vieille réputation de bravoure ; ses canonniers surtout furent admirables. Mais la résistance devait avoir un terme : dès neuf heures du matin, les murailles, incessamment battues par les boulets et les obus, étaient en grande partie détruites, les canons renversés, et des monceaux de cadavres couvraient les terre-pleins et les fossés du réduit. — La position n'était plus tenable : Hussein, prévenu de l'état des choses, donna l'ordre d'abandonner le fort et de mettre le feu aux poudres. Les Arabes obéirent, et une épouvantable explosion déchira l'air. Quand la fumée qui obscurcissait l'horizon fut dissipée, on n'aperçut plus qu'un amas de décombres.

Le bataillon commis à la garde de la tranchée s'y porta rapidement, sous la conduite du général Hurel; peu après, M. de Bourmont, profitant du désordre qui régnait dans la ville, fit attaquer le fort Babazoun et pointer ses canons sur la Casbah. — Le feu allait recommencer, quand Sidi-Moustapha, secrétaire intime du Dey, se présenta comme parlementaire.

Le chef de l'Odjeac, l'indomptable Hussein, s'humiliait enfin devant la France : abandonné par les Arabes, menacé par les Turcs, il envoyait implorer la commisération des vainqueurs.

Dès qu'il fut en présence du général en chef, Sidi-Moustatapha se prosterna jusqu'à terre, puis prononça les paroles suivantes, qu'un interprète traduisit mot à mot :

« O invincible tête des armées du plus grand sultan de notre siècle, Dieu est pour toi et pour tes drapeaux; mais la clémence de Dieu commande la modération après la victoire. La prudence humaine la conseille comme le moyen le plus sûr de désarmer tout à fait l'ennemi vaincu. Hussein-Pacha baise la poussière de tes pieds et se repent d'avoir rompu ses anciennes relations avec le grand et puissant Melek-Charal (le roi Charles X). Il reconnaît aujourd'hui que, quand les Algériens sont en guerre avec le roi de France, ils ne doivent pas faire la prière du soir avant d'avoir obtenu la paix. Il fait amende honorable pour l'insulte commise sur la personne de son consul; il renonce, malgré la pauvreté de son trésor, à ses anciennes créances sur la France; bien plus, il payera les frais de la guerre. Moyennant ces satisfactions, notre Maître espère que tu lui laisseras la vie sauve, le trône d'Alger, et que, de plus, tu retireras ton armée de la terre d'Afrique et tes vaisseaux de ses côtes. »

M. de Bourmont avait trop le sentiment de l'honneur national pour accepter ces propositions ; il dicta et remit au plénipotentiaire une réponse ainsi conçue :

« Le sort de la ville d'Alger et de la Casbah est dans mes mains, car je suis maître du fort l'Empereur et de toutes les positions voisines. En quelques heures, les cent pièces de canon de l'armée française et celles que j'ai enlevées aux Algériens auront fait de la Casbah et de la ville un monceau de ruines ; et alors Hussein-Pacha et les Algériens auront le sort des populations et des troupes qui se trouvent dans les villes prises d'assaut. Si Hussein veut avoir la vie sauve, pour lui, les Turcs et les habitants de la ville, qu'ils se rendent tous *à merci*, et remettent sur-le-champ aux troupes françaises la Casbah, tous les forts de la ville et les forts extérieurs. »

Tandis que Moustapha remplissait sa mission, le ministre des affaires étrangères se rendait auprès de l'amiral Duperré et le suppliait, au nom de son Maître, d'accorder à la Régence la paix qu'elle demandait au prix de conditions acceptables. L'amiral déclina sa compétence et adressa le ministre au général en chef. De leur côté, les janissaires envoyèrent un des leurs « offrir la vie du pacha en expiation de l'insulte faite à la France, se déclarant prêts à élire un nouveau Dey, qui rechercherait et cultiverait par tous les moyens possibles l'amitié et les bonnes grâces du roi Charles... » M. de Bourmont chassa l'ambassadeur en lui disant que l'armée française n'était point venue pour assassiner un homme, mais pour vaincre glorieusement un ennemi. — Le consul de la Grande-Bretagne voulut, à son tour, intervenir : il fut poliment éconduit.

En prenant congé du général, Sidi-Moustapha avait demandé deux heures pour rapporter la réponse d'Hussein. Il revint accompagné de deux Arabes, les plus riches d'Alger et dont l'un, Abou-Derbah, avait longtemps habité Marseille et parlait parfaitement français. Ce fut lui qui porta la parole.

La teneur des conditions imposées par le général en chef avait semé l'inquiétude parmi les Algériens, qui se demandaient avec effroi la signification de ces mots : « *Se rendre à merci*; » il semblait à tous que le vainqueur exigeait d'eux le sacrifice absolu de leurs personnes, de leurs familles et de leurs propriétés; or, plutôt que de se soumettre à ces exigences, ils préféraient s'ensevelir sous les ruines d'Alger. — Abou-Derbah se fit leur interprète; il s'attacha à convaincre M. de Bourmont que, pour terminer la guerre, il suffisait de rassurer les esprits, de rendre plus saisissables les termes de la capitulation et de les faire expliquer au Divan par un interprète de l'armée.

Le général en chef se rendit à ces avis, et, son conseil entendu, il signa une convention préliminaire que les parlementaires et M. de Bracewithz portèrent aussitôt à la Casbah.

En voici les termes :

1° L'armée française prendra possession de la ville d'Alger, de la Casbah et de tous les forts qui en dépendent, ainsi que de toutes les propriétés publiques, demain 5 juillet 1830, à dix heures du matin.

2° La religion et les coutumes des habitants seront respectées. Aucun militaire de l'armée française ne pourra entrer dans les mosquées.

3° Le Dey et tous les Turcs devront quitter Alger dans le plus bref délai. On leur garantit la conservation de leurs richesses personnelles. Ils seront libres de choisir le lieu de leur retraite.

En ce qui le concernait personnellement, le Dey accepta

sans murmures les termes de la capitulation. Il avait la vie sauve et conservait ses richesses : c'était plus qu'il n'osait espérer. Mais s'il pouvait disposer de sa fortune, il ne pouvait, suivant les lois constitutives de la Régence, céder tout ou partie du territoire sans le consentement exprès de la milice. Le Divan fut convoqué.

Ce que fut l'assemblée à cette heure suprême où la milice turque allait signer sa déchéance, M. Bracewithz va nous le dire :

« ....La cour du Divan où je fus conduit était remplie de janissaires; Hussein était assis à sa place accoutumée; il avait debout autour de lui, ses ministres et quelques consuls étrangers. L'irritation était violente; le Dey seul me parut calme, mais triste. Il imposa silence de la main, et tout aussitôt me fit signe d'approcher, avec une expression très prononcée d'anxiété et d'impatience. J'avais à la main les conditions écrites sous la dictée de M. de Bourmont. Après avoir salué le Dey et lui avoir adressé quelques mots respectueux sur la mission dont j'étais chargé, je lus en arabe les articles suivants avec un ton de voix que je m'efforçais de rendre le plus rassuré possible : 1º—*L'armée française prendra possession de la ville d'Alger, de la Casbah, et de tous les forts qui en dépendent, ainsi que de toutes les propriétés publiques, demain 5 juillet* 1830, *à dix heures du matin, heure française.*

» Les premiers mots de cet article excitèrent une rumeur sourde, qui augmenta quand je prononçai les mots : *à dix heures* du matin. Un geste du Dey réprima ce mouvement. Je continuai : 2º—*La religion et les coutumes des Algériens seront respectées ; aucun militaire de l'armée ne pourra entrer dans les mosquées.* Cet article excita une satisfaction générale ;

le Dey regarda toutes les personnes qui l'entouraient, comme pour jouir de leur approbation, et me fit signe de continuer. 3° — *Le Dey et les Turcs devront quitter Alger dans le plus bref délai.* A ces mots, un cri de rage retentit de toutes parts ; le Dey pâlit, se leva, et jeta autour de lui des regards inquiets. On n'entendait que ces mots, répétés avec fureur par tous les janissaires : *El mout ! el mout !* (la mort ! la mort !). Je me retournai au bruit des yatagans et des poignards qu'on tirait des fourreaux, et je vis leurs lames briller au-dessus de ma tête. Je m'efforçai de conserver une contenance ferme, et je regardai fixement le Dey, qui comprit l'expression de mon regard ; il descendit de son divan, s'avança d'un air furieux vers cette multitude effrénée, ordonna le silence d'une voix forte, et me fit signe de continuer. Ce ne fut pas sans peine que je fis entendre la suite de l'article, qui ramena un peu de calme : *On leur garantit la conservation de leurs richesses personnelles ; ils seront libres de choisir le lieu de leur retraite.*

» Des groupes se formèrent à l'instant dans la cour du Divan ; des discussions vives et animées avaient lieu entre les officiers turcs : les plus jeunes demandaient à défendre la ville. Ce ne fut pas sans peine que l'ordre fut rétabli, et que l'Aga, les membres les plus influents du Divan et le Dey lui-même leur persuadèrent que la défense était impossible, et qu'elle ne pourrait amener que la destruction totale d'Alger et le massacre de la population... »

Les Turcs se résignèrent, et sortirent du palais en laissant au pacha le soin de discuter les articles de la capitulation. Après de longs débats, le chef de la Régence et ses ministres signèrent l'acte suivant, qui consacrait leur déchéance :

Art. Ier. Le fort de la Casbah, tous les forts qui dépendent d'Alger et le port de cette ville seront remis aux troupes françaises ce matin, à dix heures (heure française).

Art. II. Le général en chef de l'armée française s'engage envers S. A. le Dey d'Alger à lui laisser la libre possession de toutes ses richesses personnelles.

Art. III. Le Dey sera libre de se retirer avec sa famille et ses richesse dans le lieu qu'il fixera; et, tant qu'il restera à Alger, il sera, lui et toute sa famille, sous la protection du général en chef de l'armée française. Une garde lui sera donnée pour la sûreté de sa personne et de sa famille.

Art. IV. Le général en chef assure à tous les soldats de la milice les mêmes avantages et la même protection.

Art. V. L'exercice de la religion mahométane restera libre. La liberté des habitants de toutes classes, leur religion, leurs propriétés, leur commerce et leur industrie ne recevront aucune atteinte ; leurs femmes seront respectées ; le général en chef en prend l'engagement sur l'honneur.

Art. VI. L'échange de cette convention sera fait avant dix heures, et les troupes françaises entreront aussitôt après dans la Casbah, et successivement dans les autres forts de la ville et de la marine.

Dans la matinée, le Dey fit demander un sursis de deux heures. A midi précis, le 5 juillet 1830, les troupes françaises entrèrent dans Alger et s'installèrent aussitôt dans les différents postes qui leur étaient assignés.

Ainsi disparut, après trois siècles d'existence, le gouvernement fondé par Barberousse.

Et maintenant qu'on nous permette de payer à l'armée victorieuse un juste tribut de reconnaissance et d'éloges.

Dans cette longue et pénible expédition, officiers et soldats de toutes armes avaient également fait leur devoir.

M. de Bourmont s'était montré, sans doute, plus temporisateur qu'audacieux, mais on ne saurait lui faire un blâme de ses hésitations : sa tâche était lourde, et il se sentait d'autant plus engagé qu'il avait à faire oublier, par une éclatante victoire, une éclatante défection. Il fut prudent sans faiblesse, et brave sans ostentation. Ce fut avec une simplicité antique, qu'après la journée du 19, il rendit compte au président du conseil de la blessure d'un de ses fils : « Le nombre des hommes mis hors du combat, écrivait-il, a été peu considérable ; un seul officier a été blessé dangereusement, c'est le second des quatre fils qui m'ont suivi en Afrique. J'espère qu'il vivra pour continuer de servir avec dévoûment le roi et la patrie ». Cette espérance fut déçue, et l'opinion publique, qui pourtant ne pardonne guère, tint compte au général, et de son abnégation et de sa modestie ; les troupes lui furent reconnaissantes de la sollicitude qu'il avait mise à veiller à leur bien-être.

La Marine avait rendu d'immenses services par la célérité de ses préparatifs et l'heureuse habileté du débarquement ; elle avait couru et bravé les périls d'une véritable tempête, et prêté un utile concours en canonnant les forteresses qui défendaient l'entrée du port.

Quant à l'armée de terre, elle avait, en vingt jours, défait l'ennemi dans deux batailles, livré ou soutenu une multitude d'engagements, et pris une ville qui passait pour imprenable. Toute gloire militaire s'achète au prix du sang. La France paya chèrement la sienne, mais cette fois du moins l'Europe était vengée.

La chute du Dey entraînait, comme conséquence inévitable, celle de tous les délégués de son pouvoir et jetait la Régence dans une complète anarchie : M. de Bourmont s'attacha tout d'abord à rassurer les Arabes et à faciliter, par l'emploi de sages mesures, la transition de l'ordre ancien à l'ordre nouveau. — Deux Commissions furent immédiatement créées, l'une dite de Gouvernement, l'autre dite des Finances.

La Commission de Gouvernement avait pour instruction « d'étudier l'état et les besoins du pays, d'approfondir les formes de l'ancienne administration, de reconnaître celles des anciennes institutions qui pouraient être maintenues, et celles qu'il était urgent de modifier et de remplacer ; de faire concourir à l'exercice des fonctions qui constituent l'ordre civil, non-seulement les Français, mais encore les notables des différentes castes indigènes ; de préparer un travail propre à produire utilement cet amalgame politique, sans entraîner d'inconvénient ; d'acquérir, enfin, des renseignements positifs sur les ressources du pays et sur les mouvements du commerce. » — La tâche était immense ; après de mûres réflexions, il fut décidé que pour ménager l'esprit politique et religieux des Arabes, on s'éloignerait le moins possible de l'ordre administratif créé par les Turcs : l'expérience seule déterminerait le choix et l'opportunité des réformes.

La Commission des Finances fut chargée d'établir l'état des recettes et des dépenses du gouvernement algérien, et de prendre possession du Trésor de l'Odjeac, évalué à 55 millions 684,527 fr., ainsi répartis :

1° En espèces métalliques. . . . . 48,684,527 fr.
2° En laines et denrées. . . . . . 3,000,000 »
3° En pièces d'artillerie en bronze 4,000,000 »

           Total. . . . . . . 55,684,527 fr.

Or, le total des dépenses au compte du ministère de la

guerre, arrêté au 31 décembre, s'élevait à 25 millions, celui des dépenses de la marine à 23,500,000 fr., ensemble à 48,500,000 fr.; le produit net de la conquête (toutes dépenses payées jusqu'au 31 décembre), fut donc de 7,184,527 fr., — non compris la valeur de 800 bouches à feu en fonte, d'une immense quantité de projectiles et de poudre de guerre, ainsi que la valeur des propriétés publiques (1).

Aux termes de la capitulation (article III), la personne d'Hussein était placée sous la protection de l'armée française : M. de Bourmont commit, en conséquence, à la garde du Dey une compagnie d'élite et veilla, avec un soin scrupuleux, à ce que tous les engagements qu'il avait pris fussent rigoureusement tenus. Hussein se montra reconnaissant : durant la visite qu'il fit au général en chef, il s'expliqua avec une entière franchise sur les hommes de la Régence, et donna sur leur caractère et leurs mœurs de précieuses indications :

« Débarrassez-vous, dit-il, — et le plus tôt possible, — des janissaires turcs ; accoutumés à commander en maîtres, ils ne pourront jamais consentir à vivre dans l'ordre et la soumission. Les Maures sont timides, vous les gouvernerez sans peine ; mais n'accordez jamais une entière confiance à leurs discours. Quant aux Arabes nomades, ils ne sont pas à craindre ; les bons traitements les attachent et les rendent dociles et dévoués ; des persécutions vous les feraient perdre promptement. Ils s'éloigneraient avec leurs troupeaux et porteraient leur industrie jusque dans les plus hautes montagnes ; ou bien ils passeraient dans les États de Tunis. — Les Kabyles n'ont jamais aimé les étrangers, ils se détestent entre eux : évitez une guerre générale contre cette population ; vous n'en tireriez aucun avantage. Mais adoptez à leur égard le plan constamment suivi par les Deys d'Alger, — c'est-à-dire divisez-les et profitez de leurs querelles.

(1) Voy. ED. LAPÈNE, ouvrage déjà cité.

» Quant aux gouverneurs des trois provinces, changez-les ; ce serait de votre part une bien grande imprudence que de les conserver : comme Turcs et comme mahométans, ils ne pourront que vous haïr. Je vous recommande surtout de vous tenir en garde contre le Bey de Tittery : c'est un fourbe. Il viendra s'offrir, il vous promettra d'être fidèle ; mais il vous trahira à la première occasion. Le Bey de Constantine est moins perfide et moins dangereux ; le Bey d'Oran est un honnête homme, sa parole est sacrée ; mais, mahométan rigide, il ne consentira pas à vous servir : il est aimé dans sa province ; votre intérêt exige que vous l'éloigniez du pays. »

Ces conseils étaient excellents : l'administration française eut le tort grave de les oublier trop vite.

Hussein s'embarqua, avec son harem et sa suite, sur une frégate française, qui le conduisit à Naples (10 juillet) ; son départ fut suivi, le lendemain, de celui des janissaires, qu'on expédia sur Smyrne. Par une faveur toute spéciale, les Turcs mariés furent autorisés à rester dans la Régence : on supposait que la crainte de compromettre leur fortune et l'existence de leur famille répondrait de leur soumission.

Une dépêche ministérielle avait prescrit à M. de Bourmont de se porter, aussitôt après la prise d'Alger, sur les points les plus importants du littoral, et de faire occuper les anciennes positions françaises : le général en chef résolut, en conséquence, de s'emparer de Bône. Les 6ᵉ et 49ᵉ régiments de ligne, une compagnie d'artillerie, une compagnie de sapeurs, six pièces d'artillerie et deux obusiers de montagne furent embarqués, le 25 juillet, sur *le Trident, la Surveillante*, et *la Guerrière*. Le général Damrémont commandait les troupes ; le contre-amiral Rosamel dirigeait l'escadrille. — Le 2 août, la division parut devant Bône : les habitants, alors en pleine révolte contre le Bey de Constantine, livrèrent aussitôt la ville. Le général, craignant une surprise, fit occuper par le 6ᵉ de ligne le fort de la Casbah, situé à trois cents mètres de la place, sur une hauteur isolée ; le 49ᵉ prit position sur la route de Constantine. — L'ennemi couvrait la campagne, inquiet, irrésolu et attendant des renforts : pendant plusieurs jours, il se borna à empêcher l'arrivée des subsistances : mais peu à peu il s'enhardit et inquiéta nos avant-postes ; le 49ᵉ sortit aussitôt de ses retranchements et culbuta les Arabes (6 et 7 août).

Tandis que le général Damrémont s'installait à Bône, le contre-amiral Rosamel se rendait à Tripoli et présentait au Dey un traité qui abolissait l'esclavage des chrétiens et interdisait à jamais la piraterie. Le Dey, à qui la déchéance d'Hussein donnait à réfléchir, souscrivit à tout ; peu de jours après, le Bey de Tunis acceptait un traité semblable.

L'occupation d'Oran ne présenta pas plus de difficultés : le cheick qui commandait la province était revenu de Staouëli avec une opinion bien arrêtée sur la puissance de nos armes, et il s'était empressé d'écrire au général en chef qu'il était prêt à reconnaître l'autorité française : à la réception de cette lettre, le fils aîné du comte de Bourmont se rendit à Oran, dont les Arabes lui ouvrirent les portes (24 juillet), puis s'empara du fort de Mers-el-Kébir sans que les Turcs qui l'occupaient opposassent la moindre résistance.

En quelques jours tout avait changé de face ; les Arabes, revenus de leurs frayeurs, avaient repris leurs habitudes et leur commerce ; les Kabyles fréquentaient nos marchés, et les janissaires n'étaient point encore embarqués que le Bey de Tittery venait faire sa soumission. Enfin, l'un des hommes les plus influents de la tribu des Flissas, Ben-Zamoun écrivait au général en chef, « qu'en voyant avec quelle promptitude les Français s'étaient emparés d'Alger, lui et ses compatriotes avaient compris que Dieu nous avait destinés à régner à la place des Turcs ; que ce serait folie à eux de vouloir s'opposer aux décrets de la providence ; qu'en conséquence il se proposait d'user de son ascendant, pour réunir les hommes les plus influents de la province d'Alger, et leur proposer les bases d'un traité qui réglerait, à l'avantage de tous la nature de nos rapports avec les Arabes, tant dans l'intérêt présent, que dans celui des races futures (1). »

De tels résultats devaient surprendre : M. de Bourmont crut de bonne foi que la conquête ne présentait aucune difficulté sérieuse. « La prise d'Alger, mandait-il au ministre, paraît devoir amener la soumission de toutes les parties de la Régence : plus la milice turque était redoutée, plus sa prompte destruction a révélé, dans l'esprit des Africains, la force de l'armée française. Le Bey de Tittery a reconnu le premier l'impossibilité où il était de prolonger la lutte, et les Arabes paraissent convaincus que les Beys d'Oran et de Constantine ne tarderont pas à suivre cet exemple : tout nous porte à croire que la tâche de l'armée est remplie. » — Le général fut promptement désabusé :

Des rapports particuliers signalaient la plaine de la Métidjah comme éminemment propre à l'établissement d'une colonie : M. de Bourmont désirant s'en assurer par lui-même et reconnaître les sources de l'Arach et du Mazafran, ainsi que la chaîne du petit Atlas, résolut de pousser jusqu'à Blidah, ville populeuse, située à douze lieues S. E. d'Alger. Il y était fortement engagé d'ailleurs par le Bey de Tittery, lequel af-

(1) Voy. PÉLISSIER, *Annales Algériennes*, T. I, p. 311.

firmait « que la présence du général en chef aurait pour effet immédiat de faire naître la confiance et de hâter la soumission des tribus. » — Cette excursion présentait de véritables dangers, et le nouvel agha des Arabes supplia le général en chef de renoncer à son projet ; à l'en croire, les propositions du Bey de Tittery cachaient un piége, et la colonne expéditionnaire marchait à sa perte. Ses conseils furent inutiles : « J'ai promis d'aller a Blidah, répondait M. de Bourmont ; si je ne tenais pas ma parole, je passerais pour avoir peur. »

Il se mit en marche (23 juillet) avec douze cents hommes d'infanterie, cent cavaliers et deux pièces de canon. — La colonne fit halte à Bouffarick et arriva sur le soir à Blidah, où elle fut reçue par les habitants avec de telles démonstrations de respect, qu'officiers et soldats abandonnèrent leurs postes pour visiter la place.

Cependant, les craintes manifestées par l'agha allaient être amplement justifiées : le lendemain, dix mille Arabes firent irruption dans la ville et assaillirent la troupe française qui, promptement réunie, commença son mouvement de retraite. La marche dura sept heures : les Kabyles essayèrent à plusieurs reprises de couper la colonne ; ils furent constamment repoussés, et M. de Bourmont put, sans trop de perte, regagner Alger après avoir couché à Bir-Touta, où il reçut le bâton et le brevet de maréchal de France, que lui apportait, au nom du roi, un officier d'état-major.

Cette malheureuse expédition eut les suites les plus funestes : elle amena la rupture des négociations entamées par les cheiks de différentes tribus qui songeaient à se rendre, et détruisit le prestige qui environnait nos troupes. « Les Français, disaient les Kabyles, avaient fui de Blidah ; bientôt, ils fuiraient d'Alger. »

Pour étouffer, dès le principe, ces germes de rébellion, peut-être eût-il suffi d'un coup de main : il fallait revenir à Blidah, non plus avec deux brigades, mais avec deux divisions, occuper la ville et en châtier les habitants qui nous avaient trahis. Mais M. de Bourmont prêta complaisamment l'oreille aux accusations portées par les Maures d'Alger contre les Turcs qui étaient encore dans la ville ; il crut à une conspiration ; et, sans vouloir écouter la défense des accusés, il prononça leur expulsion du territoire : — à l'exception des vieillards et des aveugles, tous les Turcs, indistinctement, durent quitter la Régence. Les principaux d'entre eux furent aussitôt embarqués ; et, pour imprimer aux Arabes une terreur salutaire, le général fit juger et pendre quelques bédouins qui portaient à l'ennemi des armes et des munitions de guerre.

A dater de ce moment, les troupes qui campaient autour de la ville furent constamment harcelées par les Kabyles ; M. de Bourmont, fatigué de ces attaques, allait reprendre l'offensive, lorsque la nouvelle de la révolution de Juillet parvint à Alger.

Bien que prévue depuis longtemps, cette nouvelle causa dans l'armée une indicible émotion et provoqua des scènes étranges. Mais pour qu'on ne nous accuse point de dénaturer les faits, nous emprunterons à l'auteur des *Annales Algériennes* le récit des événements dont il fut lui-même le témoin :

« La promulgation des ordonnances, dit M. Pélissier, fut connue à Alger le 26 juillet ; elle excita chez quelques personnes, en petit nombre, une joie indécente, bientôt troublée par le coup de foudre qui la suivit. Ce fut le 11 août qu'un navire marchand, venu de Marseille, nous apporta la nouvelle de la chute de Charles X ; elle se

répandit avec la rapidité de l'éclair. Les chefs de corps reçurent l'ordre de la communiquer eux-mêmes à leurs officiers. Ils le firent dans des termes vagues, équivalant à ceux-ci : « Soyez prudents, et attendez de plus amples informations avant de vous prononcer. »
— Mais si les chefs principaux étaient indifférents, il n'en était point de même dans les rangs inférieurs. Un fort parti se forma sur-le-champ pour résister à toute espèce de scission avec la majorité de nos compatriotes.

» M. de Bourmont réunit, le 12, tous les officiers supérieurs à la Casbah. Là, ces messieurs, s'excitant les uns les autres, reprirent, il est vrai, un peu de vigueur. On dit que des épées furent tirées, et que plus d'un colonel jura sur le fer de mourir pour la légitimité. M. de Bourmont, entraîné par ses fils braves et loyaux jeunes gens, absolutistes de bonne foi, partagea un instant cet enthousiasme. Il fut, en effet, question de conduire l'armée en Normandie pour y soutenir les droits de la famille déchue. Une communication aussi absurde dans le fond que puérile dans la forme, transmise des côtes de Provence par le marquis d'Albertas, avait donné quelques espérances aux ennemis de la Révolution et fait pencher de leur côté la cohue des politiques expectants. Le duc d'Escars eut la froide intrépidité de mettre cette pièce ridicule à l'ordre de la troisième division ; on s'en moqua.

» Des ordres furent donnés pour faire rentrer à Alger les troupes que nous avions à Bône et à Oran. Le général en chef expliqua cette mesure par la crainte d'une prochaine rupture entre l'Angleterre et la France.

» M. Desprez, chef d'état-major général, fut chargé de sonder les dispositions de l'amiral Duperré. Celui-ci tergiversa et répondit par des faux-fuyants, à travers lesquels cependant perçait un esprit d'opposition à toute mesure extrême. Il promit, du reste, de ne point arborer le nouveau pavillon avant l'armée de terre, et ajouta « *qu'il coulerait le navire qui oserait le hisser sans son ordre.* »
— M. de Bourmont, sûr de ne point être trop pressé par la marine, se trouva soulagé d'un grand poids. Son hésitation dura jusqu'au 16 août. Il aurait voulu la prolonger encore. D'un côté, il avait reçu une lettre amicale du général Gérard, qui le rassurait sur sa position personnelle ; de l'autre, son affection pour une famille à laquelle il avait tout sacrifié, lui faisait peut-être désirer que la position d'une armée, encore indécise sous le drapeau blanc, pût apporter

quelques chances à l'élection du duc de Bordeaux. Ce calcul fut déjoué. L'idée fixe de l'armée était l'union avec la patrie. On aurait proclamé la République, Napoléon II ou M. de Bordeaux, que nous y aurions souscrit. La question principale était le triomphe de la liberté, auquel nous avions applaudi énergiquement ; le pouvoir était entre les mains du peuple ; c'était à lui que nous voulions rester unis, bien décidés à nous soumettre à la forme de gouvernement qu'il aurait adopté. Ceci ne ressemblait en rien à l'indifférence politique de la plupart de nos chefs. Nous voulions que l'on reconnût la Révolution, qu'on en adoptât les couleurs, quelles qu'en dussent être les conséquences ; nous étions en droit de le vouloir, et nous l'aurions obtenu, malgré la résistance la plus opiniâtre.

» Nous avons dit qu'un parti s'était formé pour résister à toute scission entre nous et la France. Un grand nombre d'officiers devait se rendre chez le général en chef et le sommer d'arborer les couleurs nationales. La nouvelle de ce projet parvint aux oreilles de M. de Bourmont et hâta indubitablement sa détermination. M. le général Hurel se présenta le 16, au soir, à la troisième division, qui était celle où il y avait le plus de fermentation, et engagea les officiers à renoncer à leur projet, leur disant que ce serait commettre en pure perte un acte d'insubordination, puisque nous allions être satisfaits. En effet, l'ordre du jour qui substituait le pavillon tricolore au pavillon blanc parut quelques heures après (1). »

— Le lendemain, effectivement, le drapeau tricolore fut arboré sur la tour de la Casbah et sur les batteries du môle.

M. de Bourmont espéra pendant un moment qu'il conserverait sa position : il lui semblait impossible que le nouveau gouvernement brisât l'épée du général qui avait conquis Alger, détruit la piraterie et doté la France d'un empire. Son espoir, cependant, fut promptement déçu ; et, du jour où il apprit qu'on refusait ses services, il tomba dans un découragement profond. C'est ainsi qu'au lieu de marcher contre le

---

(1) Voy. *Annales Algériennes*, T. I, p. 364, 368.

Bey de Tittery, qui venait de lui déclarer la guerre, il s'enferma dans ses cantonnements et laissa les Arabes de la plaine bloquer l'armée dans ses lignes.

On attendait avec impatience l'arrivée de son successeur. — Le général Clauzel débarqua le 2 septembre, et prit le commandement des troupes ; peu d'heures après, M. de Bourmont partit pour l'Espagne à bord d'un navire autrichien. Il était entré en triomphateur dans la Régence : ce fut en proscrit qu'il s'éloigna du théâtre de sa victoire.

CHAPITRE DEUXIÈME

COMMANDEMENT DU GÉNÉRAL CLAUZEL.

(AOUT 1830. — JANVIER 1831.)

Administration. — Expédition de Médéah. — Convention avec le Bey de Tunis.

Le général Clauzel avait servi la République et l'Empire ; il avait été proscrit par la Restauration ; on le savait brave, et on le disait administrateur habile : c'en était assez pour captiver l'opinion, aussi, l'armée d'Afrique l'accueillit-elle avec plaisir.

Le nouveau commandant avait, ou croyait avoir, des pouvoirs illimités : il prit, dès les premiers jours de son installation, l'initiative de grandes mesures. Les troupes furent d'abord l'objet de sa sollicitude : la discipline, un moment relâchée, recouvra son empire ; il fut pourvu à tous les emplois laissés vacants par la démission des titulaires ; et, pour combler le vide que causait dans l'armée le départ de plusieurs régiments rappelés en France, on créa deux bataillons indigènes, sous le nom de *bataillons de zouaves*.

Tous les pouvoirs publics étaient désorganisés : M. Clauzel s'étudia à substituer en toutes choses l'ordre à l'anarchie. L'administration des douanes et celle des domaines furent constituées (1) ; on créa un Comité de gouvernement chargé de l'administration générale, et composé de l'Intendant général, qui en eut la présidence, et de trois autres membres : le premier pour la Justice, le second pour l'Intérieur et le troisième pour les Finances ; enfin, les tribunaux reçurent une organisation nouvelle, propre à satisfaire aux besoins du moment.

Ces divers arrêtés témoignaient du bon vouloir du général en chef. Il en est un, cependant, qui causa parmi les indigènes une véritable stupeur : nous voulons parler de l'acte du 8 septembre, qui déterminait en ces termes les propriétés du domaine :

« Toutes les maisons, magasins, boutiques, jardins, ter» rains, locaux et établissements quelconques occupés pré» cédemment par le Dey, les Beys et les Turcs sortis de
» la Régence d'Alger, ou gérés pour leur compte, rentrent
» dans le domaine public et seront régis à son profit ; les
» biens affectés à la Mecque et à Médine continueront à être
» gérés par des administrateurs musulmans, au choix et sous
» la surveillance du gouvernement français. »

Cet arrêté violait formellement l'article 5 de la capitulation d'Alger. Il provoqua de la part des Koulouglis d'énergiques réclamations, et suscita plus tard au comte Clauzel de graves embarras et de nombreux ennuis.

Quoi qu'il en soit, le général prenait son rôle au sérieux.

---

(1) Voy. la *Collection des actes du Gouvernement*, arrêtés des 8 septembre, 16 et 22 octobre 1830.

Durant son exil, il avait visité les possessions anglaises, habité l'Amérique et fait une étude spéciale des questions qui se rattachent à l'administration des colonies : il voulut utiliser ces connaissances spéciales, prendre le territoire conquis pour un champ d'expériences, y développer le plus possible l'agriculture et l'industrie, « ces deux mamelles d'un pays, » et fonder, en face de Marseille, un établissement durable. Ce fut sous l'empire de cette préoccupation qu'il fit appel aux capitalistes et qu'il créa aux environs d'Alger une ferme-modèle, « pour y essayer en grand la culture, soit des produits coloniaux, soit celle des produits que la France ne fournit pas à l'industrie en raison de ses besoins (1). » Malheureusement, ce premier essai fut infructueux, et la malveillance s'en empara pour noircir la réputation du gouverneur, personnellement intéressé dans l'entreprise ; mais cet insuccès ne préjugeait rien, et M. Clauzel put opposer à ses détracteurs l'opinion du ministre de la guerre. — Une dépêche ministérielle, datée du 30 octobre, prouve en effet que le gouvernement était alors entièrement résolu à coloniser Alger, et qu'il appréciait parfaitement les avantages que la France pourrait tirer de sa conquête :

« Le Gouvernement, écrivait au général en chef le ministre de la guerre, déjà déterminé à conserver la possession d'Alger, a vu avec satisfaction qu'il était possible de pourvoir à l'occupation de cette ville et des principaux points du littoral de la Régence, avec un corps de dix mille hommes et des dépenses peu considérables. Ces considérations l'ont confirmé dans l'intention de fonder, sur le territoire d'Alger, une importante colonie. Une semblable détermination doit être suivie d'un examen attentif de tous les moyens d'améliorer le pays et de tirer parti de ses ressources, dans l'intérêt de la France, combiné avec celui des indigènes. Le gouvernement

---

(1) Arrêté du 30 octobre 1830.

approuve *sans réserve* ce que vous avez fait jusqu'ici pour gagner l'affection et la confiance des habitants, ainsi que l'organisation de troupes arabes à notre solde... Mais tout en s'efforçant d'améliorer le sort des indigènes, la France doit chercher dans Alger un débouché pour le superflu de sa population, des ressources pour son commerce et son industrie. La ferme expérimentale offre à cet égard un essai des plus utiles : si cet établissement obtient le succès qu'il est permis d'en attendre, il pourra former le noyau d'une vaste colonisation. On pourrait, en concédant de proche en proche les terres qui l'environnent, imposer aux colons de participer aux travaux de défense et de faire partie d'une milice locale. Nul doute que de semblables combinaisons, auxquelles on aurait soin d'associer l'intérêt des indigènes, pourraient, avec le temps, transformer en une vaste colonie la plaine de la Mitidjah, en refoulant vers le Petit-Atlas les tribus insoumises. La France trouverait là, peut-être, la plupart des produits qu'elle tire maintenant de l'Amérique et de l'Inde ; elle y trouverait encore un précieux débouché pour ses manufactures. La colonisation du territoire d'Alger est une noble et vaste entreprise, dont le succès repose principalement sur vos lumières et sur votre patriotisme : le gouvernement voit avec plaisir qu'elle préoccupe votre esprit ; il compte qu'elle sera le but de vos constants efforts (1). »

M. Clauzel pouvait donc affirmer à bon droit que la dynastie de Juillet voulait conserver la Régence : aussi, fort de l'approbation du ministre, dès qu'il eut organisé l'administration, il résolut d'étendre au dehors et d'assurer sa puissance.

Nous avons dit qu'après la retraite de Blidah, Bou-Mezrag, Bey de Tittery, avait déclaré la guerre au maréchal Bourmont et commencé les hostilités. Le général Clauzel destitua le chef arabe « qui avait rompu sans motif l'acte de soumission volontaire consenti par lui envers l'autorité française, »

(1) Voy. *Observations du général Clauzel, sur quelques actes de son commandement*, (1831), p. 10-14.

et confia le commandement de la province à Mustapha-ben-Omar. Mais, dans l'état de révolte où vivaient les tribus, le titre conféré par le général en chef était complétement illusoire, et il fallait soutenir par les armes l'élection du nouveau Bey. Le gouverneur se mit à la tête des troupes et s'avança vers le beylick de Tittery.

Le corps d'armée se composait de trois brigades, fortes chacune de quatre bataillons tirés de divers régiments. Le général Achard commandait la première brigade, formée par les bataillons des 14e, 37e, 20e et 28e de ligne ; le général Monck-d'Uzer commandait la seconde (6e, 23e, 15e et 29e de ligne) ; la troisième (17e, 30e, 34e et 35e de ligne) était sous les ordres du général Hurel. Ces trois brigades formaient une division sous le commandement du général Boyer. — La réserve comprenait un bataillon du 21e de ligne, un bataillon de zouaves, des chasseurs d'Afrique, une batterie de campagne, une batterie de montagne et une compagnie du génie ; l'ensemble des troupes donnait un effectif de sept mille hommes.

L'armée se mit en mouvement (17 novembre). Comme elle approchait de Blidah, elle rencontra un gros de cavaliers arabes qui interceptaient la route. Le général Clauzel arrêta la colonne et dépêcha un interprète, qui revint bientôt avec le chef de la troupe. Le général expliqua le motif de l'expédition dirigée contre Bou-Mezrag, mais contre Bou-Mezrag seulement, et déclara qu'il voulait s'arrêter à Blidah. L'Arabe lui répondit fièrement qu'il l'engageait à ne point entrer dans la ville, sans quoi il trouverait une énergique résistance. — M. Clauzel renvoya le parlementaire et reprit sa marche.

Les Arabes attaquèrent aussitôt : la première brigade, qui était à l'avant-garde, riposta par un feu bien nourri et chassa devant elle les assaillants; le soir même, elle occupait la ville. Les montagnards descendirent alors du Petit-Atlas et engagèrent la fusillade avec les troupes du général Achard : une charge de cavalerie les dispersa. Les plus résolus d'entre eux se jetèrent alors dans les jardins environnants, et, cachés derrière des orangers séculaires, continuèrent le feu. Il fallait les débusquer. Ordre fut donné de tout détruire : les arbres furent abattus, les jardins incendiés, et les Kabyles, n'osant soutenir la lutte, regagnèrent leurs tribus. On laissa dans la place deux bataillons d'infanterie (34e et 35e), sous les ordres du colonel Rulhière, et l'armée se remit en marche. Au moment où elle arrivait à la ferme de Mouzaïa, un Marabout et cinq Cheicks de tribus se présentèrent au général et lui déclarèrent leur intention de vivre en bonne intelligence avec les Français ; ils demandaient, en conséquence, que leurs personnes et leurs propriétés fussent épargnées. Le général en chef les rassura complètement et reçut d'eux de précieuses indications.

Pour gagner Médéah, capitale du Beylick, il faut traverser le col de Thénia, — passage étroit, bordé, à droite, par un précipice profond, à gauche, par des hauteurs escarpées, et auquel on ne parvient que par un sentier raide et difficile.

C'est là que Bou-Mezrag avait réuni toutes ses forces.

La position ne pouvait être attaquée que de front et par la gauche, tant le ravin de droite offrait de difficultés. Le général Achard lance sur la gauche trois bataillons de sa brigade sous les ordres du colonel Marion, et reste lui-même sur la route avec le bataillon du 37e. — L'attaque commence : les Arabes occupent chaque pli du terrain et défendent pied à pied leurs positions. Bientôt nos troupes, qui gravissent la montagne à leur suite, s'arrêtent, fatiguées. Mais le colonel Marion fait battre la charge, et les soldats reprennent aussitôt leur élan. Au bruit des tambours, le général Achard, croyant que le colonel Marion est arrivé sur les crêtes, se place à la tête du bataillon du 37ᵉ, et, sans souci du péril qu'il va courir, attaque de front la position et l'enlève après un brillant combat. La journée avait été glorieuse; l'honneur en revint, en partie, au 14ᵉ et au 37ᵉ de ligne.

La brigade Monck-d'Uzer fut chargée de garder le passage, et le reste de l'armée continua sa route; elle n'était plus qu'à quelques lieues de Médéah quand un Arabe se présenta au général en chef et lui remit une lettre signée par tous les notables, qui imploraient la générosité du vainqueur. — Le but de l'expédition était atteint : les troupes françaises prirent le soir même possession de la ville ; Ben-Omar fut installé comme Bey de la province, et Bou-Mezrag, voyant que sa cause était perdue, se rendit à discrétion.

Après deux jours de repos, le général Clauzel repartit pour Alger, confiant la garde de la place à deux bataillons français et au bataillon de zouaves, sous les ordres du colonel Marion. La route était libre : la colonne passa le défilé sans brûler une amorce, et regagna Blidah.—La veille même, M. Rulhière y avait été vigoureusement assailli par une nuée d'Arabes que commandait Ben-Zamoun ; la lutte avait duré dix heures. Le général en chef trouva la ville détruite en partie ; le sang ruisselait sur la place, et des monceaux de cadavres jonchaient les rues... Un tel spectacle avait son éloquence : le gouverneur comprit que l'heure n'était point encore venue d'occuper définitivement Blidah, et la garnison revint à Alger avec le corps d'armée.

Peu de temps après, le général Boyer fut chargé de ravitailler la garnison de Médéah, qui depuis le départ de la colonne

expéditionnaire, avait été plusieurs fois attaquée. Il partit avec deux brigades, traversa l'Atlas presque sans coup férir, laissa dans la place des vivres, des munitions et des troupes, et regagna le quartier général sans avoir rencontré d'ennemis.
— Ces deux expéditions eurent un effet immense : elles assurèrent momentanément la tranquillité de la province de Tittery et forcèrent les tribus de la Mitidjah sinon à reconnaître notre autorité, du moins à nous craindre et à nous respecter.

Ce premier succès détermina le général en chef à faire une vigoureuse démonstration contre les Arabes de l'Ouest. Depuis que, sur l'ordre de M. de Bourmont, nos troupes avaient évacué Mers-el-Kébir, l'anarchie la plus complète régnait dans la province : le vieil Hassan était assiégé dans sa capitale par ses propres sujets, et l'Empereur du Maroc, après avoir tenté de s'emparer de Tlemcen, soulevait les tribus et menaçait Oran. Le général Damrémont vint, avec sa brigade, reprendre possession de Mers-el-Kébir, et sa seule présence ramena l'ordre dans la cité. Du moment où ils surent que le drapeau de la France flottait au sommet de la forteresse, Arabes et Marocains se tinrent également tranquilles et évitèrent soigneusement de donner au général un nouveau sujet de plaintes.

Cependant le Gouverneur mûrissait un projet dont l'exécution devait lui permettre de concentrer tous ses efforts sur la province d'Alger, tout en établissant notre suzeraineté sur les autres parties de la Régence :

L'armée d'Afrique se trouvait en présence de populations qui ne reconnaissaient point et ne pouvaient reconnaître à la France un droit qu'elles n'avaient point voulu reconnaître aux Turcs. Le général Clauzel avait donc à choisir entre deux partis : il lui fallait ou aliéner les droits de la France en traitant avec les indigènes, ou obtenir par la guerre une soumission qui allait être énergiquement refusée. Dans le premier cas, on donnait aux Arabes le temps de se reconnaître et de s'organiser ; dans le second, il fallait attaquer simultanément toutes les provinces et soutenir la guerre jusqu'à complète soumission du pays. Or, à l'époque dont nous parlons, la France était menacée par les signataires du traité de la Sainte-Alliance ; au lieu donc de disséminer ses forces, elle devait les concentrer toutes, et il était supposable qu'elle rappellerait en partie son armée d'Afrique, et réduirait son occupation à l'enceinte d'Alger.

En présence de cette alternative, le général Clauzel prit le parti le plus sage : il résolut de confier l'administration du pays à telle autorité musulmane qui voudrait s'en charger, à la condition de le faire pour le compte et sous la protection de la France. Il songea d'abord à prendre parmi les Arabes mêmes le personnel de cette administration ; mais la politique dissolvante des Turcs avait suscité entre les grandes familles trop de haines et de ressentiments : les notables se jalousaient les uns les autres, et il fut impossible de trouver un homme jouissant d'une influence assez grande pour rallier à lui le suffrage des indigènes.

Il fallut chercher ailleurs : un moment il fut question de s'adresser au pacha d'Egypte ; mais ce prince avait trop d'ambition pour qu'on pût sans danger introduire ses agents dans la Régence.—Le Bey de Tunis, moins puissant et moins audacieux, offrait plus de garanties ; ce fut à lui qu'on s'adressa. M. de Lesseps, notre consul général à Tunis, fut chargé d'entamer les négociations, et, bientôt après (15 et 16 décembre), parurent deux arrêtés aux termes desquels le général Clauzel prononçait la déchéance du Bey de Constantine et cédait à un prince tunisien le gouvernement de la province aux clauses et conditions suivantes :

1° S. A. le Bey de Tunis garantit et s'oblige personnellement au payement, à Tunis, à titre de contributions pour la province de Constantine, de la somme de huit cent mille francs pour l'année 1831. Le premier payement, par quart, aura lieu dans le courant de juillet prochain, et les autres à des époques successives, de manière que tout soit soldé à la fin de décembre 1831, et pour la régularité des écritures, il sera consenti, au nom du Bey de Tunis, par Sidi-Mustapha, garde des sceaux, l'une des parties contractantes, quatre obligations de deux cent mille francs chacune, au profit du trésor français à Alger.

2° Les payements des années suivantes, également par quart ou par trimestre, seront de la somme d'un million de francs, divisée en quatre payements, sauf les arrangements qui pourront être pris après que la province de Constantine sera pacifiée.

3° L'asile sera accordé, sans aucun frais, par le gouvernement de Tunis, dans l'île de Tabarca sous les bateaux français.

4° Dans les ports de Bône, Stora, Bougie et autres de la province de Constantine, les Français ne payeront que la moitié des droits d'entrée de douane imposés aux autres nations.

5° Tous les revenus de la province de Constantine, de quelque nature qu'ils soient, seront perçus par le Bey.

6° Toute protection sera accordée aux Français et autres Européens qui viendront s'établir, comme négociants ou agriculteurs, dans la province de Constantine.

7° Il ne sera placé aucune garnison française dans les ports ou villes du Beylick avant que la province ne soit tout à fait soumise; et, dans tous les cas, il sera pris d'un commun accord des mesures d'ordre dans l'intérêt réciproque.

8° Si S. A. le Bey de Tunis venait à rappeler près d'elle le Bey de Constantine, il serait désigné un autre prince qui réunît les qualités nécessaires, et qui, sous l'approbation préalable du général en chef, recevrait la commission de Bey de Constantine.

Le prince nommé, en suite de cette convention, au gouvernement de la province de Constantine, savait, à n'en pas douter, que le Bey dépossédé, n'était point homme à céder volontairement la place : il s'occupa tout aussitôt de réunir un corps de troupes, et multiplia d'autant plus ses efforts qu'il était réduit à ses seules ressources. Le général Clauzel, en effet, ne pouvait lui prêter aucun appui : en rappelant en France plusieurs régiments, le ministre de la guerre avait mis l'armée d'Afrique dans une situation tellement précaire, que le général en chef se vit forcé d'abandonner Médéah dont la garnison n'avait su se créer aucune ressource. Cette situation même engagea le gouverneur à faire pour la province d'Oran ce qu'il avait fait pour celle de Constantine, et il conclut avec le Bey de Tunis une seconde convention qui assurait à un prince Tunisien le gouvernement du Beylick, à des conditions analogues à celles stipulées dans l'acte du 16 décembre.

Ces mesures, dictées en partie par une impérieuse nécessité, témoignaient de la haute intelligence du comte Clauzel : elles lui permettaient d'opérer directement sur le centre de la Régence avec tous ses moyens d'action, et réservaient l'avenir. Or, suivant les expressions d'un homme illustre, « c'était beaucoup d'épargner alors à la France une préoccupation et un embarras de plus ; c'était beaucoup de rétablir la succession des affaires dans le pays conquis ; c'était beaucoup enfin, de ne point mettre les populations arabes brusquement en contact avec nos idées, nos règles, nos nécessités de gouvernement, avec notre civilisation, qui se présentait à eux à la bouche des canons (1). »

Cependant, M. Sébastiani, alors ministre des affaires étrangères, incrimina les actes que le général Clauzel avait signés, non qu'il les trouvât contraires aux intérêts de la France, mais

---

(1) Voy. EUG. CAVAIGNAC, *De la Régence d'Alger*, p. 14.

parce qu'ils avaient été conclus sans sa participation. Dans ce conflit, que la vanité seule avait fait naître, le Roi prit parti pour son ministre : M. Clauzel fut désavoué, et on lui donna pour successeur le général Berthezène (février 1831).

L'administration du général Clauzel provoqua, à la tribune parlementaire et dans la presse, de violentes polémiques. Les uns reprochèrent au Gouverneur sa trop grande indépendance et sa propension à secouer le joug des bureaux. Les autres le blâmèrent d'avoir voulu trop tôt coloniser la Régence; d'autres, enfin, l'accusèrent d'avoir profité de sa position pour s'enrichir. A ces reproches, dictés par la malveillance et l'esprit de parti, les historiens pourront répondre : Clauzel était un homme de bien; il crut de bonne foi à l'avenir de la colonie, et chercha à faire partager au gouvernement ses vues et ses convictions ; ses actes administratifs tendirent tous à assurer aux indigènes, comme aux Européens, une efficace protection, et à poser les assises d'un établissement durable. Il fut juste, mais ferme : les Arabes eurent pour lui du respect et de la crainte, les colons, de l'estime et de la sympathie. — Pour justifier leurs attaques, ses ennemis, — et il en comptait beaucoup, — lui tinrent à crime les acquisitions de terrains qu'il avait faites dans la Régence, au détriment des Turcs dépossédés ; à cela nous répondrons encore avec ses partisans :

Le général entendait dire autour de lui que notre possession nouvelle n'avait pas de chances d'avenir ; et, comme il pensait différemment, il conseillait à ceux qui l'avaient suivi d'acheter des propriétés sur le sol d'Afrique (1). Politiquement, il avait raison de le leur conseiller, et voici pourquoi : Une grande

(1) Voy. la *Revue Africaine*, août 1836, et le *Moniteur officiel*, juin 1836. (Compte rendu de la séance.)

partie de la population, attachée à l'ancien ordre de choses, avait fui après la prise d'Alger ; parmi ceux qui étaient restés, d'autres avaient été chassés par mesure de sûreté publique. Ces familles expatriées laissaient dans le pays conquis l'héritage de leurs pères, ou les biens acquis par l'exercice d'une industrie personnelle: — à la ville, des maisons et des magasins, à la campagne, des jardins et des terres. De cette masse d'immeubles, les uns demeuraient abandonnés, les autres étaient laissés à la discrétion de mandataires choisis par les fugitifs et les déportés. — Toutes ces propriétés ne pouvaient rester éternellement improductives : il fallait s'en occuper, et les faire valoir. Le général disait donc : « Achetez des terres, vous les travaillerez; et tant qu'il y aura ici une armée française, vous recevrez aide et protection. » On hésitait à suivre ce conseil : il fallut encore que le chef de l'armée donnât lui-même l'exemple. — L'arrêté du 8 septembre, en vertu duquel ces acquisitions furent faites, violait, sans aucun doute, la capitulation d'Alger ; mais la politique a ses nécessités, et la guerre doit nourrir la guerre.

CHAPITRE TROISIÈME

COMMANDEMENT DU GÉNÉRAL BERTHEZÈNE

(JANVIER — DÉCEMBRE 1831.)

Situation de l'armée. — Excursions dans la plaine. — Expédition de Médéah. — Le commandant Duvivier. — État des Provinces. — Expédition de Bône. — Le général Boyer à Oran.

Le général Clauzel avait montré trop d'initiative et d'indépendance : — de là sa disgrâce. On lui donna pour successeur le général Berthezène, homme intègre, animé d'excellentes intentions, mais incapable de concevoir et d'exécuter de grandes choses. Ses actes administratifs témoignèrent de son bon vouloir; quant à ses opérations militaires, elles furent mal conçues et mal conduites, et tournèrent presque toujours à sa honte.

L'armée d'occupation avait été, nous l'avons dit, singulièrement réduite; tout au plus offrait-elle un effectif de dix mille hommes : or, c'était trop peu pour tenir en échec les Arabes de la Métidjah et les montagnards kabyles. Tout désireux qu'il fût de vivre en bonne intelligence avec les indigènes, le général Berthezène comprit qu'une trop longue inaction pourrait laisser aux chefs de tribus le temps d'organiser la révolte, et il mit aussitôt ses troupes en mouvement. C'est ainsi qu'il fit, à la tête de quatre bataillons, une excursion dans la plaine, poussa jusqu'à Coléah (mars 1831), et, deux mois plus tard, parcourut en tous sens le pays des Beni-Sala (1).

Ces promenades militaires ne rapportaient, il faut l'avouer, ni éclat ni profit : mais elles donnaient à la population musulmane une idée de notre force, habituaient nos soldats à la fatigue, et servaient de prélude à une expédition plus sérieuse :

Nous avons expliqué en suite de quelles circonstances le Bey de Tittery avait été dépossédé de son commandement, et remplacé par Mustapha-Ben-Omar. Les habitants de Médéah avaient accepté avec une sorte de reconnaissance le chef que le général Clauzel leur avait donné, et il semblait que tout germe de trouble eût disparu : mais cette fois encore on se faisait illusion. Après quelques mois de séjour à Blidah, où on l'avait interné, Oulid-Bou-Mezrag, fils du Bey déchu, avait obtenu l'autorisation de rentrer dans sa famille ; il était brave et cachait sous une apparente simplicité une grande ambition : il intéressa les tribus voisines à sa personne et à sa cause, et rallia promptement à lui les Arabes les plus influents. L'autorité de Ben-Qmar, sans racines dans le pays, fut ou-

---

(1) Sur l'avis du général Clauzel, le ministère avait prescrit, dès le mois de décembre 1830, la rentrée en France d'une partie de l'armée expéditionnaire. A l'arrivée du général Berthezène, le corps d'occupation ne comprenait plus que les 15e, 20e, 21e, 28e, 30e de ligne, les zouaves, les chasseurs algériens et 2 escadrons du 12e de chasseurs; quelques batteries d'artillerie, trois compagnies de génie, et le bataillon des volontaires parisiens. — Ce bataillon était essentiellement composé d'individus qui avaient pris une part active à la Révolution de juillet, et qui s'étaient, dès le principe, organisés en compagnie dite *de la Charte* : on en forma plus tard, le 67e de ligne.

vertement méconnue, et le général Berthezène, instruit de ce qui se passait, dut marcher au secours du Bey dont la personne était sérieusement menacée. Il partit d'Alger le 25 juin, à la tête de quatre mille cinq cents hommes (1); le 30, il entrait à Médéah, d'où Bou-Mezrag s'était précipitamment enfui.

Les citadins, pour la plupart gens d'ordre et paisibles, accueillirent avec joie l'armée française qui les débarrassait d'un personnage incommode ; et, dans le but de prévenir une nouvelle insurrection, ils engagèrent le général à organiser l'administration de la province et à laisser garnison dans la ville. Malheureusement, M. de Berthezène était jaloux des succès de son prédécesseur ; il voulait faire, lui aussi, sa campagne de l'Atlas, et publier ses bulletins de l'armée d'Afrique. Sans donc écouter davantage les avis et doléances des notables, il se lança à la poursuite de Bou-Mezrag et poussa jusqu'au plateau d'Aouarah, brûlant les moissons et abattant les arbres ; après quoi, satisfait de lui-même, il revint à Médéah, suivi de près par les Arabes que ces actes de sauvagerie avaient exaspérés.

La ville, joyeuse la veille, était dans la consternation. Les habitants se demandaient avec effroi dans quel but on ruinait ainsi la province ; pourquoi, au lieu de faire une guerre loyale, on saccageait les douairs : ils redoutaient, surtout, de passer aux yeux de leurs compatriotes pour des hommes sans courage et sans foi, et s'attendaient à subir de terribles représailles. Ben-Omar se fit leur interprète : il supplia le général de laisser dans la ville un ou deux bataillons, afin de protéger

---

(1) La colonne, formant deux brigades sous les ordres des généraux Buchet et Feuchères, était composée des 15e, 20e 28e et 30e de ligne, d'un bataillon de zouaves comprenant les volontaires Parisiens, de 2 escadrons de chasseurs et d'artillerie de campagne.

ses partisans contre les vengeances de Bou-Mezrag. Mais le général, qui se sentait lui-même fortement compromis et songeait au retour, répondit à ces supplications par un refus catégorique : il avait, disait-il, besoin de tous ses hommes pour opérer sa retraite et tenir tête à l'ennemi. Le cheick n'insista point : il déclara seulement qu'il lui était impossible de rester à Médéah après le départ de nos troupes et demanda, pour ses amis et pour lui, l'autorisation de suivre l'armée française. M. de Berthezène y consentit; c'était reconnaître implicitement son impuissance (1).

L'armée se mit en marche pour Alger (2 juillet); les Arabes se jetèrent aussitôt sur les flancs de la colonne, toujours tiraillant. Après une marche forcée, on gagna le col du Thénia; le lendemain, à la pointe du jour, on descendit le versant septentrional de l'Atlas. — Par une incurie véritablement impardonnable, le général en chef avait négligé de faire occuper les hauteurs qui dominent la route; les Arabes s'en emparèrent, et, par un feu plongeant, décimèrent nos troupes. Une circonstance malheureuse vint bientôt aggraver la situation. L'arrière-garde était formée par un bataillon du 20e de ligne : attaqué avec un redoublement d'énergie par les Kabyles, ce bataillon commence à mollir; son chef est gravement blessé : on l'emporte, sans que personne songe à le remplacer dans son commandement, et cette nouvelle faute décidera du sort de la journée. La troupe, en effet, assaillie de toutes parts et privée de son commandant, lâche pied et regagne en désordre le gros de la colonne; « Alors, dit le commandant Pélissier,

(1) Voy. Baron BERTHEZÈNE, *Dix-huit mois à Alger*, 1 vol. in-8°; Général LOVERDO, *Lettres au général Berthezène*, 2 broch. in-8°; Général DELORT, *Notes sur l'ouvrage du général Berthezène*. Paris, 1834, 1 vol. in-8°.

une terreur panique s'empara de toute l'armée, les rangs se rompirent, les régiments, les bataillons, les compagnies se confondirent, et chacun, ne songeant qu'à son propre salut, se mit à fuir vers la ferme de Mouzaïa. Des blessés furent abandonnés, et l'on vit des Kabyles attaquer nos soldats corps à corps et en précipiter plusieurs dans les ravins qui bordaient la route (1). »

Un homme se trouva néanmoins, qui dans ce moment critique sauva l'honneur de la France : le commandant Duvivier, chef d'un bataillon composé de zouaves et de volontaires parisiens, s'établit perpendiculairement à la route, et arrêta l'ennemi : de part et d'autre la lutte fut acharnée ; peu à peu cependant les Arabes faiblirent, et le bataillon se retira par groupes, « toujours combattant, toujours faisant face à l'ennemi, lorsqu'il était serré de trop près. » — L'armée, honteuse de sa faiblesse, put enfin se rallier à Mouzaïa. Les Kabyles la suivaient toujours : leurs cavaliers, quittant le gros de la troupe, gagnèrent le gué de la Chiffa, que nous devions traverser, et où ils comptaient nous surprendre ; mais le général Berthezène ayant deviné leur projet, alla passer la rivière trois lieues plus loin. Deux jours après, il rentrait à Alger (2).

L'insuccès de cette expédition rendit aux Arabes la confiance qu'ils avaient perdue : un moment ils avaient espéré que l'armée française se bornerait à détruire la capitale de l'Odjeac ; et comme ils haïssaient les Turcs, ils avaient assisté sans trop de déplaisir à la défaite de la milice : mais en voyant nos troupes fortifier la Casbah, réparer la marine et s'avan-

(1) *Annales Algériennes*, T. I, p. 214.
(2) Voy. Rozet, *Relation de la guerre d'Afrique en* 1830 *et* 1831, 2 vol. in-8° avec pl.

cer dans la Régence, ils comprirent qu'ils allaient être eux-mêmes sérieusement menacés et s'excitèrent mutuellement à repousser les chrétiens. Un marabout nommé Sidi-Saadi, ami particulier d'Hussein-Dey qu'il était allé consulter à Livourne, se fit le chef d'une vaste conspiration. Bou-Mezrag et le Cheick Ben-Zamoun, que nous avons vu figurer à la bataille de Staouëli, lui fournirent de nombreux contingents, et envahirent le territoire d'Alger.

L'insurrection menaçait de devenir formidable, mais le défaut d'ensemble parmi les insurgés sauva la colonie. Ben-Zamoun, qui le premier avait engagé les hostilités (17 juillet), fut contraint de repasser l'Aratch. Bou-Mezrag et Sidi-Saadi ne furent pas plus heureux : après cinq jours de combats partiels, leurs bandes poursuivies et dispersées par les chasseurs d'Afrique s'enfuirent vers les provinces où nous les retrouverons bientôt.

Depuis le départ du général Damrémont, les Bônois se gouvernaient eux-mêmes sous la protection d'une centaine de Turcs commandés par un koulougli nommé Ahmed. Cette protection ne leur suffisant plus, ils demandèrent des secours en hommes et en munitions. Le général Berthezène leur envoya cent vingt-cinq zouaves aux ordres du capitaine Bigot, et sous la direction du commandant Houder.

A son arrivée à Bône, la troupe fut parfaitement accueillie ; si parfaitement même, que le chefs s'endormirent dans une trompeuse sécurité. Bientôt, en effet, la garnison turque soudoyée par Ibrahim, ancien Bey de la province, s'enferma dans la casbah et menaça les habitants de bombarder la ville si les zouaves ne l'évacuaient aussitôt. A cette injonction, MM. Bigot et Houder se mirent à la tête de leur compagnie

8

et marchèrent sur la citadelle, d'où ils furent repoussés par une vive fusillade. Deux jours après (29 septembre), quelques individus, se disant délégués par leurs compatriotes, vinrent sommer le commandant de sortir de la place. M. Houder se résigna et fit demander des embarcations à la *Créole* et à l'*Adonis*, alors en rade. Dès que cette nouvelle fut connue, les Arabes du dehors pénétrèrent dans la ville et se ruèrent sur les zouaves. Le capitaine Bigot et le commandant Houder essayèrent de lutter contre la foule, mais comme ils approchaient du rivage ils furent pris et massacrés.

Peu d'instants après, deux bricks arrivaient d'Alger, portant 250 hommes du 2ᵉ bataillon de zouaves, sous les ordres du commandant Duvivier. Bien que la situation fût des plus critiques, les nouveaux arrivants demandèrent à venger leurs compagnons, et Duvivier proposa aux commandants des navires de tenter un coup de main avec ses hommes et une partie des équipages. Mais les officiers de marine s'y refusèrent, et les débris de l'expédition regagnèrent Alger.

Le traité conclu entre le général Clauzel et le Bey de Tunis n'ayant point obtenu la sanction du gouvernement français, le prince tunisien qui administrait la province d'Oran dut résigner ses fonctions. On le remplaça par le général Boyer.

Peu de temps après l'arrivée du général, Muley-Aly, parent de l'Empereur du Maroc, vint, à la tête d'une troupe nombreuse de cavaliers, tournoyer autour de la ville ; on l'éloigna facilement, mais les environs restèrent peu sûrs. Le général sut néanmoins faire prévaloir son autorité. « Il était arrivé dans son commandement précédé d'une grande réputation de sévérité, qui lui avait acquis en Espagne le surnom de *cruel...* Il se montra, à Oran, impitoyable envers les Maures soupçonnés d'entretenir des intelligences avec l'empereur du Maroc : plusieurs furent exécutés sans jugement, et quelques-uns clandestinement (1). »

Un pareil système était plus propre à épouvanter les tribus qu'à les rallier à notre cause ; il engendra la révolte, et plongea le Beylick dans une complète anarchie : les habitants de Mascara s'étaient insurgés contre les Turcs, leurs anciens oppresseurs, et, après les avoir égorgés, ils s'étaient constitués en une sorte de république indépendante. Tlemcen était partagée entre les Koulouglis et les Juifs qui occupaient la citadelle (Méchouar), et les Maures ou Hadars qui habitaient la ville basse. Mostaganem, bien que composée d'une population mixte, avait, il est vrai, reconnu l'autorité de la France, grâce à l'intervention d'Ibrahim, ancien *chiaous* du Bey d'Oran, et dont le général Boyer avait fait un caïd ; mais notre domination y était purement fictive, et tout le reste de la province nous était hostile.

Comme général, M. de Berthezène était incontestablement au-dessous de sa mission ; comme administrateur, il déploya une certaine activité dont il faut lui tenir compte. Parmi les nombreux arrêtés qu'il signa, beaucoup furent dictés par les exigences du moment et durent être modifiés ou rapportés ; mais il en est d'autres qui méritent une mention spéciale : dans ce nombre, nous comprendrons l'arrêté du 24 mai 1831, en vertu duquel une indemnité équivalente à six mois de loyer fut payée aux propriétaires indigènes dépossédés pour cause d'utilité publique :

Par arrêté du 10 juin, rendu d'après une décision ministé-

---

(1) *Annales Algériennes*, T. I, p. 233-234.

rielle, la confiscation de tous les biens des Turcs déportés après la prise d'Alger fut convertie en séquestre. — Cette mesure donna lieu à d'interminables procès ;

Un autre arrêté assujettit à un droit d'enregistrement les actes translatifs de propriété et de jouissance ;

Enfin, le général sépara complétement le domaine civil du domaine militaire. — En vertu de cet arrêté, tous les immeubles appartenant au domaine et affectés soit au casernement des troupes, soit aux magasins de l'artillerie, furent concédés au génie militaire, qui fut chargé de leur entretien.

En même temps, on construisait les casernes de Mustapha-Pacha ; on réparait la jetée qui joint le rocher de la Marine au continent et forme le port d'Alger ; on construisait un abattoir, on établissait des moulins.

Mais ce qui préoccupait surtout le général Berthezène, c'était la crainte d'une insurrection : la funeste campagne de Médéah avait attiédi son ardeur belliqueuse; il ne songeait plus à conquérir. Pleinement convaincu qu'il ne soumettrait jamais les Arabes, il chercha le moyen de vivre paisiblement à côté d'eux, et il crut l'avoir trouvé en nommant agha de la plaine Sidi-M'Barak, chef de l'illustre famille des marabouts de Coléah. Celui-ci s'engagea, moyennant un traitement annuel de 70,000 fr., à contenir les Arabes au delà de la banlieue d'Alger, — et il tint parole.

Ce dernier arrêté, aveu tacite de notre impuissance en Afrique, avait indisposé les Chambres ; l'expédition de Bône acheva de déconsidérer le commandant en chef : on lui avait reproché sa faiblesse, on lui reprocha son incurie...

En France, le courant de l'opinion est irrésistible : le général demanda son rappel et l'obtint.

CHAPITRE QUATRIÈME

COMMANDEMENT DU DUC DE ROVIGO

(DÉCEMBRE 1831. — MARS 1833.)

Nouvelle organisation. — Faits militaires dans la province d'Alger. — Administration civile : MM. Pichon et Genty de Bussy. — État des provinces : occupation définitive de Bône. — Oran. — Abd-el-Kader.

La question d'Afrique allait entrer dans une phase nouvelle et donner lieu à des changements administratifs dont il importe de bien préciser les causes : .

En ordonnant l'expédition d'Alger, Charles X avait voulu venger l'outrage fait à son consul par le chef de l'Odjeac : la ville prise, notre honneur était sauf et le Gouvernement n'eût point cherché, il est permis de le croire, à étendre sa domination sur les Arabes : les Anglais et les Russes s'y fussent peut-être opposés. — Mais ce que ne pouvaient faire les ministres de la Restauration, incessamment placés sous le contrôle de la Sainte-Alliance, le gouvernement de Juillet pouvait l'oser. Il était libre, en effet, de tout engagement et ne relevait que de lui-même et du peuple. Il évita pourtant de se prononcer tout d'abord au sujet de la Régence ; non qu'il songeât, comme on l'a dit, à répudier l'héritage du dernier roi :

mais parce que, issu de la Révolution, il en était le représentant et, comme tel, pouvait avoir à combattre une nouvelle coalition. Or, le cas échéant, il eût fallu parer au plus pressé et rappeler l'armée d'Afrique.

Ces craintes, exagérées ou non, furent bientôt dissipées : l'horizon s'éclaircit ; et Louis-Philippe, accepté sinon reconnu par toutes les Cours d'Europe, put sans trop de soucis envisager l'avenir.— Ce fut alors qu'on s'occupa de l'Algérie.

Le peu de succès que nous avions obtenu irritait également le pays et les Chambres : — M. Casimir Perrier, chef du cabinet, attribuant le mauvais état de nos affaires au vice de l'organisation qui régissait la colonie, soumit au Roi et lui fit accepter (1er décembre 1831) une ordonnance qui séparait complétement l'autorité civile de l'autorité militaire. Aux termes de cette ordonnance, il fut créé un Intendant civil ayant sous sa direction tous les services civils financiers et judiciaires, et placé sous les ordres immédiats du président du Conseil. La même ordonnance constituait un Conseil d'administration composé :

> Du Commandant en chef, président ;
> De l'Intendant civil ;
> Du Commandant de la station navale ;
> De l'Intendant militaire ;
> Du Directeur des domaines ;
> Et de l'Inspecteur des finances, secrétaire du Conseil.

Une ordonnance ultérieure (5 décembre) détermina les fonctions du Commandant en chef.

L'application de ce nouveau système exigeait des hommes nouveaux : le gouvernement donna pour successeur au général de Berthezène le duc de Rovigo, et nomma M. Pichon Intendant civil.

Le duc de Rovigo avait été général de division, puis ministre de la police sous Napoléon Ier. Élevé à la rude école de l'Empire, il aimait la guerre par tempérament; façonné de bonne heure aux mœurs militaires, il apportait dans sa nouvelle position cette roideur et cet instinct de domination qui caractérisent les gens habitués à se voir obéis.

M. Pichon était véritablement administrateur : honnête homme dans la plus large acception du mot, doué d'un esprit libéral et animé des meilleures intentions, il comptait poser dans la Régence les premières assises de la colonisation.

On crut, à Paris, que le Général et l'Intendant pourraient s'entendre et mener à bonne fin l'œuvre commune; c'était mal connaître le caractère de chacun d'eux : l'un voulait conquérir; l'autre ne songeait qu'à pacifier : celui-là considérait la guerre comme l'*ultima ratio;* celui-ci condamnait la violence, et voulait substituer la Justice à la Force (1). — Cette divergence d'opinions devait fatalement amener un conflit entre les deux fonctionnaires.

Le nouveau Commandant arrivait avec des idées préconçues, et se croyait appelé à régénérer l'Afrique. Son premier soin fut d'assurer les conquêtes déjà faites : il ne laissa donc à Alger qu'une faible partie des troupes (2), et dissémina le reste sur les points principaux du Sahel et de la banlieue. Ce différents postes, formés d'un bataillon, circonscrivaient un espace d'environ six lieues carrées : des routes stratégiques

---

(1) Voy. Baron PICHON, *Alger sous la domination française* (1833). 1 vol. in-8° avec cartes.

(2) L'armée d'occupation était alors composée : du 10e léger, du 4e de ligne, du 67e de ligne, de la légion étrangère, des zouaves et de deux régiments de chasseurs d'Afrique à six escadrons.

les reliaient entre eux et les mettaient en communication avec Alger. Grâces à ces mesures, la tranquillité reparut.

Mais il ne suffisait point d'assurer le présent : il fallait encore amener les Arabes à reconnaître notre autorité. M. de Rovigo expliqua nettement ses théories; tout son système politique est résumé dans les lignes qui suivent :

« Il faut, écrivait-il au Ministre de la guerre, occuper les ports de la Régence par des stations militaires de terre et de mer, établies le plus sûrement possible, et investir d'une grande autorité des ckeiks arabes qui, feudataires de la France, administreraient le pays. — Le mode d'occupation est très onéreux ; les douanes sont les seuls revenus qu'ait le Trésor. Or, les douanes peuvent produire par des taxes sur l'importation et l'exportation ; il faut donc occuper les principaux débouchés qui servent au commerce. On atteindra à leur sortie les productions territoriales des pays qui sont hors de notre influence : par les droits sur l'importation on imposera les consommations jusque dans le désert. L'occupation des ports permet, en outre, d'exercer une surveillance rigoureuse sur l'introduction de la poudre et des armes; elle rompra les relations des Arabes avec nos ennemis du dehors.

» L'organisation de chefs arabes, feudataires de la France, ajoutait M. de Rovigo, amènerait les plus grands résultats. Pris parmi les personnages influents, ces chefs nous assureraient, par des ôtages, la domination de tout le pays. Ils commandent déjà dans des circonscriptions territoriales ; il ne s'agit que de les appeler à nous. Leur intérêt exige qu'ils relèvent d'une puissance forte, qui les protége contre les tentatives de leurs rivaux et consolide leur existence politique. Sans la soumission de ces hommes puissants, il est impossible de rien obtenir des contrées qui ne sont même qu'à quelques lieues d'Alger. Ils percevraient les impôts, et nous en donneraient une partie. Tel est le but qu'il faut atteindre : on ne le dépassera que lorsque la France, y trouvant un avantage, pourra imposer de nouvelles conditions à la faveur de ses établissements coloniaux. Pendant la paix que les feudataires maintiendraient, la colonisation se développerait rapidement.—Cette combinaison a un autre avantage : c'est de séparer et de mettre en rivalité deux influences remarquables ; l'une temporelle, exercée par les grands cheicks ;

l'autre spirituelle, au pouvoir des marabouts. Ces deux influences divisent une population ignorante et ont sur elle un empire à peu près égal : notre politique est de combattre l'une par l'autre (1). »

Ainsi basé sur le développement successif de nos établissements, le système Rovigo faisait gouverner les Arabes par des chefs indigènes. Le ministère crut voir dans son application une impossibilité ou un danger, et le repoussa.

Dès son arrivée, le commandant en chef s'enquit de l'état des troupes : elles étaient mal campées et manquaient de literie. — Le duc de Rovigo voulut que chaque homme eût un matelas ; et, comme il n'y avait point de crédit ouvert pour cette dépense, il frappa les habitants d'Alger d'une contribution de cinq mille quatre cents quintaux de laine, payable en nature ou en argent, sur le pied de quatre-vingts francs le quintal. La mesure parut odieuse aux indigènes, qui, aussitôt, se plaignirent à Paris et trouvèrent un avocat officieux en la personne même de l'Intendant civil. — Le ministre de la guerre, dont l'imprévoyance était ainsi mise en relief, cassa l'arrêté.

M. de Rovigo en fut profondément blessé; son caractère s'en aigrit, et pour punir les Arabes, il leur appliqua le système turc tel que le pratiquaient les Pachas; puis, mettant à profit le conseil d'Hussein-Dey, il sema la division tantôt dans les familles, tantôt dans les tribus et chercha, par tous les moyens possibles, à capter la confiance des cheicks principaux. El-Farhat, ennemi particulier du Bey de Constantine dont il convoitait la place, accepta avec empressement les offres qui lui furent faites; et, tout heureux de trouver des alliés

(1) Rapport au Ministre de la guerre (1832). Voy. le *Spectateur Militaire*, année 1840.

là où il comptait rencontrer des adversaires, il donna mission à quelques hommes de sa suite de se rendre auprès du duc de Rovigo et de lui offrir, s'il voulait attaquer Constantine, la coopération des tribus qu'il commandait.— Le fait était nouveau et donnait à réfléchir. Tout en évitant de se prononcer d'une manière absolue, M. de Rovigo reçut royalement les députés, et, quand ils partirent, les chargea de présents.

Or, en Afrique, aussi bien sinon plus qu'ailleurs, il y a des vagabonds toujours prêts à dépouiller les passants : comme l'ambassade traversait le territoire des Ouffias, elle fut arrêtée par une bande de pillards qui la dévalisèrent, et dut rentrer à Alger. Au demeurant, c'était chose si peu rare qu'en temps ordinaire on y eût prêté peu d'attention; mais il s'agissait d'individus ayant un caractère spécial : M. de Rovigo fit sienne l'injure que ses hôtes avaient reçue, et, — dit M. Pélissier, — il prit une de ces déterminations que rien ne saurait justifier : « Il fit partir pendant la nuit quelques troupes qui tombèrent au point du jour sur les Ouffias et les égorgèrent sans que ces malheureux songeassent même à se défendre. Tout ce qui vivait fut voué à la mort, tout ce qui pouvait être pris fut enlevé; on ne fit aucune distinction d'âge ni de sexe. Cependant l'humanité d'un petit nombre d'officiers sauva quelques femmes et quelques enfants..... Le chef de cette malheureuse peuplade, El-Rabbia, avait été soustrait au carnage : on le réservait aux honneurs d'un jugement. En effet, malgré les généreux efforts de M. Pichon, il fut traduit devant un conseil de guerre, jugé, condamné et exécuté, et cependant on avait déjà acquis la certitude que ce n'étaient pas les Ouffias qui avaient commis le vol; mais acquitter le chef, c'était déclarer la peuplade innocente et condamner moralement celui qui en avait ordonné le massacre.

Pour éviter cette conclusion logique, on condamna donc Rabbia. Sa tête fut un cadeau offert aux convenances personnelles du duc de Rovigo (1). »

Cette sanglante exécution eut un retentissement immense. Les Turcs, disaient les Arabes, n'avaient jamais été plus cruels. Sidi-Saadi et Ben-Zamoun profitèrent de l'indignation générale, et de nouveau prêchèrent la guerre. L'insurrection s'étendit peu à peu de la plaine à la montagne; Milianah, Coléah, Blidah en devinrent les centres. Notre agha, Sidi-M'Barak, dont les relations avec le commandant en chef étaient devenues de jour en jour moins amicales, essaya d'arrêter le mouvement; mais il fut entraîné lui-même et rejoignit les insurgés, qui s'étaient avancés jusqu'à Bouffarick. — Le général Faudoas accourut aussitôt à la tête des chasseurs d'Afrique et des zouaves, rencontra les Arabes près de Sidi-Haïd, et les battit (2 décembre 1832). En même temps, le général Brossard marchait sur Coléah, où il devait s'emparer de Sidi-M'Barak ; mais le vieux marabout ne l'attendit point : quand nos troupes arrivèrent, il avait gagné la montagne.

La coalition dissoute, l'heure des châtiments sonna : le duc de Rovigo ne pardonnait pas. Les gens de Blidah et de Coléah furent frappés d'une contribution de guerre fixée, pour chaque ville, à deux cent mille douros d'Espagne (onze cent mille francs), contribution absurde, eu égard à la pauvreté des habitants, et qui resta sans effet. Blidah fut mis au pillage.

M. Pichon, cependant, voyait avec chagrin le commandant supérieur s'abandonner sans mesure à de folles colères, et crut devoir protester contre un système qui n'était ni de notre

(1) *Voy. Annales Algériennes*, T. II, p. 27-28.

époque ni dans nos mœurs : au fond, il disait vrai; mais M. de Rovigo était, plus que personne, jaloux de ses prérogatives : il répondit à ces observations par des sarcasmes, et dispensa l'Intendant de lui donner des avis. — Ainsi placée sur le terrain des personnalités, la question s'envenima rapidement; les deux chefs de l'administration se firent une guerre ouverte et leurs relations, bien que purement officielles, prirent un tel caractère d'acrimonie, que le commandant demanda avec insistance le rappel de l'Intendant. M. Pichon fut sacrifié : mais il emporta dans sa retraite l'estime de tous les gens de bien. Pendant son court passage aux affaires, il s'occupa spécialement de la législation : les recours contre les décisions judiciaires, soumis précédemment à l'autorité supérieure, furent portés au conseil d'administration (16 février 1832), et un arrêté détermina la forme et l'instruction de ces recours. L'administration des domaines et celle des douanes furent remaniées; le service de santé reçut une organisation nouvelle, et on institua trois commissions sanitaires pour Alger, Bône et Oran, etc., etc.

M. Genty de Bussy, Intendant militaire de troisième classe et Maître des requêtes au Conseil d'État, remplaça M. Pichon (12 mai 1832). Il eut, comme son prédécesseur, le titre d'Intendant civil; mais, afin d'éviter entre fonctionnaires toute rivalité, l'ordonnance du 1er décembre 1831 fut rapportée, et une nouvelle ordonnance, déterminant les pouvoirs de chacun, plaça l'Intendant civil sous les ordres du commandant en chef (12 mai 1832).

M. de Bussy était actif, remuant, plein de confiance en son mérite; il prit un tel ascendant sur l'esprit du duc de Rovigo, qu'il concentra bientôt entre ses mains tous les services publics. Essentiellement paperassier, il se complut aux travaux stériles de la bureaucratie et rendit, ou fit rendre, un nombre infini d'arrêtés qui, pour la plupart, ne reçurent pas même un commencement d'exécution (1). Quelques-uns, cependant, doivent être signalés. Le plus important est celui qui organisa l'administration de la justice criminelle : — Le général Clauzel, en établissant le régime judiciaire en Algérie, avait statué que les colons français prévenus de crimes seraient renvoyés en France pour y être jugés conformément à la loi. M. de Bussy pensa, lui, qu'on pouvait sans danger distraire les accusés de leurs juges naturels, et, de concert avec M. de Rovigo, il publia l'arrêté suivant que nous reproduisons, vu son importance, en sa forme et teneur :

Article 1er. — Les crimes emportant peine afflictive ou infamante, commis par des naturels du pays contre les personnes ou les propriétés des Français ou des étrangers, seront jugés par les conseils de guerre.

Art. 2. — Les crimes emportant peine afflictive ou infamante, commis par des Français ou des étrangers, ou quand il y aura des Français ou des étrangers parmi les prévenus, seront jugés par la cour criminelle d'Alger.

Art. 3. — La cour criminelle se composera de la cour de justice et du tribunal de police correctionnelle réunis, au nombre de sept membres, et présidée par le magistrat appelé à faire partie du conseil d'administration de la Régence. Les condamnations ne pourront être prononcées qu'à la majorité de cinq voix. La procédure et l'instruction devant cette cour auront lieu conformément aux règles établies par les lois pour la procédure devant les tribunaux de première instance jugeant en matière correctionnelle.

Art. 4. — L'appel du jugement de la cour criminelle sera porté devant le conseil d'administration...

(1) Voy. *Bulletins officiels des actes du gouvernement*, du n° 152 au n° 243.

Art. 5. — Les délits en matière correctionnelle commis contre des Français ou des étrangers, et les contraventions en matière de simple police, seront jugés par le tribunal de paix et de police correctionnelle, à quelque nation que les prévenus appartiennent.

Art. 6. — Les affaires criminelles ou correctionnelles entre musulmans continueront à être jugées par le cadi maure, suivant l'article 1er de l'arrêté du 22 octobre 1830.

Les affaires criminelles ou correctionnelles entre israélites continueront à être jugées par les rabbins. Toutefois, il y aura appel de ces jugements, en matière correctionnelle, devant la cour de justice, en matière criminelle, devant le conseil d'administration.

Art. 7. — Les affaires criminelles ou correctionnelles entre israélites et musulmans seront jugées par la cour criminelle ou par le tribunal de police correctionnelle, suivant leur compétence respective.

Art. 8. Aucune condamnation à la peine de mort ne sera exécutée qu'avec l'approbation du Général en Chef.

Cette ordonnance, dont nous ne voulons discuter ici ni l'opportunité ni le mérite, bouleversait complètement la législation musulmane et la législation française : d'une part, elle plaçait les Arabes — qui, sans en avoir conscience, s'étaient rendus coupables de certains délits et de certains crimes, — sous le coup d'une loi qu'ils ne connaissaient point et ne pouvaient pas connaître ; d'autre part, en supprimant le jury, elle arrachait les colons, — c'est-à-dire des citoyens français, — à leurs juges naturels, pour les livrer à l'autorité militaire et violait ainsi, formellement et au grand jour, un des principes constitutifs de la Charte.

Certes, la mesure était grave : quelques voix s'élevèrent pour en demander la suspension jusqu'à plus ample informé ; mais le ministre de la guerre se riait volontiers de la Charte et du Code. L'Afrique, pour lui, n'était qu'un camp placé, de par le Roi, sous la surveillance d'un général, et il sanctionna l'arrêté.

La colonisation devint également l'objet de soins particuliers : à peine étions-nous établis dans la Régence, que des Allemands et des Suisses, tourmentés par l'esprit d'émigration, étaient venus à Alger comptant y recevoir ou des terrains ou du travail. Ils n'y trouvèrent que la misère : l'administration fut obligée de les prendre à sa charge, et elle les logea tant bien que mal sous des tentes et dans des masures. Plus tard, M. de Bussy, mu par un sentiment d'humanité et bien aise d'attacher son nom à une œuvre durable, engagea le duc de Rovigo à créer dans la banlieue quelques centres agricoles où se grouperaient les émigrés. L'idée parut heureuse, et on construisit pour les Allemands et les Suisses les villages de Delhy Brahim et de Kouba (1832). Chaque famille reçut un lot de terres, sous condition qu'elle le mettrait en culture; mais, soit paresse ou ignorance, soit qu'il en fût empêché par les maladies, aucun colon ne remplit ses engagements. — Ce premier essai causa tant de soucis au ministère, qu'il se décida à entraver l'émigration : un avis officiel prévint le public « qu'aucun individu ne serait reçu à Alger comme colon, s'il n'y arrivait avec les moyens de pourvoir à sa subsistance pendant un an. »

Parmi les travaux les plus remarquables exécutés à cette époque, il faut citer le percement de nombreuses voies stratégiques, la création d'un jardin d'essais à Alger et l'établissement de l'hôpital du Dey. Ce fut également sous l'administration du duc de Rovigo que M. de Bussy obtint des musulmans, représentés par le Muphti d'Alger, la cession volontaire à la France d'une de leurs mosquées, qu'on affecta au service du culte catholique.

Autour du quartier général, tout était tranquille : mais il n'en était point ainsi dans les provinces :

La mort du commandant Houder et la retraite des zouaves avaient laissé la ville de Bône au pouvoir d'Ibrahim. Le Bey de Constantine somma les habitants de lui livrer la place, et, sur leur refus, la fit assiéger par Ben-Aïssa, son lieutenant. Après six mois de blocus, les Bônois, se sentant perdus, firent demander du secours au duc de Rovigo. Le duc chargea Yousouf, alors capitaine des chasseurs d'Afrique, de se rendre auprès d'eux et de s'assurer de l'état des choses. Yousouf fit le tableau de la situation : au reçu de son rapport, le commandant en chef expédia des vivres aux assiégés et chargea le capitaine d'artillerie d'Armandy de défendre la ville jusqu'à l'arrivée des troupes françaises. Malheureusement les Bônois étaient démoralisés et les exhortations du capitaine furent impuissantes à relever leur courage. Ben-Aïssa, instruit de ce qui se passait, multiplia ses attaques et s'empara de la ville, qu'il ruina sans miséricorde (5 mars 1832).

Cependant, la Casbah restait encore au pouvoir d'Ibrahim qui continuait à guerroyer pour son propre et privé compte; et comme elle dominait la plaine, il importait de s'en rendre maître : l'entreprise était périlleuse ; pour la mener à bonne fin, il fallait des hommes d'une bravoure à toute épreuve : Yousouf et d'Armandy prennent avec eux trente marins de la *Béarnaise*, s'introduisent dans la citadelle, gagnent à leur cause la garnison turque, qui abandonne son chef, et arborent au sommet des tours le drapeau de la France : *Audaces Fortuna juvat !*

Ben-Aïssa, dont la position n'était plus tenable, se retira précipitamment : dans sa fureur aveugle, il ne voulut laisser aux vainqueurs que des monceaux de ruines; il contraignit les habitants à le suivre et incendia la ville.— Un mois après, le général Monk-d'Uzer vint, avec trois mille hommes d'infanterie, en prendre possession (26 juin). Quelques tribus, commandées par Ibrahim, tentèrent de le repousser, mais à chaque rencontre elles furent dispersées.

Dans l'Ouest, les choses allaient de mal en pis : l'Empereur du Maroc envoyait partout des émissaires décrier notre administration et prêcher la révolte. Les gens de Médéah et de Milianah, fatigués de l'anarchie qui ruinait leur commerce, reconnurent sa suzeraineté et acceptèrent pour cheicks des officiers nommés par lui. L'exemple pouvait devenir contagieux : le gouvernement français fit d'énergiques remontrances, et les cheicks marocains quittèrent le pays ; mais l'Empereur n'en continua pas moins à exercer une influence occulte dans la province d'Oran.

Le général Boyer y suivait à la lettre les prescriptions du duc de Rovigo, et gouvernait à la turque. Les Arabes patientèrent d'abord ; puis, excités par le marabout Mahy-Ed-Din, ils renouvelèrent leurs attaques. Une première fois, ils arrivèrent jusqu'aux portes d'Oran (mai 1832), et ne se retirèrent qu'après une résistance opiniâtre ; plus tard (23 octobre), ils se présentèrent au nombre de six mille environ, et tentèrent d'escalader les remparts ; enfin, le 10 novembre, ils livrèrent une véritable bataille.

L'heure approchait où la lutte allait prendre un caractère plus spécial : voici venir Abd-el-Kader (1) :

«...Abd-el-Kader Ben-Mahy-ed-Din était fils de la troisième femme

(1) Nous empruntons l'esquisse qui va suivre à MM. Fabar et Daumas : c'est dire assez que nous puisons aux meilleures sources. Voy. la *Grande Kabylie*, chap. IV, p. 150 et suivantes.

de Sidi-Mahy-Ed-Din, marabout très vénéré dans la tribu des Hachems.

» Ce fut pendant un voyage à la Mecque, ou plutôt au retour, que le marabout Mahy-ed-Din commença de préparer les destinées de son fils, en faisant déjà circuler quelques récits de visions où était annoncée sa future grandeur. Ces bruits, joints à la manière dont le jeune homme prédestiné se distinguait dans ses études, à Oran, éveillèrent l'attention du gouvernement turc, très ombrageux de sa nature, et encore moins scrupuleux sur l'emploi des mesures préventives.

» Mahy-ed-Din, averti, s'enfuyait vers la Mecque avec son fils, quand ils furent arrêtés au bord de la Mina, par les ordres du Bey d'Oran. Les plus grands chefs arabes intervinrent en leur faveur, excepté toutefois El-Mézary, qui déjà semblait pressentir sa haine future contre les Mahy-ed-Din. Grâce à leur puissant patronage, ceux-ci obtinrent la faveur d'être oubliés pendant qu'ils iraient faire le pèlerinage de la Mecque.

» La petite caravane, où plusieurs parents et amis se joignirent aux deux personnages principaux, arriva par terre à Tunis et s'y embarqua pour Alexandrie. Le jeune Abd-el-Kader puisa, dans ce qu'il vit en Égypte, les premières notions d'un gouvernement rationnel : elles se gravèrent fortement dans son esprit. Arrivé à la Mecque, il visita la chambre de Dieu. L'excursion fut prolongée jusqu'à Bagdad, en vue d'une visite à la tombe du plus grand marabout de l'Islam, Sidi–Abd-el-Kader-el-Djelali.

» Les pèlerins y arrivèrent accablés de fatigue, de chaleur; ils allaient en franchir le seuil, quand tout à coup un nègre sortit lui-même du tombeau et leur offrit des dattes, du lait et du miel ; mais ils n'eurent pas plus tôt mangé une seule datte que leur faim se trouva rassasiée.

» Le lendemain, pendant qu'Abd-el-Kader était allé faire paître les chevaux, le même nègre se présenta de nouveau à Mahy-ed-Din, et lui demanda d'une voix sévère où était le sultan. « Seigneur, il
» n'y a pas de sultan parmi nous, répondit Mahy-ed-Din; nous
» sommes de pauvres gens craignant Dieu et venant de la Mecque. »

» — Le Sultan, repartit son interlocuteur avec autorité, est celui
» que vous avez envoyé conduire vos chevaux dans la plaine,
» comme si ces fonctions convenaient à l'homme qui doit un jour
» commander tout le Gharb. »

» Et comme le marabout lui représentait que ces imprudentes paroles attireraient sur eux l'attention dangereuse des Turcs, l'inconnu compléta sa prédiction en ajoutant : « Le règne des Turcs touche à sa fin ! »

» Telle est la célèbre légende, devenue populaire et diversement racontée, qui contribua tant par la suite à la grandeur d'Abd-el-Kader.

» Quoi qu'il en soit, à leur rentrée en Algérie, vers la fin de 1828, Mahy-ed-Din et son fils, comprenant bien que l'époque n'était pas encore venue, cherchaient à se faire ignorer du pouvoir, en s'abstenant de toute participation aux affaires politiques ; mais, se conciliant de plus en plus la vénération du peuple par des aumônes, des bienfaits de tout genre, une conduite exemplaire, une piété apparente. On les voyait souvent, sans suite et simplement vêtus, visiter le tombeau de Sidi-Bou-Medine, à Tlemcen. De cette époque date dans la famille une affectation de simplicité qui ne s'est jamais démentie, même au sein de la plus brillante fortune.

» Cependant les Français venaient de s'emparer d'Alger, puis le Bey d'Oran s'était remis à leur discrétion. Toutes les tribus algériennes passaient subitement d'un joug de fer à une liberté effrénée. Nous avons dit qu'il en résulta de grands désordres à l'est de la Métidja ; ils furent bien autrement graves dans la province d'Oran, qui renfermait des populations plus riches et plus belliqueuses.....

» Bientôt, par suite de la renonciation du Bey tunisien, les troupes françaises occupèrent Oran. La guerre s'était allumée entre elles et les tribus arabes. Dans ces combats du commencement de 1832, le jeune Abd-el-Kader se distingua par son sang-froid et son audace ; il eut son cheval tué sous lui près du fort Saint-Philippe, et sa réputation ne cessa de grandir.

» Le père, de son côté, tenait le premier rang parmi les hommes sages, en dehors de tous les partis, effrayés des malheurs publics et se dévouant à y porter remède. Ce remède bien connu, mais difficile à rencontrer, consistait dans le choix d'un chef unique, assez vigoureux pour briser toutes les résistances provenant de mauvaises passions.

» Les chefs des trois plus grandes tribus de la province, Hachems, Beni-Amer et Garabas, poussés à bout par la misère publique, se réunirent dans la plaine d'Eghrës, avec l'intention de prendre un parti définitif ; ils offrirent le pouvoir à Mahy-ed-Din, pour lui-même ou pour son fils Abd-el-Kader, disant qu'ils le rendraient responsable devant Dieu des maux qui pourraient résulter de son refus.

» Se sentant maître de la situation, Mahy-ed-Din, l'exploita très habilement par une suite de refus et de délais calculés. Les instances se renouvelèrent avec d'autant plus d'énergie ; enfin, un marabout célèbre, âgé de cent-dix ans, Sidi-el-Aratch, appuya ses sollicitations sur le récit d'un songe qu'il avait eu, où le jeune Abd-el-Kader lui était apparu sur un trône et rendait la justice. Or, cette même vision s'était offerte à Mahy-ed-Din, et de plus Abd-el-Kader-el-Djelali, le grand marabout de Bagdad, était venu lui rappeler son ancienne prédiction, ajoutant que si lui, Mahy-ed-Din, acceptait le pouvoir, son fils ne vivrait pas, et qu'au contraire, s'il lui abandonnait la place, ce serait lui-même qui mourrait bientôt.

» Vaincu par tant de preuves de la volonté céleste, Mahy-ed-Din fit appeler son fils et lui demanda comment il entendait l'exercice du pouvoir et de la justice. Abd-el-Kader lui répondit :

« Si j'étais sultan, je gouvernerais les Arabes avec une main de » fer, et si la loi m'ordonnait de faire une saignée derrière le cou » de mon propre frère, je l'exécuterais des deux mains. »

» A ces mots, Mahy-ed-Din annonça solennellement sa fin prochaine, prit son fils par la main, et sortant avec lui de la tente qu'entourait une foule inquiète, il s'écria : « Voilà le fils de Zohra, » voilà le Sultan qui vous est annoncé par les prophètes ! »

» Aussitôt s'élevèrent des acclamations unanimes. La musique des anciens beys fut amenée de Mascara, pour donner plus d'éclat à la fête de l'avènement, et d'innombrables cavaliers la célébrèrent par leurs fantasias.

» Le héros de cette scène était un jeune homme de vingt-huit ans, au front pâle, au regard inspiré, au vêtement simple, à la physionomie majestueuse. Il montait un cheval magnifique, et toute sa richesse numéraire consistait en quatre oukyas (1 fr. 25 cent.), noués dans un coin de son haïkh, à la manière des Arabes. Un chef l'en plaisanta, et il répondit en riant : « Dieu m'en donnera d'autres. » En effet, on vint de toutes parts lui offrir des cadeaux magnifiques ; le soir même, sa maison était montée convenablement, et le lendemain, quand il entra dans Mascara, les Mozabites et les Juifs, frappés d'une contribution, lui livrèrent 20,000 boudjous.

» L'éclat d'un si beau jour n'éblouit point le jeune Abd-el-Kader.

» Trois tribus l'avaient proclamé, une seule peut-être avec un dévouement inaltérable, parce qu'il en était sorti : « Les autres, disait Mahy-ed-Din, sont mes habits ; les Hachems sont ma chemise. »

» Or, quelle œuvre n'était-ce pas de rallier successivement toutes les populations algériennes, en faisant taire et leurs rivalités, et les prétentions de leurs chefs, et tant de haines, et tant d'amours-propres ; mobiles essentiellement contraires à la création d'une vaste unité nationale ! Cependant il y en avait un autre, mais un seul, capable de contrebalancer tous ceux-ci : c'était la guerre sainte.

» A peine entré dans Mascara, Abd-el-Kader se rend droit à la mosquée. Là, dans un sermon fort habile, il réclame la paix et la soumission de tous les musulmans, au nom de la guerre sainte qu'il s'engage à conduire avec la plus grande énergie. Puis, il entre dans la chambre du conseil, écrit à toutes les tribus pour leur apprendre son élévation au pouvoir et le saint emploi qu'il veut en faire ; il leur nomme des chefs choisis parmi les membres de leurs grandes familles, dont il redoute le moins les dispositions personnelles, et envoie des présents magnifiques au sultan du Maroc. Afin de s'en ménager l'appui, le jeune chef prenait seulement, dans les prières publiques, le titre de Khalifa. Cette politique lui réussit : Abd-er-Rhaman ne tarda point à ratifier l'élection du peuple, et, comme chef de la religion, prescrivit d'obéir au chef de la lutte religieuse contre les infidèles........ »

La scène que nous venons de raconter se passait dans la plaine d'Egris, le 22 novembre 1832 : un mois après, les Arabes de toutes les provinces en connaissaient les détails et chargeaient leurs fusils...

Mais M. de Rovigo n'était point homme à se laisser surprendre : toujours sur le qui-vive et l'oreille tendue vers les bruits du dehors, il voulut tout connaître et tout faire par lui-même. — Or, à ce rude labeur, ses facultés et ses forces s'usèrent ; il était triste et morose : il devint rancuneux et méchant, vit partout des ennemis et redoubla de sévérité.—C'est alors qu'il eut recours, si nous en croyons le commandant

Pélissier, « à un de ces actes de perfidie, dont on ne trouve d'exemples que dans l'histoire dégradée du Bas-Empire... »
On lui avait signalé deux kaïds, Meçaoud et El-Arbi, comme des ennemis acharnés de la France; il les manda près de lui, leur promettant l'oubli du passé. Eux, confiants en la parole d'un officier français, se rendirent à Alger. Ils y furent aussitôt arrêtés, traduits devant une Cour martiale, puis condamnés et exécutés (février 1833).

Cet assassinat juridique détruisit toute confiance parmi les Arabes et fit prendre en horreur la domination française.

M. de Rovigo se proposait de suivre à outrance sa politique d'intimidation, lorsqu'une maladie, qui peu de mois après devait le conduire au tombeau, le contraignit à résigner ses fonctions; il partit pour la France, laissant le commandement en chef au général Avizard, le plus ancien des maréchaux de camp en service en Algérie.

CHAPITRE CINQUIÈME

COMMANDEMENT DES GÉNÉRAUX AVIZARD ET VOIROL
(1833-1834)

Le général Avizard. — Création des Bureaux Arabes : M. de Lamoricière. — Le général Voirol.— Prise de Bougie. — Expédition contre les Hadjoutes. — Le général Desmichels à Oran. — Traité du 26 février. — Administration : faits généraux ; la Commission d'enquête. — Débats parlementaires.

Le général Avizard, présumant que son intérim serait de courte durée, se borna à suivre ponctuellement les instructions de M. de Rovigo et à contresigner les arrêtés administratifs que lui présentait l'Intendant civil. Le seul acte qui lui soit propre est la création du bureau arabe, encore le général Trézel en avait-il conçu l'idée.

Le chef de ce bureau était appelé à rendre de véritables services, en ce sens qu'il allait donner à nos relations avec les tribus une plus grande extension. On détermina ses attributions : il devait connaître de toutes les affaires arabes, informer le gouverneur de ce qui se passait au dehors, et transmettre les ordres par des officiers spéciaux et des interprètes. Cet emploi exigeait des connaissances et des aptitudes particulières ; il fut confié à M. de Lamoricière, alors capitaine de zouaves.

M. de Lamoricière prit le contre-pied de ce qui avait été ait précédemment : au lieu de rudoyer les indigènes, il fut juste envers eux. Dans ses rapports journaliers avec les chefs de tribus, il montra une telle bonne foi que l'impression produite sur les Arabes par l'exécution de Meçaoud et d'El-Arbi s'effaça peu à peu, et les gens de la plaine, qui depuis, se tenaient à l'écart, revinrent à Alger approvisionner nos marchés. — Ces résultats justifiaient pleinement la création du bureau arabe; le ministre l'approuva complétement et songea bientôt à grandir son importance.

Sur ces entrefaites, le général Voirol fut désigné pour inspecter le corps d'occupation. Sa mission remplie, il devait conserver le commandement en chef jusqu'au remplacement du duc de Rovigo. Le nouveau gouverneur débarqua le 25 avril; peu de jours après, il exposait en peu de mots le système politique qu'il avait adopté : « Chargés de conserver cette colonie à la France, disait-il aux troupes, vous saurez la défendre et la protéger contre toute atteinte. Protéger les indigènes autant que les colons, respecter leurs propriétés, leur culte, leurs usages; être justes pour tous : voilà notre devoir, voilà la tâche qui nous est imposée et vers laquelle tendent tous nos efforts (1). » Fidèle à sa promesse, il s'étudia effectivement à réparer le plus possible les injustices que son prédécesseur avaient commises; il était affable et juste: on se prit à l'aimer.

Jusqu'alors, on avait songé moins à créer qu'à conserver : de là, le peu d'impulsion donné depuis la conquête au service des travaux publics. M. Voirol continua l'œuvre commencée par le duc de Rovigo : il fit achever par les troupes les routes

---

(1) Voy. *Moniteur Algérien,* 30 avril 1833.

commencées et en fit ouvrir de nouvelles dans un rayon relativement considérable. Les résultats ne se firent point attendre : les colons travaillèrent avec plus de sécurité ; et, grâce à la facilité des communications, nos marchés furent abondamment pourvus.

Mais si les tribus du Sahel ne donnaient aucun sujet de plainte, les Bougiotes et les montagnards kabyles inspiraient toujours de vives inquiétudes. Plusieurs fois déjà, des navires français en rade devant Bougie avaient été assaillis par les pirates de la côte. Même chose arriva, en 1832, à un brick de la marine anglaise. Le gouvernement britannique s'en plaignit avec hauteur et déclara au cabinet des Tuileries « que, si la France ne savait pas faire respecter les pavillons amis sur les côtes dont elle revendiquait la possession, il prendrait, lui, des mesures directes. »—On vit dans ces paroles une menace d'occuper Bougie, et on songea sérieusement à châtier les corsaires.

Avant tout, il fallait reconnaître la place : M. de Lamoricière s'offrit pour faire cette reconnaissance. Un Bougiote, nommé Boucetta, lui servit de guide. — Malheureusement, Boucetta fut aperçu dès son arrivée ; le bruit se répandit qu'un chrétien l'accompagnait, et aussitôt chacun courut aux armes : M. de Lamoricière et son compagnon n'eurent que le temps de se jeter dans un bateau et de gagner le large.

On avait cru d'abord qu'il suffirait d'un bataillon pour enlever Bougie ; mais le ministre de la guerre, pensant que ces forces seraient insuffisantes, forma secrètement un corps expéditionnaire en dehors de l'armée d'Afrique. Les troupes se réunirent à Toulon : le général Trézel vint d'Alger en prendre le commandement ; Lamoricière, Boucetta et quatre Bougiotes lui furent adjoints comme guides ou comme interprètes.

L'escadre appareilla le 22 septembre (1) : le 29, au matin, elle entrait dans la rade de Bougie. Le défaut du vent et la nécessité de ne s'avancer qu'en sondant pour choisir les points d'embossage donnèrent le temps aux indigènes qui occupaient les forts, et aux Kabyles des environs, de se préparer à la défense. Les cinq forts qui protégeaient la ville tirèrent presque simultanément sur la flotte ; mais le feu de nos navires, par sa vigueur et sa précision, eut bientôt éteint presque entièrement celui de l'ennemi ; et, sur les dix heures, les troupes débarquèrent : le même soir, tous les forts étaient pris (29 septembre). Mais ce succès ne termina point la lutte : les Kabyles, descendus de leurs montagnes, se jetèrent dans la ville, et pendant trois jours la défendirent pied à pied ; il fallut faire le siége de chaque maison, prendre d'assaut chaque jardin. De part et d'autre on combattit avec une stupide férocité, on tua de sang-froid, on mutila les cadavres. Enfin, les Bougiotes et les Kabyles abandonnèrent la place et se retirèrent sur les montagnes qui là commandent de plus près. Aussitôt, le général Trézel demanda du renfort aux équipages et poursuivit l'ennemi, qui se concentra dans le village de Dar-Nassar et sur le Gouraya.—Nos troupes avaient beaucoup souffert : elles commençaient à être lasses, et le général reçut avec une satisfaction marquée les secours qu'on lui envoyait d'Alger. Le colonel du génie Lemercier débarqua avec un bataillon du 4e de ligne, deux compagnies du 2e bataillon d'Afrique, des munitions et du matériel pour la défense. On reprit immédia-

(1) Le corps expéditionnaire comprenait : deux bataillons du 59e de ligne (colonel Petit d'Auterive), 2 batteries d'artillerie, une compagnie de sapeurs du génie, une section du train des équipages, et une section du train d'administration. L'escadrille était commandée par le capitaine de frégate de Perseval.

tement l'offensive, et après un dernier combat (12 octobre), les Kabyles regagnèrent leurs douaires.

Le départ du général Boyer suivit de près celui du duc de Rovigo. Le général Desmichels, nommé commandant supérieur de la province d'Oran, débarqua à Mers-el-Kébir le 23 avril 1833. Il passait pour homme de tête et d'action; on lui laissa presque toute latitude. Il en usa largement.

Son premier mot fut une menace : « *On étouffe, ici!* » s'écria-t-il, en répondant à son prédécesseur qui lui servait de cicérone, et lui montrait la ville dont les portes étaient nuit et jour fermées. — C'était laisser comprendre qu'il avait hâte d'élargir le cercle de nos possessions. — Et en effet, au lieu de se tenir sur la défensive, il attaque résolûment les Arabes : la tribu des Garabas, campée à quelques kilomètres d'Oran, inquiète nos avant-postes? le général Desmichels part avec deux mille hommes de troupes, fond à l'improviste sur les douars, leur enlève une quantité considérable de bétail, fait des prisonniers et rentre à Oran sans être trop vigoureusement attaqué (8 mai 1833). — A cette nouvelle, Abd-el-Kader accourut avec ses cavaliers; mais en présence de nos troupes il n'osa risquer la bataille, et tout se borna à quelques combats de tirailleurs (26 et 27 mai).

Entre le général Desmichels et l'Emir, la lutte était désormais engagée : nous en raconterons brièvement toutes les phases :

L'expédition faite contre les Garabas avait jeté l'épouvante parmi les tribus voisines : le général, encouragé par ce premier succès, se porta sur Arzew, qu'Abd-el-Kader vint défendre en personne, et s'empara du fort. — Ce combat lui fournit l'occasion d'entrer en correspondance avec l'Émir : quatre hommes de nos troupes avaient été faits prisonniers (1); le général les réclama, promettant de rendre à la liberté ceux des Arabes que le sort de la guerre ferait tomber entre ses mains. Abd-el-Kader refusa tout net :

« Chacun son tour entre ennemis, répondit-il ; un jour pour vous, un jour pour moi ; le moulin tourne pour tous deux, mais toujours en écrasant de nouvelles victimes. Néanmoins, c'est un devoir religieux pour chacun de nous, il faut l'accomplir. Pour moi, quand vous m'avez fait des prisonniers, je ne vous ai jamais fatigué de démarches en leur faveur. J'ai souffert, comme homme, de leur malheureux sort; mais, comme Musulman, je regarde leur mort comme une vie nouvelle, et leur rachat de l'esclavage, au contraire, comme une mort honteuse; aussi n'ai-je jamais demandé leur grâce (2). »

En agissant ainsi, Abd-el-Kader caressait la vanité des Arabes et se grandissait à leurs yeux. Fort de l'appui moral que lui prêtaient les marabouts, il mêlait soigneusement à ses discours le nom vénéré du Prophète et affectait de croire au triomphe prochain de l'islamisme : mais, en politique habile, il évitait de compromettre par des revers successifs son autorité naissante, tempérait l'ardeur des plus fougueux, rassurait les plus timides et prétendait que pour nous tenir en échec il lui suffirait d'avoir une place de guerre où il pût centraliser ses forces. Laissant donc son adversaire parcourir le pays et ruiner les tribus, il se présenta devant Tlemcen :

---

(1) 4 juillet 1833. Tandis que les Français s'établissaient dans la forteresse d'Arzew, les Arabes s'emparaient de la ville et en chassaient les habitants; après un engagement assez vif avec nos troupes, ils lâchèrent pied. La ville fut complètement abandonnée.

(2) Voy. *Oran sous le commandement du général Desmichels*, p. 79,

La ville était alors divisée en deux quartiers principaux : les Turcs occupaient la citadelle et la haute ville ; les Maures habitaient le reste de la cité. Abd-el-Kader somma les Maures de le reconnaître pour souverain ; ceux-ci refusèrent ; on se battit, et les troupes d'Abd-el-Kader, puissamment secondées par les Turcs, entrèrent dans la place. L'Émir traita les habitants avec douceur et gagna bientôt leur confiance ; mais les Turcs, qui prétendaient rester indépendants, regagnèrent la citadelle et en fermèrent les portes. Abd-el-Kader, n'ayant point d'artillerie pour les réduire, évita d'engager une lutte inutile et se retira.

Cependant, le général Desmichels poursuivait ses opérations : mécontent d'Ibrahim, dont il suspectait la fidélité, il marcha rapidement sur Mostaganem, la fit occuper par une garnison française et revint à Oran avec les Turcs du Kaïd. A quelques jours de là, il ruinait complétement la tribu des Zmelas (5 et 6 août). — Abd-el-Kader ne se laissa point abattre : loin d'avouer son impuissance, il reprocha dédaigneusement à son antagoniste « de faire aux femmes et aux enfants une guerre d'embuscade, » et le mit au défi de venir combattre en rase campagne. L'offre était séduisante : elle fut joyeusement acceptée. Le général Desmichels partit avec toutes ses troupes, rencontra les Arabes près de Temezourar, et les défit, après avoir pillé les douars voisins (2 décembre) ; après quoi, il fit proposer à l'Émir un échange de prisonniers : « Maintenant, nous nous sommes vus, lui écrivit-il, et je vous laisse à juger qui de vous ou de moi doit rester maître du pays. Cependant, vous ne me trouverez jamais sourd à aucun sentiment de générosité, et s'il vous convenait que nous eussions ensemble une entrevue, je suis prêt à y consentir, dans l'espérance que nous pourrions, par des traités solennels et sacrés, arrêter l'effusion du sang de deux peuples qui sont destinés, par les décrets de la Providence, à vivre sous la même domination. »

Abd-el-Kader hésita d'abord, puis refusa de se rendre auprès du général : peut-être craignait-il de froisser l'orgueil des siens; mais il était à bout de ressources et sentait le besoin de consolider sa puissance. Aux ouvertures qui lui étaient faites, il répondit que « si sa religion lui défendait de demander la paix aux chrétiens, elle ne lui défendait pas de la leur accorder, » et il chargea deux de ses officiers de se rendre à Oran et de demander au commandant français sur quelles bases il entendait traiter. — Or, le général tenait trop à conclure *lui-même* la paix pour se montrer exigeant : il convoqua les principaux fontionnaires, leur soumit la question, discuta quelque peu et finit par accepter (1) les propositions suivantes, dictées et rédigées par l'un des représentants de l'Émir :

CONDITIONS DES ARABES POUR LA PAIX.

1° Les Arabes auront la liberté de vendre et acheter de la poudre, des armes, du soufre, enfin, tout ce qui concerne la guerre;

2° Le commerce de la Mersa (Arzew) sera sous le gouvernement du prince des Croyants, comme par le passé, et pour toutes les affaires. Les cargaisons ne se feront pas autre part que dans ce port. Quant à Mostaganem et Oran, ils ne recevront que les marchandises nécessaires aux besoins de leurs habitants, et personne ne pourra s'y opposer. Ceux qui désirent charger des marchandises devront se rendre à la Mersa;

3° Le général nous rendra tous les déserteurs et les fera enchaîner. Il ne recevra pas non plus les criminels. Le général comman-

---

(1) 26 février 1834.

dant à Alger n'aura pas de pouvoir sur les musulmans qui viendront auprès de lui avec le consentement de leurs chefs ;

4° On ne pourra empêcher un musulman de retourner chez lui quand il le voudra.

Ce sont là nos conditions, qui sont revêtues du cachet du général commandant à Oran.

CONDITIONS DES FRANÇAIS.

1° A compter d'aujourd'hui, les hostilités cesseront entre les Français et les Arabes ;

2° La religion et les usages des musulmans seront respectés ;

3° Les prisonniers français seront rendus ;

4° Les marchés seront libres ;

5° Tout déserteur français sera rendu par les Arabes ;

6° Tout chrétien qui voudra voyager par terre devra être muni d'une permission revêtue du cachet du consul d'Abd-el-Kader et de celui du général.

Sur ces conditions se trouve le cachet du prince des croyants.

Ce traité, si imprudemment consenti, étendait la puissance d'Abd-el-Kader et amoindrissait la nôtre : le général Desmichels le comprit si bien qu'il le signa sous sa propre responsabilité, à l'insu du commandant en chef, et cacha soigneusement au ministère la partie relative aux Arabes. — Le général avait, nous le voulons croire, de sérieux motifs pour en agir ainsi ; mais, si puissants qu'ils fussent, ces motifs ne sauraient le faire excuser : il manqua gravement à son devoir et se prépara d'amères déceptions.

Tandis qu'on négociait à Oran, on disputait à Alger.

Le général Voirol était, de l'aveu de tous, un excellent militaire, mais son esprit s'égarait aisément dans les mille détails de l'administration. Il se sentait mal à l'aise au milieu des fonctionnaires civils qu'il devait diriger; et, faute de confiance en lui-même, il se mit sous la dépendance absolue de M. Genty de Bussy. — L'intendant civil usa et abusa de la faiblesse du général : il eut le verbe haut, grandit démesurément son importance, et se crut, de bonne foi peut-être, un homme indispensable. Le gouverneur s'aperçut enfin qu'on le reléguait au second plan, et le laissa comprendre; de ce jour il y eut scission complète entre les deux pouvoirs.

En France, on se préoccupait de cet état de choses ; la presse demandait avec insistance une organisation régulière des services publics, et, dans les deux Chambres, l'Opposition sommait le gouvernement de mettre un terme à cette déplorable anarchie.

On avait voulu faire de la Régence une province française ; avait-on réussi? Nous laisserons un Pair de France répondre à cette question (1) :

« ..... Les rapides succès de nos armes furent suivis de mesures qui montrèrent que la France ne se restreindrait point dans le cercle étroit que n'avaient pas franchi les dernières expéditions des puissances de l'Europe. Les colonnes françaises pénétrèrent jusqu'à la chaîne de l'Atlas. Des combats peu importants, mais répétés, éloignèrent les tribus arabes ou les forcèrent à la soumission. Bône, Oran furent successivement occupés. En même temps, de grands travaux s'entreprenaient ; on relevait les fortifications d'Alger, on réparait son port, une place d'arme était tracée, tandis qu'on élargissait ses principales rues. Au dehors, des postes étaient fortifiés pour couvrir ces coteaux couverts d'arbres fruitiers et de maisons de plaisance qui entourent la ville, et que de nouvelles routes allaient traverser.

» C'étaient là, sans doute, des signes certains des intentions du

---

(1) Voy. *Colonisation de l'Ex-Régence d'Alger*, documents officiels déposés sur le bureau de la chambre des députés, p. 125-129, Rapport de M. le Baron Mounier, pair de France.

gouvernement. On en concluait qu'il ne s'agissait plus seulement d'occuper passagèrement les villes et les campagnes que la victoire nous avait livrées, mais qu'il s'agissait, au contraire, de faire de la régence d'Alger une possession permanente et durable. Aussi, des spéculateurs ne tardèrent point à porter leurs espérances dans un pays qui se présentait, à leurs yeux, comme pouvant réunir les productions du climat de l'Europe et celles du climat de l'Inde. Ils se firent céder par des Maures et par des Juifs leurs droits de propriété, encouragés, excités par l'exemple des principaux officiers de l'armée, de ses chefs mêmes, que le gouvernement approuvait et félicitait de s'attacher ainsi au sol qu'ils avaient à défendre.

» Pour cultiver ces terres, pour les mettre en valeur, on appelait des colons; on les appelait à grands cris, au gré des nouveaux propriétaires; les bras seuls manquaient. Malte, les îles Baléares profitèrent de cette circonstance favorable pour se débarrasser d'une portion de leur population surabondante. Des Allemands et des Suisses qui se dirigeaient vers l'Amérique furent détournés de leur route et attirés à Alger. De brillants tableaux de l'avenir étaient sans cesse déroulés; mais ces espérances exagérées, ou plutôt ces prestiges de l'imagination, ne tardèrent pas à s'évanouir. Les illusions firent place à la réalité; et le découragement, suite ordinaire des mécomptes, s'emparant des esprits, on entendait prédire qu'Alger ne deviendrait jamais une possession utile à la France, et soutenir que la prudence voulait qu'on se hâtât de mettre un terme à d'énormes dépenses qu'aucun avantage ne compenserait.

» Les essais de colonisation tentés dans la campagne voisine d'Alger n'avaient point réussi; la maladie, la misère avaient décimé les nouveaux cultivateurs. Une politique indécise, et quelquefois marquée par la violence, la guerre conduite sans système arrêté, sans but déterminé, avaient poussé les tribus environnantes dans un état permanent d'hostilité contre les troupes françaises; des représailles, amenées par l'irritation que produisent dans une armée régulière les coutumes de guerre des peuples barbares, excitaient la haine et la vengeance et détruisaient les ressources de l'avenir. Enfin, les soldats, mal abrités, souvent exposés aux exhalaisons délétères, remplissaient les hôpitaux, où beaucoup succombaient sans gloire et sans utilité pour la patrie.

» A Oran et à Bône, la situation des choses n'était pas plus satisfaisante. La première de ces villes s'était dépeuplée depuis qu'elle avait passé sous nos lois ; les relations commerciales avec les Arabes étaient entièrement interrompues. Nous ne possédions dans l'intérieur que des murailles désertes, et au dehors, que le cercle dont les boulets de nos canons atteignaient la circonférence. A Bône, une conduite plus humaine et plus habile avait produit, dans nos rapports avec les tribus, des résultats plus favorables. Des Arabes campaient autour de la place ; leurs cavaliers éclairaient la marche de nos détachements ; mais dans la ville, brûlée par les Turcs, la ruine et la solitude entouraient nos soldats. En butte aux injures de l'air, ou entassés dans des baraques ou des masures qui ne les garantissaient pas de la pluie, ils ne pouvaient échapper à l'influence des marais fétides que forment le Seybouse et la Bougina avant de se jeter dans la mer. Les pertes de la garnison de Bône avaient été proportionnellement encore bien plus considérables que celles de l'armée d'Alger.

» Telle était la triste situation que présentaient, au commencement de 1833, des conquêtes acquises avec tant d'éclat. Qu'on y ajoute le dégoût des officiers, qui saisissaient toutes les occasions de rentrer en France ; le découragement des spéculateurs, qui ne savaient pas si la métropole ne songeait point à abandonner les plages où surgissaient tant de difficultés plutôt qu'à faire les sacrifices indispensables pour les surmonter ; le manque de sécurité dans le présent, de confiance dans l'avenir pour tous les habitants indigènes, français ou étrangers ; le mécontentement des Maures restés dans Alger, sous la foi de promesses qui n'avaient pas été assez exactement observées, et que d'ailleurs la présence d'une armée européenne blessait nécessairement dans leurs mœurs et dans leurs intérêts ; la fréquence des changements dans les dépositaires de l'autorité ; les variations et les erreurs de l'administration qui en étaient résultées ; on comprendra que, tandis que d'un côté on s'alarmait de penser que le silence du gouvernement, l'absence de la déclaration formelle de ses résolutions, pouvaient cacher le projet d'évacuer l'Afrique, d'un autre côté, et surtout au sein des Chambres appelées à voter les dépenses, il s'élevait des doutes sur les avantages attachés à la conservation de nos conquêtes. »

« Dégoût chez les uns, découragement chez les autres ; partout la défiance : » c'est ainsi qu'un Pair de France caractérise la situation. — Mais cette situation, quelles causes précises l'avaient fait naître? D'où provenaient ces défaillances? — D'où qu'elles vinssent, il était impolitique, il était dangereux de laisser les colons se débattre plus longtemps sous l'étreinte de la misère; les hommes sensés en convenaient, et tous cherchaient, avec une égale ardeur, les moyens pratiques de sauver la colonie.

Et comme les correspondances officielles paraissaient entachées de mensonge ou d'erreur, on voulut connaître la vérité :

« Les fâcheux résultats qui se manifestaient, après plus de deux ans de travaux, après la perte de tant de citoyens enlevés par le feu des Arabes ou par les coups bien plus dangereux de la maladie, après le sacrifice de plus de 60 milions, jetés sur la côte d'Afrique depuis que la grande expédition chargée de la vengeance de l'honneur national avait achevé sa tâche, étaient-ils une conséquence forcée de la nature des choses, de circonstances hors de la puissance de la prudence humaine? Ou bien, une conduite plus habile, une direction mieux tracée, des efforts mieux combinés, amèneraient-ils des résultats différents? La raison permettait-elle d'espérer que l'occupation de ces points de l'Afrique dédommagerait, un jour, la France des sacrifices qu'elle s'imposerait pour y consolider sa domination?

» Dès que la question était posée en ces termes, il devenait nécessaire de chercher les moyens de réunir les renseignements, de constater les faits qui serviraient à la décider. Il était désirable qu'une commission examinât les différents partis qui se trouvaient proposés, afin que, éclairé par la discussion, le gouvernement pût arrêter le système sur lequel se baseraient les résolutions qu'il aurait à soumettre à la législature.

» La création de cette commission d'enquête fut expressément réclamée par plusieurs des membres des deux Chambres, qui, à l'occasion du vote des articles du budget, s'occupèrent de la situation de la domination de la France dans l'ancienne Régence d'Alger. »

Le Roi, déférant à ce vœu, décida, le 7 juillet 1833, sur le rapport du président du Conseil des Ministres, « qu'une commission spéciale se rendrait en Afrique pour recueillir tous les faits propres à éclairer le Gouvernement, soit sur l'état actuel du pays, soit sur les mesures que réclamait son avenir (1). » Elle devait, à son retour, faire partie d'une commission plus nombreuse qui aurait à discuter les renseignements recueillis, pour présenter à ce sujet un rapport au gouvernement.

La commission arriva le 1er septembre 1833 à Alger, poussa ses excursions jusqu'à Blidah, et se fit transporter par mer à Oran, à Arzew et à Bône. Chacun de ses membres s'occupa spécialement d'une des branches du service : quand la lumière fut faite, les commissaires revinrent à Paris. Le résultat de leurs recherches et de leurs observations ayant été remis au président du Conseil, une seconde commission fut instituée par ordonnance royale (2), « *à l'effet de décider si la France devrait ou non abandonner ses possessions d'Afrique.* »

La question fut longuement débattue. Parmi les commissaires, il s'en trouva qui incriminèrent énergiquement la conduite de certains fonctionnaires en renom, et mirent à nu cette plaie saignante qu'on appelait LA CONQUÊTE..... Ils avaient voulu voir ; et comme les *missi dominici* d'un autre

---

(1) Cette commission était ainsi composée : le lieutenant général Bonnet, Pair de France, président ; le comte d'Haubersaert, pair de France ; de la Pinsonnière, Laurence, Piscatory, Reynard, députés ; de Montfort, maréchal de Camp, inspecteur du génie ; Duval Dailly, capitaine de vaisseau.

(2) 12 décembre. Cette commission fut composée, indépendamment des huit membres de la première commission, de MM. le duc de Cazes, pair de France, président ; le lieutenant général comte de Guilleminot, pair de France ; le baron Mounier, pair de France ; Duchâtel, Dumon, Passy, le comte de Sade, Baude, députés ; le lieutenant général Bernard, aide de camp du roi ; le vice-amiral Ducamp de Rosamel ; le baron Volland, intendant militaire.

âge, ils avaient interrogé les habitants, recueilli leurs plaintes, pesé leurs griefs et porté la lumière là où régnait l'obscurité. Tous savaient maintenant d'où venait le mal : tous répétèrent donc sans y rien ajouter, mais sans en retrancher un seul mot, ce qu'ils avaient entendu ; et parmi leurs rapports, il en est qu'on peut citer comme de véritables morceaux d'histoire :

« ...Aujourd'hui, — c'est un député qui parle, — l'occupation de la Régence est essentiellement militaire ; il n'en pourra être autrement tant que notre souveraineté, pressée par des voisins hostiles, ne pourra s'exercer qu'à l'aide de la force ; mais il est à désirer que l'action militaire, qui n'est qu'un moyen, puisse faire place à une colonisation régulière, qui est le but, et qu'elle n'apparaisse plus que comme un accessoire de protection. Le contraire amènerait inévitablement la ruine de la colonie, car la colonisation n'est que le développement de toutes les ressources agricoles et industrielles du pays ; et si l'ardeur du colon, stimulée par l'espérance d'un bon résultat, est une des premières causes de succès, réciproquement le découragement est une cause de revers. Or, il faut bien le dire, en pays conquis, le voisinage des camps est toujours fâcheux, et, à Alger, malgré la sollicitude des chefs de l'armée pour le maintien de la discipline, malgré les efforts bien naturels des colons pour préserver leurs propriétés du pillage, le soldat vainqueur s'est toujours cru et se croit toujours le maître absolu de sa conquête. Peu soucieux d'un avenir qu'il ne comprend pas et qui ne l'intéresse pas immédiatement, il n'a fait acte de sa puissance jusqu'à présent que pour porter avec lui la dévastation et la ruine. La hache a fait justice de plantations superbes que le temps et la barbarie avaient respectées ; les pépinières, les vignes ont alimenté le feu du bivouac ; les portes, les fenêtres, les solives des maisons ont fait du bois de corde, vendu ensuite sur la place publique ; les fruits, violemment arrachés, ont entraîné la perte de l'arbre qui les portait ; tout a manqué à la fois au malheureux colon ; jusqu'aux légumes de son modeste jardin, sa dernière ressource, tout a disparu !

» L'année suivante, il a cultivé des céréales qui ne devaient tenter l'avidité de personne; l'inexpérience et son peu de ressources l'ont encore trahi; maintenant il est découragé, il est ruiné.

» On cultivait moins l'année dernière que l'année précédente; moins encore cette année que l'année dernière; nous marchons à pas rétrogrades, et si des mesures énergiques et protectrices ne viennent pas au secours de la propriété, l'avenir de la colonie touche à sa fin.

» L'autorité supérieure elle-même, qui aurait dû entourer de protection les pénibles efforts de la colonisation agricole, l'administration, peu spéciale en cette matière, s'est à peine aperçue de son importance, et non-seulement elle l'a abandonnée à ses propres inspirations, sans guide et sans appui, mais encore elle l'a froissée par ses procédés peu bienveillants et par une étrange absence de loyauté dans la tenue de ses engagements.

» Des colons ont été violemment dépossédés, leurs maisons et leurs champs dévastés par une occupation militaire faite d'autorité. D'autres, après avoir mis un capital considérable en plantations de plusieurs milliers de pieds d'arbres, en culture de vastes terrains, ont cru alléger un peu le poids de leurs efforts en louant à l'autorité quelques corps de fermes; le prix du loyer n'a jamais été payé, les terres sont devenues des champs de manœuvre, les prairies des pâturages pour la cavalerie; toutes les récoltes ont été dévorées.

» On doit sans doute au pouvoir bien des choses utiles dans d'autres branches de l'administration de la colonie; mais il a mis au moins bien de l'indifférence à l'égard des développements de cette portion d'intérêts sur laquelle cependant repose presque entièrement la colonisation du pays. Il est juste d'observer toutefois que, sous l'administration actuelle, les choses se sont améliorées depuis quelque temps. Les généraux qui commandent en chef ont compris les intérêts des circonscriptions confiées à leurs soins, et si la commission ne s'était interdit la citation de noms propres, elle aimerait, dans ce tableau si rembruni, à en reproduire quelques-uns qui font honneur au caractère national.

» Des essais matériels de colonisation ont été faits: mais comment? Quatre cents malheureux, détournés par on ne sait qui de leur direction pour l'Amérique, amenés à Alger par une influence inconnue, sont venus y mourir de faim et de misère, ou tomber à la charge du gouvernement. On ne pouvait pas faire que ces colons fussent riches, honnêtes et laborieux; mais, puisqu'on se résignait à faire des sacrifices en leur faveur, il fallait au moins que les mesures fussent complètes, et qu'en offrant aux gens d'ordre et de conduite des chances de succès, elles ne fussent pas en pure perte pour l'Etat.

» Le contraire est arrivé. Les moyens ont été mesquins et rétrécis ; on a voulu créer des villages ou petits établissements coloniaux ; tout a été commencé, rien n'a été fini ou sinon mal fini, et surtou trop tardivement.

» Pendant qu'on délibérait sur les modes de construction à adopter, l'hiver est arrivé, les constructions commencées sont tombées, les secours ont été insuffisants, les semences ont été fournies après la saison convenable.

» Certainement il y a eu des ordres donnés, mais le colon était mort de maladie ou de besoin avant d'être à l'abri ou avant l'arrivée des secours. Il a dû laisser ses guérets inutiles et consacrer les semences aux nécessités impérieuses du moment, en fermant les yeux sur un avenir qui n'existait déjà plus pour lui.

» Tel fut le résultat des choses faites, il est vrai, mais faites sous l'empire de cette force d'inertie qui conduit plus tard à renoncer à tout système, et qui fit qu'on préféra ouvrir la porte aux aventuriers de tous les pays indistinctement, espérant que par hasard il en sortirait quelque bien.

» Cette nouvelle marche, dont on avait déjà reconnu les fâcheux effets, porta rapidement ses fruits. Non-seulement ni l'agriculture ni la colonisation n'avancèrent, mais il fallut encore une police active pour les empêcher de reculer, et la police ne réussit pas toujours (1). »

En parlant ainsi à ses collègues de la Chambre, M. de la Pinsonnière n'exagérait point le mal qui rongeait la colonie. Il disait la vérité, mais la vérité *vraie* : les moyens employés jusqu'alors pour protéger les émigrants avaient été « mesquins et rétrécis ; » et, grâce à l'incurie des administrateurs, le colon mourait souvent de maladie ou de misère avant d'avoir un abri, ou avant l'arrivée des secours. » Mais ce tableau,

(1) Voy, *Documents officiels*, Rapport de M. de la Pinsonnière, p. 3-6.

si rembruni qu'il fût, était encore incomplet ; or, l'honorable orateur s'était imposé la tâche de déchirer le voile qui masquait la réalité : il prit à partie les agents responsables, discuta leurs actes, énuméra un à un tous les vices du système adopté et flétrit, avec l'indignation d'une âme honnête, les exécutions sanglantes qui avaient épouvanté les indigènes. Ses accusations furent nettes, précises, vigoureusement accentuées ; écoutons-le :

« Il y eut confusion dans l'organisation de la justice, confusion dans les juridictions, confusion dans l'administration, confusion partout, et certainement les naturels, quand même ils auraient été portés de bonne volonté, n'auraient pu se reconnaître dans ce chaos où nous ne nous retrouvions plus nous-mêmes. Des interprètes ignorants ou infidèles vinrent encore ajouter aux difficultés de nos transactions avec les indigènes.

» Une énorme quantité d'arrêtés, pour la plupart inexécutés et inexécutables, habituèrent à l'indifférence pour l'autorité ; d'autres, évidemment inutiles ou inopportuns, excitèrent la défiance et l'hostilité des Européens.

» Nous avions entendu dire que la loi du sabre était la meilleure chez les Orientaux ; mais nous avions oublié que si la justice des Turcs est prompte, sévère et quelquefois cruelle, elle est toujours équitable et appliquée avec discernement.

» Nous avons envoyé au supplice, sur un simple soupçon et sans procès, des gens dont la culpabilité est toujours restée plus que douteuse depuis ; leurs héritiers ont été dépouillés. Le gouvernement a fait restituer la fortune, il est vrai, mais il n'a pu rendre à la vie le père de famille assassiné.

» Nous avons massacré des gens porteurs de nos saufs-conduits, égorgé sur un soupçon des populations entières qui se sont ensuite trouvées innocentes ; nous avons mis en jugement des hommes réputés saints dans le pays, des hommes vénérés, parce qu'ils avaient assez de courage pour venir s'exposer à nos fureurs, afin d'intercéder en faveur de leurs malheureux compatriotes : il fut trouvé des juges pour les condamner et des hommes civilisés pour les faire exécuter.

» Nous avons plongé dans des cachots des chefs de tribus, parce que ces tribus avaient donné l'asile de l'hospitalité à nos déserteurs ; nous avons décoré la trahison du nom de négociation, qualifié d'actes diplomatiques d'odieux guet-apens ; en un mot, nous avons débordé en barbarie les barbares que nous venions civiliser, et nous nous plaignons de n'avoir pas réussi auprès d'eux ! Mais nous avons été nos plus cruels ennemis en Afrique ! Et après tous ces égarements de la violence, nous avons changé tout à coup de système pour nous lancer dans l'excès contraire ; nous avons tremblé devant un acte de rigueur mérité ; nous avons voulu ramener à nous, à force de condescendance, des gens qui n'ont alors cessé de nous craindre que pour nous mépriser.

» On ne peut attacher le blâme à tel administrateur plutôt qu'à tel autre ; les modifications survenues successivement dans le personnel, l'absence de système déterminé, l'incertitude de l'occupation ont jeté la langueur partout. Les faux errements des uns, inaperçus par leurs successeurs, n'ont pas été rectifiés ; des mesures favorables à telle branche de l'administration ont été légèrement adoptées, sans qu'on ait remarqué qu'elles étaient nuisibles à d'autres. Enfin, le sol a manqué sous les pas de presque tous, parce que presque tous, en présence de difficultés extrêmes, ont été inférieurs à leur position (1). »

M. de la Pinsonnière n'était point seul à déplorer cet état de choses : sa parole trouva de sympathiques échos dans la presse et dans le pays. On ne pouvait comprendre, en effet, les irrésolutions du ministère dans une question qui intéressait des milliers d'individus, et où l'honneur national était en jeu. Le manque d'initiative et d'énergie qu'on reprochait au gouvernement devait être, pensait-on, la conséquence d'un parti pris : pour expliquer l'un et l'autre, on parla d'engagements secrets contractés par Louis-Philippe envers l'Angleterre, et on crut que l'intention formelle du Roi était d'abandonner la colonie. Cette idée d'abandon trouva de zélés dé-

(1) *Documents officiels*, p. 8-10.

fenseurs : des publicistes, moins jaloux de notre gloire que de nos finances, demandèrent « quels avantages on pourrait tirer de la conquête en compensation des sacrifices qu'elle imposait, et déclarèrent hautement qu'il y avait plus de perte que de profit à la garder. » — On leur répondit que « la grandeur des nations fait partie de leurs richesses ; que des avantages commerciaux, industriels et agricoles seraient assurés à la métropole par une habile exploitation de la colonie, et qu'à cette possession se rattachaient des intérêts de puissance extérieure de premier ordre. » —Le ministère évitant de se prononcer, son silence encouragea dans leurs attaques les partisans de l'abandon. Quelques députés s'en émurent et le débat, jusqu'alors circonscrit dans la presse, fut porté devant les Chambres :

Lors de la discussion du budget de la guerre, la commission des finances proposa une réduction de 250,000 francs sur le chapitre de la colonisation. Le rapporteur, M. Passy, exposa longuement les motifs qui avaient déterminé ses collègues à proposer cette réduction, et se prononça sans équivoque pour l'occupation restreinte et temporaire. M. de Sade lui prêta l'appui de sa parole, opina dans le sens de la commission, puis demanda, par amendement séparé, une réduction de 400,000 francs sur la somme affectée à la colonisation. Bientôt l'esprit de discussion gagna la Chambre entière, et dans ces longs débats il y eut, sans qu'on osât l'avouer, deux opinions distinctes : l'une, qui demandait implicitement l'abandon, et l'autre, la conservation d'Alger.

Parmi les orateurs qui se déclarèrent franchement contre l'occupation, M. Dupin fut sinon le plus convaincu, du moins le plus prolixe ; il ridiculisa sans pitié ceux de ses collègues qui avaient défendu la cause contraire, parla des Grecs et des Romains, amusa la Chambre par des lazzis qui n'étaient point tous d'un atticisme irréprochable et termina son réquisitoire, — car c'en était un, — par ces mots significatifs : « En résumé, dit-il, la colonisation est une chose absurde ; point de colons, point de terres à leur concéder, pas de garanties surtout à leur promettre. Mon avis est qu'il faut réduire les dépenses à leur plus simple expression : il faut qu'on avise aux moyens d'établir à Alger une administration qui soit mieux appropriée à la situation de ce pays, *et hâter le moment de libérer la France d'un fardeau qu'elle ne pourra et qu'elle ne voudra pas porter longtemps* (1). »

M. Mauguin, dans une chaleureuse improvisation, répondit tout à la fois à M. Dupin, à M. de Sade et au rapporteur de la commission : il convint que la colonie était mal administrée ; qu'il y avait eu, de la part d'un grand nombre de fonctionnaires, dol et pilleries ; qu'on avait compromis, fréquemment et comme à plaisir, plus que notre influence, — la dignité même du pouvoir ; — mais, tout en stygmatisant ces iniquités, il montra l'avenir profitant des erreurs du passé, prouva que la possession d'Alger donnait à la métropole une augmentation de puissance et de force, et conclut en ces termes : « Vous ne pouvez avoir la pensée d'abandonner l'Algérie ; vous ne pouvez vouloir prouver à l'Europe que, toujours mobiles et changeants, vous ne formez une entreprise que pour l'abandonner ; que vous ne prenez une possession que pour en désirer une autre, et que, administrateurs inhabiles, vous périssez là où les Turcs avaient su recueillir de la puissance

---

(1) Voy. au *Moniteur officiel*, chambre des députés, séance du 30 avril 1834. Prirent part aux débats (26 avril-5 mai), MM. Passy, Laurence, de Sade, La Pinsonnière, Mauguin, Pelet de la Lozère, Clauzel, Lamartine, Salvandy, Odilon Barrot, de Pontevès, etc., etc.

et de la richesse. La France au-dessous des Turcs ! ! Ce caractère manquait à notre époque pour la flétrir ! » (*Séance du 2 mai.*)

M. de Pontevès, député du Var, prit ensuite la parole. Dans un discours substantiel, mais d'une logique serrée, il combattit, au nom de l'intérêt public, les conclusions du rapporteur et l'amendement de M. de Sade. « La conservation d'Alger, dit-il, est, pour le midi de la France, d'un immense intérêt. Malgré les hésitations du gouvernement, malgré le découragement et l'inquiétude qu'inspirait le système erroné que l'on a suivi jusqu'à ce jour, le commerce et l'industrie ont engagé des capitaux considérables dans cette colonie. Pourriez-vous envisager sans sollicitude les conséquences qui résulteraient de l'abandon, le retour en France de cette foule de colons qui, en adoptant cette nouvelle patrie, avaient espéré y trouver au moins l'existence à défaut de fortune? » — Puis, se faisant en cela l'interprète de ses compatriotes : « Qu'on y songe, ajoutait-il, l'abandon d'Alger porterait un coup funeste à la prospérité du commerce, de l'industrie et de l'agriculture du Midi, principalement à celui des villes de Toulon, de Marseille et des pays environnants. Marseille surtout, si active, objet de l'envie et de l'admiration des étrangers, Marseille serait frappée au cœur dans sa prospérité! »

M. de Pontevès touchait ainsi à l'un des points capitaux de la question. La chambre, d'abord indécise, comprit enfin que la mesure proposée était souverainement impopulaire, et les partisans de l'abandon en furent pour leurs frais d'éloquence. Le ministère déclara, solennellement, avec la commission d'enquête : « QUE L'HONNEUR ET L'INTÉRÊT DE LA FRANCE LUI COMMANDAIENT DE CONSERVER SES POSSESSIONS SUR LA CÔTE SEPTENTRIONALE DE L'AFRIQUE. »

CHAPITRE SIXIÈME

GOUVERNEMENT DU COMTE DROUET D'ERLON

(27 juillet 1834. — 8 avril 1835.)

Nouvelle organisation du pouvoir. — Conduite du gouverneur. — Les Hadjoutes. — Evénement de Bougie.— L'Émir accrédite un envoyé auprès du comte d'Erlon. — Rappel du général Desmichels. — Politique nouvelle d'Abd-El-Kader. — Le général Trézel à Oran. — Soumission des Douairs et des Zmélas.—Reprise des hostilités.—Combat de Muley-Ismaël. — Désastre de La Macta. — Rappel du comte d'Erlon.

Les discussions passionnées qui avaient eu lieu dans la presse et dans les Chambres prouvèrent au gouvernement que l'heure était venue d'inaugurer une ère nouvelle. L'idée seule que l'on pouvait abandonner la colonie ayant soulevé d'ardentes colères, il était nécessaire de confier à des hommes nouveaux l'application d'un système qui fût en harmonie avec les besoins et les vœux des populations algériennes, et une ordonnance royale, en date du 22 juillet 1834, réorganisa complétement l'administration. Aux termes de cette ordonnance, « le commandement général et la haute administration des possessions françaises dans le nord de l'Afrique » étaient confiés à un gouverneur général, exerçant ses pouvoirs sous les ordres et la direction du ministre de la guerre.

M. le comte Drouet d'Erlon, lieutenant général et pair de France, fut nommé gouverneur ;

Un officier général commandant les troupes, — le général Rapatel (1) ;

Un intendant civil, — M. Le Pasquier ;

Un officier général commandant la marine, — M. de la Bretonnière ;

Un procureur général, — M. Laurence ;

Un intendant militaire, — M. Bondurand ;

Un directeur des finances, — M. Blondel,

Furent chargés des différents services civils et militaires, sous les ordres du gouverneur général et dans la limite de leurs attributions respectives.

Le gouverneur eut près de lui un conseil composé de ces différents fonctionnaires : c'était au sein de ce conseil que devaient être discutées toutes les mesures propres à consolider notre domination. L'ordonnance portait, en outre, que, jusqu'à ce qu'il en fût autrement ordonné, la colonie d'Afrique serait régie par *ordonnances royales*.

La commission d'enquête, qui connaissait *de visu* l'état du pays, avait fait ressortir dans son rapport les vices du système suivi jusqu'à ce jour : tout était à changer. Une ordonnance spéciale (10 août) réorganisa l'administration de la justice ainsi que le service maritime, et un arrêté ministériel (1er septembre) régla les attributions du gouverneur, des chefs d'administration placés sous ses ordres et du conseil d'administration (2). — Plus tard, un arrêté du gouverneur

(1) On avait offert au général Voirol le commandement des troupes ; mais M. Voirol ne crut point devoir accepter un poste secondaire dans un pays où il avait été chef suprême. Sur son refus, le général Rapatel fut désigné.

(2) Voy. *Bulletins officiels des actes du gouvernement* (*Algérie*), pag. 1 à 34.

détermina les attributions de l'intendant civil, du procureur général et du directeur des finances (1).

Il semblait au gouvernement que, sous l'empire de cette constitution, la colonie devait prospérer : l'unité de commandement était établie ; on avait, autant que possible, supprimé les abus et cherché à sauvegarder les intérêts de tous ; on s'attendait donc à voir fonctionner aisément la nouvelle administration. — Malheureusement, ce système péchait par le sommet : il fallait à la tête du pouvoir un homme jeune, actif, osé. — Pour des motifs que nous n'avons point à rechercher, on confia la direction de la colonie à un vieillard pusillanime et incapable. Tel était le comte d'Erlon.

Les premiers actes du gouverneur donnèrent à penser que nous allions tenir à l'égard des Arabes une conduite exempte de faiblesses et d'hésitations. La politique des généraux Berthezène et Desmichels fut désavouée ; on déclara hautement qu'on ferait respecter désormais le drapeau de la France ; et, dès les premiers jours de son installation, M. Drouet d'Erlon décida que, pour éviter le renouvellement des scènes de désordre qui s'étaient passées au marché de Bouffarick, quelques compagnies s'y rendraient en armes, chaque lundi, afin d'assurer par leur présence la liberté des transactions entre les Européens et les indigènes.

Il était temps, du reste, de faire preuve d'énergie. Lorsque le gouverneur arriva, la province d'Alger était travaillée par une agitation sourde, qui s'étendait de la plaine aux montagnes : des dépêches fréquentes en avertissaient. Dans la province d'Oran, la situation se compliquait chaque jour davantage ; les marchés, alors approvisionnés par l'Émir avec les

(1) *Bulletins officiels*, voy. p. 35—44.

grains provenant des tribus placées sous sa dépendance, étaient envahis par des Arabes qui tarifaient les céréales au nom d'Abd-el-Kader, exerçaient le monopole des achats, et ne se retiraient que devant les agents chargés d'approvisionner notre armée. Les particuliers, persuadés que le traité du 26 février établissait la liberté du commerce au profit de la France, protestaient contre cet état de choses et demandaient que le tarif fût laissé libre. Mais l'Émir se riait de leurs réclamations; et, n'ayant pu obtenir la cession de l'un des ports de Mostaganem ou d'Arzew, il transporta le siége de ses affaires commerciales sur les limites du Maroc. D'immenses amas de blé furent préparés sur les bords de la Tafna, et des navires étrangers, armés par des négociants qui avaient mission de procurer aux Arabes des armes et de la poudre, vinrent les échanger contre des chargements en produits du pays.

Tolérer ces échanges, c'était tenir la colonie sous le coup d'une menace perpétuelle; le comte d'Erlon prescrivit l'application à la côte d'Afrique des principes qui régissent la côte française, c'est-à-dire de la législation des douanes. Un arrêté défendit, sous des peines sévères, « toutes importations ou exportations de marchandises françaises ou étrangères par d'autres ports que ceux occupés par les troupes françaises. » — Cet acte produisit d'heureux effets; un changement favorable s'effectua dans nos relations avec les indigènes, et les colons purent se répandre sans crainte dans la plaine.

Toute administration nouvelle a généralement la prétention de faire mieux que les administrations précédentes : — Le général Avizard avait créé les bureaux arabes : le comte d'Erlon se hâta de les dissoudre et de reconstituer la charge d'Aga des Arabes, « voulant, dit l'arrêté, imprimer un mou-

vement plus actif et plus uniforme aux rapports et aux relations qui existent déjà, ou pourront s'établir par la suite avec les tribus de l'intérieur, leur prouver que nous nous occupons de leurs intérêts, que nous désirons vivre en paix avec elles et faire régner parmi elles l'ordre et la tranquillité (1). »
— Or, le gouverneur commit là une faute capitale ; il s'en aperçut trop tard :

Une tribu du Sahel, celle des Hadjoutes, se plaignait depuis longtemps de son caïd et en demandait un autre ; le nouvel aga, pensant que ces plaintes étaient dictées par une basse jalousie, évita de répondre. Sur ces entrefaites, quelques colons de la plaine accusèrent les gens de la tribu de leur avoir volé des bestiaux. Le gouverneur crut à une révolte générale, et, le bureau arabe n'existant plus pour procéder par les formes judiciaires, force fut de recourir à la violence. Deux colonnes commandées, l'une par le colonel Marey, l'autre par le général Rapatel, se portèrent à Bouffarick, puis sur le territoire des Hadjoutes et sur celui des Mouzaïas (5-8 janvier 1835), battirent le pays dans tous les sens et exécutèrent de vigoureuses razzias. — Aussitôt les Hadjoutes appelèrent à eux tous les Arabes « qui aimaient à faire parler la poudre, » et se ruèrent contre nos établissements, pillant les propriétés et décapitant les voyageurs. L'insurrection s'étendit jusqu'aux portes d'Alger. Les colons, justement effrayés, abandonnèrent leurs cultures, et il parut à tous que l'existence de la colonie était sérieusement compromise. Le comte d'Erlon comprit alors qu'il s'était engagé dans une fausse voie, et changea de

(1) Arrêté du 18 novembre 1834. M. le lieutenant-colonel Marey, commandant le corps des spahis réguliers dans la province d'Alger, fut nommé aga des Arabes.

système : autant il s'était montré résolu, autant il se montra pusillanime.

Ce désir immodéré de vivre en paix avec les indigènes et de faire avec eux de la diplomatie allait nous jeter encore dans de singulières complications.

Après la prise et l'occupation de Bougie, le général Trézel avait laissé le commandement des troupes au commandant Duvivier. La place se trouvait alors à l'abri d'une surprise, mais elle ne possédait qu'un petit rayon de terrain mal défendu par notre artillerie, et qui n'offrait ni parcours, ni pâturages aux troupeaux de la garnison. Les relations avec l'intérieur étaient nulles; il fallait tirer de l'extérieur, c'est-à-dire de France ou d'Alger, tous les moyens de subsistance. Aussi, le manque d'exercice et de nourriture convenables affaiblit rapidement les troupes, et, en peu de mois, l'effectif diminua d'une manière sensible.

Le commandant Duvivier songea immédiatement à se créer des ressources; il savait, par une longue expérience, que ce qui fatigue le plus et use nos hommes, c'est l'inaction. Au lieu donc de tenir sa troupe derrière des postes retranchés, il résolut d'agir sur les populations voisines, d'ouvrir avec elles des relations commerciales et de leur imposer peu à peu notre domination. On construisit quelques blockaus, puis, à l'aide de reconnaissances multipliées, on gagna du terrain. Cependant, les environs de la place étaient peu sûrs; les Kabyles se montraient intraitables, et chaque sortie de la garnison donnait lieu à un combat plus ou moins vif.—Le colonel Duvivier (1) allait prendre des mesures énergiques, lorsqu'un incident imprévu vint mettre fin à son commandement.

---

(1) Il avait été promu récemment au grade de lieutenant-colonel.

Un chef kabyle, Si-Oulid-ou-Rabah, cheick d'une tribu puissante, mais s'abusant lui-même sur le degré d'influence qu'il croyait exercer, se donna comme le représentant de toutes les tribus du pays, et s'imagina de traiter seul de la paix. N'osant s'adresser au commandant supérieur, dont la défiance était toujours en éveil, le rusé Kabyle se mit en relations avec M. Lowasy, commissaire du roi, lequel en écrivit aussitôt à l'intendant civil. Le gouverneur, instruit de ce qui se passait, et sans approfondir davantage la question, autorisa M. Lowasy à traiter directement avec Oulid-ou-Rabah. La conférence eut lieu sur les grèves, à l'embouchure de la Summann; elle commençait à peine qu'elle fut interrompue à coups de fusils par des Kabyles opposants. Une collision s'en suivit, des têtes furent coupées, et le commissaire du roi, peu soucieux d'attendre la fin du combat, regagna prestement son embarcation.

Le colonel Duvivier avait assisté de loin à cette scène de meurtre; il fit arrêter le négociateur comme inculpé d'intelligences illégales avec l'ennemi. — M. Lowasy, pour se disculper, exhiba les instructions qu'il tenait du gouverneur. Le commandant supérieur, justement froissé, se plaignit au comte d'Erlon : ses plaintes furent à peine écoutées; le gouverneur voulait la paix quand même. Il chargea le colonel du génie Lemercier de se rendre à Bougie et de traiter avec le cheick kabyle. — Oulid-ou-Rabah déclara insolemment qu'il exigeait, comme première condition, le rappel de Duvivier. La conférence fut aussitôt rompue. Mais Duvivier, dont la susceptibilité avait été si justement émue, déclara qu'il ne voulait point être un obstacle à la paix et demanda à rentrer en France. Les négociations furent reprises. Bientôt après elles aboutirent : Si-Oulid-ou-Rabah cédait à la France la ville et les forts de Bougie, — qui ne lui avaient jamais appartenu, — et la plaine en avant de la ville. La France s'engageait à soutenir le cheick kabyle contre toutes les tribus qui lui feraient la guerre (1).

Nous avons raconté succinctement les faits généraux qui s'étaient passés aux environs d'Alger et à Bougie. Les provinces d'Oran et de Titery furent le théâtre d'événements bien autrement remarquables :

Le comte d'Erlon s'était, dans le principe, nettement prononcé contre la politique suivie par ses prédécesseurs et par le général Desmichels; le système adopté par le gouverneur d'Oran lui paraissait impropre à faire respecter l'autorité de la France; et, devant les hauts fonctionnaires de la colonie, il s'était exprimé de façon à laisser comprendre qu'il était peu favorable à ce qu'on nommait alors « la cause d'Abd-el-Kader. » Le général Desmichels, sentant sa position compromise, vint à Alger pour prendre, disait-il, les ordres du gouverneur général; Milou-ben-Arach, secrétaire particulier de l'Émir, l'accompagnait. — Le comte d'Erlon se montra, les premiers jours, froid et réservé; il se tenait en garde contre le promoteur d'un système dont on lui avait indiqué les conséquences; mais, peu à peu, il se laissa séduire par les raisonnements du général; et, n'ayant sur les affaires du pays que des notions confuses, il s'abandonna à son naturel indécis. Ses premières impressions s'effacèrent; l'envoyé arabe fut traité avec une grande distinction, et le général, obligé de retourner dans sa province où le choléra venait d'éclater, partit avec la conviction que son système allait prévaloir.

(1) Ce traité ne reçut jamais une ombre d'exécution : il était à peine signé que les hostilités recommencèrent. Voy., pour plus amples détails, *la Grande Kabylie*, pag. 95—109.

Cette fois, M. Desmichels se faisait illusion : il n'était point encore à Oran que le gouverneur obéissait à une influence contraire, et exprimait de nouveau ses préventions contre l'Émir.

La nouvelle administration avait, à force de travail, régularisé toutes les branches du service; mais son influence ne s'étendait guère au delà de la banlieue d'Alger, et l'anarchie la plus complète régnait dans les tribus environnantes. Les habitants de Médéah se plaignaient notamment d'être abandonnés à eux-mêmes. Fatigués d'attendre une protection toujours promise et toujours retardée, ils sommèrent le gouverneur de prendre une décision. Leur lettre était ferme et digne; nos lecteurs en jugeront :

« Louange à Dieu, la puissance est à Dieu seul. Les grands, les cheicks et tous les habitants de la ville de Médéah à M. le gouverneur général, salut à lui.

» Votre puissance est établie sur nous, vous êtes un homme supérieur, vous dirigez une grande administration et vous avez beaucoup de guerriers. Quand vous prîtes Alger, vous détruisîtes le gouvernement qui existait, et ensuite vous avez laissé sans chef notre province et bien d'autres. Nous venons vous demander justice; si vous nous la refusez, nous irons la demander au Sultan de France; il jugera si nous, ainsi que d'autres, nous pouvons rester sans gouvernement. Dites-nous ce que nous devons faire, et dirigez-nous. Si vous voulez nommer un Bey pour la province, envoyez des soldats avec lui, soyez son appui; il nous gouvernera, et nous serons vos amis et vos alliés. Ce que vous nous ordonnerez, nous le ferons. En nous abandonnant à nous-mêmes, vous n'agissez pas comme il convient à des hommes puissants comme vous. Autrefois, quand les Turcs s'emparaient d'un pays, ils y établissaient une autorité. Voyez donc ce que vous voulez faire pour nous : nous vous jugerons selon vos décisions, bonnes ou mauvaises (1). »

(1) Voy. au *Moniteur officiel*, année 1835, pag. 1259.

Il eût été convenable et sage de répondre à ces sollicitations ; mieux encore eût valu choisir dans la tribu un homme influent et lui confier l'administration de la cité. On préféra temporiser, et les habitants de Médéah en furent pour leur supplique.

L'Émir, qui était parfaitement renseigné, sut tirer parti de l'inaction du pouvoir : sans perdre de temps, il écrivit aux principales tribus que le jour approchait où leurs souffrances devaient finir, leur conseilla de patienter encore et leur fit annoncer sa venue prochaine. A l'entendre, on l'eût cru souverain de l'Algérie. C'était montrer par trop d'audace : le gouverneur se sentit humilié ; il eut, un moment, honte de sa faiblesse ; et, sous l'empire d'une juste indignation, il déclara qu'il punirait, comme ennemies de la France, les tribus qui se soumettraient à un pouvoir étranger et défendit à Abd-el-Kader de franchir le Chélif.

Ce revirement subit étonna tout le monde, — l'Émir plus que personne. Depuis le traité du 26 février, on avait eu pour lui tant de complaisances, on l'avait si complétement laissé maître d'agir à sa guise, qu'Abd-el-Kader crut d'abord à un malentendu ; mais en y réfléchissant mieux, il comprit que l'opposition venait moins du gouverneur que de son entourage, et que, aux influences qui agissaient contre lui, il devait opposer des influences contraires. Il résolut, en conséquence, d'entretenir auprès du comte d'Erlon un chargé d'affaires permanent. Il fallait un homme adroit, insinuant et dévoué ; l'Émir fit choix d'un juif nommé Ben-Durand, « l'homme le plus astucieux de la Régence, » façonné aux mœurs de l'Europe, où il avait longtemps vécu, et qui parlait le français avec une extrême facilité.

On s'étonnera peut-être de voir un marabout prendre un

israélite pour confident de ses pensées les plus secrètes ; mais voici qui l'explique :

Depuis la conquête, les juifs étaient, de la part de nos généraux, l'objet d'une sollicitude spéciale : de parias qu'ils étaient, on en avait fait des hommes, et on croyait pouvoir compter sur leur reconnaissance, ou tout au moins sur leur concours. C'était mal les connaître ; et d'ailleurs leur position dans la Régence, pour si dure qu'elle fût, ne leur semblait point insupportable. Parfois, il est vrai, les musulmans se donnaient le plaisir de leur cracher au visage et de les bâtonner ; mais ils s'essuyaient la figure ou courbaient complaisamment l'échine, bien convaincus que tôt ou tard l'outrage leur serait payé en bons écus sonnants.

Les Turcs, en effet, étaient par leur nature plus encore que par habitude impropres aux spéculations : le négoce répugnait à leurs instincts ; ils le tenaient en mépris et chargeaient exclusivement les Juifs de leur fournir tout ce dont ils pouvaient avoir besoin : épices, denrées, armes, tissus et parfums. — Les Arabes imitèrent les Turcs : placés eux-mêmes sous la dépendance des janissaires, ils se plurent à acheter, n'importe à quel prix, le droit d'humilier les Israélites dont ils firent leurs serviteurs : la main du juif était partout. — A cela, maîtres et valets trouvaient leur compte.

La destruction de la milice et l'occupation de la Régence par les troupes françaises changea brusquement cet état de choses : les israélites vinrent, en corps, féliciter les vainqueurs et offrir leurs services. Mais du jour où ils virent que les musulmans étaient respectés dans leurs personnes et protégés dans leur fortune, ils devinrent plus circonspects et reprirent leurs habitudes : astucieux et serviles, ils se mirent à la solde des Français et à celle des indigènes, et, sans scrupule, servirent les deux partis.

A l'époque même où Ben-Durand fut accrédité à Alger, les négociants européens renouvelèrent leurs plaintes au sujet du monopole qu'Abd-el-Kader exerçait à Arzew. Le gouverneur, décidé à trancher le débat, demanda au représentant de l'Émir des explications catégoriques. Ben-Durand répondit que, aux termes mêmes des conventions qu'on invoquait, son maître était libre d'agir à Arzew comme bon lui semblait, et il exhiba l'original du traité secret qui assurait à l'Émir le privilége contesté. Le gouverneur, à la vue de cette pièce, entra dans une violente colère; il sentit qu'on l'avait joué, et demanda immédiatement au ministre le rappel du général Desmichels qu'il fit remplacer par le général Trézel, chef de l'état-major.

Tous ces mécomptes réveillèrent pour un moment les instincts guerriers du comte d'Erlon. L'idée lui vint de faire acte de vigueur et de contrebalancer, par un coup hardi, l'influence qu'Abd-el-Kader prenait sur les tribus. C'est alors qu'il songea à organiser un gouvernement à Titery. Aux habitants de de Médéah qui, naguères, lui demandaient un chef, il voulut donner pour Bey le vieil Ibrahim, notre ancien kaïd à Mostaganem. Une troupe de réguliers, à la solde de la France, devait aider à son installation et le protéger au besoin contre les tentatives du dehors. Ce projet, quoi qu'on en ait dit, n'avait rien d'insensé : il pouvait réussir; malheureusement, il déplut au ministre de la guerre, qui refusa de l'approuver. Alors, et sous l'empire des discussions parlementaires qui avaient eu lieu récemment, le comte d'Erlon resta convaincu que la politique du cabinet était celle du *statu quo;* il se fit un devoir d'éviter tout sujet de querelle avec les indigènes et se laissa

complétement dominer par le représentant d'Abd-el-Kader.
Et comme Ben-Durand était un homme habile, il s'empara si
bien de l'esprit du gouverneur que, dans toutes les questions
concernant les Arabes, il joua le rôle d'un conseiller intime :
on l'écoutait de préférence à tous autres ; on l'accablait de
prévenances, et les mesures projetées étaient le plus ordinairement soumises à son contrôle.

L'Émir sut exploiter cette situation. Le traité Desmichels
avait fait de lui le premier des Arabes : à l'heure présente,
cela lui suffisait. Il avait, effectivement, mieux à faire qu'à
tenter de nouveau la chance des batailles : il lui fallait asseoir
sa puissance, reconstituer la nationalité arabe, ramener à lui
les dissidents ; il lui fallait surtout donner à sa troupe une organisation régulière, avec la discipline pour base, et, par un
apprentissage préalable de nos manœuvres, la mettre à même
de résister mieux qu'elle ne l'avait fait encore. Or, tout cela
demandait du temps. Abd-el-Kader, qui calculait tous ses
actes, n'eut garde de troubler la quiétude du gouverneur : il
fit, au contraire, tous ses efforts pour calmer les terreurs et
endormir la vigilance du crédule vieillard. Au lieu donc de se
montrer menaçant et superbe, il se fit souple et doucereux,
s'étudia à plaire, reçut avec une ostentation pleine de bienveillance les Français qui parcouraient « ses États ; » enfin
voulut séduire et séduisit par l'affabilité de ses manières les
officiers d'état-major qui, à diverses reprises, lui furent adressés par le gouverneur général.

Mais si ce changement de politique servait les intérêts
d'Abd-el-Kader, il déplaisait singulièrement à quelques
cheicks arabes qui tenaient pour impie toute alliance avec
les chrétiens. Une ligue se forma contre l'Émir : Sidi-el-Aribi,

chef de la tribu de ce nom, Mustapha-ben-Ismaël, commandant du méchouar de Tlemcen, donnèrent le signal de la révolte; le frère même d'Abd-el-Kader se joignit à eux, et bientôt on vit accourir le chérif du désert, Mouça, qui traînait à sa suite les tribus du Sahara.

L'Émir vit se former l'orage et ne s'en effraya point. Il part t de Mascara, fondit à l'improviste sur la tribu des Aribi dont il obtint aisément la soumission, après en avoir emprisonné le chef; puis, sans tenir compte du traité qui le liait, il traversa le Chélif, gagna Milianah où il fut reçu avec enthousiasme, et courut à la rencontre de Mouça, qu'il défit complétement: après quoi, il se rendit à Médéah où il fut accueilli comme un sauveur (1).

Tant de succès pouvait éblouir un homme moins ambitieux qu'Abd-el-Kader : les ovations continuelles dont il était l'objet, l'empressement des tribus à reconnaître sa suzeraineté et les complaisances aveugles qu'avait pour lui le gouverneur général, donnèrent à penser à l'Émir qu'il pouvait tout se permettre et tout oser. Ses prétentions grandirent; et, bien qu'en montrant encore une certaine déférence pour le comte d'Erlon, il fit entrevoir qu'il entendait traiter désormais d'égal à égal avec le représentant de la France.

Parmi les généraux qui servaient en Afrique, beaucoup répudiaient le système de concessions si imprudemment continué; mais nul plus que le général Trézel ne maudissait la faiblesse du gouverneur. Une occasion lui fut offerte de manifester sa pensée : il eut garde de la laisser échapper.

(1) « Le passage du Chélif constituait une violation flagrante du traité de paix ; cependant le comte d'Erlon ferma les yeux : pour sauver les apparences et masquer sa faiblesse, on répandit le bruit que l'Émir n'avait agi qu'avec le consentement du gouverneur. » *Annales*, t. II, pag. 259.

Bien avant l'époque dont nous parlons, les Douars et les Zmélas, tribus guerrières qui campaient auprès d'Oran, avaient séparé la cause de l'islamisme de celle d'Abd-el-Kader et refusé toute obéissance au fils de Mahy-ed-Din. Le général Trézel pensa qu'il pourrait tirer profit de cette mésintelligence, et il décida plusieurs groupes des deux tribus à reconnaître l'autorité française, sous promesse qu'ils trouveraient au besoin une efficace protection. L'Émir, aussitôt prévenu, se plaignit avec vivacité de ce qu'il appelait « un manque de foi, » et enjoignit aux deux tribus de s'éloigner d'Oran. Les Arabes refusèrent d'obéir, et, se voyant menacés, invoquèrent la protection du général. Fidèle à sa parole, Trézel accourut au secours de ses nouveaux alliés : mais les réguliers ne l'attendirent point : à l'approche des troupes françaises, ils s'enfuirent sans brûler une amorce.

La retraite des réguliers simplifiait la question, mais ne la résolvait point : Abd-el-Kader persistait à se dire chef et souverain des Zmélas ; le commandant français refusait, lui, de reconnaître cette souveraineté, et il était évident pour tous que le conflit entre deux autorités rivales, également chatouilleuses sur leurs droits, devait prochainement amener une rupture. A vrai dire, chaque parti la demandait : néanmoins, si désireux qu'il fût d'engager la bataille, le général Trézel redoutait d'encourir un reproche et de jouer le rôle de provocateur. Il prit donc position sur les bords du Tlélat, à douze kilomètres de Misserghin, et, de là, écrivit à l'Émir, l'engageant à renoncer à des prétentions mal fondées ; en même temps, il adressa au gouverneur un rapport circonstancié, déclarant que dans le cas où sa conduite serait désapprouvée il demanderait un successeur. — Le comte d'Erlon garda un silence prudent. Quant à l'Émir, il répondit « que sa religion lui défendait de laisser des musulmans sous la domination des chrétiens et qu'il irait chercher les rebelles jusque dans les murs d'Oran. »

Cette réponse équivalait à une déclaration de guerre. Le général Trézel résolut aussitôt de pousser en avant, et de menacer Mascara. Sa troupe se mit en marche (1) ; elle était à peine entrée dans la forêt de Muley-Ismaël, qu'elle rencontra l'ennemi (26 juin) occupant un défilé très étroit et merveilleusement posté pour la défense. — Le combat s'engage : l'infanterie arabe, cachée par d'épaisses broussailles, ouvre un feu terrible contre notre avant-garde, qui plie presque aussitôt et entraîne dans son mouvement le 66ᵉ. L'exemple va devenir contagieux : le colonel Oudinot s'adresse aux chasseurs d'Afrique, et du doigt leur montrant l'ennemi : « En avant! s'écrie-t-il, l'honneur du régiment vous en fait un devoir! » Les chasseurs s'ébranlent : Oudinot charge à leur tête, force le défilé, puis tombe, le crâne brisé par une balle. De nouveau, ses cavaliers reculent : mais l'arrière-garde se précipite au pas de course et prend l'offensive ; le combat recommence avec acharnement, et, après deux heures d'une lutte opiniâtre, les Arabes, débusqués de leurs positions, se dispersent dans la plaine. Trézel arrive ainsi sur les bords du Sig, s'y établit, et, pour la seconde fois, fait sommer l'Émir de reconnaître l'autorité de la France. —Mais Abd-el-Kader, bien qu'il eût subi des pertes énormes, ne se laissa point intimider : il connaissait la faiblesse numérique de ses adversaires et ce que leur

---

(1) Le corps d'armée comptait au plus 2,500 hommes. Il était formé d'un bataillon du 66ᵉ de ligne, du 1ᵉʳ bataillon d'infanterie légère, d'un bataillon et demi de la légion étrangère, du 2ᵉ régiment de chasseurs d'Afrique, de deux pièces de campagne et de quatre obusiers de campagne. Le convoi comprenait vingt voitures.

coûtait la victoire. Il rallia promptement ses troupes et vint se poster en face du camp français.

En présence de ces masses compactes dont le nombre grossissait incessamment, le général Trézel craignit de s'être trop engagé : gêné dans sa marche par un convoi nombreux, il ne pouvait avancer qu'avec une extrême circonspection, au milieu d'un pays presque inconnu, et redoutait une surprise : il résolut, en conséquence, de se retirer sur Arzew. — Deux chemins y conduisaient : l'un, par les collines, l'autre, par les gorges de l'Habra. La crainte d'avoir à surmonter des difficultés de terrain et de retarder ainsi la marche du convoi, décida le général à suivre cette dernière route.

Lorsqu'il vit l'armée française effectuer son mouvement, l'Émir ne douta plus de la victoire : il savait où nous attendre. Prompt à concevoir une manœuvre, plus prompt encore à l'exécuter, il part avec une nuée de cavaliers portant des fantassins en croupe et occupe les hauteurs qui avoisinent la Macta. — Trézel était brave ; en face d'un ennemi cinq ou six fois supérieur en nombre, il n'hésita point une minute : à sa voix, deux compagnies s'élancent vers les collines qu'elles tentent de gravir ; mais les Arabes tiennent ferme et forcent nos tirailleurs à rester dans la vallée. La colonne, poursuivant sa route, s'engage dans les gorges ; bientôt elle est attaquée sur tous les points. Les chasseurs, qui marchent derrière le convoi, fléchissent vers les marais de droite et laissent un espace découvert entre les dernières voitures et le 66ᵉ : les Arabes se précipitent dans cette trouée, se ruent sur les blessés, les arrachent des prolonges, puis les mutilent ou les égorgent. L'arrière-garde, se voyant coupée, faiblit à son tour ; l'épouvante la gagne ; elle se débande aussitôt, c'est un sauve-qui-peut général. Quelques hommes, cependant, reprennent courage : ils se rallient sur un mamelon et continuent la lutte en chantant *la Marseillaise*.... Mais peu à peu la fusillade s'éteint, la voix des chefs domine le bruit ; l'ordre succède au désordre : Des tirailleurs se forment en arrière-garde, l'artillerie soutient la retraite et quelques charges vigoureuses de cavalerie éloignent l'ennemi qui, surchargé de butin, ralentit ses attaques. — Le soir même, la colonne gagnait Arzew (28 juin 1835) ; peu de jours après, on l'embarqua pour Oran.

Telle fut cette désastrueuse affaire de la Macta : l'opinion publique se montra sévère à l'égard du général, qui avait eu le seul tort de compter trop sur le courage de ses troupes.

Trézel s'accusa lui-même avec une franchise pleine de noblesse et de résignation : « Dans ce fatal combat, écrivit-il au ministre, j'ai vu perdre des espérances qui me paraissaient raisonnables ; je suis oppressé par le poids de la responsabilité que j'ai prise, et me soumettrai sans murmure au blâme et à toute la sévérité que le gouvernement du Roi jugera nécessaire à mon égard, espérant qu'il ne refusera pas de récompenser les braves qui se sont distingués dans ces deux combats (1).

Tandis que le général Trézel confessait ainsi sa honte, l'Émir se montrait embarrassé de son succès : il sentait, en effet, que la France voudrait venger sa défaite et il se souciait peu de recommencer la guerre. Il chercha donc à prouver que les exigences de son adversaire avaient seules amené la rupture de la paix, et il écrivit dans ce sens au gouverneur général :

« Je croyais, dit-il, que je pouvais compter sur la parole et l'alliance ; mais votre serviteur Trézel a agi contrairement et dépassé

---

(1) Voy. au *Moniteur* le rapport officiel, 6 juillet 1835.

les limites ; et moi, je n'ai pas fait attention, parce que j'étais dans l'attente de votre réponse. Son premier camp était à Misserghin, pour protéger les Douars et les Zmélas ; et moi je n'ai pas fait cas de cela à cause de vous. Après, il s'est avancé au Figuier et ensuite à Tlélat, où il a commencé à commettre des dégâts dans les récoltes de nos sujets, les Garabas ; et quand il a eu mangé leurs récoltes, alors je me suis mis en marche avec les troupes que j'avais près de moi, et les cavaliers qui sont sous ma dépendance. Nous nous sommes campés sur le ruisseau du Sig, pour attendre de vos nouvelles. Aussitôt qu'il a appris notre arrivée sur le Sig, il s'est mis en route avec l'intention de nous faire du mal ; et lorsque nous avons su qu'il venait sur notre camp, nous nous sommes portés à sa rencontre pour lui faire la guerre ; *et alors est arrivé ce que vous avez appris.* Vous n'ignorez pas la fidélité de ma parole ; je ne fais aucun pas pour troubler la paix. Informez-vous de ce qui s'est passé, vous trouverez que je ne vous dis que la vérité (1). »

L'Émir comptait à bon droit sur le comte d'Erlon : il connaissait l'homme. Trézel fut destitué et dut remettre son commandement au général d'Arlanges ; le gouverneur eût même volontiers abandonné les Douars et les Zmélas, sans l'opposition qu'il rencontra dans le conseil de Régence.

Ce conseil, dont les attributions étaient pour ainsi dire identiques à celles de nos conseils généraux, devait rendre de grands services ; malheureusement, les opinions qui y furent émises ne prévalurent pas toujours. — On en était encore à la période des tâtonnements (2), et le gouverneur craignait d'aller trop vite : il voyait avec effroi que plus s'étendait notre domination, plus il surgissait d'obstacles, et, craignant de mal faire, il n'osait prendre un parti décisif. L'administration elle-même partageait ses terreurs : on voulait peupler la Régence, mais on se défiait des émigrants qui, disait-on, consi-

(1) Voy. Walewski, *Un mot sur la question d'Afrique.*
(2) Voy. Genty de Bussy : *De l'établissement des Français dans la Régence.* 2 vol. in-8º (1835).

déraient l'Afrique « comme une terre de refuge ; » on chiffrait leur fortune, on suspectait leur moralité et on posait en principe qu'il y aurait danger véritable à les émanciper ; partant, on allait sans boussole fixe des lois aux ordonnances, de la règle à l'exception.

D'autres problèmes encore étaient posés qui exigeaient une solution presque immédiate : Quelle condition serait faite aux étrangers ? quelle serait celle des indigènes ? questions d'autant plus difficiles à résoudre que l'autorité militaire primait l'autorité civile et ramenait tout à elle. Une récente ordonnance avait, il est vrai, réorganisé la justice; mais cette réforme intéressait seulement les Arabes qui résidaient à Alger ou dans les villes du littoral, et on ne pouvait raisonnablement croire qu'elle serait acceptée sans réticences par les marabouts et les kadis. — L'intendant civil et le conseil supérieur, étroitement unis dans une même pensée, proposèrent différentes mesures dont l'application eût peut-être aplani bien des difficultés : la persévérance mène au succès. Mais le gouvernement avait hâte d'effacer la tache qui souillait nos drapeaux : il rappela le comte d'Erlon, et le remplaça par le maréchal Clauzel, que l'opinion publique désignait à son choix.

CHAPITRE SEPTIÈME

COMMANDEMENT DU MARÉCHAL CLAUZEL

(AOUT 1835. — FÉVRIER 1837.)

I. — L'armée ; — le choléra ; — expédition contre les Hadjoutes ; — prise de Mascara ; — occupation de Tlemcen ; — Le maréchal Clauzel revient momentanément en France ; — insurrection dans l'Ouest ; — arrivée du général Bugeaud ; — combat de la Sickak ; — événement de Bougie : assassinat du commandant Salomon de Mussis ; — Youssouf à Bône ; — actes administratifs pendant cette période.

II. L'Algérie devant les chambres ; — le maréchal Clauzel propose l'expédition de Constantine ; — opinion de M. Thiers et de ses collègues ; — changement de ministère ; — hésitations de M. Molé ; — l'expédition est résolue ; — imprévoyance du maréchal ; — le camp de la boue ; — échec des troupes.

III. — Retraite de Constantine ; — le commandant Changarnier ; — le général de Rigny ; — le comte Clauzel est remplacé.

I. — Le maréchal Clauzel avait laissé dans la colonie d'excellents souvenirs : son retour fut un triomphe. Il s'était, d'ailleurs, si nettement prononcé à la tribune et dans ses écrits contre toute idée d'abandon, que sa présence calma des inquiétudes maladroitement provoquées par les débats parlementaires. Mais pour que le maréchal pût agir avec quelque vigueur et reprendre sur les Arabes l'ascendant que nous avions perdu, il lui fallait des hommes : or, l'effectif de l'armée d'Afrique venait d'être sensiblement diminué par l'envoi en Espagne de la légion étrangère, cédée par le cabinet des Tuileries au gouvernement de Marie Christine. A ce premier contre-temps vint se joindre un obstacle d'un autre genre : le choléra, qui depuis plusieurs mois sévissait à Oran, envahit tout-à-coup la province d'Alger et y fit d'épouvantables ravages. Dans de pareilles circonstances, envoyer une troupe nouvelle en Algérie, c'était la donner en pâture au fléau. On le comprit à Paris, et les embarquements furent suspendus.

Le gouverneur, ainsi abandonné à ses seules ressources, n'en chercha pas moins à donner aux Arabes une haute idée de sa puissance : Pour satisfaire les vœux, si fréquemment renouvelés, des gens de Médéah, il nomma Mohammed-Ben-Hussein Bey de la province de Titery, et lui remit, en présence de cent cinquante Cheiks appelés à grand bruit, le burnous d'investiture. Mais les insignes d'une fonction ne donnent pas toujours à celui qui les porte la force et l'autorité. La nomination d'Hussein ne trouva parmi les indigènes aucune sympathie et le fonctionnaire improvisé, mal soutenu par ses protecteurs, mal vu par ses coréligionnaires, se glissa, honteusement presque, dans sa capitale, qu'il dut bientôt abandonner.

Les Hadjoutes, dont ni le choléra ni la crainte des représailles n'ébranlaient le courage, voyant nos troupes affaiblies se jetèrent de nouveau dans la plaine, et vinrent égorger nos avant-postes : Sidi M'Barack, notre ancien aga de Coléah, passé depuis au service d'Abd-el-Kader, se joignit à eux et s'avança avec toutes les tribus de l'Ouest jusqu'aux environs d'Alger.

Le maréchal se porta rapidement à Bouffarick, à la tête

de cinq mille hommes, défit les Arabes après un combat assez vif et les refoula dans les montagnes; pour donner plus de retentissement à sa victoire, la colonne parcourut ensuite tout le pays des Hadjoutes, s'avança, à l'Ouest, jusqu'à Kobr-Roumia (tombeau de la Chrétienne), où nos armées n'avaient pas encore pénétré, puis rentra à Bouffarick en passant par Blidah. Les généraux Clauzel et Rapatel regagnèrent Alger par la plaine de l'est.

Cependant, l'état sanitaire de la colonie s'était amélioré : le choléra avait presque entièrement disparu et l'armée, lasse de son inaction, demandait à marcher. Le ministère, mis en demeure de tenir ses promesses, céda aux sollicitations du Gouverneur, et l'expédition de Mascara fut décidée (1) :

On pensait généralement que la campagne serait longue et périlleuse : aussi, plusieurs officiers généraux avaient-ils sollicité l'honneur d'accompagner le maréchal ; le duc d'Orléan, dont le nom était populaire en France, et qui se montrait jaloux de partager les fatigues et les dangers de l'armée, avait obtenu le commandement d'une division. Il arriva dans

(1) Les troupes appelées à faire partie de cette expédition devaient se réunir à Oran. Afin de tenir en respect les tribus de l'Ouest, le Maréchal fit occuper l'île de Rachgoun, située en face de l'embouchure de la Tafna. Les Douairs étaient ainsi placés sous la menace d'une invasion, et ne pouvaient suivre l'Émir.

Le corps expéditionnaire (11,000 hommes) formait 4 brigades : — 1re brigade (général Oudinot) : les Douairs, les Zmélas et les Turcs d'Ibrahim; le 2e régiment de chasseurs d'Afrique, les zouaves, le 2e léger, mineurs et sapeurs. — 2e brigade (général Perrégaux) : trois compagnies d'élite venues d'Alger et tirées des 10e léger, 13e et 63e de ligne ; le 17e léger. — 3e brigade (général D'Arlanges) : le 1er bataillon d'infanterie légère d'Afrique, le 11e de ligne. — 4e brigade (colonel Combes) : le 47e de ligne. — Réserve (lieutenant-colonel Beaufort, du 47e) : un bataillon du 66e, une compagnie de sapeurs, une batterie de campagne. — Chaque brigade avait deux obusiers de campagne ; la réserve en avait quatre.

les premiers jours de novembre : aussitôt, le gouverneur se rendit à Oran, où les troupes étaient réunies :

On était au 27 novembre ; l'armée se mit en marche, bien persuadée qu'elle allait rencontrer l'ennemi aux portes mêmes de la ville. Mais Abd-el-Kader avait trop de bon sens pour se faire illusion et méconnaître son infériorité. Il évita sagement d'engager la bataille et se borna, les premiers jours, à tirailler contre notre arrière-garde et à observer nos mouvements. Le seul combat sérieux fut celui du 3 décembre, alors que la colonne, ayant traversé le Sig, s'acheminait vers l'Habra. — L'Émir, rompu à la guerre d'embuscade, avait massé son infanterie sur un point que masquaient les broussailles et disposé son artillerie en avant du défilé : quand l'avant-garde se présenta, elle fut assaillie par un feu des plus vifs et les cavaliers arabes, survenant à l'improviste, se ruèrent sur les flancs de la colonne.

La moindre hésitation pouvait tout compromettre ; officiers et soldats rivalisèrent d'audace : — la première brigade aborde l'ennemi à la baïonnette, le culbute et force le passage vaillamment disputé. Le général Perrégaux se jette, avec le 17e léger, dans les bois de l'Habra, et en débusque l'ennemi ; l'artillerie, dont le maréchal dirige lui-même le feu, tire à toute volée et les Arabes se voient contraints d'abandonner le champ de bataille, où ils laissent leurs blessés et leurs morts (1).

La position ainsi balayée, la colonne poursuivit sa route, de temps à autre assaillie par les cavaliers d'Abd-el-Kader.

---

(1) Le duc d'Orléans se conduisit, dans toute cette campagne, avec une bravoure sans seconde. On le vit constamment là où il y avait du danger : au combat du 3 décembre, il fut légèrement blessé. Le général Oudinot, qui commandait l'avant-garde, fut grièvement atteint.

Mais le maréchal paralysa par d'habiles manœuvres ces retours offensifs, et trois jours après il entrait à Mascara (6 décembre 1835).

On avait cru, dans le principe, que cette ville offrirait d'immenses ressources ; au dire des enthousiastes, la capitale de l'Émir « était la plus riche de la Régence, » — et les imaginations d'aller leur train. Il fallut renoncer à ces espérances si doucement caressées :

« ..... La nuit qui commençait à se fermer, la pluie qui tombait abondamment, la boue des rues sales et étroites qu'il fallut d'abord traverser, contribuaient encore à rendre plus poignant le triste spectacle qui se manifestait graduellement aux regards : une ville à peu près déserte, et le petit nombre de figures humaines qu'on y apercevait ressemblant plutôt à des spectres qu'à des hommes ; des femmes pâles, échevelées, à peine couvertes de quelques haillons, portant encore la trace de la brutalité des Arabes. Ces malheureux nous saluaient avec autant de joie que leur souffrance leur permettait d'en éprouver, et paraissaient nous regarder comme leurs libérateurs. Là nous apprîmes en effet que les soldats d'Abd-el-Kader, en revenant du combat de l'Habrah, avaient passé par Mascara, avaient obligé la population maure d'évacuer, et avaient pillé tout le monde indistinctement ; mais les Juifs avaient eu plus particulièrement à souffrir ; une soixantaine avaient été tués, un grand nombre de femmes et d'enfants emmenés. En cherchant des logements pour M. le maréchal gouverneur, on entra dans une maison où se trouvaient deux femmes couvertes de blessures, gisant à côté d'une troisième qui était morte, et on apprit par ceux qui les entouraient que toutes les victimes des scènes de carnage qui venaient d'avoir lieu dans Mascara étaient encore, les morts sans sépulture et les blessés sans secours.

» Dans cette catastrophe, la famille d'Abd-el-Kader lui-même n'avait pas été épargnée, et sa femme avait eu ses pendants d'oreilles arrachés par les propres soldats de son mari. En un mot, dans cette ville infortunée, où le feu consumait un assez grand nombre de maisons, il ne restait plus que sept à huit cents Juifs, tremblants et consternés, qui offraient un spectacle de misère et de douleur que l'imagination a peine à contenir.

» C'est au milieu de ce triste cortège que le prince et le maréchal allèrent établir le quartier-général à l'extrémité de la ville, dans la maison même de l'Émir (1). »

Le lendemain, les soldats se répandirent dans la ville, qui était abondamment approvisionnée, et butinèrent à qui mieux mieux. Trois jours après, et sans motif apparent, le maréchal ordonna la retraite et revint à Oran à petites journées.

Ainsi se termina cette expédition. Elle fut sans résultat ostensible, parce que le maréchal ne jugea point à propos d'occuper la ville conquise ; mais elle jeta l'indécision parmi les Arabes, poussa quelques cheiks, — notamment l'agha El-Mezari, — à abandonner l'Émir, et vengea la défaite que nous avions subie sur les rives de la Macta. Le gouverneur crut avoir assez fait pour la pacification, et, par arrêté en date de Mascara (8 décembre), il divisa la province d'Oran en trois beylicks et un arrondissement (*beylicks de Tlemcen, de Mostaganem et du Chelif, arrondissement d'Oran*). Ibrahim, qui commandait les Zmelas et les Douairs, reçut le gouvernement de Mostaganem.

Abd-el-Kader, qu'on croyait abattu, reprit bientôt la campagne : après le départ de nos troupes il était rentré dans Mascara, avait levé de nouvelles recrues et opéré de fructueuses razzias dans les tribus qui lui étaient hostiles ; puis, ayant appris que le maréchal projetait de se rendre à Tlemcen pour secourir les Turcs du Méchouar, il partit en toute hâte, s'approcha de la ville, attaqua et défit complètement

(1) Voy., pour plus amples détails, *Relation de l'expédition de Mascara*, par Adrien Berbrugger, secrétaire de M. le maréchal comte Clauzel. Brochure in-8°. — 1836.

les gens d'Angad, nouvellement soumis à la France, et tenta, mais sans succès, de pénétrer dans la forteresse.

Dès que le gouverneur eut connaissance du mouvement offensif de l'Émir, il se mit à la tête de 7,500 hommes formant trois brigades (1). La colonne partit d'Oran le 8 janvier : le 13, elle entrait paisiblement à Tlemcen ; Abd-el-Kader, suivi des Hadars, avait évacué la place et porté son camp sur une montagne voisine. — L'occupation se fit avec un ordre parfait, et les Turcs d'Ismaël, bloqués depuis plusieurs mois, reçurent nos soldats comme des libérateurs ; grâce à leur concours, grâce surtout aux provisions de toute sorte qu'on trouva dans la ville, l'armée fut abondamment pourvue de vivres.

Abd-el-Kader, cependant, gardait ses positions ; il espérait sans doute qu'on abandonnerait Tlemcen comme on avait abandonné Mascara, et il attendait patiemment la retraite des Français. Mais le maréchal, bien résolu cette fois à utiliser sa conquête, comptait occuper le Méchouar. Décidé à se débarrasser d'un voisinage incommode, il fit marcher contre l'Émir les deux premières brigades, que soutinrent vaillamment les Turcs d'Ismaël et les cavaliers d'El-Mezari. A l'approche de ces troupes, qui menaçaient de l'envelopper, Abd-el-Kader s'enfuit en toute hâte, laissant aux mains des assaillants une partie de son bagage.

Il fallut, aussitôt après, veiller à la défense de Tlemcen et la mettre à même de résister à de nouvelles attaques. Le ma-

(1) 1re brigade (général Perrégaux) : 2e régiment de chasseurs d'Afrique, les zouaves, 2 compagnies de sapeurs, le bataillon d'élite, le 17e léger, les Douairs et les Zmélas ; 2 obusiers de montagne. — 2e brigade (général d'Arlanges) : 1er bataillon d'Afrique, 66e de ligne, 2 obusiers de montagne, — 3e brigade (colonel Vilmorin) : 11e de ligne, 2 obusiers de montagne.

réchal forma un bataillon de volontaires destiné à occuper le Méchouar, et en confia le commandement au capitaine Cavaignac. Puis, comme il était indispensable d'établir entre Tlemcen et Oran de faciles communications, le gouverneur voulut reconnaître le cours de la Tafna et asseoir à son embouchure un poste militaire qui fût en relation directe avec celui de Rachgoun; il partit en conséquence avec toutes les troupes disponibles; mais, constamment inquiété par les cavaliers d'Abd-el-Kader, qui se présentèrent en nombre, il dut rentrer à Tlemcen, après avoir soutenu plusieurs combats plus brillants que fructueux. Peu après, il reprit la route d'Oran, où il laissa les généraux d'Arlanges et Perrégaux, puis revint à Alger (1).

Il trouva la province dans l'état où il l'avait laissée. Les Hadjoutes, « *ces marchands de lait dont nous avions fait des guerriers* », interceptaient les routes et pillaient les colons. Le général Rapatel sortit de Bouffarick à la tête d'un millier d'hommes, battit les environs et châtia vigoureusement les maraudeurs (2 mars). A quelques jours de là, le maréchal fit une excursion dans l'Atlas; il voulait secourir le Bey de Médéah, dont l'autorité était ouvertement méconnue et qui venait de lui écrire une lettre ainsi conçue : « Je vous ai demandé des hommes et de l'argent; vous ne m'envoyez rien. Je vous ai engagé à marcher sur Miliana pour faire diversion, vous n'y allez pas. Je succomberai... n'importe, je vous ai

---

(1) Avant son départ de Tlemcen, le maréchal avait frappé les habitants d'une contribution de 150,000 fr.; les Maures et les Juifs, chargés par lui d'effectuer la perception de cet impôt, eurent recours aux moyens les plus odieux : de là, des plaintes nombreuses. Le maréchal, mieux inspiré, rapporta plus tard cette mesure; il n'en fut pas moins accusé de spoliation et dut s'en défendre : Voy. ses *Explications*, brochure in-8°, 1836.

donné ma parole, je vous resterai fidèle... on ne meurt qu'une fois!» Clauzel partit aussitôt, à la tête d'un petit corps d'armée, gagna Médéah, y laissa six cents fusils et cinquante mille cartouches, puis revint à Alger, abandonnant Mohammed à ses seules ressources (1).

Bientôt après, le maréchal fut mandé à Paris. En quittant la colonie (14 avril 1836), il laissa le commandement supérieur au général Rapatel.

Son départ et la rentrée en France de plusieurs régiments laissèrent pleine carrière aux Arabes : Abd-el-Kader reparut, et l'on s'aperçut bien vite qu'il n'avait rien perdu de son audace. Le général Perrégaux parcourut tranquillement, il est vrai, la vallée du Chelif; mais lorsque, pour obéir aux injonctions du gouverneur, le général d'Arlanges voulut établir un camp retranché à l'embouchure de la Tafna, il fut assailli par dix mille cavaliers. Les tribus qui campaient aux environs de Tlemcen se soulevèrent en masse, et l'insurrection s'étendit jusqu'à Oran. — Le ministre, que cet état de choses irritait, mit aux ordres du général Bugeaud trois régiments d'infanterie (23e, 24e et 66e de ligne), et lui enjoignit de débloquer le camp de la Tafna.

Le général Bugeaud était l'ami personnel du roi Louis-Philippe, dont il avait toute la confiance. En le chargeant d'une mission délicate peut-être, mais glorieuse à remplir, on voulait mettre sa bravoure en relief et faciliter son avancement. — Bugeaud promit de vaincre, et il tint parole.

Il débarqua à la Tafna le 6 juin 1836, laissa dans la place

(1) Peu de temps après, Mohammed fut attaqué par un des lieutenants de l'Émir, trahi par les habitants de Médéah qui le livrèrent à Sidi M'Barack, et emmené esclave au Maroc.

ample provision de vivres et de matériel, et partit pour Oran. Pendant la marche, le convoi fut attaqué par un gros de cavaliers; mais il fut promptement dégagé par un escadron de chasseurs et un bataillon du 66e. — Le 16, la colonne arrivait à sa destination. Trois jours après, le général se dirigea sur Tlemcen, où il parvint sans encombres. La place était bien gardée, mais la troupe manquait de vivres. Bugeaud l'approvisionna; puis, laissant ses éclopés, il revint au camp de la Tafna, où il séjourna plusieurs jours. Le 4 juillet, il se remit en marche sur Tlemcen; le 6, il rencontra l'Émir, qui venait enfin lui barrer le passage.

L'armée descendait la vallée du Selsif;—Abd-el-Kader, qui, depuis deux jours, surveillait ses mouvements, lance ses cavaliers sur l'arrière-garde, attaque avec son infanterie nos têtes de colonne, et cherche à nous envelopper. Le général voit le péril, et prend aussitôt ses dispositions. Le 62e et le bataillon d'Afrique sont placés en arrière, le reste des troupes fait face à l'Émir; les deux lignes se joignent par une de leurs ailes, en présentant la forme d'un V très ouvert. Au signal donné, les chasseurs d'Afrique chargent l'infanterie arabe, la culbutent après une résistance assez vive, et la précipitent dans une espèce d'entonnoir formé par les sinuosités de la rivière; à l'arrière-garde, le 62e soutient bravement le choc; l'artillerie tire à mitraille, et, après une lutte acharnée, les Arabes se dispersent en laissant entre nos mains six cents fusils et six drapeaux. — Les pertes de l'ennemi furent considérables : les Turcs d'Ismaël s'acharnèrent après les Arabes et firent une ample moisson de têtes. Cette fois encore, Abd-el-Kader ne dut son salut qu'à la vitesse de son cheval (6 juillet 1836).

Après cette brillante journée, le général regagna Tlemcen,

ravitailla la place, puis ramena sa troupe à Oran ; de là, il revint à Alger, d'où, peu de jours après, il partit pour la France. — Il avait vaillamment rempli sa tâche : on le nomma Lieutenant général.

Vers la même époque, la ville de Bougie était le théâtre d'un événement tragique qu'il nous faut rapporter :

Le traité conclu entre le colonel Lemercier et le cheik Si-Oulid-ou-Rabah n'avait jamais reçu l'ombre d'exécution ; les attaques continuelles des Kabyles contre la garnison de Bougie décidèrent le commandant supérieur à prendre les plus grandes précautions : on créa de nouveaux postes et on étendit la ligne de défense. Sur ces entrefaites, le colonel Lemercier fut remplacé par M. Gérard, lieutenant colonel d'état-major.

M. Gérard n'avait accepté ce commandement qu'avec une répugnance extrême. Il trouva la garnison singulièrement affaiblie (1) ; la troupe était démoralisée, l'hôpital regorgeait de monde. Cette situation lui parut intolérable, et il proposa formellement l'abandon de la place. Plus tard, et comme il insistait, on lui donna pour successeur M. de la Rochette, lieutenant colonel du 63e de ligne.

Le maréchal n'était point éloigné de renoncer à une occupation qui était odieuse à l'armée et ne produisait aucun avantage : néanmoins, avant de se prononcer d'une manière définitive, il voulut s'assurer par lui-même de l'état des choses et il se rendit à Bougie. Là, ses opinions se modifièrent : il lui parut impolitique de retirer ses troupes d'un poste qui, par sa position sur le littoral, pouvait et devait être utilisé ; mais il lui sembla dangereux de vouloir faire de Bougie un centre d'in-

(1) Le bataillon de la légion étrangère était parti pour l'Espagne et n'avait point été remplacé.

fluence et d'action. En conséquence, il décida que l'occupation serait maintenue, mais que la garnison se renfermerait dans une défensive absolue.

A quelque temps de là, M. de la Rochette fut promu à un grade supérieur et remplacé par M. Salomon de Mussis, chef de bataillon au 2e bataillon d'Afrique (20 mars 1836).

M. de Mussis avait de l'ambition; il désirait arriver vite, et cherchait une occasion de se mettre en relief. A peine eût-il reçu le commandement de la place, qu'oubliant les instructions du maréchal et les mécomptes de ses prédécesseurs, il voulut faire de la diplomatie et reprendre en sous-main l'œuvre du colonel Lemercier. Le moment, d'ailleurs, semblait propice : Si-Oulid-ou-Rabah était mort; son frère, Mohammed-ou-Amzian, s'était présenté comme son successeur et avait été agréé comme tel. On le disait puissant, plein de bonne volonté pour nous : M. de Mussis lui écrivit aussitôt, flatta son orgueil, et parvint ainsi à renouer des négociations interrompues depuis plusieurs mois. Or, Amzian n'avait, en réalité, que très peu d'influence sur les gens de sa tribu : il craignit bientôt de passer aux yeux de ses coréligionnaires pour un ami des chrétiens; et, cédant à la peur ou à la haine, il résolut de rompre d'une manière éclatante avec les étrangers. Sous le prétexte d'affaires urgentes et dont la solution ne pouvait être ajournée, il fit demander une entrevue au commandant de Mussis. Rendez-vous fut pris à la Tour du Rivage. Mais laissons raconter à un témoin presque oculaire les événements qui vont suivre (1) :

« ..... Le commandant arrive avec l'interprète, le kaïd, M. Fournier, sous-intendant militaire, et le capitaine Blangini, de la compa-

(1) Voy. LAPÈNE : *vingt-six mois de séjour à Bougie.*

gnie franche, Belkassem, Bechir, plus deux soldats du 2ᵉ bataillon, sans armes, apportant les cadeaux et devant servir le café. Un chasseur d'ordonnance à cheval croise à peu de distance, six autres sont à trois cents mètres vers la ville. Les premières baïonnettes de la compagnie franche étaient à cent trente mètres, mais cachées et embarrassées dans les broussailles. Les cadeaux sont distribués ; ils consistent en un burnous rouge et une pièce de calicot pour Amzian, du calicot, du sucre pour les cavaliers. Ceux-ci avaient reçu ces dons à l'écart ; mais le café pris, ils se rapprochent peu à peu du lieu, au nombre de quinze, entourent bientôt le commandant et cherchent même à le déborder, à l'isoler entièrement du capitaine Blangini et du sous-intendant, qui se tiennent discrètement à quelques pas. L'officier en fait la remarque à M. de Mussis, et, d'un signe impératif, ordonne aux cavaliers de s'arrêter. Le malheureux commandant opposait moins de volonté que de résignation ; en répondant au capitaine Blangini, il lui laisse comprendre qu'il reconnaît tout le danger de sa situation, mais ne fait rien pour y échapper. Que pouvait-il, n'ayant pas d'escorte de cavalerie et s'étant engagé dans cet infernal guet-apens, sans défiance, sans aucun moyen d'en sortir ?

» Dans l'intervalle, la conférence avait, comme de coutume, commencé au mieux. Les paroles les plus bienveillantes, les protestations, les poignées de main avaient été échangées, les cadeaux reçus, et rien n'indiquait l'horrible catastrophe qui va suivre. Le jour baissait ; il était sept heures moins vingt minutes.

» Amzian dut donner le signal. Il s'est du moins vanté plus tard qu'il avait jugé, à la préoccupation et aux regards inquiets de sa malheureuse victime, que, la défiance de celle-ci croissant, elle pouvait rompre subitement la conférence et échapper à la mort. Le cavalier chargé du rôle de principal assassin, le même à qui, un instant auparavant, le commandant, à cause de sa bonne mine guerrière, avait donné cinq francs, se glisse entre M. de Mussis et les autres spectateurs ; placé absolument derrière lui, il se penche sur son cheval pour armer son fusil court ou tromblon, et, l'appuyant directement au dos du malheureux commandant, il fait feu. Cette subite détonation frappe tous les Français présents de surprise, d'horreur et de consternation. Le commandant tombe penché en avant sur son cheval. Trois coups de fusil, tirés à bout portant à l'aine et au bas-ventre, le renversent sur le carreau, sans vie et dans le plus horrible état. L'interprète est entouré, il a la poitrine brisée par la décharge d'un canon lançant huit balles tirées à bout portant. D'autres blessures succèdent. Le kaïd, qui venait de céder son cheval, reçoit cependant deux blessures graves, une au cou, une au bras. Le capitaine Blangini, placé au milieu des coups de fusil, est manqué; mais il est terrassé, ainsi que son cheval, par un Kabyle de taille colossale, qui lui assène un violent coup de crosse sur l'épaule; le sous-intendant, M. Fournier, se retire de cette bagarre, comme par miracle, sain et sauf. Il en est de même des quatre hommes de suite ou servant le café. Le kaïd Medani, renversé d'abord, se relève seul, et, par un instinct puissant de conservation, fuit vers la maison crénelée; là, ses forces lui manquent, et il tombe. Cependant le capitaine Blangini, que sa chute avait préservé de blessures plus graves, étendu à terre, fortement luxé, n'est pas un instant abandonné par son intelligence habituelle et son courage. Au milieu des balles et du piétinement des chevaux des cavaliers qui achevaient le commandant et l'interprète, il crie : Aux armes ! En avant ! L'à-propos de cet officier et le calme au milieu d'un événement si étrangement horrible, avec lesquels il provoque l'arrivée des secours, le sauvent, ainsi que le sous-intendant, le kaïd et les quatre autres spectateurs de l'entrevue. C'en était fait d'eux tous si les tirailleurs de la compagnie franche n'eussent accouru sur le terrain et ôté aux cavaliers ennemis le temps de recharger leurs armes. L'engagement fut court, mais vif. Le capitaine Blangini, l'épaule luxée, presque démise, était déjà debout à l'arrivée de ses hommes ; il les disperse en tirailleurs et poursuit les cavaliers. Ceux-ci voulaient assassiner, mais non se battre; leur but était atteint. Aussi, après la première décharge, Amzian avait donné le signal de la fuite en tournant de suite bride le long de la mer..... »

Ce meurtre épouvantable fut à peine commis qu'il excita, même chez les Kabyles, dit M. Daumas, de vives réprobations; Amzian, qui d'abord avait fait parade de son crime, dut courber la tête devant le jugement des siens et essaya de se disculper. Un moment il fut question de venger M. de Mussis : mais le général Rapatel, qui exerçait par intérim la charge de gouverneur général, n'osa point prendre sur lui d'ordonner l'expédition, et le châtiment fut ajourné.

Dans la province de l'Est, l'administration toute paternelle du général Monck-d'Uzer avait servi nos intérêts plus qu'on n'osait l'espérer : les tribus campées auprès de Bône étaient franchement soumises ; les autres, placées entre le Bey de Constantine et nous, évitaient de se prononcer et gardaient une stricte neutralité. Au demeurant, le pays était tranquille, et cette tranquillité témoignait éloquemment en faveur du système suivi par le général d'Uzer. Le maréchal Clauzel, cependant, n'y prit point garde : de même qu'il avait *sa* politique, il voulait avoir *ses* hommes, — et voici ce qu'il fit :

Après la prise, ou pour dire mieux, après l'occupation de Tlemcen, le maréchal se considéra comme maître de la Régence, et prononça gravement la destitution du Bey de Constantine, dont il conféra la charge à Youssouf. Mais le Bey de Constantine n'était point homme à céder la place à première sommation, et, pour le contraindre à vider les lieux, un arrêt ne suffisait pas : — Youssouf vint à Bône avec des pouvoirs presque illimités, et força (1), par d'interminables tracasseries, le général d'Uzer à donner sa démission (mars 1836).

A vrai dire, les Arabes n'avaient qu'une sympathie médiocre pour le nouveau Sultan, dont ils connaissaient la bravoure, mais qui, disaient-ils, « avait sa fortune à faire ; » aussi, l'accueillirent-ils avec une défiance marquée. Youssouf, sans plus s'en inquiéter, leur appliqua le système turc : il fit enlever par ses chaouchs tous les hommes en état de porter les armes et les incorpora dans un bataillon ; puis, à la tête de

(1) Pélissier *Annales Algériennes.*

cette troupe improvisée, il se jeta sur les tribus qui lui étaient hostiles et les pilla sans miséricorde. — Le maréchal applaudissait des deux mains à ces expéditions, et le Moniteur de la colonie ne mesurait point l'éloge : « Vingt têtes, annonçait-il avec enthousiasme, ont été envoyées ici ; soixante-huit, au bout des baïonnettes, ont été comptées à la rentrée au camp. *C'est une très belle affaire, et un début qui ouvre très bien la voie!* (1) » — Ce régime porta ses fruits : une foule d'Arabes s'éloignèrent de nous ; les autres, tout en protestant de leur soumission, attendirent, non sans impatience, que le moment fût venu de courir aux armes.

Jetons maintenant un regard en arrière, et analysons les actes de l'administration :

L'arrivée du maréchal Clauzel, dont on connaissait l'opinion au sujet de la colonie, avait fait naître de nombreuses espérances. La banlieue d'Alger se peupla comme par enchantement ; les capitaux se montrèrent, craintifs d'abord, puis, plus résolus ; et, pour faire succéder la pratique à la théorie, on tenta sur plusieurs points des essais de grande culture.

Malheureusement, ces essais avortèrent. Le prince de Mir, un Polonais réfugié, avait obtenu la concession de la Rassautha, domaine très fertile, d'une étendue de 12,000 hectares environ, à 18 kilomètres d'Alger : il mit tout en œuvre pour mener à bien son entreprise et parvint à faire vivre en bonne intelligence les indigènes et les Européens qu'il employait ; mais faute de capitaux suffisants, et peut-être faute d'expérience, l'établissement succomba. — Le domaine de la Regahia (1,726 hectares), sur les bords de la mer, à

---

(1) *Moniteur Algérien*, numéro du 14 octobre 1836.

30 kilom. d'Alger, avait été concédé, vers la même époque, à des hommes capables et laborieux ; malgré leurs lumières et leur activité, MM. Mercier et Saussine échouèrent également. D'autres arrivèrent, qui ne réussirent pas mieux. On n'en continua pas moins le système de concessions en grands lots, qu'avait adopté le comte d'Erlon. Plus tard, cependant, on s'aperçut qu'au lieu de favoriser l'agriculture, on aidait à l'agiotage, et le ministre établit ce principe : « Qu'il ne serait plus délivré que des promesses de concession échangeables contre un titre définitif de propriété, après l'accomplissement des obligations imposées aux concessionnaires. »

Comme toujours, c'était le défaut d'argent qui rendait stériles ces entreprises ; on voulut appeler les capitaux, et une ordonnance établit que, dans nos possessions d'Afrique, « la convention sur le prêt à intérêt ferait loi entre les parties. » L'intérêt légal, à défaut de convention, fut fixé à dix pour cent (1). — Les usuriers seuls s'en réjouirent.

Quoi qu'il en soit, l'administration civile déploya, durant cette période, une louable activité et fit tous ses efforts pour mettre dans les services publics l'ordre et la régularité : c'est ainsi que l'administration des domaines parvint, à force de recherches, à éclaircir plusieurs questions obscures, à reconnaître des titres jusqu'alors invalidés, et à constater de nombreuses usurpations ; c'est ainsi encore qu'elle institua sous la dénomination de *Direction des Habous* un bureau spécial pour la surveillance administrative des établissements publics et des biens appartenant aux corporations.

Citons encore : 1° un arrêté du gouverneur qui appela au service de la garde nationale « tous les Européens âgés de

(1) Ordonnance royale du 7 décembre 1835.

20 à 50 ans, domiciliés en Afrique, patentés ou propriétaires (22 mars 1835) ; » 2º divers arrêtés concernant la justice et conférant à un membre du tribunal supérieur des fonctions analogues à celles de nos juges de paix (21-28 mars), etc. ; 3º une ordonnance royale (13 juillet) qui confia à M. Baude la mission de se rendre en Afrique avec le titre de commissaire du roi, à l'effet de préparer, conjointement avec deux maîtres de requêtes au Conseil d'État, la liquidation des indemnités qui pouvaient être dues aux propriétaires d'immeubles occupés ou démolis pour les services publics, de proposer au gouvernement les mesures à prendre pour en assurer le payement, ainsi que la solution des diverses questions relatives à la constitution et à l'aliénation du domaine de l'État (1).

L'intendant civil, M. le Pasquier, montra de l'intelligence et de la bonne volonté. Il voulait, tout à la fois, bien faire et faire le bien. Mais ses opinions, quant à la pratique et à la théorie, différaient souvent de celles du gouverneur : ses rapports avec le maréchal Clauzel s'en ressentirent : il y eut entre eux de la froideur, puis mésintelligence. — Dès qu'il en fut prévenu, le ministre de la guerre rappela l'intendant civil, qui fut remplacé par M. Bresson, député des Vosges (12 juillet).

II. — Ce n'était point sans motifs sérieux que le ministère avait mandé près de lui le maréchal Clauzel. Les chambres étaient convoquées, et on s'attendait à voir les adversaires de la colonie demander de nouveau l'abandon de la Régence ou,

(1) MM. Chasseloup-Laubat et de Jouvencel, maîtres des requêtes en service ordinaire, furent désignés pour accompagner M. Baude. (Voy. au *Moniteur officiel*, l'exposé des motifs.)

tout au moins, attaquer vivement l'administration : or, c'était au gouverneur à défendre ses actes. D'autre part, la question relative au mode d'occupation était encore à résoudre, et c'était précisément le mode employé jusqu'alors que l'Opposition voulait combattre. C'était donc encore au comte Clauzel à justifier les mesures qu'il avait prises, sous l'approbation du ministère.

Les chambres et le pays étaient, nous l'avons dit précédemment, partagés entre deux systèmes contraires : l'un, soutenu par M. Thiers, consistait à frapper vigoureusement l'esprit de la population Arabe par de puissantes expéditions et à renoncer aux demi-mesures, qui paralysent toutes les entreprises; c'est ce que l'on appelait le *Système agité.* L'autre système, défendu par M. Guizot, consistait à se fortifier, à s'établir solidement dans certaines parties du territoire en sachant dominer et pacifier en même temps, « c'est-à-dire en sachant imprimer à l'administration de la colonie un grand caractère de justice, d'humanité, de sagesse, en favorisant les relations, en établissant partout la confiance (1). » — Ces deux opinions furent soutenues à la chambre des députés avec une sorte de passion : MM. de La Borde, Laurence, Thiers, Duvergier de Hauranne, Guizot et Clauzel prirent tour à tour la parole, et dans cette joute oratoire ils mirent une égale habileté à faire valoir leurs arguments. Enfin de compte, l'assemblée approuva à une imposante majorité, la conduite du gouverneur. — On ne lui demandait pas davantage. (2)

Mais ce bill d'amnistie ne suffisait point au comte Clauzel.

(1) Voy. *La royauté de juillet et la révolution.* T. II, p. 616.
(2) Voy. au *Moniteur officiel,* num. des 9, 10, 11 juin 1836, séances de la chambre.

Le maréchal caressait depuis longtemps l'idée de s'emparer de Constantine : c'était son rêve de chaque jour, et il mit tout en œuvre pour décider le ministère à ordonner l'expédition. Econduit d'abord, il revint plusieurs fois à la charge, fit appel aux instincts de M. Thiers et, à défaut d'autorisation formelle, obtint du ministère un consentement tacite. On lui promit du matériel et des troupes; et il crut si bien à l'acceptation de son programme qu'il écrivit au général Rapatel la lettre suivante : (2 août 1836)

« Général, un système de domination absolue de l'ex-Régence est, sur ma proposition, définitivement arrêté par le gouvernement. Pour le mettre à exécution, je disposerai de 30,000 hommes de troupes françaises, en y comprenant les zouaves et les spahis réguliers ; de 5,000 hommes de troupes indigènes régulières; enfin de 4,000 auxiliaires, soldés pendant la durée des expéditions de Constantine. Des ordres vont être en outre donnés par M. le maréchal ministre de la guerre, pour diriger sur Bône une seconde batterie de campagne, quatre pièces de 12, huit de 16, des effets de campement pour 10,000 hommes, des moyens de transport pour les vivres et les blessés. Enfin, à défaut du nombre nécessaire de chevaux, qu'il serait difficile ou trop dispendieux d'envoyer de France, le gouvernement autorisera l'acquisition de bêtes de somme qui seront indispensables pour assurer le service des transports.
» Les opérations qui doivent avoir lieu dans chaque province se feront simultanément, et de manière à ce que la campagne qui va s'ouvrir atteigne le but définitif qu'on se propose : occuper toutes les villes importantes du pays ; y placer des garnisons; établir des camps et postes retranchés au centre de chaque province, ainsi qu'aux divers points militaires qui doivent être occupés d'une manière permanente; masser, sur un point central dans chaque province, des troupes destinées à former une colonne mobile qui pourra toujours et instantanément se porter d'un point à un autre, en deux ou trois marches au plus, sans bagages considérables, et, par conséquent, avec une grande célérité. »

Lorsqu'il adressait cette lettre au gouverneur par intérim,

le maréchal Clauzel croyait bien sincèrement que son plan de campagne était adopté : un événement inattendu vint compromettre ces espérances. Le cabinet donna sa démission (25 août). M. le comte Molé fut nommé président du conseil, et le général Bernard reçut le portefeuille de la guerre. — Or, les nouveaux ministres ne partageaient point l'enthousiasme du maréchal, et ils craignaient d'être censurés par la chambre. Le maréchal n'en mit que plus d'insistance à réclamer l'envoi des renforts promis, et, comme on évitait de lui répondre, il menaça de donner sa démission. C'est ce qu'attendait le ministère : le général Damrémont fut envoyé aussitôt à Alger avec ordre de prendre le commandement en chef si le gouverneur persistait dans son obstination. Mais Clauzel tenait trop à ses idées pour abandonner ainsi la partie : il vit le piége et l'évita. Aux premiers mots du général, il joua l'étonnement, déclara qu'il n'avait nulle envie de se retirer et que, les circonstances s'opposant à ce qu'on mît à sa disposition de nouvelles troupes, il ferait l'expédition avec l'armée d'Afrique.

« On ne doit aux morts que la vérité. » — Le récit qui va suivre prouvera que, dans cette campagne désastreuse, le maréchal Clauzel fut au-dessous de sa réputation : il montra, sans aucun doute, de l'habileté et de la bravoure ; mais il manqua complétement de prudence, et la prudence doit être une des qualités essentielles d'un chef d'armée.

La ville de Bône avait été choisie comme lieu de réunion ; les troupes et le matériel s'y rendirent avec peine, dans le courant d'octobre. Les soldats, déjà fatigués par le mal de mer, furent entassés dans des bâtiments mal clos, et, pendant plusieurs semaines, ils eurent à soutenir l'inclémence du temps. C'était la saison des fièvres ; le nombre des malades augmenta dans une effrayante progression : *deux mille hommes*, sur *sept mille*, entrèrent aux hôpitaux.

Là ne se bornèrent point les déceptions : Youssouf avait promis 1,500 mules pour les transports, et l'administration militaire comptait sur ces 1,500 bêtes de somme : au dernier moment, il ne s'en trouva que 425. — Aux yeux de tous, c'était folie d'entrer en campagne dans cette saison avec si peu d'hommes valides et une telle pénurie de moyens. L'intendant général, M. Melcion-d'Arc, voulant mettre à l'abri sa responsabilité, fit au maréchal de justes observations, et, dans un rapport au ministre, avoua ses inquiétudes : « La pluie, disait-il, tombe jour et nuit par torrents, et la neige couvre les montagnes; la plaine est inondée, et les communications sont interceptées. Tout cela nuit singulièrement à l'achat des mulets et à l'apport des denrées. Les maisons insuffisantes sont traversées par la pluie, et à Bône même, une partie des troupes est, avec de la paille, sous des tentes insuffisantes aussi. Il y a peu de jours encore, la chaleur était presque insupportable. Cette transition subite, la boue, les pluies continuelles, ont augmenté de beaucoup nos malades (1). »

Mais le maréchal espérait en sa « bonne étoile ; » aucune

(1) L'armée était ainsi composée : 1re brigade (général de Rigny) : Les Spahis ; les fantassins de Youssouf; le 3e régiment des chasseurs d'Afrique, le 1er bataillon d'Afrique et la compagnie franche du 2e; des compagnies de sapeurs du génie, deux pièces de campagne. — 2e brigade (colonel Corbin) : le 17e léger, un bataillon du 2e léger, deux pièces de montagne; — 3e brigade : (Colonel Lévesque) : le 62e de ligne, deux pièces de montagne. — 4e brigade (Colonel Hecquet) : le 63e de ligne, deux pièces de campagne; — brigade de réserve (colonel Petit d'Hauterive) : le 59e de ligne, deux pièces de montagne : les 2e 3e et 4e brigades étaient réunies sous le commandement en chef du général Trézel. — Le duc de Mortemar, le marquis de Caraman, MM. Baude et P. Chasseloup-Laubat suivirent l'expédition.

considération ne put l'arrêter. La présence du duc de Nemours qui, sans titre officiel, accompagnait l'expédition, stimulait encore son ardeur. — L'armée commença son mouvement.

Partie de Bône le 13 novembre, elle arriva le 21 sous les murs de Constantine, sans avoir presque tiré un coup de fusil, mais déjà à moitié vaincue par les privations et la fatigue : «Elle était vraiment accablée par une marche lente, mais pénible, dans des terres profondes, fortes et détrempées, sur un sol où de pied ferme on enfonçait jusqu'à mi-jambe ; et, sous des rafales de pluie et de vent, les haltes fréquentes n'étaient elles-mêmes qu'une fatigue. »

Les hommes avaient souffert du froid et de la faim : « La maladie et le découragement surtout appauvrissaient déjà les esprits, s'ils n'éclaircissaient pas encore les rangs (1). » La nuit du 20 fut terrible entre toutes : « On n'avait pas trouvé un fétu de bois pour préparer les aliments ou pour réchauffer ses membres mouillés et engourdis. Pas un feu, pas une lueur ne brilla pendant ce sinistre bivouac. Le terrain n'était que fange ou aspérités de rochers ; la bise soufflait avec colère ; une pluie glacée ne cessa de tomber à torrents, mêlée de nuages épais de neige tombant à gros flocons, ou d'ouragans de grêle... Le lendemain, plusieurs cadavres marquaient la place où les troupes avaient couché.... »

Le maréchal n'en fut point troublé : Youssouf lui avait affirmé que les habitants se rendraient sans combat, et il attendait patiemment la députation qui devait lui apporter les

---

(1) Voy. *Journal de l'expédition et de la retraite de Constantine en 1836*, par un officier de l'armée d'Afrique (général Mollière), brochure in-8°. Paris 1837.

clefs de la ville, lorsque le feu d'une batterie, soudainement démasquée, vint détruire ses illusions.

Constantine est assise sur un plateau entouré de trois côtés par un ravin profond, creusé entre deux murailles de roc vif qui forment une escarpe et une contrescarpe entièrement à pic. Le Rummel s'engouffre dans ce ravin et le parcourt ; sur les côtes nord-est et sud-est, cette table de rochers calcaires s'incline diagonalement par une pente très prononcée vers l'est et communique, par un pont en pierre, avec le plateau de Mansourah, qui domine la ville ; au sud-ouest, elle joint le plateau de Coudiat-Ati. — Quatre portes défendent l'entrée de la ville : celle d'El-Kantara, du côté du Mansourah, celles d'El-Djedid, d'El-Oued et d'El-Djabia, face à Coudiat-Ati.

Telle apparaissait Constantine, dont la garde avait été confiée à Ben-Aïssa : — Achmet tenait la plaine avec ses cavaliers.

La 1re et la 2e brigade, sous le commandement du général de Rigny reçurent l'ordre de se porter sur Coudiat-Ati, d'occuper les enclos et de s'emparer des approches ; inquiétée dans sa marche par les tirailleurs Arabes, la tête de colonne fut un instant repoussée ; mais bientôt, soutenue par le 17e léger, elle culbuta l'ennemi, qui s'enfuit en désordre. Le reste de l'armée s'établit à Mansourah. Le convoi, escorté par le 62e de ligne, fut forcé de s'arrêter en deçà, dans un site tellement fangeux, que les soldats l'appelèrent dans leur style imagé, « *le Camp de la boue.* » Le lendemain, 22, on fit de nombreux efforts pour dégager les prolonges ; on ne put y parvenir ; et, chose douloureuse à raconter, les soldats abandonnèrent les voitures après les avoir pillées ! — Pour atténuer un pareil fait, il nous faut accepter les explications fournies par un témoin :

« Les causes de l'affaiblissement rapide et funeste du 62ᵉ de ligne sont explicables : On ne peut pas dire que ce régiment avait combattu ; qu'il avait subi des pertes d'hommes par le feu de l'ennemi : non ; mais il avait tenu, d'une manière extrêmement pénible, l'arrière-garde aux voitures, depuis le matin précédent, à la suite de la nuit terrible de Semâa. Aux souffrances mortelles de cette nuit, sans nourriture et sans sommeil, étaient venues s'ajouter les fatigues d'un passage de rivière, difficilement opéré, de toute une journée de marche lente, lourde, aux haltes fréquentes et sans repos, dans des glaises délayées, où le soldat entrait jusqu'aux genoux. Puis, au lieu où la nuit avait forcé ce triste convoi à s'arrêter, il avait fallu attendre le jour sous les armes : les boues ne permettaient ni de se coucher ni de s'asseoir. Moins que partout ailleurs, il n'existait là, ni un peu de bois, ni un brin de bruyère ou de chaume ; nul abri contre la colère d'un ciel d'hiver, nul moyen de préparer quelques aliments. Le courage des soldats défaillit, sous cette souffrance sans action, sans mouvement. Ils supposèrent probablement que le bivouac des autres troupes était moins mauvais ; ils s'imaginèrent peut-être qu'on entrait déjà dans Constantine ; comment se résoudre à être les derniers à s'y jeter ? A la brune, et pendant la nuit, échappant à la surveillance des officiers, un très grand nombre quittèrent leur drapeau et vinrent, *en fricoteurs*, aux positions de Mansourah. Je les y ai trouvés blottis par bandes dans les grottes. Outre ce fait, qui a été la plus grande plaie du 62ᵉ, ce régiment avait bien vu aussi, comme les autres corps, les hommes les plus débiles s'abattre et périr de faiblesse au milieu des rangs. Au moment de l'abandon du convoi, qui a dû avoir lieu le matin d'assez bonne heure, complication de mal et nouvelle occasion de pertes. Les soldats restés, jusque là, fidèles aux exigences sévères de la religion du drapeau, auraient dû peut-être avoir encore la courageuse résignation de ne pas s'approprier une petite part des ressources de toute l'armée, qui allaient être abandonnées à l'ennemi : exténués, mourants de froid, de faim, d'insomnie, ils n'eurent pas cette vertu. Parmi les provisions qu'ils se partagèrent, l'eau-de-vie fut ce qui les tenta le plus ; selon la fausse maxime du soldat, ils crurent que cette boisson leur rendrait des forces :

beaucoup restèrent, sur le lieu, ivres morts, et bientôt morts ivres.

» Le convoi de l'administration, qui venait d'être ainsi perdu pour nous, formait tout l'ensemble des ressources en vivres : elles étaient faibles. Il se composait de onze voitures du train des équipages, chargées d'une réserve de pain et de vin pour les malades et les blessés, de 20,000 rations de café et de 20,000 rations de sucre pour eux aussi, de biscuit, d'un fort approvisionnement d'eau-de-vie, et de 48 balles de riz » (1).

En face de ce désastre qui atteignait l'armée entière, il ne restait que deux partis à prendre : ordonner immédiatement la retraite, ou attaquer la place et retremper dans un succès éclatant le moral affaibli des troupes. Clauzel fit avancer son artillerie et battit en brèche la porte d'El-Kantara. Le feu dura jusqu'au soir, mais sans produire beaucoup d'effet : le maréchal crut néanmoins qu'il pourrait donner l'assaut. Quelques sapeurs du génie, chargés d'examiner les lieux, se glissèrent, la nuit venue, jusqu'à la porte qu'ils trouvèrent arrachée de ses gonds, penchée et appuyée sur une sorte de voûte laissant voir un étroit passage entre elle et le mur ; un peu plus loin se dressait une seconde porte en bon état. Faute de moyens suffisants, il fallut renoncer à l'abattre, et l'opération fut remise au lendemain.

Le 23, la cavalerie turque tenta plusieurs fois d'enlever le Coudiat-Ati ; elle fut vigoureusement repoussée par l'infanterie légère d'Afrique et les escadrons de chasseurs. La batterie d'El-Kantara continua son feu, mais sans résultats appréciables. Aux approches de la nuit, les troupes furent massées en silence, prêtes à donner l'assaut. Malheureusement, la lune brillait d'un vif éclat et l'ennemi, mis en défiance par la tentative de la veille, faisait bonne garde. Les sapeurs du

---

(1) Journal de l'Expédition, p. 47.

génie se coulèrent sur le pont à travers une grêle de balles. Beaucoup furent atteints, et les attirails qu'ils portaient roulèrent avec eux dans le Rummel; le peu qui s'échappa parvint à se loger et se mit au travail. Le général Trézel, croyant la porte enfoncée, accourut aussitôt à la tête du 59e et du 63e de ligne; mais la porte résistait toujours, et la colonne, entassée sur le pont, fut littéralement hachée par la mitraille.—La position n'était pas tenable, et c'eût été folie de s'engager plus avant. Le maréchal fit sonner la retraite. Au même moment, la colonne Duvivier partait de Coudiat-Ati et cherchait à pénétrer dans la place par la porte d'El-Djabia; mais, faute de moyens mécaniques indispensables pour briser les portes, l'attaque échoua complétement (1). Clauzel s'avoua vaincu!...

III. — Les soldats étaient démoralisés : la peur s'empara du plus grand nombre, et ceux-là mêmes qui se croyaient les plus solidement trempés se sentirent faiblir.

Par une heureuse exception, le général en chef conserva toute sa mâle énergie. Sa troupe était exténuée de faiblesse; il avait de nombreux blessés, peu de munitions, point de vivres; derrière lui, quarante lieues de retraite; autour de lui, un pays nu et les cavaliers d'Achmet. Il mesura froidement la situation, et se mit à sa hauteur.

Les brigades qui se trouvaient au Coudiat-Ati reçurent l'ordre de se replier sur le Mansourah; elles marchaient isolément et en désordre; dans leur mouvement précipité, elles abandonnèrent aux Arabes quelques caissons d'artillerie, le matériel du génie, deux obusiers, tout ce qui les gênait, tout, jusqu'à leurs blessés!...

(1) Voy. *Journal de l'expédition*, p. 47 et suivantes.

Bientôt, cependant, l'ordre se rétablit, et l'armée put se mettre en marche; elle était disposée en deux colonnes séparées par un intervalle de cent pas, qui laissait la route au milieu; toutes deux, par pelotons, à distances entières, prêtes à se former en bataille. Les spahis servaient d'éclaireurs; venait ensuite le 17e léger, puis le convoi rangé dans l'ordre suivant : l'ambulance et son matériel, les malades et les éclopés, le trésor, l'artillerie de réserve, les bagages et les cantines; le bataillon du 2e léger, en colonne par divisions, à demi-distances, et soutenu par des escadrons de chasseurs, formait l'arrière-garde.

Les assiégés sortirent en foule en poussant des cris sauvages et se jetèrent sur les flancs de la colonne. Nos tirailleurs les tinrent en respect; mais la défense était molle, et d'une minute à l'autre nous pouvions être enveloppés.

C'est alors que le commandant Changarnier, ne prenant conseil que de lui-même, exécuta ce mouvement audacieux qui a fait sa fortune militaire. Son bataillon (2e léger), ainsi que nous l'avons dit, formait l'arrière-garde : Changarnier ralentit sa marche et laisse augmenter la distance qui le séparait du convoi. Bientôt il s'arrête, forme sa troupe en carré, l'enlève au cri de *Vive le Roi!* puis commande le feu : — les Arabes étaient à vingt pas : à la première décharge, les trois faces du carré furent couvertes d'hommes et de chevaux; ce qui ne tomba pas s'enfuit à toute bride, et le bataillon rejoignit la colonne.

Le commandant Changarnier sut se ménager ainsi une brillante occasion. Que serait-il advenu, cependant, si les Arabes, habilement conduits, s'étaient rués sur le convoi par l'issue qui leur était ouverte? Comme à la Macta, de funeste mémoire, le convoi tout entier eût été pillé, l'armée entière compromise, sinon perdue, — et le commandant Changarnier avait à répondre de sa conduite devant un conseil de guerre (1).

L'armée poursuivit sa marche, réglant son allure sur le pas des plus faibles; ce qu'elle eut à souffrir, un témoin l'a raconté : « Du monument de Constantin commença (24 novembre) le triste spectacle que nous eûmes constamment sous les yeux; des soldats, fatigués déjà, avaient de la peine à se traîner, quoique le temps fût beau; aussi, derrière nous s'offrit le spectacle le plus horrible; des malheureux, tombant pour ne plus se relever, étaient égorgés devant nous; les chasseurs d'Afrique n'étaient plus qu'un régiment d'infanterie; officiers et soldats donnaient leurs chevaux pour les blessés et les malades; souvent même ils chargeaient pour enlever à nos féroces ennemis des victimes qui, laissées sur la route, allaient devenir leurs martyrs. » — La journée du 25 fut encore plus pénible : « physique et moral eurent à souffrir cruellement; les Arabes, enhardis sans doute par le nombre considérable des blessés et des malades que nous laissions derrière, nous suivirent avec acharnement; jamais aussi nous ne les vîmes plus nombreux; le Bey de Constantine nous suivit avec de l'artillerie qui heureusement ne nous causa aucune perte. La journée fut longue, bien pénible pour des malheureux harassés de fatigue; quand une halte était ordonnée, les bataillons, semblables à des épis de blé que le vent a couchés, s'étendaient sur la terre, la tête appuyée sur le sac, et cherchaient dans le repos de quelques minutes un oubli de leurs peines, un remède à la faim; nous nous demandions depuis longtemps quand nous nous arrêterions... »

(1) M. X., professeur d'art et d'histoire militaire à l'école de Saint-Cyr, appelait ce trait d'audace, *une heureuse absurdité.* »

C'est alors qu'eut lieu un des plus fâcheux épisodes de cette campagne malheureuse.

Le général de Rigny croyait avoir à se plaindre du comte Clauzel. A peine eut-il pris le commandement de l'arrière-garde, qu'il attribua publiquement à l'impéritie du maréchal l'insuccès de l'expédition, critiqua les dispositions prises pour assurer la retraite et railla, sans mesure, la conduite du chef, « qui n'avait paru, disait-il, ni à l'avant-garde quand on allait à Constantine, ni à l'arrière-garde depuis la retraite. » — A cette faute impardonnable, il en joignit une autre : aux approches de la nuit, un gros d'Arabes vint tourbillonner autour des tirailleurs ; le général crut qu'il allait être attaqué et envoya prévenir le maréchal, alors en tête de la colonne ; puis, l'impatience le gagnant, il abandonna son poste et vint lui-même demander des secours. Le maréchal crut à un danger pressant, et il se porta de sa personne à l'arrière-garde. Grande fut sa surprise en voyant marcher tranquillement et en bon ordre le 17e léger, que M. de Rigny affirmait être en pleine déroute. Les craintes du général le firent d'abord sourire, mais quand il connut les propos insultants que nous avons rapportés, le vieux soldat, justement indigné, voulut sévir. Dans un ordre du jour qu'il lut aux généraux, il traita durement M. de Rigny, qu'il allait, annonçait-il, renvoyer en France. — Cet ordre du jour devait être lu le lendemain à la tête de toutes les compagnies ; mais les excuses et les supplications du général décidèrent le comte Clauzel à ne point donner suite à son projet. M. de Rigny conserva son commandement, non que le maréchal eût pardonné l'injure, mais parce qu'il voulait fournir à son subordonné une occasion de se réhabiliter en face de tous.

L'armée, cependant, poursuivit sa marche, toujours inquiétée par les Arabes. Le 26, elle bivouaquait à Sidi-Tamtam, le 27, à Mezez-Amar, le 28, à Guelma, où elle laissa un bataillon du 62ᵉ. Trois jours après, elle rentrait à Bône (1ᵉʳ décembre 1836). — Il était temps; la souffrance avait brisé les plus fiers courages ; officiers et soldats étaient à bout de forces (1).

Le maréchal avait l'âme trop haute pour rejeter sur autrui les fautes qui lui étaient propres. Sous l'impression de sa défaite, il confessa franchement ses torts, je veux dire son imprévoyance, et s'accusa d'avoir cru trop aux promesses dont on l'avait bercé. Mais s'il se montra sévère pour lui-même, il fut juste pour ses compagnons d'armes. Au moment de partir pour Alger, il se fit un devoir de complimenter les troupes du courage et de la résignation qu'elles avaient montrés, et se plut à constater que « tous, — à l'exception d'un seul (2), » — avaient supporté avec une admirable constance les souffrances les plus cruelles de la guerre : et c'était vrai.

Peu de jours après, le corps expéditionnaire fut dissous et le comte Clauzel se rendit à Paris, afin de répondre aux attaques dont il était l'objet. Il avait le ferme espoir d'être maintenu dans son commandement et demandait, comme récompense de ses longs services, qu'on lui permît de venger son

---

(1) Voy. DEVOISINS *Expédition de Constantine*; 1 vol. in-8º; — CARAMAN (marquis de). Extrait de ses *mémoires* : broch. in-8º, 1843.

(2) C'était au général de Rigny qu'il faisait allusion. Le général, sévèrement qualifié par la presse, fut traduit devant un conseil de guerre, qui l'acquitta : Philippe Dupin plaidait pour lui. Voy. pour plus de détails : *Le Messager* (16 décembre 1836), *le National* et *l'Éclaireur de la Méditerranée* ; le *Rapport* de M. Janvier à la chambre des députés *sur les Crédits supplémentaires*. Le *Journal de l'expédition de Constantine*, déjà cité. *Annales Algériennes*. T. III, p. 164; et le plaidoyer de P. Dupin (1837). *Explications du maréchal Clauzel* (1837).

échec. Mais il avait à combattre des ennemis puissants, dont la haine était toujours en éveil. Les uns lui reprochaient ses opinions politiques, c'est-à-dire son esprit d'indépendance et son incorruptibilité; les autres l'accusaient d'indélicatesse et de vol, parce qu'il avait engagé dans la colonisation de l'Algérie une partie de sa fortune; d'autres, enfin, arguant de leur patriotisme, ne lui pardonnaient point son insuccès devant Constantine. Pour tous ces hommes à l'esprit étroit, aux vues bornées, qui mettaient la politique au service de leur intérêt ou de leur rancune, Clauzel était un embarras et pouvait devenir un obstacle. On le destitua.

Cette disgrâce imméritée aigrit profondément le maréchal, qui plaida sa cause avec une superbe indignation, explications firent scandale. A vrai dire, Clauzel son de se plaindre d'une destitution brut que le pouvoir avait amené autant qu'il avai il avait tort de s'étonner : — La France est souvent injuste, et fréquemment elle applique la sauvage maxime de Brennus.

CHAPITRE HUITIÈME

GOUVERNEMENT DU GÉNÉRAL DAMRÉMONT

(FÉVRIER 1837. — OCTOBRE 1837.)

Le général Brossard à Oran. —. Ravitaillement de Tlemcen par Abd-el-Kader. — Arrivée du comte Damrémont : excursions dans l'Est. — Combat du Boudouaou. — Le général Bugeaud. — Traité de la Tafna. — Entrevue du général et de l'Emir. — Observations du gouverneur au sujet de ce traité. — Seconde expédition de Constantine. — Composition de l'armée. — Travaux de siége. — Mort du comte Damrémont. — Le général Valée prend le commandement des troupes. — Assaut, prise et occupation de la ville. — Retour à Bône. — Le comte Valée est nommé gouverneur général. — Administration.

Après l'expédition de Constantine, le maréchal Clauzel était rentré directement à Alger et avait repris la direction des affaires. Les provinces du centre étaient tranquilles ; mais dans celle d'Oran, tous les services publics étaient désorganisés : les soldats ne recevaient plus qu'une demi-ration de viande ; les garnisons de Tlemcen et de la Tafna étaient étroitement bloquées ; les Douairs et les Zmélas, resserrés sous le canon d'Oran, n'avaient pas même au dehors l'espace nécessaire pour le pâturage de leurs troupeaux, et le peu de grains qu'ils pouvaient se procurer ne suffisait pas aux besoins de leurs familles. Le maréchal ordonna que nos alliés, réunis sous les ordres d'Ismaël, recevraient, jusqu'à nouvel ordre,

« une double ration de pain, cinquante centimes de solde et une ration de fourrage ; » puis il enjoignit à l'administration de faire toute diligence pour approvisionner les troupes. — Peu de jours après, il partit pour Paris.

Le général Brossard, nouvellement promu au commandement supérieur de la division de l'Ouest, se préoccupa tout d'abord des Zmélas et des Douairs, dont la désertion était imminente ; il opéra quelques sorties, dispersa les pillards qui harcelaient nos avant-postes, et établit un camp fortifié à Misserghin, village situé à douze kilomètres d'Oran. Ce jour-là, les tentes arabes, concentrées sous les murs de la ville et dans les ravins qui avoisinent la place, furent levées et se déployèrent jusqu'au delà du camp, sur les pentes qui bornent la plaine. « Cette dernière, sillonnée dans tous les sens par les cavaliers rendus à leur existence et à ce qu'ils appelaient leurs foyers, fut de nouveau animée par la présence des troupeaux. Bientôt les cultures s'étendirent dans un cercle de deux lieues : c'était la première fois, depuis la conquête, que la charrue fertilisait la plaine d'Oran (1). »

Rassuré désormais sur l'existence de ses alliés, le général écrivit à Alger et réclama des vivres-viande pour la troupe française ; mais telle était la pénurie des comptables, qu'il fut impossible à l'Intendance de faire droit à ces réclamations. Les choses en étaient là quand le juif Ben-Durand vint déclarer au gouverneur (général Rapatel) qu'il se chargerait d'approvisionner l'armée aux conditions suivantes : l'administration s'engagerait à recevoir les fournitures à des prix convenus, et lui, Ben-Durand, aurait la faculté de revendre à

---

(1) BROSSARD, *quatre-vingt-deux jours de commandement*, broch. in-8° (1838.)

l'Émir « *tout ce dont celui-ci voudrait faire l'acquisition.* » — Le gouverneur accepta. Ben-Durand offrit alors à l'Emir de lui céder de la poudre et des armes contre l'autorisation d'acheter du bétail dans les tribus insoumises. Abd-el-Kader y consentit d'autant plus volontiers qu'il manquait de fusils et le traité reçut, de part et d'autre, son entière exécution.

Les villes du littoral oranais furent ainsi pourvues de vivres; mais il fallait également ravitailler Tlemcen, dont la garnison était réduite aux abois. Or, dans l'état où se trouvait la cavalerie, il eût été plus que difficile d'organiser un convoi.

Ben-Durand offrit encore sa médiation, et comme il était peu scrupuleux sur l'emploi des moyens, voici ce qu'il fit : il demanda à l'Intendance militaire, et reçut d'elle, quarante et un mille francs pour solde des fournitures à livrer; puis, nanti de cette somme et après s'être entendu avec le général Brossard, dont il avait fait son complice et qu'il dénonça plus tard, il se rendit auprès de l'Émir et lui proposa le marché suivant : Abd-el-Kader fournirait lui-même au commandant de Tlemcen (Cavaignac), et jusqu'à concurrence d'une somme de 41,000 fr., les provisions dont les troupes avaient besoin ; en échange, le général Brossard rendrait à l'Émir les Arabes faits prisonniers à la bataille de la Sikack.

(1) Les accusations de Ben-Durand portaient sur plusieurs points : il prétendait avoir donné au général Brossard trente mille francs sur la somme qu'il avait reçue de l'Intendance; il affirmait, en outre, que ce général lui avait manifesté l'intention de passer au service de l'Emir; pour prix de sa trahison, M. Brossard demandait 200,000 francs comptant, et 50,000 francs de rentes pour sa famille. — Ce procès scandaleux fut instruit et jugé à Perpignan : le général Brossard fut condamné à six mois de prison et déclaré incapable de toute fonction publique. Voir la *Gazette des Tribunaux*, numéros de septembre et d'octobre 1838.

L'Emir agréa ces propositions et ravitailla Tlemcen (avril 1837). — A quelque temps de là, le général Bugeaud connut par Durand même les clauses du marché et fit traduire M. Brossard devant un conseil de guerre (1).

Le comte Damrémont, nommé gouverneur en remplacement du maréchal Clauzel, était venu dans l'intervalle prendre le commandement des troupes (avril 1837). Il avait à détruire l'effet moral produit sur les indigènes par la défaite de Constantine et à réfréner l'ardeur des marabouts, qui tous célébraient la victoire d'Achmet et prêchaient la révolte. Il se porta rapidement à l'est de la Mitidja, où l'Émir et Sidi-Saadi s'étaient donné rendez-vous, visita les territoires environnants, fortifia Bouffarick, et, par de fortes reconnaissances, paralysa les mouvements d'Abd-el-Kader, qui parcourait en souverain la province de Titery.

Ces reconnaissances donnèrent lieu à plusieurs engagements. Un des plus brillants faits d'armes de la campagne fut le combat de Boudouaou (25 mai), où neuf cents fantassins et quarante-cinq cavaliers, sous les ordres du commandant de La Torre, repoussèrent près de six mille Arabes.

Vers la même époque, le général Bugeaud arrivait à Oran avec des pouvoirs assez mal définis, mais qui le rendaient indépendant de l'autorité du gouverneur; il avait le commandement d'une division active, correspondait directement avec les ministres, et pouvait, à son gré, traiter de la paix ou continuer la guerre.

Dès son arrivée (avril 1837), il adressa aux tribus de l'Ouest une proclamation destinée, disait-il, à les épouvanter, et, du même coup, chargea Ben-Durand d'entamer les négociations avec Abd-el-Kader.

L'Émir désirait la paix, mais il la voulait avantageuse; il discuta, une à une, toutes les propositions du général, accepta les unes, repoussa les autres, puis, croyant sans doute obtenir du gouverneur des conditions meilleures, il s'adressa directement au comte Damrémont. — Le général Bugeaud, blessé au vif, accusa vertement le gouverneur d'avoir fait à l'Émir, et après coup, des propositions de nature à entraver les premières négociations; il crut qu'on l'avait joué, et s'en plaignit au ministre. Le roi, consulté par ce dernier, trancha la question. Le commandant en chef fut invité à laisser à M. Bugeaud le soin de traiter avec Abd-el-Kader.

On reprit les négociations. Durand, qui avait trompé tout le monde, fut écarté (1), et on chargea Sidi-ben-Scal de faire à l'Émir de nouvelles ouvertures. Pour les appuyer mieux, le général se porta vers l'Ouest à la tête d'un corps de neuf mille hommes, ravitailla Tlemcen, puis se rabattit sur la Tafna à la suite des Arabes.

Les deux armées n'étaient plus qu'à dix lieues l'une de l'autre; quelques heures encore et elles se trouvaient en présence. L'Émir, sommé une dernière fois de choisir entre la paix et la guerre, opta pour le premier parti. Le traité fut signé le 30 mai 1837; il était ainsi conçu :

« Entre le lieutenant général Bugeaud, commandant les troupes françaises dans la province d'Oran, et l'Émir Abd-el-Kader, il a été convenu :

» Art. I⁰ʳ. L'Émir Abd-el-Kader reconnaît la souveraineté de la France en Afrique.

» Art. II. La France se réserve dans la province d'Oran : Mostaganem, Mazagran et leurs territoires ; Oran, Arzew ; plus un territoire ainsi délimité : à l'est, par la rivière de la Macta et le marais d'où elle

(1) Ce juif immonde s'était mis à la solde des deux partis et les trahissait tous les deux ; à quelque temps de là, il fut empoisonné.

sort; au sud, une ligne partant du marais ci-dessus mentionné, passant par le bord Sud du lac Lebgha et se prolongeant jusqu'à l'Oued-Malad (Rio-Salado) dans la direction du Sidi-Saïd ; et de cette rivière jusqu'à la mer, de manière que tout le terrain compris dans ce périmètre soit territoire français.

» Dans la province d'Alger : Alger, lé Sahel, la plaine de la Mitidja, bornée à l'est jusqu'à l'Oued-Khadra et au delà ; au sud, par la première crête de la première chaîne du petit Atlas jusqu'à la Chiffa, en y comprenant Blidah et son territoire ; à l'ouest, par la Chiffa jusqu'au coude de Mazafran, et de là par une ligne droite jusqu'à la mer renfermant Coléah et son territoire, de manière que tout le terrain compris dans ce périmètre soit territoire français.

» Art. III. L'Émir administrera la province d'Oran, celle de Titery et la partie de celle d'Alger qui n'est pas comprise, à l'ouest, dans les limites indiquées à l'art. II.

» Il ne pourra pénétrer dans aucune autre partie de la Régence.

» Art. IV. L'Émir n'aura aucune autorité sur les musulmans qui voudront habiter sur le territoire réservé à la France ; mais ceux-ci resteront libres d'aller vivre sur le territoire dont l'Émir a l'administration, comme les habitants du territoire de l'Émir pourront venir s'établir sur le territoire français.

» Art. V. Les Arabes vivant sur le territoire français exerceront librement leur religion. Ils pourront y bâtir des mosquées et suivre en tout point leur discipline religieuse, sous l'autorité de leurs chefs spirituels.

» Art. VI. L'Emir donnera à l'armée française 30,000 fanègues de froment, 30,000 fanègues d'orge, 5,000 bœufs.

» La livraison de ces denrées se fera à Oran, par tiers ; la première aura lieu du 1er au 15 septembre 1837, et les deux autres de deux mois en deux mois.

» Art. VII. L'Émir achètera en France la poudre, le soufre et les armes dont il aura besoin.

» Art. VIII. Les Coulouglis qui voudront rester à Tlemcen, ou ailleurs, y posséderont librement leurs propriétés et y seront traités comme les Hadars ; ceux qui voudront se retirer sur le territoire français pourront vendre ou affermer librement leurs propriétés.

» Art. IX. La France cède à l'Émir : Rachgoun, Tlemcen, le Méchouar et les canons qui étaient anciennement dans cette dernière citadelle. L'Émir s'oblige à faire transporter à Oran tous les effets, ainsi que les munitions de guerre et de bouche de la garnison de Tlemcen.

» Art. X. Le commerce sera libre entre les Arabes et les Français qui pourront s'établir sur l'un ou l'autre territoire.

» Art. XI. Les Français seront respectés chez les Arabes comme les Arabes chez les Français.

» Les fermes et les propriétés que les sujets français auront acquises ou acquerront sur le territoire arabe leur seront garanties; ils en jouiront librement, et l'Émir s'oblige à leur rembourser les dommages que les Arabes leur feraient éprouver.

» Art. XII. Les criminels des deux territoires seront réciproquement rendus.

» Art. XIII. L'Émir s'engage à ne concéder aucun point du littoral à une puissance quelconque sans l'autorisation de la France.

» Art. XIV. Le commerce de la Régence ne pourra se faire que dans les ports occupés par la France.

» Art. XV. La France pourra entretenir des agents auprès de l'Émir et dans les villes soumises à son administration, pour servir d'intermédiaires auprès de lui aux sujets français, pour les contestations commerciales ou autres qu'ils pourraient avoir avec les Arabes.

» L'Émir jouira de la même faculté dans les villes et dans les ports français (1). »

Le général Bugeaud désirait ardemment connaître l'homme qui, depuis sept ans, tenait la France en échec : dès que la paix fut signée, il fit proposer à l'Émir une entrevue, dans un

(1) Ce traité contenait un article secret, aux termes duquel l'Emir devait verser à M. Bugeaud cent mille boudjous, soit 180,000 francs, — le général ayant droit comme plénipotentiaire à ce qu'on appelle en langage officiel « *un cadeau* de chancellerie. » M. Molé, alors Ministre des affaires étrangères, autorisa le général à toucher cette somme, que celui-ci destinait « aux chemins vicinaux de son département, et à récompenser les officiers qui l'approchaient : » mais le gouvernement s'y refusa. M. Bugeaud laissa donc à l'Emir ces cent mille boudjous, et paya de la sorte les fournitures faites par les Arabes, lors du ravitaillement de Tlemcen.

lieu désigné entre les deux camps. Abd-el-Kader accepta, et les deux chefs se rencontrèrent à l'endroit convenu (1ᵉʳ juin).

..... « A neuf heures du matin, le général français était rendu sur le terrain avec six bataillons, sa cavalerie et son artillerie. Abd-el-Kader ne s'y trouva pas. Comme il avait une plus grande distance à parcourir que le général Bugeaud, ce dernier l'attendit tranquillement et sans inquiétude jusqu'à deux heures du soir. Il commençait à trouver ce retard extraordinaire, lorsque plusieurs émissaires vinrent successivement, de la part de l'Émir, lui dire que leur Maître avait été malade, qu'il était tout près, et qu'il priait le général français de vouloir bien faire encore quelques pas. Celui-ci voyant que le jour baissait, et ne voulant pas perdre l'occasion d'une entrevue qu'il avait demandée lui-même, se porta en avant suivi seulement de son état-major. Le chemin raboteux suivait une gorge étroite et tortueuse. La vue, constamment bornée à une distance de quelques pas, ne se reposait que sur des pentes rudes et déchirées : jamais lieu ne sembla plus propre à une embuscade. La petite troupe française marcha pendant une heure sans rencontrer âme qui vive. Enfin, au détour d'un coude de la route, on aperçut tout à coup le corps d'armée arabe rangé au fond de la gorge et sur les mamelons environnants, de manière à présenter un front imposant et pittoresque ; le général se trouvait au milieu des avant-postes de l'Émir. A l'instant, le chef de la tribu des Oulassas s'en détacha, et vint aborder le général français ; quelques officiers de son escorte ne purent retenir un léger signe d'hésitation :

» — N'aie pas peur, dit le chef arabe, l'Émir est là, sur le mamelon, qui t'attend.

» — Je n'ai peur de rien, dit le général Bugeaud, mais je trouve indécent de la part de ton maître de me faire venir si loin et attendre si longtemps.

» Le spectacle faisait naître ces sortes d'impressions qui se gravent profondément dans la mémoire. Un âpre soleil éclairait ces lieux sauvages ; on distinguait d'abord 150 ou 200 chefs de tribus, la plupart de haute taille, d'une physionomie ardente et énergique, revêtus de leurs draperies majestueuses et montés sur des chevaux superbes, qu'ils prenaient plaisir à faire piaffer ; ils servaient d'escorte au prince arabe, qui ne se distinguait de ses sujets que par la simplicité, peut-être un peu affectée, de son costume. Il montait lui-même un très beau cheval noir, et des Arabes tenaient ses étriers et les pans de son burnous. Les quelques Français qui s'avançaient vers lui faisaient une assez triste figure devant la pompe orientale de l'Émir. Mais la mâle et forte simplicité de l'Europe reprit bien vite l'avantage dans la conversation qui s'ensuivit. Le général Bugeaud, représentant une civilisation vigoureuse, envahissante, peu soucieuse des formes, parce qu'elle sent qu'elle a la réalité et l'avenir pour elle, s'avança par un temps de galop auprès de l'Émir, et, après lui avoir demandé s'il était Abd-el-Kader, lui saisit la main qu'il serra deux fois en signe d'amitié et de confiance ; il l'engagea ensuite à mettre pied à terre pour que l'entretien en fût plus facile. L'Arabe saute de son cheval et s'assied sur l'herbe, le Français en fait autant ; la musique des indigènes pousse des sons âpres et discordants. Le général français la fait taire d'un geste de la main, et, pour couper court à des préliminaires toujours fort longs chez les Arabes, il attaque brusquement la conversation :

» — Sais-tu, lui dit-il, que peu de généraux français eussent osé traiter avec toi et agrandir ta puissance et ton territoire comme je l'ai fait? Mais j'espère que tu n'en feras usage que pour le bonheur de la nation arabe, en la maintenant en paix avec la France.

» — Je te sais bon gré de tes bons procédés pour moi ; si Dieu le veut, je ferai le bonheur des Arabes, et si la paix est jamais rompue ce ne sera pas de ma faute. Allah défend de manquer à ses promesses, je ne l'ai jamais fait.

» — A ce titre, je te demande ton amitié particulière et t'offre la mienne.

» — Je l'accepte avec reconnaissance; mais que les Français se gardent de prêter l'oreille aux intrigants.

» — Les Français ne prennent conseil que d'eux-mêmes pour ce qu'ils ont à faire en Afrique, et si quelques brouillons cherchaient à semer le trouble et le désordre, nous nous en préviendrions mutuellement afin de les punir.

» — C'est bien, tu n'as qu'à me dénoncer ceux qui violeront le traité, je les punirai.

» — Je te recommande les Coulouglis qui restent à Tlemcen.

» — Tu peux être tranquille, ils seront traités comme les Hadars. Mais tu m'as promis de cantonner les Douairs et les Zmélas entre le lac Sebka et la mer.

» — Je ne sais si ce pays pourra leur suffire ; mais, dans tous les cas, ils seront placés de manière à ne pas troubler la paix.

» Il se fit un moment de silence.

» — As-tu ordonné, reprit le général français, le rétablissement des relations commerciales de l'intérieur avec Alger et les autres villes que nous occupons ?

» — Non ; je le ferai quand tu m'auras rendu Tlemcen.

» — Tu peux être sûr que je te le rendrai dès que le traité aura été approuvé par le roi.

» — Tu n'as donc pas le pouvoir de traiter?

» — Je puis traiter, mais le roi doit ratifier ce dont nous sommes convenus, sans cela un autre général pourrait défaire ce que j'ai fait.

» — Si tu ne me rends pas Tlemcen, comme tu me l'as promis dans le traité, au lieu de la paix nous n'aurons fait qu'une trêve.

» — En effet, si le roi ne ratifie pas le traité, il ne sera qu'une trêve ; mais tu n'as qu'à gagner à cet intervalle, puisqu'en tout le temps qu'elle durera, je ne détruirai pas les moissons des Arabes.

» — Tu peux les détruire si tu veux, une fois la paix faite; je t'en donnerai l'autorisation par écrit, si cela te fait plaisir; il nous en restera toujours plus qu'il ne nous en faut.

» — Tous les Arabes ne pensent pas comme toi, ce me semble, car plusieurs m'ont fait remercier d'avoir ménagé leurs récoltes.

» Abd-el-Kader, sentant alors qu'il s'était trop avancé, sourit d'un air dédaigneux.

» — Combien de temps, reprit-il, faut-il attendre la ratification du roi des Français ?

» — Trois semaines environ.

» — C'est bien long !

» Ici Ben-Arach, confident de l'Émir, se rapprocha du général :

» — C'est trop long que trois semaines, dit-il; nous ne pourrons attendre cette ratification que dix ou douze jours.

» — Peux-tu commander à la mer? répondit Bugeaud.

» — Eh bien ! dans ce cas, nous ne rétablirons les relations commerciales que lorsque la ratification du traité sera arrivée.

» — Comme il te plaira, dit le général français; c'est aux musulmans que tu fais le plus de tort, puisque tu les prives d'un commerce avantageux, tandis qu'à nous la mer fournit tout ce dont nous avons besoin. Le détachement que nous avons laissé à Tlemcen peut-il, avec tous ses bagages, nous rejoindre à Oran ?

» — Il le peut. »

La conversation, rendue plus grave et plus lente par la nécessité d'un truchement, en resta là. Le général Bugeaud se leva, mais l'Émir restait assis, affectant peut-être de vouloir faire tenir le Français debout devant lui. C'était un acteur qui cherchait à jouer son rôle de son mieux devant la galerie qui l'entourait. Le général Bugeaud s'en aperçut, et lui dit brusquement que, quand lui, représentant de la France, se tenait debout, le chef des Arabes pouvait bien en faire autant; et sans attendre la réponse, il saisit d'un poignet robuste les mains délicates de l'Emir, et l'enleva de terre en souriant.

« Les Arabes, grands observateurs des formes, parurent très étonnés du procédé un peu leste du général, mais la bonne intelligence n'en fut pas troublée (1).

» Il était tard; les deux chefs se séparèrent pour ne plus se revoir que sur les champs de bataille. La nombreuse escorte de l'Emir le salua de cris qui retentirent le long des montagnes. Au même instant, un grand coup de tonnerre

---

(1) On trouve dans tous les journaux du temps la relation de cette entrevue : le récit que nous en donnons est fait par un témoin. Voyez DE MONT-ROND, t. I, p. 318—323.

éclata dans le ciel et vint ajouter encore à tout ce que cette scène avait d'imposant. Le cortége du général français, vivement impressionné, reprit la route du camp. »

La paix était faite; mais à quelles conditions ! La France abandonnait la province de Titery, retirait ses troupes de Tlemcen, et laissait la colonie entre deux ennemis implacables, — Abd-el-Kader et Achmet.

Le général Bugeaud voyait si bien les défauts de son œuvre, qu'il crut devoir justifier sa conduite : — « J'ai toujours
» pensé, écrivit-il au ministre, que, dans les grandes circon-
» stances, un général ou un homme d'Etat doit savoir pren-
» dre sur lui une grande responsabilité, quand il a la con-
» viction qu'il sert bien son pays. Ce principe, gravé depuis
» longtemps dans mon esprit, je viens d'en faire l'application.
» J'ai cru qu'il était de mon devoir comme bon Français,
» comme sujet fidèle et dévoué du roi, de traiter avec Abd-el-
» Kader, bien que les délimitations du territoire soient diffé-
» rentes de celles qui m'ont été indiquées par M. le ministre
» de la guerre.
» Je me suis dit que le ministre et ses bureaux ne pouvaient
» juger les nuances de la question comme moi qui suis sur
» les lieux, en présence des difficultés; j'ai d'ailleurs reconnu,
» par la dépêche du ministre de la guerre, que l'on était
» encore dominé à Paris par des idées qui pouvaient être
» justes il y a un an ou dix-huit mois, mais qui ne sont plus
» aujourd'hui en rapport avec les circonstances... (1) »

M. Bugeaud se targuait de ses convictions; il eût dû, ce

---

(1) Voy. *Documents officiels*. Lettre du général Bugeaud au Président du conseil des Ministres (29 mai 1837).

nous semble, montrer plus de modestie. Il fut désavoué par les chambres, par l'opinion publique et par l'armée d'Afrique, dont le gouverneur général se fit l'éloquent interprète. Ecoutons-le :

« Une convention a été conclue entre M. le général Bugeaud et l'Émir Abd-el-Kader. Cette convention semble inexplicable. Elle soulève mille objections : on se demande comment il était possible de prévoir un dénouement pareil aux projets annoncés, aux efforts faits par le gouvernement pour réduire l'Émir. On recherche les causes qui ont amené un résultat aussi imprévu, aussi fâcheux, et les conséquences qui s'ensuivront pour la puissance et la durée de notre établissement dans le nord de l'Afrique.

» Cette convention rend l'Émir souverain de fait de toute l'ancienne régence d'Alger, moins la province de Constantine et l'espace étroit qu'il lui a plu de nous laisser sur le littoral autour d'Alger et d'Oran. Elle le rend souverain indépendant, puisqu'il est affranchi de tout tribut, que les criminels des deux territoires sont rendus réciproquement, que les droits relatifs à la monnaie et à la prière ne sont pas réservés, et qu'il entretiendra des agents diplomatiques chez nous comme nous en entretiendrons chez lui.

» Et c'est lorsqu'on a réuni à Oran 15,000 hommes de bonnes troupes, bien commandées, abondamment pourvues de toutes choses, lorsque des dépenses considérables ont été faites, lorsqu'une guerre terrible, une guerre d'extermination a été annoncée avec éclat, que, sans sortir l'épée du fourreau, au moment où tout était prêt pour que la campagne s'ouvrît avec vigueur, à Oran comme à Alger, c'est alors, dis-je, que tout à coup on apprend la conclusion d'un traité plus favorable à l'Emir que s'il avait remporté les plus brillants avantages, que si nos armées avaient essuyé les plus honteux revers. Que pouvait-il exiger, que pouvait-on lui accorder de plus, après une défaite totale? Il y a peu de jours, on voulait le forcer, le réduire à la paix, c'est-à-dire, je pense, lui en dicter les conditions, et tout à coup, sans qu'aucune circonstance apparente ait changé notre situation ou la sienne, on lui accorde plus qu'il n'avait jamais songé à demander, plus assurément que les adversaires les plus ardents de notre établissement en Afrique n'ont jamais osé l'espérer. On souscrit un traité peu honorable pour la France ; on abandonne sans pitié des alliés qui se sont compromis pour nous, et qui le payeront de leur tête ; on nous met en quelque sorte à la discrétion de notre ennemi... Il y a peu de jours que l'on donnait pour instructions de ne permettre, sous aucun prétexte, à Abd-el-Kader de sortir de la province d'Oran, et voilà que d'un seul trait de plume on cède à cet homme la province de Titery, Cherchell, une partie de la Mitidja, et tout le territoire de la province d'Alger qui se trouve hors des limites qu'il nous a fixées, et sur lequel il n'avait encore ni autorité ni prétention. Ainsi, tous nos préparatifs, toutes nos dépenses, toutes nos menaces n'ont abouti qu'à un résultat pire que celui qu'on aurait obtenu, si, sans déplacer un soldat et sans dépenser un écu, on avait négocié depuis Paris, par l'intermédiaire du plus humble de nos agents diplomatiques (1)!... »

Le Gouverneur avait raison : le traité de la Tafna, — le général Bugeaud l'a confessé plus tard, — changeait virtuellement notre rôle en Afrique et nous plaçait en quelque sorte, vis-à-vis d'Abd-el-Kader, dans un état de subalternité ; mais toutes les critiques s'émoussèrent devant la volonté du Roi. — Louis-Philippe voulait la paix, non par faiblesse ou couardise, mais parce qu'elle était la conséquence fatale d'un passé que personne ne pouvait changer. Nous avions été battus devant Constantine et, depuis, la puissance française était mise en doute aux yeux de l'Europe entière : il fallait répondre à l'Europe par une victoire. Or, soutenir la guerre à la fois à Bône, à Oran et à Alger était chose impossible. Avant d'attaquer Achmet, il importait de s'assurer de l'Emir. Ainsi pensait Louis-Philippe, et le traité fut ratifié.

Libre de toute inquiétude du côté de l'Ouest, le général Damrémont se tourna contre Constantine et hâta les préparatifs de l'expédition : néanmoins, avant de commencer la guerre il dut, sur l'invitation expresse du cabinet, essayer

(1) Voy. *Documents officiels* : lettre adressée par le général Damrémont au président du conseil et au ministre de la guerre (15 juin 1837).

d'obtenir par la voie des négociations ce qu'il comptait imposer par la force des armes. Achmet, que la crainte avait gagné, désirait également traiter ; bien convaincu qu'on ferait pour lui ce qu'on avait fait pour l'Emir, il demanda quelles conditions lui seraient imposées. Il lui fut répondu que la France se réservait « l'administration de la plus grande partie du territoire, une reconnaissance absolue de vassalité de la part du Bey, la solde d'un tribut annuel et le remboursement des frais de la guerre. » Achmet trouva ces propositions inacceptables et refusa d'y souscrire. — M. Damrémont, qui ne voulait rien prendre sur lui, demanda conseil au ministre dont les instructions étaient souvent obscures :

« Je ne puis assez vous recommander, lui écrivit le prési-
» dent du conseil, de vous mettre en garde contre l'ardeur de
» quelques officiers. Toute ma lettre se résume en peu
» de mots : jusqu'au dernier moment, la paix plutôt que la
» guerre, la paix aux conditions proposées sans y rien ajou-
» ter, ou la prise de Constantine à tout prix ! »

Les négociations furent reprises ; mais le Bey de Constantine, après avoir longtemps hésité, changea de langage et d'allures : excité par Ben-Aïssa et par quelques Turcs fanatiques, il retrouva son arrogance des anciens jours et répondit à l'ultimatum du gouverneur par une lettre insolente. L'expédition fut aussitôt décidée et le duc de Nemours, auquel fut dévolu le commandement d'une brigade, se rendit à Bône, apportant au commandant en chef les dernières instructions du conseil.

Une partie du mois d'août avait été employée aux préparatifs ; le mois de septembre y fut consacré tout entier : les reconnaissances furent poussées jusqu'à l'Oued-Zenati ; le colonel Duvivier transforma Guelma en place de guerre ; on établit à Medjez-Amar le centre des opérations. Grâce à la promptitude avec laquelle furent organisés tous les services, l'armée se trouva réunie dans les derniers jours du mois.

Le corps expéditionnaire montait à dix mille hommes, divisés en quatre brigades, commandées : la première, par le duc de Nemours (1) ; la seconde, par le général Trezel, (2) ; la troisième, par le général Rulhières (3) ; la quatrième, par le colonel Combes (4). — L'artillerie avait à sa tête le général Vallée ; le génie, le général Rohault de Fleury ; l'administration militaire, M. Dormand. Le matériel comprenait 17 bouches à feu, munies chacune de 200 coups, 1,000 kilog. de poudre et 200 fusées ; 50 fusils de rempart, 500,000 cartouches, ponts, passerelles, etc.... et 126 voitures dont 50 de siége et 76 de campagne ; l'armée emportait dix-huit jours de vivres.

Elle se mit en marche le 1er octobre 1837. Le temps, supportable les premiers jours, devint tout à coup sombre et pluvieux ; les chemins se défoncèrent, et l'artillerie exigea souvent des travaux et des efforts inouïs. On vit plus d'une fois le général Vallée prendre lui-même le fouet de conducteur pour stimuler la marche et dégager les chevaux embour-

---

(1) 1 bataillon de zouaves, 1 bataillon du 2e léger, 3e régiment des chasseurs d'Afrique, 2 bataillons du 17e léger, 2 escadrons de spahis, 2 pièces de montagne, et 2 pièces de campagne.

(2) Spahis irréguliers, bataillons turcs, tirailleurs d'Afrique, compagnie franche, un bataillon du 11e de ligne, 23e de ligne, 2 pièces de campagne et 2 de montagne.

(3) 3e bataillon d'Afrique, 1 bataillon de la légion étrangère, 2 escadrons de spahis réguliers et 2 du régiment de chasseurs d'Afrique, 4 pièces de montagne.

(4) 47e de ligne, 1 bataillon du 26e de ligne, 2 pièces de campagne et 2 de montagne.

bés jusqu'au poitrail. La troupe ne put, au premier moment, chasser les noirs soucis que rappelait ce temps horrible ; mais le ciel s'éclaircit, chacun reprit confiance, et le 5, après avoir franchi tous les obstacles, la colonne vint bivouaquer à l'endroit même où les soldats de Clauzel avaient si cruellement souffert, *au Camp de la Boue.* Les bandes irrégulières, qui depuis Guelma l'avaient suivie et harcelée, se séparèrent : une partie se réfugia dans la ville, que défendait Ben-Aïssa ; l'autre rejoignit Achmet, qui tenait la plaine avec ses cavaliers.

Le 6, dès le matin, la première brigade couronna le plateau de Mansourah, et se vit accueillie par une fusillade des plus vives et des plus imprévues. Il y eut parmi les troupes un moment d'hésitation ; mais les zouaves, enlevés par leurs chefs, s'avancèrent résolûment, débusquèrent les Turcs cachés derrière les aloës et les rejetèrent dans la ville. Les troisième et quatrième brigades prirent position sur le plateau du Koudiat-Aty ; le quartier général fut établi à Sidi-Mabrouck, et l'on procéda aux travaux du siége.

Le 7, l'ennemi fit deux sorties vigoureuses et dérangea nos ouvrages les plus avancés, que l'artillerie et le génie avaient menés avec une surprenante activité, malgré les pluies torrentielles et le manque de sacs à terre.

Dans la matinée du 9, le feu fut ouvert par les trois batteries du Mansourah et salué par de joyeuses acclamations. Destinées à prendre d'enfilade les batteries du front d'attaque, elles éteignirent bientôt le feu de la place, échancrèrent les embrasures et firent, çà et là, du ravage ; quelques-unes des couleuvrines turques furent coupées en morceaux. — La ville resta muette ; les portes ne s'ouvrirent que le lendemain : — à deux fois différentes les Turcs tentèrent une sortie, mais ils furent chaque fois repoussés et subirent des pertes énormes.

Cependant, les troupes qui occupaient le Koudiat-Aty avaient terminé la batterie de brèche; l'artillerie ouvrit immédiatement le feu : — deux jours après, la brèche était faite, et on pouvait donner l'assaut.

Après avoir disposé l'attaque et formé les colonnes, le général en chef envoya faire aux assiégés les sommations d'usage. Ce fut un soldat du bataillon turc qui porta la dépêche. Il se hissa à une corde jetée du rempart et fut introduit dans la place. Le lendemain, il revint avec cette réponse verbale :

« Il y a dans Constantine beaucoup de munitions de guerre et de bouche. Si les Français en manquent, nous leur en enverrons. Nous ne savons pas ce que c'est qu'une brèche ou une capitulation. Nous défendrons à outrance notre ville et nos maisons. On ne sera maître de Constantine qu'après avoir égorgé jusqu'au dernier de ses défenseurs. »

— « Ce sont des gens de cœur, dit M. Damrémont. Eh bien! l'affaire n'en sera que plus glorieuse pour nous. »

Et il se rendit avec sa suite sur le plateau de Koudiat-Aty pour examiner la brèche. Là, il mit pied à terre, fit quelques pas en avant et s'arrêta sur un point très découvert; le général Rulhières, craignant un malheur, le supplia de s'éloigner un peu :

— « Laissez! répondit Damrémont, je... »

Il n'acheva pas; un boulet parti de la place le renversa sans vie (1).

Le lieutenant général comte Vallée prit le commandement

---

(1) Le général Perrégaux, en se penchant sur le corps du gouverneur, reçut au front une blessure mortelle.

des troupes. Il fit canonner la ville et ordonna l'assaut pour le lendemain.

Sur le soir, un envoyé d'Achmet se présenta, qui demandait la suspension des hostilités et la reprise des négociations. Le général en chef exigea préalablement que les portes de Constantine lui fussent ouvertes, et la démarche en resta là.

Les troupes furent réparties en trois colonnes : la première, sous les ordres du lieutenant colonel La Moricière; la seconde et la troisième, sous ceux des colonels Combes et Corbin.

A sept heures précises, par un soleil radieux, le duc de Nemours donne le signal : — La première colonne s'ébranle, gagne la brèche au pas de course, au milieu d'une ardente fusillade, et le capitaine Garderens plante sur les remparts le drapeau tricolore. Mais à mesure que la colonne descend dans la ville, elle se heurte contre de nouveaux obstacles : chaque maison a été transformée en une place forte, il faut briser les portes ; on se bat corps à corps, et les assaillants sont décimés par un feu de mousqueterie tiré de mille embrasures. — Mais nos soldats ont juré de vaincre : ils s'excitent les uns les autres, chargent avec furie et font un épouvantable massacre. Tout à coup une maison s'écroule, qui écrase ou étouffe sous ses débris une centaine d'hommes. A peine ce danger passé, un autre survient : un magasin à poudre prend feu, et l'explosion sème dans nos rangs le désordre et l'effroi. « Ce fut, dit un historien, un phénomène étrange, effroyable. Plusieurs de nos soldats sentent que tout autour d'eux l'air s'embrase; il respirent le feu ; une douleur âcre et cuisante les dévore; leurs vêtements consumés laissent leur chair à nu, leurs paupières sont brûlées ; d'éternelles ténèbres les environnent. Quelques-uns déliraient, défigurés à tel point, que leurs amis même ne les pouvaient reconnaître, et ils allaient s'agitant semblables à des spectres (1). » Le colonel La Moricière fut une des victimes, et l'on craignit à la fois pour sa vie et pour sa vue, qui toutes deux furent quelque temps en danger.

Cependant les troupes arrivaient dans la ville par détachements de deux compagnies, à mesure que la première colonne gagnait du terrain; on évitait ainsi le désordre et l'encombrement qui nous avaient été si funestes en 1836. Bientôt la place fut presque complétement envahie, grâce à un mouvement décisif du colonel Combes, qui fit habilement tourner une barricade. Mais le vaillant soldat paya de sa vie le succès qu'il venait d'obtenir. Atteint de deux blessures mortelles, il attendit sans faiblir que l'ennemi fût repoussé : « Alors se passa une scène digne des temps héroïques : Invincible à la douleur, le colonel Combes s'avança vers le duc de Nemours pour lui rendre compte de la situation. Son pas était assuré, son visage calme; à le voir, nul ne se fût douté qu'il portait la mort dans la poitrine. Il s'exprima noblement, avec simplicité, sans parler de lui autrement que par cette allusion mélancolique et sublime : « Ceux qui ne sont pas blessés mortelle- » ment jouiront de ce succès (2). »

Pendant l'assaut, une partie des habitants tenta de fuir par un des côtés du ravin, à l'aide de cordages qui descendaient le long des rochers; mais les cordes, incessamment tendues, se brisèrent sous le poids des fugitifs : une grappe d'hommes, de femmes, d'enfants et de vieillards roula dans l'abîme et périt dans une affreuse et lamentable agonie !....

(1) Voy. L. BLANC, *Histoire de dix ans*, t. IV, ch. IX.
(2) Id., id., id.

La ville était prise; le général Rulhières en fut nommé commandant supérieur : comme il arrivait, il reçut une lettre dans laquelle les autorités et les personnages influents de Constantine faisaient leur soumission et imploraient la clémence des vainqueurs. — Le général fit immédiatement cesser le feu et se dirigea vers la Kasbah, dont les derniers défenseurs furent promptement expulsés. Deux heures après, le drapeau de la France flottait sur tous les édifices, et le duc de Nemours prenait possession de la maison du Bey (13 octobre).

Achmet, nouveau Boabdil, assista, du haut d'une colline, à la défaite de ses troupes : quand il vit se déployer au sommet de la Kasbah notre étendard victorieux, — ivre de colère et de désespoir, il enfonça ses éperons dans le ventre de son cheval et s'enfuit en pleurant.

Le général Vallée s'occupa tout aussitôt de régulariser les services administratifs, de manière à pourvoir aux besoins du pays : les vaincus durent payer les frais du siége, mais ils furent traités avec justice et douceur ; suivant en cela les prescriptions de son prédécesseur, le commandant en chef n'apporta que de légères modifications à l'organisation turque. Il désigna pour kaïd un fonctionnaire indigène, et passa les jours suivants à recevoir la soumission des tribus voisines et à régler les mesures d'occupation ; après quoi, il donna le signal du départ (29 octobre), et revint à Bône où l'attendaient la dignité de maréchal et le titre de gouverneur (1).

Le général Damrémont comptait donner une vigoureuse impulsion à l'agriculture et au commerce: sept ans de com-

---

(1) Voy. ROHAULT DE FLEURY (général) : *Journal de l'Expédition de Constantine en* 1837. Paris, 1838, in-8°.

bats et de sacrifices devaient, pensait-il, avoir leur prix, et il croyait que le moment était venu de recueillir les fruits de la conquête. C'est du moins ce qu'il annonçait à ses administrés en leur exposant le système qu'il voulait suivre (1) :

« Concentrer nos forces sur les points les plus importants, pour nous y établir en maîtres, d'une manière absolue et définitive ; livrer autour de nous le sol à la culture, et nous enraciner par elle dans la Régence ; encourager les entreprises particulières en leur assurant protection ; couvrir leurs travaux par un cercle de défense impénétrable ; agrandir ce cercle à mesure que ces travaux s'étendent ; avancer ainsi pas à pas, avec sagesse, mais utilement et sûrement, n'avançant qu'avec la résolution et la certitude de nous maintenir ;

« Rendre notre domination bienfaisante et féconde pour les populations indigènes ; les appeler à nos marchés ; leur donner le goût du travail en leur en assurant le prix. Par le travail, leur faire aimer l'ordre ; les attacher à nous par leur propre intérêt. En un mot, faire succéder à l'état de guerre une pacification fondée sur cet intérêt même, surveillante et protectrice pour ceux qui l'observent, menaçante pour ceux qui tenteraient de l'enfreindre ; telle était la mission réservée, disait-il, à l'administration du pays, mission lente, difficile et à laquelle il voulait se consacrer. »

C'était promettre beaucoup ; mais quel gouverneur a jamais douté de lui ?

Le général n'eut point le temps d'appliquer son système : la guerre le prit et l'enleva. Il est, cependant, quelques actes de son administration qu'il nous faut signaler.

(1) Proclamation du gouverneur aux habitants de l'Algérie (5 avril 1837). Voy. *Bulletin officiel* n° 187.

La charge d'agha des Arabes fut supprimée ;

Les affaires arabes furent centralisées auprès du gouverneur général et formèrent une direction sous le titre de *Direction des affaires arabes:* M. Pellissier, capitaine d'état-major, fut nommé directeur ;

Sur la proposition de l'Intendant civil (M. Bresson), les Kabyles résidant à Alger et dans la banlieue, furent réunis en corporation et placés sous la surveillance d'un Amin ;

Un arrêté détermina l'étendue de la juridiction des tribunaux d'Alger ; un autre régla l'exercice et la discipline des professions de défenseur et d'huissier.

La colonisation, jusqu'alors circonscrite dans un étroit espace, tendit à s'agrandir : plusieurs chemins, ouverts dans la banlieue et dans le Sahël, rendirent les communications plus faciles et donnèrent à l'industrie un développement assez marqué ; on fit de grandes et de nombreuses plantations ; et, fidèle à son programme, l'administration civile, dignement représentée par M. Bresson, seconda de tout son pouvoir les efforts des Européens ; — mais « son pouvoir » était minime.

DEUXIÈME PARTIE

LA GUERRE SAINTE

CHAPITRE NEUVIÈME

GOUVERNEMENT DU MARÉCHAL VALLÉE

(OCTOBRE 1837. — DÉCEMBRE 1840.)

Administration. — L'Intendance civile est supprimée. — Les Directeurs et les Commissaires civils. — Abd-el-Kader en Kabylie. — Observations du général Pelet. — L'Oasis d'Aïn-Madhi. — Le gouverneur se rend à Constantine. — Passage des Portes de Fer. — L'Emir prêche la guerre sainte. — Campagne de 1840. — Défense de Mazagran. — Prise de Médéah et de Milianah.

La prise de Constantine n'était pas seulement glorieuse pour nos armes : elle enlevait aux Turcs leur dernière forteresse et nous assurait la possession du territoire le plus fertile de la Régence. Aussi, dégagés de toute inquiétude, les colons reprirent leurs travaux et s'y livrèrent avec une persévérante énergie : les champs furent défrichés, les terrains assainis; on créa des villages, on ouvrit de nouvelles routes; le crédit reparut.

Le gouverneur s'étudia à donner à l'administration la forme et l'unité qu'elle n'avait point encore, et il rendit ou fit rendre plusieurs ordonnances qui témoignaient hautement de sa sollicitude pour les intérêts de la colonie; nous citerons les plus importantes:

Les catholiques demandaient depuis longtemps qu'Alger devînt le siége d'un Évêché; et, pour appuyer mieux cette demande, ils invoquaient la raison politique : « Notre manque de foi, disaient-ils, nous décréditait aux yeux des Arabes; » — et ils citaient complaisamment ce mot d'un marabout : « Vous vous dites chrétiens et n'en remplissez pas les devoirs : on n'est homme que quand on prie (1). »

Le gouvernement tint compte de ces réclamations: les possessions françaises dans le Nord de l'Afrique formèrent un diocèse suffragant de la métropole d'Aix, et le siége de l'évêché fut établi à Alger (25 août 1838).

Peu de temps après (31 octobre), une ordonnance royale fixa les attributions des chefs de service placés sous l'autorité du gouverneur général, et modifia sensiblement l'ordonnance du 21 juillet 1834.

L'administration des services civils resta placée sous l'autorité du gouverneur général, qui eut sous ses ordres :

1° Un directeur de l'intérieur ;
2° Un procureur général ;
3° Un directeur des finances.

L'Intendance civile fut supprimée.

Le directeur de l'intérieur eut dans ses attributions l'administration générale, provinciale et communale, les travaux

---

(1) GENTY DE BUSSY, t. I, p. 247.

publics, le commerce, l'agriculture, l'instruction publique, les cultes, etc.; l'administration des provinces de Constantine et d'Oran fut confiée à des *sous-directeurs*.

Enfin, on institua des *commissaires civils* dont les fonctions furent ainsi définies : « Sur les points éloignés de plus de dix kilomètres du siége du tribunal de la province, les pouvoirs des commissaires civils pourront comprendre la juridiction des juges de paix en France, les fonctions d'officiers de police judiciaire et juges d'instruction, et même, à raison de la difficulté et de la rareté des communications, tout ou partie de la juridiction des tribunaux civils en Algérie. — Dans certaines localités, on remplaça les commissaires civils par des commandants militaires.

L'administration en devint plus homogène et plus forte; et, sur les conseils du gouverneur, le ministère entra dans une voie d'où il ne devait plus sortir.

En même temps s'opérait, dans la race conquise, une transformation politique et sociale dont un économiste célèbre a parfaitement défini les causes :

« L'une des premières conséquences de notre établissement à Alger, dit M. Blanqui, a été de faire disparaître une partie de la population indigène, soit par l'exil volontaire de familles riches qui fuyaient le contact des chrétiens, soit par suite de l'élévation du prix des denrées; mais cette substitution des Européens aux indigènes ne s'est point opérée sans donner naissance à des phénomènes économiques dignes de la plus grande attention..... Le plus curieux que nous ayons à signaler dans cette transformation, c'est la ruine soudaine des classes moyennes, l'enrichissement non moins rapide des classes pauvres indigènes à Alger. La plupart de ceux que nous appellerions *bourgeois*, dans l'idiome des modernes publicistes, vivaient avant notre domination, les uns d'emplois qu'ils ont perdus, les autres de recettes que nous avons supprimées ou appliquées à des besoins publics, quelques-uns d'un revenu qui a cessé d'être en harmonie avec le renchérissement universel causé par notre occupation. Ces malheureux, la plupart incapables de sortir de leur apathie naturelle, tombent de jour en jour dans une misère plus profonde. Les plus entreprenants sollicitent des places de chaoux ou de garçons de bureau dans nos administrations; les fanatiques s'expatrient; ceux qui se résignent renferment leur chagrin dans leur âme et vivent de privations, satisfaits de conserver au moins, dans la dignité de leur costume, les débris d'une splendeur éclipsée. Ce que deviennent leurs femmes et leurs filles dans cette lutte cruelle, Dieu le sait! et les registres de l'état civil en font foi de manière à inquiéter sérieusement les magistrats municipaux.

» La population inférieure, au contraire, celle qui ne recevait sous le régime précédent que des avanies ou des coups de bâton, et à laquelle très souvent encore j'en ai vu distribuer, cette classe, jadis si opprimée, relève aujourd'hui la tête et s'enrichit rapidement. Tel était esclave qui s'est élevé à la domesticité; les mouvements du port occupent avec profit une foule de Biskris et de noirs, espèces d'Auvergnats et de Savoyards venus des frontières du désert pour exercer le métier de portefaix; plusieurs se font commissionnaires : ceux qui sont d'origine kabyle deviennent d'excellents ouvriers. Toute cette population, intelligente et vigoureuse, s'est familiarisée complétement avec nos usages et surtout avec notre monnaie. Leur manie de thésauriser, à l'instar des avares, fait disparaître chaque jour de la circulation une masse assez considérable de numéraire, aussitôt enfoui que gagné, et dont la somme, très hypothétique assurément, est évaluée à plus de trente millions de francs depuis la conquête. Les cultivateurs de la banlieue d'Alger n'ont pas moins profité de l'accroissement de la consommation occasionné par notre présence, si l'on en juge par leur empressement à approvisionner chaque jour le marché de cette ville de toutes sortes de denrées. »

Or, les mêmes causes produisant les mêmes effets, les provinces de l'Ouest et de l'Est devaient subir, à une époque plus ou moins proche, une transformation semblable. Le déclassement des fortunes ne déterminera point, sans doute, entre les vainqueurs et les vaincus, une fusion contre laquelle proteste l'instinct des deux races : mais il servira puissamment notre politique, en ce sens qu'il éloignera les indigènes du territoire conquis. Telle est l'opinion de M. Blanqui : « Le caractère distinctif de la colonisation, dans la province d'Alger, consiste à substituer le cultivateur européen à l'Arabe et à refouler celui-ci dans les régions qui ne sont pas soumises à nos armes. Nous avons vu comment, dans la ville d'Alger, cette substitution s'opérait peu à peu par suite du renchérissement des denrées, malgré les ménagements dont nous n'avons pas cessé d'user envers les musulmans pour toutes les choses qui touchent à leur religion. La population rurale arabe diminue également tous les jours et nous cède la place, soit par suite de transactions où la justice n'est pas toujours de notre côté, soit lassitude de vivre sous un régime contraire à ses mœurs. Nulle fusion n'a pu s'opérer jusqu'à ce jour entre les indigènes et nous. Les juifs seuls sont entrés en relations avec les vainqueurs, comme avec de nouveaux clients. On a vu beaucoup de Français adopter le costume arabe, aucun Arabe n'a encore adopté le costume français. Les enfants du pays à qui leurs parents permettent des rapports avec les nôtres, montrent sans doute une grande aptitude à parler notre langue; mais ils appartiennent généralement à des familles de la plus basse classe. Les Maures d'Alger n'ont envoyé jusqu'à ce jour que trois ou quatre élèves au collége de la ville, qui en compte près de cent cinquante. C'est bien peu. Dans un bal donné récemment au prince royal, on n'a vu figurer aucune femme de Maure, mais seulement sept ou huit femmes juives ; l'antipathie des races l'avait emporté sur la curiosité.

» Quel sera le résultat de cette émigration ? Devons-nous nous en féliciter, ou nous en plaindre ? Il y aurait lieu de s'en féliciter assurément, si nous étions en mesure d'entreprendre immédiatement, et sur une vaste échelle, l'œuvre de la colonisation ; mais tant que la majorité des colons se bornera à récolter des fourrages ou à détenir des propriétés sans culture sérieuse, tant que l'insalubrité n'aura pas été combattue avec succès par des travaux appropriés aux besoins les plus urgents, Alger n'aura d'autre importance que celle d'une ville de consommateurs et d'employés. La grande affluence des salariés de l'État y maintiendra, sans doute, un mouvement d'affaires très considérable ; mais ce mouvement ne saurait présenter les caractères d'une belle et puissante colonisation (1). »

Tandis que le maréchal Vallée s'appliquait à consolider sa puissance, Abd-el-Kader cherchait, lui, à reconstituer la nationalité arabe, dont nous l'avions fait le représentant. Reconnu, par le traité de la Tafna, souverain d'une partie de la Régence, il se préparait sans bruit à recommencer la guerre, mais à son heure et à son jour, c'est-à-dire lorsqu'il aurait

---

(1) BLANQUI, *Rapport sur la situation économique de nos possessions dans le nord de l'Afrique*. 1 vol. in-8°, Paris, 1840.

des ressources suffisantes pour entamer la lutte sur tous les points à la fois. Mettant donc à profit les loisirs de la paix, il organisa sa troupe à l'instar des armées européennes, donna à la province de Titery une administration toute nouvelle, refit ses finances et se créa une troisième ligne d'opérations qu'on pourrait appeler sa ligne de retraite : c'est ainsi que s'élevèrent en peu de mois, sur la limite extrême du Tell, Sebdou, Saïda, Boghar et Takedempt, où il mit à l'abri ses munitions et ses trésors. — Cela fait, il voulut essayer ses forces, non contre nous, qu'il redoutait encore, mais contre la Grande-Kabylie, qu'il convoitait depuis longtemps en raison de sa proximité d'Alger et de sa position géographique.

L'année précédente, il avait nommé Si-Saadi kalife de la vallée du Sebaou et l'avait envoyé dans le pays avec des lettres de recommandation pour les chefs les plus importants. Si-Saadi se présenta chez les Kabyles avec une vingtaine de cavaliers, et réclama, au nom du Sultan, le payement des impôts. On se moqua de lui. — Abd-el-Kader souffrait malaisément que son autorité fût méconnue. Il accourut aussitôt dans la riche tribu des Zouathnas et la mit au pillage. La population entière fut tuée ou dispersée. Les tribus voisines, frappées d'épouvante, firent acte de soumission ; seulement, elles demandèrent la destitution de Saadi, « homme nul, dont la charge dépassait également et la fortune et la naissance. » Abd-el-Kader les laissa libres de choisir elles-mêmes leur chef, et, sur leur proposition, nomma Ben-Salem kalifa du Sebaou. Bientôt après, il se rendit au Bordj-Hamza, sur les limites de la province de Constantine, y reçut l'hommage des cheicks qu'ils avait constitués, puis regagna l'Ouest.

Cette expédition contre des tribus qui ne relevaient point de son autorité constituait une violation manifeste du traité de la Tafna. La France, en effet, n'avait point cédé la province de Constantine; et, en y pénétrant, Abd-el-Kader avait manqué à ses engagements. Il essaya, néanmoins, de justifier sa conduite : « Les gens de Titery, les Aribs de Hamza et les Nougha, répondit-il aux reproches qui lui furent faits, se disputaient l'espace de terrain compris entre l'oued Ak'hal et l'oued Nougha. Tous les ans, c'étaient de nouveaux combats, des récoltes brûlées et des pillages sans fin. Il n'y avait aucun pouvoir autre que le mien qui pût faire cesser cette anarchie. Mon cœur me portait à l'entreprendre, et, d'ailleurs, la religion m'en faisait un devoir. Puisque les Français ne peuvent rien faire de ce côté, ils ne doivent pas trouver mauvais que j'aie agi. Toutes les tribus de la province me demandent avec instance; cependant, je n'ai pas voulu passer les Bibans, parce que je désire rester en paix avec vous. »

La vérité est que l'Émir convoitait ardemment Constantine :

« Que feront les Français de cette ville? disait-il souvent; ils y dépenseront beaucoup d'argent sans résultat; car, dès le printemps prochain, ils y seront bloqués par Achmet, et il faudra des armées pour les ravitailler. Qu'ils me donnent Constantine, et je me charge de leur livrer Achmet au bout de quinze jours (1). » — La cession de Constantine aux Arabes, voilà bien réellement ce que désirait Abd-el-Kader. Quoi qu'il en soit, cette première excursion donnait à réfléchir (2) et laissait supposer que, dans un temps prochain, l'Émir chercherait à

---

(1) Voy. *Revue des Deux-Mondes*, t. XV, p. 457—459.

(2) *Note sur la situation de l'Algérie à la fin de janvier* 1838, demandée par le général Bernard, ministre de la guerre, et remise le 3 février par le général Pelet; brochure in-8°, Paris, 1839. — Voyez le *Spectateur militaire*, n° du 15 décembre 1839.

nous créer de nouveaux embarras. C'est ce que le général **Pelet** expliqua fort judicieusement au ministre de la guerre :

« Dans sa course sur Hamza, disait le général, Abd-el-Kader vient de faire connaître aux tribus de l'Est la puissance que lui a donnée le traité de la Tafna. L'Émir l'a consolidée par les armes, étendue par les transactions. Nous l'avons saluée nous-mêmes en prenant les armes devant lui. Si on n'y apporte pas un prompt remède, il sera, avant la fin de l'année, sultan de la Régence entière, reconnu par toutes les populations et peut-être par la Porte-Ottomane. Nous aurons détruit le despotisme turc pour relever la nationalité arabe.....

» Ce voyage n'a pas été une simple promenade. Il y a, vers l'Est, des hommes puissants qui ne reconnaissent pas notre domination, des populations sauvages et guerrières. Il est impossible que l'Émir n'ait pas ouvert des relations avec les cheicks, et qu'il ne se soit pas assuré de leur coopération ; peut-être même ont-ils déjà fixé une époque pour l'attaque contre Alger.

» Suivant moi, ce n'est pas une coalition que forme l'Émir, c'est une croisade qu'il prêche avec tout l'ascendant que lui donnent son caractère fier et austère, sa position royale et sacerdotale. Il conquiert les peuples par sa haute position, par le fanatisme qu'il excite ; les chefs par ses promesses. C'est un terrible ennemi que la France et le midi de l'Europe se sont préparé... Je crois que dès à présent une guerre à outrance est ouverte entre lui et nous....

» Il faut réparer les fautes du traité et couper court aux envahissements d'Abd-el-Kader ; il faut, par une occupation immédiate ou par la guerre, le forcer à rentrer et à rester dans la province d'Oran. L'occupation doit être prompte, parce que chaque journée consolide la puissance de l'Émir, parce qu'après la moisson Abd-el-Kader, et peut-être les Arabes sans lui, pourront recommencer la guerre..... »

Le ministère partagea cette opinion : pleins pouvoirs furent laissés au gouverneur général ; on renonça aux idées de propagande et de fusion, et il fut admis qu'on ne traiterait désormais avec les indigènes que sur le pied de vainqueur à vaincu.

Abd-el-Kader en fut instruit. Ce changement dans notre politique l'étonna, mais ne l'intimida point. Trop faible encore pour s'affranchir du traité de la Tafna, il remit à une époque plus éloignée l'exécution de ses desseins, et chercha le plus possible à endormir la vigilance du gouverneur. Au lieu donc de se montrer arrogant, il répondit aux reproches du maréchal par de nouvelles protestations d'amitié, puis chargea Ben-Arack de porter au roi de France de riches présents (mars 1838), et de fixer d'une manière définitive les limites de nos possessions dans la Régence, — les termes du traité prêtant, disait-il, à des interprétations contradictoires (1). Après quoi, et afin de dissiper toute inquiétude, il alla combattre le cheick d'Aïn-Madhi.

Aïn-Madhi est une oasis fertile, située dans le Sahara, à cent lieues d'Alger. Elle était alors gouvernée par le marabout Tedjini, chef d'une famille illustre et qui exerçait sur les tribus environnantes une sorte de souveraineté religieuse. La ville, populeuse et riche, protégée par de solides remparts et par son éloignement des côtes, semblait être à l'abri de nos coups. Par cela même, elle offrait à l'Émir de précieuses ressources et pouvait devenir, au besoin, la capitale de son royaume. Abd-el-Kader somma donc Tedjini de le reconnaître comme chef des Arabes et de lui livrer la ville. — Tedjini refusa; l'Émir crut qu'il lui serait facile de vaincre l'obstination du

(1) Le mandataire d'Abd-el-Kader, après s'être adressé directement au gouvernement français, fut obligé de traiter avec le maréchal Vallée. Les conventions supplémentaires du traité de la Tafna furent signées le 4 juillet suivant, mais l'Émir ne les ratifia pas.

vieux cheick, et il vint assiéger Aïn-Madhi (juin 1838). Mal lui en prit : sa troupe, constamment harcelée par les cavaliers du désert, fut impuissante à réduire les rebelles, et, après huit mois d'une lutte opiniâtre, il dut lever le camp (1).

A la même époque, le maréchal Vallée prenait possession du territoire qui nous était concédé par le traité de la Tafna. Koléah, dont les Hadjoutes avaient fait un foyer de résistance, fut étroitement bloquée, et nos troupes occupèrent définitivement Blidah, qui, depuis la prise d'Alger, ne savait à quel maître obéir. — A quelque temps de là, le maréchal se rendait à Constantine, où commandait le général Négrier, homme énergique et résolu. Aux environs, tout était calme : les tribus les plus influentes avaient fait leur soumission, et Ben-Aïssa lui-même, le lieutenant d'Achmet, venait de reconnaître la suzeraineté de la France et d'offrir ses services.

La situation était prospère, notre influence bien établie ; mais la longueur et les difficultés des communications avec le littoral paralysaient le mouvement des troupes : le gouverneur fit étudier le terrain et opérer de fortes reconnaissances; puis, à la tête d'une colonne mobile, il suivit la vallée du Seltif et vint fonder au sud-est de Stora une cité nouvelle, Philippeville (6 octobre 1838), tandis que le général Galbois, s'acheminant vers Sétif, préparait la grande voie qui devait relier entre elles Constantine et Alger.

Abd-el-Kader, cependant, voyait d'un œil jaloux notre autorité prendre racine dans le pays, et il attendait qu'on lui fournît un prétexte de recommencer la lutte : ses hommes

(1) Aïn-Madhi fut prise un peu plus tard, mais par trahison ; elle rentra bientôt après sous la domination de Tedjini.

étaient aguerris, ses magasins bien approvisionnés ; il ne lui manquait plus que de solides alliances, et il comptait les trouver parmi les tribus kabyles. « Les Français ont fait l'œuvre de Dieu, leur écrivit-il ; ils ont renversé les derniers Turcs. Allah s'est servi des Infidèles pour chasser les tyrans ; il faut maintenant se réunir contre les Infidèles. » Et, comptant sur le fanatisme religieux des musulmans, il revint en Kabylie (1839). Les montagnards l'accueillirent mal : ils avaient échappé à la domination turque et voulaient rester libres. Étrangers aux Arabes par leurs mœurs, leurs coutumes et leur constitution politique, ils voyaient dans l'Émir le champion de l'islamisme, rien de plus.

« — Présentez-vous en pèlerin, lui dirent les cheicks, vous serez le bien venu ; mais gardez-vous de parler en maître ! »

L'Émir se résigna ; c'était prendre le parti le plus sage. Il voulait attendre encore, mais il fut entraîné par les événements, dont il ne pouvait régler la marche.

Les Arabes, en effet, commençaient à être las d'un régime qui ne portait aucun fruit : enrôlés pour combattre les chrétiens, écrasés d'impôts, traités souvent avec une rigueur qui rappelait le règne des janissaires, ils attendaient impatiemment l'exécution des promesses faites, et accusaient le fils de Mahy-ed-Din d'avoir organisé des troupes régulières, plutôt pour asservir les musulmans que pour combattre les chrétiens. — Pour couper court à ces propos, Abd-el-Kader fit venir à Taza tous les chefs influents du pays et leur demanda conseil : après de longues délibérations, les chefs répondirent que, par égard pour la foi jurée, on ne devait point rompre encore la paix, mais que tous ils courraient aux armes si les chrétiens violaient une des conditions du traité. En d'autre termes, on n'attendait qu'un prétexte. L'Émir le trouva (1) :

En suite des reconnaissances opérées par le général Galbois, le gouverneur avait définitivement arrêté son plan de campagne dans la province de l'Est. Il revint à Constantine (septembre 1839) et pressa activement les préparatifs de l'expédition : il allait parcourir, de l'Est à l'Ouest, un territoire jusqu'alors inviolé et franchir les *Portes de Fer*, passage redoutable que les Romains eux-mêmes n'avaient osé tenter.

Deux divisions, l'une sous les ordres du duc d'Orléans, l'autre commandée par le général Galbois, se portèrent jusqu'à Sétif, puis se séparèrent à l'entrée des montagnes; la seconde, rebroussant chemin, rentra dans la vallée de la Medjanah où sa présence était nécessaire pour contenir quelques tribus; la première, guidée par des chefs indigènes, marcha vers le passage (2). La chaîne à travers laquelle ce passage est pratiqué est formée par un immense soulèvement qui a relevé les couches de roches, primitivement horizontales. L'action des siècles a successivement corrodé les parties de terrain autrefois interposées entre les bancs de rochers, de telle sorte que ces derniers représentent aujourd'hui une suite de murailles verticales impossibles à franchir. Une seule issue a été ouverte par l'Oued-Biban et l'Oued-Bouketon, ruisseau salé, à travers les énormes remparts formés d'un calcaire noir; leurs faces verticales s'élèvent à plus de cent pieds de haut et se réunissent, par des déchirements inaccessibles, à des murailles analogues qui couronnent le sommet de

---

(1) Voy. pour toute cette partie : *la Grande Kabylie*, ch. v et vi.
(2) 2ᵉ et 17ᵉ léger, 1ᵉʳ et 3ᵉ chasseurs d'Afrique, deux escadrons de spahis, génie et artillerie.

la chaîne. Le passage devient tout à fait impraticable pendant les grandes pluies. Alors le courant, arrêté par le rétrécissement auquel on a donné le nom de portes, élève quelquefois son niveau jusqu'à trente pieds au-dessus du sol, les eaux s'échappent ensuite avec violence et inondent entièrement la vallée qui les reçoit en aval (1).

Après avoir passé le défilé (29 octobre 1839), les troupes débouchèrent dans une vallée riante, puis arrivèrent à Beni-Mansour, harassées de fatigue et de soif. Il y avait cinquante-deux heures que les chevaux n'avaient pu boire; le lendemain, la colonne poursuivit sa route, faiblement attaquée par les cavaliers de Ben-Salem qui battaient la campagne; le 1er novembre elle arrivait au Fondouch, où se trouvait la division Rulhières; le 3, elle rentrait à Alger, où elle fut accueillie par la population avec un véritable enthousiasme.

Cette paisible expédition devait rallumer la guerre. Ben-Salem annonça immédiatement à l'Émir le passage des Bibans par l'armée française, et lui demanda ce qu'il comptait faire :
La réponse ne se fit point attendre :
« La rupture vient des chrétiens, lui écrivit Abd-el-Kader. Votre ennemi est devant vous : retroussez comme il faut vos vêtements et préparez vous au combat. De toutes parts le signal de la guerre sainte est donné; vous êtes l'homme de ces contrées. Je vous ai placé là pour en fermer l'issue.

» Gardez de vous laisser troubler; serrez votre ceinture et soyez prêt à tout. Grandissez-vous à la hauteur des événements; apprenez surtout la patience; que les vicissitudes hu-

---

(1) Voy. au *Moniteur* le rapport du maréchal.

maines vous trouvent impassible. Ce sont des épreuves, elles sont attachées au destin de tout bon musulman qui s'engage à mourir pour sa foi.

» La victoire, s'il plaît à Dieu, couronnera notre persévérance. Salut ! »

Au reçu de cette lettre, Ben-Salem convoqua tous les chefs placés sous son commandement, et leur communiqua le message du maître : il leur reprocha leur inaction, leur montra les chrétiens promenant le fer et le feu dans toutes les parties de la Régence et les conjura, au nom du Prophète, de se joindre à l'Émir pour chasser les infidèles.

Son langage partait du cœur : il passionna l'assistance : — les Kabyles jurèrent de marcher au premier signal.

Abd-el-Kader, de son côté, appelait aux armes les guerriers de l'ouest et du centre, et jetait ses réguliers dans la plaine de la Mitidjah. Nos petits postes, surpris jusque dans les environs d'Alger, furent enlevés, nos camps assaillis, nos colons massacrés : la révolte éclatait sur tous les points. Les Hadjoutes recommencèrent leurs brigandages et ruinèrent les tribus qui nous étaient soumises; les bataillons campés près de Koléah furent eux-mêmes enveloppés et durent livrer un rude combat pour dégager leur position (10 novembre).

Cependant le gouverneur général, surpris par cette attaque imprévue, faisait replier toutes ses troupes sur les postes principaux et pressait le ministre de lui envoyer des renforts; bientôt après, il reprenait l'offensive et attaquait, entre Blidah et la Chiffa, les forces réunies des Beys de Médéah et de Milianah, soutenus par l'infanterie régulière de l'Émir. Le combat fut des plus vifs : les Arabes, abordés à la baïonnette, ne purent soutenir le choc et se débandèrent, laissant en notre pouvoir trois drapeaux, une pièce de canon, quatre cents fusils et près de cinq cents cadavres (1).

Les Kabyles ne furent pas plus heureux : cédant aux injonctions d'Abd-el-Kader, ils attaquèrent le poste du Boudouaou ; mais leurs efforts vinrent se briser contre la résistance de la garnison : après une lutte qui avait duré douze heures, ils abandonnèrent le champ de bataille sans consentir même à revoir le Sultan. — A la nouvelle de cette désertion, l'Émir proféra un terrible anathème : « Voilà donc ces fiers montagnards ! dit-il à Ben-Salem... » Puis, regardant le ciel : « Que leurs vœux, s'écria-t-il, ne soient jamais exaucés ! que jamais leur prière ne soit accueillie ! qu'ils vivent dans l'opprobre et la misère ! qu'ils tombent assez bas pour qu'un misérable juif puisse les soumettre à son pouvoir (2) !... » — Les Kabyles pourtant sont braves ; ils l'ont prouvé depuis.

Cette nouvelle insurrection justifiait complétement les craintes manifestées par le général Pelet ; elle gagnait jusqu'aux tribus qui nous étaient soumises et remettait en péril l'existence de la colonie. Le ministère, répudiant le système des demi-mesures, expédia en toute hâte les troupes et le matériel nécessaires pour soutenir avantageusement la lutte, et enjoignit au gouverneur de prendre l'offensive.

Le maréchal, fort de l'appui qu'on lui prêtait, résolut de frapper un coup décisif : infliger aux Hadjoutes un châtiment exemplaire, dominer le littoral par la possession de Cherchell, reprendre Milianah et Médéah et les mettre en communication directe avec Alger, se mettre ensuite en rapport avec les

---

(1) 21 décembre. Prirent part au combat : le 2ᵉ léger, le 23ᵉ de ligne, le 1ᵉʳ régiment de chasseurs d'Afrique.
(2) Voy. *Grande Kabylie*, p. 218.

troupes qui défendaient Oran et Mostaganem; puis, cela fait, opérer contre l'Émir et le poursuivre à outrance : tel fut le plan qu'adopta le commandant en chef, et qui reçut l'entière approbation du ministère.

Dès le mois de janvier, les hostilités commencèrent sur tous les points; à l'est, les Kabyles assiégeaient nos garnisons de Bougie et de Djigelli; à l'ouest, Oran et Mostaganem étaient chaque jour attaquées, et ces attaques furieuses allaient donner lieu à un des plus brillants faits d'armes de notre histoire militaire :

Cent vingt-trois hommes du 1er bataillon d'Afrique, aux ordres du capitaine Lelièvre, occupaient le fort de Mazagran; ils avaient pour toutes munitions un baril de poudre, une pièce de canon et quarante mille cartouches. Le 1er février 1840, Ben-Themi, Bey de Mascara, vint avec quinze mille hommes environ prendre position devant le fort. Le 2, il canonna les murailles; — dès que la brèche fut ouverte, les Arabes s'élancèrent à l'assaut. Le combat dura dix heures : quand le jour disparut, le sol était jonché de morts, les chevaux piétinaient dans le sang, et notre drapeau se déployait encore derrière la brèche.

Le lendemain, les Arabes revinrent à la charge sans plus de succès. Mais les chasseurs étaient épuisés de fatigue et presque à bout de munitions; le découragement gagna les plus valides. — Dans ce moment suprême, le capitaine Lelièvre montra une incomparable énergie : « Mes amis, dit-il aux assiégés, nous avons encore un baril de poudre et douze mille cartouches; nous nous défendrons jusqu'à ce qu'il ne nous en reste plus que douze ou quinze par homme, puis nous entrerons dans la poudrière et nous y mettrons le feu. » C'était tout simplement héroïque. Il ne fut pas besoin, cependant, de recourir à cette résolution extrême; après une nouvelle attaque infructueuse, Ben-Themi se retira.

Mais ce n'était la qu'un fait isolé, sans conséquence pour la pacification; les Arabes, obéissant à l'ordre qui leur avait été donné, multiplièrent leurs attaques tout en évitant d'engager une lutte sérieuse, et l'Émir disposa ses forces de manière à pouvoir envelopper dans un vaste réseau toutes nos possessions.

Le gouverneur, fatigué de cette guerre d'escarmouches, résolut de s'emparer de Médéah, et laissa au duc d'Orléans la conduite de l'expédition.

Les troupes partirent de Bouffarick le 24 avril, campèrent le lendemain au Tombeau de la Chrétienne, et y furent résolûment attaquées par les contingents de Ben-Salem et de M'Barack, qui, après un engagement des plus vifs, furent repoussés dans les ravins de l'Affroum. — Le jeune duc d'Aumale, qui faisait ses premières armes, se montra brave jusqu'à la témérité.

La colonne poursuivit sa route, sans être sérieusement inquiétée, et arriva peu de jours après au col de Mouzaïa.

C'était là que nous attendait Abd-el-Kader. Des retranchements armés de batteries couronnaient la montagne, et sur le point le plus élevé une redoute formidable avait été construite.

Six mille Arabes des plus aguerris défendaient le passage :

Le duc d'Orléans distribua ses forces en trois colonnes : la première (1) devait se diriger sur le piton de gauche et s'em-

---

(1) Général Duvivier : deux bataillons du 2e léger, un bataillon du 24e, un du 48e.

parer des retranchements; la deuxième (1), gravir par la droite jusqu'au col, et prendre les Arabes à revers; la troisième, (2) aborder le col de front : — A trois heures du matin (12 mai), le canon donne le signal de l'attaque : la première colonne s'ébranle et gravit la montagne au pas de charge; mais les réguliers tiennent bon et disputent le terrain pied à pied; on se presse, on se poursuit, on se bat corps à corps : l'artillerie de la redoute tire à toute volée et creuse nos rangs; les vides se comblent, et après d'héroïques efforts la colonne reste maîtresse d'un mamelon. Les deux autres colonnes se mettent aussitôt en mouvement, escaladent les hauteurs et trouvent sur tous les point une résistance désespérée : Schramm, La Moricière, Changarnier, rivalisent d'audace et enlèvent leurs troupes; la redoute seule tient encore; on l'assaille avec un redoublement d'énergie, et les Arabes sont contraints de l'abandonner. Le col est occupé; le passage est franchi! — Cinq jours après, on arrivait à Médéah.

Le duc d'Orléans laissa dans la ville une garnison de 2,400 hommes aux ordres de Cavaignac et reprit le chemin d'Alger. Comme l'armée traversait le bois des Oliviers, elle fut attaquée par un gros d'indigènes, et l'arrière-garde eut particulièrement à souffrir (20 mai); mais elle se soutint en bon ordre, de positions en positions, pendant que le convoi défilait, et l'ennemi borna à ce seul engagement son retour offensif.

Peu de temps après, une nouvelle colonne, commandée par

(1) Général La Moricière : deux bataillons de zouaves, un bataillon du 15e léger.

(2) Général d'Houdetot : 23e de ligne, un bataillon du 48e.

le général Changarnier, prit possession de Milianah qu'Abd-el-Kader avait eu soin de détruire en partie.

Ces deux affaires, quoique très honorables pour nos armes, ne changèrent rien à la situation. Les tribus alliées désertaient notre cause, ou, tout en gardant une stricte neutralité, faisaient des vœux ardents pour le triomphe de l'islamisme. Nos troupes étaient sans cesse harcelées et les colons soumis à de perpétuelles inquiétudes. Et puis, il faut bien l'avouer, la guerre était mal conduite : nous combattions en marchant d'un point à un autre, dans un pays accidenté, que nous connaissions mal; les Arabes, au contraire, embusqués dans une position toujours difficile à enlever, attendaient, à l'abri, le passage d'une colonne ou suivaient, de buissons en buissons, une arrière-garde toujours contrainte de parcourir, dans sa retraite, des terrains découverts : ces luttes répétées nous coûtaient beaucoup de monde. Il fallait, de toute nécessité, changer de tactique et saisir enfin un adversaire jusqu'alors insaisissable. Or, le maréchal Vallée n'était plus d'âge à tenter pareille entreprise : il demanda et obtint son rappel (décembre 1840).

CHAPITRE DIXIÈME

GOUVERNEMENT DU GÉNÉRAL BUGEAUD

(DÉCEMBRE 1840. — SEPTEMBRE 1847.)

I. Le général Bugeaud; ses proclamations. — L'enceinte continue. — Destruction de Boghar et de Tekedempt. — Nos colonnes sillonnent le pays dans tous les sens. — Prise de la smala d'Abd-el-Kader. — Expédition contre la Kabylie. — Expédition dans le Sud : Lagdouat. — La France et le Maroc. — Bataille d'Isly.
II. Les colonies militaires; essais de colonisation civile. — Discussions dans la presse. — Les bureaux arabes.

I. — En rappelant en France le maréchal Vallée, le gouvernement confia au général Schramm le commandement en chef de l'armée d'Afrique. Le comte Schramm était un des vieux soldats de l'Empire : il avait fait la grande guerre et passait, à bon droit, pour un de nos plus habiles tacticiens. En 1839, il avait pris part, en qualité de chef d'état-major, à l'expédition de Milianah, et sa conduite, lors du passage du col (juin 1840), avait été des plus brillantes. Les soldats l'aimaient, les chefs avaient en lui une confiance extrême. L'armée entière le vit donc avec plaisir prendre le commandement suprême. Mais Louis-Philippe avait sur l'Algérie des vues particulières : il voulait à la tête de la colonie un homme sur lequel il pût absolument compter, et qui, le cas échéant, osât prendre sous sa propre responsabilité telle mesure que les Chambres pouvaient désapprouver. Il fit choix du général Bugeaud.

Aucun homme politique ne comptait autant d'ennemis personnels que le nouveau gouverneur. Les républicains, les légitimistes, plusieurs conservateurs même lui étaient franchement hostiles, et la presse ne le ménageait point (1). Sa nomination servit de thème aux diatribes les plus acerbes ; on alla jusqu'à prétendre qu'il avait reçu la mission secrète d'amoindrir notre conquête et d'en préparer l'abandon.

Pour justifier ces dires, on rappelait les discours mêmes du général, et, nous sommes obligé d'en convenir, ces discours étaient peu rassurants. Au retour de son premier voyage en Afrique, M. Bugeaud déclarait en effet, publiquement et sans ambages, qu'il était anticoloniste. Le massif d'Alger n'était, selon lui, qu'un immense rocher « entouré de broussailles incultivables ; l'olivier ne pouvait croître dans ces plaines arides qu'au moyen d'irrigations, et c'était folie pure que de continuer la guerre. » — Ainsi parlait M. Bugeaud, après la bataille de la Sicckak (2) ; mais depuis il avait changé d'opinion ; et pour ne laisser à cet égard aucune inquiétude ni aucun doute, dès qu'il fut nommé gouverneur, il adressa à ses administrés la proclamation suivante (22 février 1841) :

« A la tribune comme dans l'exercice du commandement militaire en Afrique, j'ai fait des efforts pour détourner mon pays de s'engager dans la conquête absolue de Algérie. Je pensais qu'il lui faudrait une nombreuse armée et de grands sacrifices pour atteindre ce but ; que, pendant la durée de cette vaste entreprise, sa politique pourrait en être embarrassée, sa prospérité intérieure retardée.

(1) Les républicains lui reprochaient la mort de Dulong, contre lequel il s'était battu et qu'il avait eu le malheur de blesser mortellement. Les légitimistes ne lui pardonnaient point d'avoir occasionné à la duchesse de Berry certain désagrément que nous n'avons pas à rappeler, et les ministériels *quand même* le trouvaient compromettant.

(2) Voy. ROZEY, ouvrage déjà cité.

» Ma voix n'était pas assez puissante pour arrêter un élan qui est peut-être l'ouvrage du Destin. Le pays s'est engagé, je dois le suivre. J'ai accepté la grande et belle mission de l'aider à accomplir son œuvre : j'y consacre désormais tout ce que la nature m'a donné d'activité, de dévouement et de résolution.

» Il faut que les Arabes soient soumis, que le drapeau de la France soit seul debout sur cette terre d'Afrique !

» Mais la guerre, indispensable aujourd'hui, n'est pas le but : la conquête serait stérile sans la colonisation. — Je serai donc colonisateur ardent, car j'attache moins ma gloire à vaincre dans les combats qu'à fonder quelque chose d'utilement durable pour la France. »

En même temps, il adressait à l'armée d'occupation un ordre du jour dans lequel il exposait, avec un admirable bon sens, les devoirs des officiers, et qui témoignait de son entière sollicitude pour les troupes. — Nous citons :

« Soldats de l'armée d'Afrique ! le roi m'appelle à votre tête. Un pareil honneur ne se brigue pas, car on n'ose y prétendre ; mais si on l'accepte avec enthousiasme pour la gloire que promettent des hommes comme vous, la crainte de rester au-dessous de cette immense tâche modère l'orgueil de vous commander.

» Vous avez souvent vaincu les Arabes, vous les vaincrez encore ; mais c'est peu de les faire fuir, il faut les soumettre.

» Pour la plupart vous êtes accoutumés aux marches pénibles, aux privations inséparables de la guerre ; vous les avez supportées avec courage et persévérance dans un pays de nomades qui, en fuyant, ne laissent rien au vainqueur.

» La campagne prochaine vous appelle de nouveau à montrer à la France ces vertus guerrières dont elle s'enorgueillit. Je demanderai à votre ardeur, à votre dévouement, au pays et au roi tout ce qu'il faut pour atteindre le but ; rien au delà. Je serai attentif à ménager vos forces et votre santé. Les officiers de tous grades et les sous-officiers me seconderont, j'en suis sûr. Ils ne négligeront jamais ni d'épargner quelques instants de fatigue à la troupe, ni de prendre la plus petite précaution d'hygiène, ni de donner des encouragements moraux que les circonstances actuelles pourraient exiger. C'est par ces soins constants que nous conserverons nos soldats. Notre devoir, l'humanité, l'intérêt de notre gloire nous le commandent également. Je serai toujours heureux de pouvoir signaler au roi non-seulement les actes de courage, mais encore, et sur la même ligne, les chefs qui se distingueront par les soins paternels qu'ils auront de leur troupe sous un climat où il faut multiplier les précautions. Soldats! à d'autres époques, j'avais su conquérir la confiance de plusieurs corps de l'armée d'Afrique; j'ai l'orgueil de croire que ce sentiment sera bientôt général, parce que je suis bien résolu de tout faire pour le mériter. Sans la confiance dans les chefs, la force morale, qui est le premier élément de succès, ne saurait exister; ayez donc confiance en moi, comme la France et votre général ont confiance en vous. »

Cette proclamation n'eut pas l'effet qu'en attendait le gouverneur. Le parti qui demandait l'occupation restreinte comptait comme une victoire le rappel du maréchal Vallée, et il avait à ce point égaré l'opinion que le ministère fut contraint de donner au général Berthois la mission d'élever dans la Mitidja un obstacle continu : — cet obstacle n'était autre chose qu'un fossé qui, reliant Koléah, Blidah et la Maison-Carrée, devait englober autour d'Alger un territoire de soixante lieues. Les ingénieurs prétendaient assurer une sécurité complète « au moyen de ce fossé, de blockhaus qui l'auraient jalonné de cinq cents en cinq cents mètres, et d'un certain nombre de camps situés en arrière. » C'était de la démence. Le gouverneur ne dut pas moins subir l'exécution de ce projet, qu'on ridiculisa plus tard (1).

Mais tandis qu'on discutait à Paris sur les différents modes d'occupation de la Régence, le général Bugeaud se préparait à la guerre en homme qui la comprend : frapper l'ennemi dans ses bases d'opération et dans ses points d'appui politiques, atteindre les populations hostiles dans leurs intérêts matériels, c'est-à-dire poursuivre Abd-el-Kader à outrance et opérer

---

(1) L'idée appartient en propre au général Rogniat. Voy. *Opinion du vicomte Rogniat sur la question d'Algérie*, p. 32-36. Paris, 1840.

dans les tribus de fréquentes razzias, tel fut son système ; — et ce fut en l'appliquant qu'il démolit pièce à pièce l'édifice de l'Émir.

La plaine de la Mitidja, théâtre de combats stériles et continuels, était devenue complètement déserte. Bugeaud concentra d'abord ses troupes dans la province d'Alger, châtia vigoureusement quelques douairs, puis, bientôt après, prit l'offensive : une colonne de 4,000 hommes partit d'Oran sous les ordres du commandant de la place, marcha contre le lieutenant de l'Émir et le mit en fuite (janvier 1841) ; Médéah et Milianah furent ravitaillées (29 avril—3 mai) ; et, comme la puissance d'Abd-el-Kader reposait essentiellement sur les tribus centrales de l'Ouest, les plus riches et les plus guerrières du pays, ce fut dans la province d'Oran que le gouverneur voulut frapper ses premiers coups.

Abd-el-Kader avait réuni toutes ses ressources à Boghar, à Tekedempt et à Thaza. Le général Bugeaud annonça son intention de ruiner ces forteresses, réputées imprenables. — Grande fut la stupeur des indigènes; la lettre suivante, que leurs cheicks principaux adressèrent à Alger, est curieuse à plus d'un titre :

« Quel est donc, écrivaient-ils au gouverneur, cet esprit qui peut pousser la France, qui se dit nation si puissante et si forte, à venir guerroyer chez nous ? N'a-t-elle pas assez de son territoire ? Quel tort nous fera ce qu'elle nous prendra, comparé à ce qui nous reste ? Elle marchera en avant, nous nous retirerons; mais elle sera forcée de se retirer, et nous reviendrons. Et toi, gouverneur d'Alger, quel mal nous fais-tu ? Dans les combats, tu perds autant de monde que nous. Les maladies déciment chaque année tes armées. Quelles compensations iras-tu offrir à ton roi, à ton pays, pour tes pertes immenses en hommes et en argent? Un peu de terre et les pierres de Mascara! Tu brûles, tu détruis nos moissons, tu coupes nos orges et nos blés et pilles nos silos. Mais qu'est-ce que la plaine d'Eghris, dont tu n'as pas dévasté un vingtième, quand il nous reste les moissons de... (*ils citent ici une trentaine de contrées*), et, outre cela, les moissons du Maroc même? Le mal que tu as cru nous faire, c'est un verre d'eau tiré de la mer ..... Nous nous battrons quand nous le jugerons convenable; tu sais que nous ne sommes pas des lâches. Nous opposer à toutes les forces que tu promènes derrière toi serait folie; mais nous les fatiguerons, nous les harcèlerons, nous les détruirons en détail; notre climat fera le reste. Envoie un homme contre un homme, dix contre dix, cent contre cent, mille contre mille, et tu verras si nous reculerons. Vois-tu la vague se soulever quand l'oiseau l'effleure de son aile? c'est l'image de votre passage en Afrique, etc., etc. » (1).

Bugeaud répondit par des faits. Il partit de Mostaganem (18 mai 1841) à la tête d'une colonne de 8,000 hommes (2), arriva le 25 sous les murs de Tekedempt, et, après un engagement assez vif avec les réguliers, pénétra dans la ville que les Arabes venaient d'abandonner. La citadelle détruite et les remparts abattus, l'armée se dirigea sur Mascara dont elle prit possession (30 mai), puis revint à Mostaganem (3).

Le général Baraguay-d'Hilliers parcourait à la même époque

(1) Voy. *Lettres du maréchal de Saint-Arnaud*, t. I.
(2) Le duc de Nemours et le duc d'Aumale commandaient : le premier, la gauche et une portion du centre; le second, deux bataillons d'infanterie.
(3) Voy. au *Moniteur officiel* le rapport du général Bugeaud, en date du 5 juin 1841.

tout le Bas-Chélif et remportait de précieux avantages : parti de Blidah (18 mai), sa colonne détruisit Boghar (23 mai) et Thaza, puis, après avoir châtié quelques tribus, rentra dans ses cantonnements.

Ces deux expéditions prouvèrent aux Arabes que nous saurions les atteindre partout où il nous plairait de les poursuivre. Mais le succès fut chèrement acheté : dans cette guerre de partisans, « *lutte du lion contre le moucheron,* » les indigènes s'étudièrent à fatiguer leurs adversaires, et le courage de nos soldats fut mis souvent à de terribles épreuves. — Écoutons M. de Saint-Arnaud :

« Je ne devrais peut-être pas, mandait-il à son frère, t'écrire sous l'influence des sentiments qui me débordent aujourd'hui, mais j'ai sous les yeux, j'aurai toute ma vie sous les yeux le tableau déplorable qui m'a frappé; je ressentirai toujours le contre-coup des souffrances morales que j'ai endurées. Nous avons quitté Mostaganem le 2, et notre première journée, coupée en deux par une halte de plusieurs heures, qui ne repose pas, parce qu'on est sous le soleil, sans eau, sans ombre, dans la poussière, a été des plus pénibles. Nous n'avions cependant que des plaines à traverser. Le bivouac n'a été établi que la nuit. Bien des hommes sont restés en arrière, bien des têtes ont été coupées. Mais le lendemain, nous avions quatre lieues de montagnes, un soleil de plomb; mon bataillon avait été choisi pour faire l'extrême arrière-garde. L'ennemi nous suivait froidement et en petit nombre, grâce à Dieu. Au bout de deux heures, les traînards augmentaient, le terrain devenait difficile; plusieurs têtes avaient été coupées. Je dis au lieutenant-colonel Renaud, qui était avec moi à l'arrière-garde : « Si nous n'en finissons pas avec les

Arabes, nous aurons plus de deux cents têtes coupées ; il faut un mouvement offensif décidé. » Ce fut son avis ; nous partîmes aussitôt au galop avec vingt-cinq cavaliers, une compagnie de zouaves, et nous chargeâmes les cavaliers qui nous suivaient en tiraillant. Ils ne tinrent pas : nous leur tuâmes deux hommes et deux chevaux, et ils ne reparurent plus que de très loin, comme des bêtes féroces qui suivent leur proie et l'attendent avec calme et certitude. Cependant, nous les avons trompés ; mais que de peines, mais que d'efforts, de supplications, de menaces ! Non ! pour les épaulettes de général, je ne voudrais pas recommencer la vie que j'ai faite dix heures de suite. A peine les coups de fusil avaient-ils cessé, que les traînards ont abondé par vingtaines, par centaines, de tous les corps, de tous les régiments. Ce malheureux bataillon de chasseurs à pied, qui débutait en Afrique, était à la débandade. Il était d'avant-garde et, par conséquent, à près de deux lieues de moi, et je ramassais ses hommes à l'arrière-garde. J'ai vu là tout ce que la faiblesse et la démoralisation ont de plus hideux. J'ai vu des masses d'hommes jeter leurs armes, leurs sacs, se coucher et attendre la mort, une mort certaine, infâme. A force d'exhortations, ils se levaient, marchaient cent pas, et, accablés de chaleur, de fatigues, affaiblis par la dyssenterie et la fièvre, ils retombaient encore, et, pour échapper à mes investigations, allaient se coucher en dehors de ma route, sous les buissons et dans les ravins. J'y allais ; je les débarrassais de leurs fusils et de leurs sacs ; je les faisais traîner par mes zouaves ; j'en ai fait monter sur mon cheval jusqu'à ce que j'eusse sous la main les sous-officiers de cavalerie, seul moyen de transport que nous ayons eu à l'arrière-garde..... J'en ai vu beaucoup me demander en pleurant de les tuer, pour ne pas mourir de la main des Arabes; j'en ai vu presser avec une volupté frénétique le canon de leur fusil en cherchant à le placer dans leur bouche; et je n'ai jamais mieux compris le suicide. Eh bien! pas un n'est resté en arrière, pas un ne s'est tué; beaucoup sont morts asphyxiés, mais ce n'est pas ma faute. Toujours le dernier de l'armée, je n'ai pas quitté un buisson, un ravin, avant de l'avoir fouillé, et ma récompense ne se faisait pas attendre; quand vingt minutes après, ces mêmes buissons, ces mêmes ravins étaient visités par les Arabes, qui venaient chercher la proie que je leur avais arrachée!

» Dans cette journée que je n'oublierai jamais, j'ai compris la Macta, la Tafna et tous les désastres de l'Afrique. Mes zouaves, si intrépides, si aguerris, si acclimatés, étaient eux-mêmes épuisés, et plusieurs sont tombés sous de glorieux fardeaux (1)! »

Hâtons-nous de le dire : ces défaillances étaient rares; nous ne les avons signalées que pour mieux faire apprécier le dévouement des troupes.

La campagne d'automne ne fut pas moins heureuse. Saïda, place de guerre située à dix-huit lieues sud de Mascara, fut prise et détruite par la division d'Oran; plusieurs tribus importantes se séparèrent d'Abd-el-Kader; et le général Baraguay-d'Hilliers sut maintenir la tranquillité la plus parfaite dans la province de Titery.

L'année suivante (1842) s'ouvrit sous d'heureux auspices. Les Arabes, fatigués d'une lutte qui paralysait leur commerce et décimait leurs familles, désiraient la paix. Abd-el-Kader était réduit à se défendre; — et, pour la première fois depuis

(1) Voy. *Lettres du maréchal de Saint-Arnaud.*

son avénement au trône, Louis-Philippe exprima publiquement son opinion au sujet de l'Algérie : « J'ai pris, dit-il dans son discours aux Chambres, des mesures pour qu'aucune complication extérieure ne vienne altérer la sûreté de nos possessions d'Afrique. Nos braves soldats poursuivent sur une terre *désormais et pour toujours française* le cours de ces nobles travaux auxquels je suis heureux que mes fils aient l'honneur de s'associer. Notre persévérance achèvera l'œuvre du courage de notre armée, et la France portera dans l'Algérie sa civilisation à la suite de sa gloire. »

Bugeaud ne se payait point de mots : — « Qui veut la fin, veut les moyens, » aimait-il à redire, et il réclama des renforts. On mit à sa disposition 80,000 hommes, et les députés votèrent les crédits demandés pour l'Algérie.

Abd-el-Kader comptait encore de nombreux partisans : sa parole était partout avidement recueillie ; ses lieutenants multipliaient leurs efforts, et, comme des coupeurs de route, interceptaient nos communications ; enfin, les marabouts reprochaient aux croyants leur alliance avec les chrétiens et les poussaient à la révolte.

Le général Bugeaud reprit les armes et suivit à la lettre le plan qu'il s'était tracé. Des colonnes mobiles sillonnèrent le pays dans tous les sens, châtiant avec la plus grande rigueur les tribus insoumises ou qui avaient fait défection, et l'Émir fut poursuivi d'étape en étape, sans trêve ni repos. La guerre fut dès lors conduite avec un ensemble admirable. Les généraux rivalisaient de zèle : à l'Ouest, La Moricière tenait courbées sous sa loi les populations turbulentes du cercle de Mascara ; Bedeau surveillait les frontières du Maroc. A l'Est, Négrier faisait aimer la France et s'avançait paisiblement vers le Sud, tandis que le colonel Lebreton battait les Kabyles au camp d'El-L'arousch. Cavaignac et Changarnier parcouraient la province de Titery (1), et le gouverneur, ayant sous ses ordres le duc d'Aumale, La Moricière et Gentil, poursuivait Abd-el-Kader dans les montagnes de l'Ouenseris.

La voie ainsi ouverte, nos troupes la suivirent à pas précipités : — l'Emir reparaît dans la vallée du Chélif (janvier 1843) : trois colonnes marchent simultanément contre lui, et le refoulent dans les montagnes; les tribus de l'Edough, près de Bône, se soulèvent à la voix d'un fanatique, Sid-Zeghdoug : Baraguay-d'Hilliers dirige contre elles une expédition que couronne un succès complet : Sid-Zeghdoug est tué; ses soldats se dispersent, et le général, poursuivant sa route, pousse jusqu'à Collo.

Mais un événement d'une importance plus décisive allait réduire aux abois notre infatigable ennemi :

Après la ruine de ses forteresses, Abd-el-Kader avait réuni dans un seul groupe sa famille, ses principaux lieutenants, les marabouts attachés à sa cause et une partie de ses réguliers. C'est ce qui constituait sa smala : — Depuis la prise de Tekedempt et de Boghar, cette troupe errait à l'aventure, évitant avec soin l'approche de nos colonnes. Le 9 mai 1843, le général Bugeaud apprit, par des éclaireurs, que l'Emir était rentré dans l'Ouenseris, laissant sa smala aux environs de Boghar : on ne précisait pas l'endroit. Aussitôt il donna l'ordre à La Moricière et au duc d'Aumale de se mettre à la poursuite du sultan et de le rejeter sur une des tribus qui nous étaient soumises.

Le duc d'Aumale partit de Boghar avec 1300 fantassins et

(1) Voy. P. DE CASTELLANE, *Souvenirs de la vie militaire en Afrique*.

600 chevaux : trois jours après, il était prévenu que la smala se trouvait à quinze lieues sud-ouest de Goudjala; il poursuivit sa route, et après 25 heures d'une marche accablante, dans un pays inculte, il se trouva tout-à-coup, et sans le savoir, en face du campement : près de trois cents douars couvraient un espace de deux kilomètres. « Nous en étions tout au plus à mille mètres : c'est à peine si les Arabes s'étaient aperçus de notre approche. Il n'y avait pas à hésiter : les zouaves, que le lieutenant colonel Chasseloup amenait rapidement avec l'ambulance et l'artillerie, ne pouvaient pas, malgré toute leur énergie, arriver avant deux heures, et, une demi-heure de plus, les femmes et les troupeaux étaient hors de notre portée; les nombreux combattants de cette ville de tentes auraient eu le temps de se rallier et de s'entendre; le succès devenait improbable, et notre situation très critique » (1). — Les Arabes auxiliaires, effrayés du grand nombre d'ennemis que nous allions avoir à combattre, supplièrent le général d'attendre l'infanterie :

— Jamais nul de ma race n'a reculé, répondit le prince,

Et il donna l'ordre à Youssouf de commencer l'attaque avec ses spahis :

Youssouf charge avec sa bravoure accoutumée et culbute les réguliers; d'Aumale s'élance avec les chasseurs d'afrique : les femmes, les enfants, les vieillards s'enfuient en poussant des cris affreux, et les cavaliers d'Abd-el-Kader, qui veulent protéger leur fuite, sont poursuivis et sabrés ; — une heure après, quatre mille prisonniers, le trésor de l'Emir, ses tentes et ses drapeaux étaient au pouvoir de nos troupes. La

---

(1) Voy. au *Moniteur officiel* le rapport du duc d'Aumale, en date du 20 mai 1843.

mère et la femme de l'Emir, qui avaient été un instant prisonnières, mais que l'on n'avait pu reconnaître dans le premier tumulte, furent sauvées par un esclave fidèle et s'échappèrent sur un mulet que nos chevaux épuisés ne purent joindre. (1)

Cette lutte de cinq cents hommes contre cinq mille nous coûta « neuf hommes tués et douze blessés. » — L'insignifiance des pertes fit contester le mérite de l'action : qu'on nous permette de citer ici l'opinion de deux hommes de guerre, dont on ne saurait suspecter la bonne foi ni la bravoure :

« — Pour entrer, disait Charras, — et en cette matière il est bon juge, — pour entrer, comme l'a fait le duc d'Aumale, avec cinq cents hommes au milieu d'une pareille population, il fallait avoir vingt-deux ans, ne pas savoir ce que c'est que le danger, ou bien avoir *le diable dans le ventre;* les femmes seules n'avaient qu'à tendre les cordes des tentes sur le chemin des chevaux pour les culbuter, et qu'à jeter leurs pantoufles à la tête des soldats pour les exterminer tous, depuis le premier jusqu'au dernier. »

Youssouf disait, de son côté : — « Lorsque nous nous sommes trouvés avec nos deux cent cinquante hommes en face de vingt mille âmes dont se composait la smala; que j'ai demandé au prince : monseigneur que faut-il faire : « Entrer là-dedans, pardieu ! » lorsqu'il m'a répondu cela, j'ai cru avoir mal entendu, je l'ai fait répéter; et lorsqu'il eut répété ENTRER LA-DEDANS, vous dis-je ! » le frisson m'a pris ; j'ai mis le sabre à la main, parce que je suis un soldat, mais je me suis dit à moi-même ; c'est fini, nous sommes tous flambés. (2)

---

(1) Voy. *Notice sur l'expédition qui s'est terminée par la prise de la smala d'Abd-el-Kader*, broch. in-8° avec planches. Paris, 1843.

(2) DUMAS, *Mémoires*, 3ᵉ partie.

Après des témoignages semblables, on aurait mauvaise grâce à mettre en doute le courage du prince.

Cependant, quelques fuyards avaient appris au général La Moricière la victoire du duc d'Aumale. Le général se porta dans la direction qui lui était indiquée comme étant celle que devaient suivre les débris de la smala, et il rejoignit les fugitifs. Abd-el-Kader était au milieu d'eux. Il voulait combattre : mais ses troupes, dominées par la terreur, refusèrent d'obéir, et il dut fuir en toute hâte. Une population de 2,500 âmes, dénuée de tout et mourant de faim, implora la générosité du vainqueur. La Moricière eut pitié de ces pauvres gens : il les fit reconduire dans la plaine d'Egris et pourvut à tous leurs besoins (1).

Là ne se bornèrent point nos succès : une colonne opéra dans la vallée du Chélif et fit rentrer sous notre obéissance ses tribus insurgées (juin 1843). Plus tard, (11 novembre), le général Tempoure rencontrait près de Mascara les troupes de Sidi M'Barack et les dispersait après un combat opiniâtre. (2)

La tranquillité la plus parfaite regnait à Constantine et dans toute la partie comprise entre cette ville et la mer; mais les populations du Sud étaient agitées par les intrigues de l'ancien Bey et par les proclamations d'un Kalifa d'Abd-el-Kader, — Mohamed-Seghir, — qui exerçait son autorité sur plusieurs villes, notamment sur Biskara, capitale du Zab. Le duc d'Aumale partit à la tête d'une division : à son approche,

---

(1) La prise de la smala nous coûta la mort du plus ancien et du plus fidèle de nos auxiliaires : comme il retournait à Oran, Mustapha-ben-Ismaël, chef des douairs et des zmélas, tomba dans une embuscade et fut assassiné. Son corps, livré à Abd-el-Kader, subit d'atroces mutilations.

(2) Voy. Léon Plée, *Abd-el-Kader*, chap. XXII.

les soldats de l'Emir, qui occupaient Biskara, s'enfuirent, et les habitants s'empressèrent d'acquitter la contribution (4 mars 1844). La colonne expéditionnaire se porta successivement sur tous les points occupés par Achmet, débusqua l'ennemi de ses positions, et rentra dans ses cantonnements après avoir obtenu la soumission des tribus qui s'étendent entre le Zab et le Tell. En même temps, le général Randon pacifiait la subdivision de Bône et couvrait notre frontière du côté de Tunis.

Des khalifats de l'Émir, Ben-Salem était incontestablement le plus dévoué à la cause de l'islamisme : suspect aux Kabyles, qui le trouvaient compromettant, détesté des principaux cheiks qui le jalousaient; traité, parfois, avec une incroyable dureté par Abd-el-Kader lui-même, il avait supporté avec une admirable résignation les épreuves les plus douloureuses; et, du fond de sa retraite, il envoyait des émissaires réchauffer le zèle des montagnards et rappeler aux marabouts les prescriptions du Prophète. — Le maréchal Bugeaud, instruit de ces manœuvres, en profita pour mettre à exécution un projet qu'il caressait depuis longtemps :

Les tribus kabyles campées à l'est d'Alger avaient, jusqu'alors, refusé de faire leur soumission ; elles pouvaient, d'un jour à l'autre, s'armer contre nous et fournir à l'Émir de nombreux contingents : le maréchal résolut de les réduire.

L'annonce de cette expédition souleva en France une réprobation d'autant plus vive qu'on n'en comprenait ni l'urgence, ni la portée : orateurs et journalistes ne cessaient de répéter que cette guerre inique allait tout compromettre. Bugeaud n'en montra que plus d'insistance, et il fit si bien que le ministère lui donna pleins pouvoirs.

Libre d'agir, le maréchal voulut prouver à ses adversaires

qu'il avait pour lui le bon droit et l'équité ; avant de commencer la guerre, il adressa aux chefs kabyles (14 avril 1844) la proclamation qui suit :

« Tout le pays gouverné autrefois par Abd-el-Kader est maintenant soumis à la France : de tant de tribus, vous êtes les seules qui ne soient pas venues à nous. Il y a longtemps que j'aurais pu, moi, aller chez vous avec une forte armée ; je ne l'ai pas fait, parce que j'ai voulu vous donner le temps de la réflexion. Plus d'une fois je vous ai dit : « Soumettez-vous, car vous obéissiez au vaincu ; vous devez obéir au vainqueur. Chassez de vos montagnes le khalifat Ben-Salem, à moins qu'il ne vienne demander l'aman au roi des Français, qui le lui donnera. — Non-seulement vous n'avez tenu aucun compte de mes avertissements paternels ; non-seulement vous ne vous êtes point rapprochés de nous et ne vous êtes point unis à vos voisins, nos amis ; mais encore vous avez recueilli Ben-Salem, le rebelle, et les débris de sa troupe régulière ; vous avez souffert que de chez vous il portât le vol et le meurtre dans nos tribus.

» Je ne puis tolérer plus longtemps cet état de choses, et je me décide à aller vous en demander satisfaction. Avant de me mettre en marche, cependant, un sentiment d'humanité me pousse à vous donner un dernier conseil. Si vous ne le suivez pas, que les maux de la guerre retombent sur vous !

» Venez me trouver à mon camp sur l'Isser, chassez Ben-Salem de votre pays, soumettez-vous à la France et il ne vous sera fait aucun mal.— Dans le cas contraire, J'ENTRERAI DANS VOS MONTAGNES, JE BRULERAI VOS VILLAGES ET VOS MOISSONS, JE COUPERAI VOS ARBRES FRUITIERS ; et alors, ne vous en prenez qu'à vous seuls. Je serai, devant Dieu, parfaitement innocent de ces désastres ; car j'aurai fait assez pour vous les épargner. »

Les marabouts convoquèrent aussitôt toutes leurs tribus. L'un d'eux prit la parole, et s'adressant aux montagnards : « Brandissez votre sabre à la lame pesante, leur cria-t-il ; ajustez votre long fusil au bois incrusté de corail, et après la journée de la poudre, vous reviendrez dans vos gourbis avec des têtes d'infidèles pendantes à la selle de votre léger coursier, car le guerrier de la montagne, le plus valeureux et le plus invincible du Maghreb ne reculera pas devant des chiens de chrétiens. »

La réunion fut orageuse : les grands propriétaires et les gens aisés penchaient pour la soumission : ils savaient que Bugeaud était implacable, et ils craignaient que tout le fardeau de la guerre portât sur eux. Les artisans, au contraire, demandaient la guerre à grands cris. On prit un moyen terme, et il fut décidé qu'avant de recourir aux armes on en appellerait à la justice du gouverneur. — En conséquence, les Flissas adressèrent au maréchal la réponse suivante :

« Nous avons reçu la lettre par laquelle vous nous donnez des conseils. Nous avons compris tout le contenu de cette dépêche, mais nous l'avons trouvée en opposition avec les précédentes, ce qui nous a causé le plus grand étonnement, car nous avons reconnu que vous vous étiez écarté des règles suivies par tous les souverains.

» Lorsque la guerre était active entre vous et El-Hadj-Abd-el-Kader, vous nous écriviez en ces termes : « Je n'ai d'autre ennemi » que El-Hadj-Abd-el-Kader ; quant à vous, vous êtes Kabyles, gar- » dez la neutralité, et il ne vous arrivera aucun mal de notre part. » Nous n'exigeons rien de vous, nous ne prétendons créer aucun » usage ; vous jouirez d'une protection toujours croissante ; nous » ne vous demandons que la tranquillité, la sécurité des routes et le » commerce. »

» Forts de ces promesses, nous avons gardé la neutralité ; nous vous avons laissé lutter avec votre ennemi.

» Vous vous êtes pris ensuite aux Arabes ; alors vous nous avez écrit : « Vous êtes des montagnards, et aucun des usages introduits » chez les Arabes ne vous seront appliqués ; livrez-vous au com- » merce, nous n'avons pas d'autre dessein sur vous. »

» Nous vous avons laissé combattre les Arabes jusqu'à ce qu'ils soient devenus votre proie.

» L'année dernière, vous nous avez écrit en d'autres termes : nous pensâmes d'abord que vous agissiez ainsi pour flatter l'amour-propre des Arabes. Nous ne vous avons pas répondu, comptant sur vos anciennes promesses, et sachant surtout que les souverains n'ont jamais pour coutume de revenir sur leurs engagements. Cette année, vous nous avez renouvelé vos lettres, nous ordonnant d'aller vous trouver, de vous servir, nous menaçant, à défaut, de marcher contre nous, de brûler nos demeures et de couper nos arbres. Tout homme sensé a lieu d'être surpris d'un semblable langage, surtout venant d'une personne qui, comme vous, connaît nos habitudes, notre état, qui sait que nous ne donnons rien et ne recevons aucune investiture, que nous ne l'avons jamais fait ; qu'en notre qualité de Kabyles nous ne reconnaissons pour chefs que des Kabyles comme nous, et pour arbitre souverain Dieu, qui punit l'injuste. Nous possédons votre correspondance du jour de votre arrivée à Alger, et même celle de vos prédécesseurs ; nous possédons les lettres que pendant vos marches vous semiez sur les routes. Auriez-vous imaginé par hasard que nous ne savons pas nous conduire, et que nous n'avons aucun homme capable de nous diriger sagement ? N'étions-nous pas sensés de croire qu'un chef si grand que vous ne nous tromperait pas ? Dans cette confiance, nous avons laissé le terrain libre entre vous et vos ennemis. De la sorte vous avez vaincu Abd-el-Kader, puis les Arabes, privés qu'ils étaient de nos secours.

» Maintenant, vous agissez comme si nous n'étions musulmans que par Abd-el-Kader, comme si nous ne pouvions combattre que sous ses ordres. Détrompez-vous ; nous sommes musulmans, quoique sans souverain ; notre pays forme le tiers de l'Algérie, et le tiers de nos montagnes se compose de forts naturels. Enfin, Dieu secourt les musulmans ; ne nous comptez donc pas au nombre de vos sujets.

» Nous ne vous demandons qu'une réponse à cette lettre. Dites franchement ce que vous exigez, nous choisirons ensuite.

» Si vous maintenez vos anciennes promesses, envoyez-nous une lettre revêtue du sceau royal, nous la classerons avec les précédentes, et aussi nous continuerons le commerce, nous maintiendrons la sécurité des routes, comme nous l'avons fait depuis votre avertissement. Mais vous nous prescrivez de chasser Ben-Salem ; comment pourrions-nous y consentir, puisqu'il est musulman ainsi que nous ! Que répondriez-vous à qui vous demanderait d'exiler un des vôtres ?

» Si, au contraire, votre dessein formel est de posséder toute l'Algérie; si vous mettez votre ambition à conquérir des gens qui ont pour refuge des montagnes et des rochers, nous vous dirons : la main de Dieu est plus élevée que la vôtre.

» Sachez que la perte et le gain nous sont indifférents; nous avons toujours eu pour habitude de braver l'exil ou la mort, par suite des guerres civiles ou à cause des Émirs. Nos montagnes sont spacieuses : elles forment une chaîne qui, d'ici, s'étend à Tunis. Si nous ne pouvons pas vous résister, nous reculerons de proche en proche jusqu'à ce pays étranger, dont le chef, que Dieu l'aide! est en état de lever des troupes; celles qu'il possède sont presque toutes composées des nôtres : à leur exemple, nous nous inscrirons soldats.

» Ne pensez pas non plus que la perte de nos récoltes ou de nos arbres puisse nous mettre à votre merci. Nos récoltes sont le plus souvent la proie des sauterelles ou périssent sous des éboulements, et, néanmoins, nous vivons. Souvent aussi nos arbres se dessèchent et ne produisent pas plus que s'ils étaient coupés; maintes fois encore nos tribus se ravagent entre elles. Dieu nous donne la nourriture.

» Ne prêtez donc pas l'oreille aux discours des hommes de rien, qui vous disent : « les Kabyles se rendront si vous menacez leurs » biens. » Vous êtes le représentant d'un grand roi : tenez à vos premiers engagements, et le mal n'existera point entre nous.

» Dans tous les cas, faites-nous promptement connaître ce que vous aurez décidé. Nous agirons en conséquence, suivant la volonté de Dieu. »

Cette lettre dut embarrasser le maréchal; mais elle ne pouvait modifier sa décision. La présence de Ben-Salem parmi les montagnards nous forçait, en effet, à rester constamment sur le qui-vive; or, reconnaître l'indépendance des Kabyles, c'était encourager la révolte. Bugeaud répondit par un nouveau manifeste (21 avril); il exposa compendieusement ses griefs, les déclara fondés, et somma les Kabyles de faire immédiatement leur soumission, sous peine d'être traités en ennemis.

Au reçu de ce message, les tribus voisines furent convoquées chez les Flissas : le sentiment national domina toutes considérations d'intérêt particulier, et les Kabyles s'apprêtèrent à combattre (1).

Le maréchal entra immédiatement en campagne. Après s'être emparé de Dellys (2 mai 1844), où il installa l'autorité française, il se porta rapidement à l'ouest, et, dans une première rencontre, battit les montagnards; mais le foyer de la résistance était plus loin.

L'armée, que la colonne du général Gentil venait de rejoindre, se trouvait, le 16, au lieu dit Ouarez-el-Din. Les crêtes des montagnes étaient couvertes de Kabyles appartenant à toutes les tribus voisines; on estimait leur nombre à 20,000 environ. Comme nos officiers supputaient la force numérique des différents groupes, Bugeaud formula cet axiôme : « Au delà d'un certain nombre, au delà du nombre qui leur permet de nous envelopper et d'agir en totalité contre nous, les masses confuses, tumultueuses, ne gagnent aucune force réelle par leur accroissement numérique; au contraire, le désordre, la confusion augmentent en raison directe de leur multitude. » — Et l'événement lui donna raison.

Les Kabyles étaient en nombre et bien solidement établis. Le maréchal eut vite arrêté son plan d'attaque, qu'il résumait ainsi : « S'emparer de la ligne dominante, couper l'ennemi en deux et le balayer à droite et à gauche en le rejetant sur des corps postés pour le recevoir. » Ainsi dit, ainsi fait. Nos troupes gravirent les mamelons avec leur courage habituel. La lutte fut longue, sanglante, de part et d'autre acharnée, et se prolongea jusqu'au soir; mais quand le soleil disparut,

---

(1) Voy. la *Grande Kabylie*, chap. VIII.

nous étions maîtres du champ de bataille, qui s'étendait sur un espace de plus de huit kilomètres (1).

Ce brillant fait d'armes eut une immense portée : il renfermait en germe la conquête de la Kabylie, et beaucoup d'officiers l'ont placé à côté et même au-dessus de la bataille d'Isly (2). — Il eut pour résultat immédiat de rompre la ligue formée par les tribus : le chef des Flissas, Ben-Zamoun, vint trouver le maréchal :

— Tu es le plus fort, lui dit il ; Dieu l'a voulu : accepte notre soumission !

Et la paix fut conclue.

Tandis que ces événements s'accomplissaient en Kabylie, le général Marey poussait une forte reconnaissance à l'extrémité de la province d'Alger et gagnait à la France les tribus de Djebel-Amour, les villes de Laghouat et d'Ain-Madhi, situées à 120 lieues de la côte. La colonne qu'il avait ainsi menée jusqu'au désert revint à Alger sans avoir tiré un seul coup de fusil ; elle avait traversé 170 lieues en 32 jours : bien que la route fût pénible, la chaleur accablante, l'eau généralement mauvaise, pas un homme ne périt dans le trajet ; les voitures ne ramenèrent que quatorze malades.

Cette heureuse et tranquille expédition eut pour résultat de grandir dans ces pays, jusqu'alors insoumis, l'autorité morale du nom français. La crainte de nos armes, en même temps que la confiance inspirée par notre discipline, permirent au général d'explorer et d'organiser, en quelques semaines, une contrée de plus, riche en palmiers et en arbres à fruits. Les

---

(1) Voy. LÉON GALIBERT, *l'Afrique française;* — P. CHRISTIAN, *Souvenirs du maréchal Bugeaud;* — L. PLÉE, *Abd-el-Kader,* p. 44 et 45, — et le *Moniteur officiel,* juin 1844.

(2) Voy. DAUMAS et FABAR, p. 328.

impôts furent perçus sans aucun obstacle, et notre action, nouvellement étendue sur toutes ces petites républiques actives et industrieuses, nous promit un surcroît de richesses (1).

Mais si notre domination était subie sans résistance par les populations de l'Est et du centre, elle était énergiquement repoussée par les tribus de l'Ouest, et le maréchal Bugeaud allait avoir à lutter non plus contre l'Emir mais contre les troupes marocaines :

Poursuivi sans relâche par nos colonnes mobiles, abandonné des siens, Abd-el-Kader avait quitté la Régence et s'était réfugié dans les montagnes du Riff, au-delà de nos frontières. C'était là qu'il comptait recruter de nouveaux soldats pour la guerre sainte : « Les Riffains, dit un géographe, sont les plus farouches habitants de ces parages... Retranchés sur des montagnes inaccessibles, d'où ils bravent impunément l'autorité des chérifs, ils n'en descendent que pour se livrer à des actes de violence, de rapine, de pillage, à tout ce qui constitue la vie de bandit. Leur principale industrie se borne à élever quelques maigres troupeaux et à fabriquer de longs poignards, dont ils savent faire un terrible usage. Nul, ni chrétien, ni Maure, n'ose s'aventurer dans leur pays inhospitalier. Dans leurs douars nomades, toujours situés sur les âpres ravins des monts, ils ne reconnaissent guère que l'autorité de leurs seigneurs ou de leurs anciens. »

Ce fut au milieu des Riffains qu'Abd-el-Kader alla planter sa tente ; en face de ces montagnards, il se posa non point en prétendant que la fortune avait trahi, mais en serviteur d'Al-

(1) Voy. *Rapport du général Marey sur l'expédition de Laghouat, dirigée en mai et juin* 1844. Alger, 1845 ; broch. in-plano.

lah, c'est-à-dire en ennemi des chrétiens. Mis en contact avec les marabouts, il leur raconta toutes les phases de la guerre, montra l'armée française détruisant sur son passage les champs, les moissons, les troupeaux, prête à envahir leur territoire, — et il demandait quel crime avaient commis les descendants du prophète, pour que Dieu les laissât ainsi sans courage et sans forces.

Ces discours, pieusement écoutés et promptement répandus, excitèrent dans le Riff une violente agitation. Abd-el-Kader fut considéré comme un martyr : de tous les points on accourut pour le voir et l'entendre ; et, si grande devint sa popularité que l'Empereur du Maroc le créa kalifat de la province.

En conférant à notre adversaire cette nouvelle dignité, Abd-Er-Rhamann donnait à comprendre combien peu il tenait à notre alliance. Le général La Moricière, qui commandait alors la province d'Oran, fit aussitôt construire sur la frontière le fort de Lalla-Maghrania et vint camper en face des contingents marocains.

Le gouvernement français ne voulait point la guerre : il s'adressa à la cour de Fez et demanda l'exécution pure et simple des traités antérieurs. Abd-Er-Rhamann, qui croyait pouvoir compter sur l'appui de l'Angleterre, répondit d'une manière évasive ; on convint, toutefois, que pour éviter tout sujet de querelle, on fixerait la délimitation des frontières : El-Gennanouï, kaïd d'Ouchda (1), fut chargé par l'empereur de régler le différend avec l'autorité française. — Mais on ne soulève point impunément les passions religieuses : les Marocains avaient fait cause commune avec Abd-el-Kader et

(1) Ouchda, ville du Maroc, située à trente kilomètres O. de Tlemcen. — Elle a été longtemps occupée par les Turcs.

il leur tardait de commencer la lutte. Sur ces entrefaites, le fils aîné d'Abd-Er-Rhamann vint à Ouchda : sa présence enflamma le courage des musulmans qui, sans provocation aucune, et sans déclaration de guerre, se ruèrent contre Lalla-Maghrania. Heureusement La Moricière était là; aux premiers coups de feu, il marcha contre l'ennemi : bientôt après, les Marocains fuyaient en désordre (30 mai).

Bugeaud était alors en Kabylie : à la nouvelle du combat d'Ouchda, il partit en toute hâte pour la province d'Oran avec les bataillons disponibles, et prit le commandement des troupes (12 juin 1844). Son premier soin fut de demander à Gennanouï une conférence, afin de régler les points en litige. Celui-ci accepta, et la conférence fut fixée au 15 juin sur les bords de la Mouïla. Le général Bedeau fut chargé d'y représenter la France : il s'y rendit avec la cavalerie française et quatre bataillons d'infanterie. De son côté, Gennanouï s'était fait accompagner par six cents fantassins et trois mille cavaliers.

Les deux troupes étaient à peine en présence que les Marocains entourèrent nos bataillons et, s'excitant les uns les autres, commencèrent le feu. Gennanouï suspendit un instant les pourparlers, afin de rétablir l'ordre, puis déclara qu'il ne pouvait contenir l'enthousiasme de ses soldats et qu'il fallait terminer au plus vite. Abd-Er-Rhamann, ajouta-t-il, désirait la paix, mais il voulait que les Français se retirassent derrière la Tafna, qui serait désormais notre limite.

— Je ne suis pas autorisé, dit le général Bedeau, à faire une pareille concession.

— Si vous ne le faites pas, répliqua Gennanouï, c'est la guerre.

— Soit! répondit Bedeau.

Là-dessus on se sépara ; mais au moment où la troupe française commençait sa retraite elle fut attaquée.

Le général Bedeau avait reçu l'ordre formel de ne point accepter la bataille ; il méprisa l'insulte et se retira. Le maréchal, prévenu de ce qui se passait, prit avec lui quatre bataillons et se porta rapidement au secours de la colonne, qui fit aussitôt volte-face, chargea les Marocains, et ne s'arrêta qu'après les avoir dispersés.

Peut-être le gouverneur eût-il dû profiter de ce premier avantage : mais les instructions qu'il avait reçues lui faisaient une loi de ne rien précipiter. Au lendemain de sa victoire il reprit les négociations : l'armée fut ramenée dans l'intérieur des limites algériennes ; la question des frontières fut de nouveau débattue, et le gouverneur fit remettre à Gennanouï l'ultimatum suivant :

« La France veut conserver la limite de la frontière qu'avaient les Turcs, et Abd-el-Kader après eux. Elle ne veut rien de ce qui est à vous ; mais :

» Elle veut que vous ne receviez plus Abd-el-Kader pour lui donner des secours, le raviver quand il est presque mort, et le lancer sur nous. Cela n'est pas de la bonne amitié, c'est de la guerre, et vous nous la faites ainsi depuis deux ans.

» Elle veut aussi que vous fassiez interner dans l'Ouest de l'Empire les chefs qui ont servi Abd-el-Kader ; que vous fassiez disperser ses troupes régulières ; que vous ne receviez plus les tribus qui émigrent de notre territoire, et que vous renvoyiez chez elles les tribus qui se sont réfugiées chez vous. Nous nous obligeons aux mêmes procédés à votre égard, si l'occasion se présente. Voilà ce qui s'appelle observer les règles de bonne amitié entre deux nations. A ces conditions nous serons vos amis ; nous favoriserons votre commerce et le gouvernement d'Abd-Er-Rhaman, autant qu'il sera en notre pouvoir. Si vous voulez faire le contraire, nous serons vos ennemis. »

Gennanouï brava ces menaces : le cabinet des Tuileries, espérant encore régler le différend par les voies diplomatiques, fit faire de nouvelles remontrances à l'Empereur du Maroc ; mais celui-ci répondit qu'il ne sévirait contre les kaïds de la frontière que si le roi de France désavouait le maréchal. — Devant une telle prétention, il n'était plus permis de temporiser et la guerre fut déclarée.

Pendant le cours des négociations, le duc de Joinville s'était présenté devant Tanger (1) à la tête d'une escadre. Le 6 août, il bombarda la ville, d'où les consuls et les nationaux étaient sortis la veille. — Les canonniers marocains ripostèrent avec beaucoup d'adresse et de vivacité ; mais sous l'action puissante de notre artillerie, les forts furent promptement démantelés ; les assiégés durent ralentir leur feu, et, moins d'une heure après, les batteries de l'enceinte et de la côte étaient réduites au silence : il ne restait plus que des décombres. — Le prince se dirigea sur Mogador (2).

La guerre une fois commencée, le maréchal Bugeaud agit avec sa vigueur habituelle.

Depuis plusieurs jours il préparait moralement et matériellement sa petite armée ; il réunit plusieurs fois les officiers pour les bien pénétrer de quelques principes dont il allait faire l'application :

---

(1) Tanger est l'un des ports de l'empire ; la ville est située sur une hauteur ; population, 17,000 habitants. Elle tomba en 1461 au pouvoir des Portugais, qui, en 1662, la cédèrent à l'Angleterre ; elle fut reprise, peu après, par les chérifs.

(2) Mogador, ville moderne, sur la côte ouest de l'empire ; population, 12,000 habitants. Elle était protégée par un îlot que défendaient deux cents pièces de canon.

« Les multitudes désordonnées, leur dit-il, ne tirent aucune puissance de leur nombre, parce que, n'ayant ni organisation, ni discipline, ni tactique, elles ne peuvent avoir d'harmonie, et que sans harmonie il n'y a pas de force d'ensemble. Tous ces individus, quoique braves et maniant bien leurs armes isolément, ne forment, quand ils sont réunis en grand nombre, qu'une détestable armée. Ils n'ont aucun moyen de diriger leurs efforts généreux vers un but commun ; ils ne peuvent point échelonner leurs forces et se ménager des réserves ; ils ne peuvent pas se rallier et revenir au combat, car ils n'ont pas même de mots pour s'entendre et rétablir l'ordre ; ils n'ont qu'une seule action, celle de la première impulsion. — Quand ils échouent, et ils doivent toujours échouer devant votre ordre et votre fermeté, il faudrait un dieu pour les rallier et les ramener au combat. Ne les comptez donc pas : il est absolument indifférent d'en combattre 40,000 ou 10,000, pourvu que vous ne les jugiez pas par vos yeux, mais bien par votre raisonnement, qui vous fait comprendre leur faiblesse. Pénétrez au milieu de cette multitude, vous la fendrez comme un vaisseau fend les ondes, frappez et marchez sans regarder derrière vous : c'est la forêt enchantée, tout disparaît avec une facilité qui vous étonnera vous-mêmes. »

Mais le maréchal ne se borna point à préparer les esprits ; il fit répéter la manœuvre qu'il avait adoptée pour combattre le cavalerie marocaine : — « C'était un grand carré formé d'autant de petits carrés que nous avions de bataillons. L'ambulance, les bagages, le troupeau, étaient au centre, ainsi que la cavalerie, formée de deux colonnes sur chaque côté du convoi. L'artillerie était distribuée sur les quatre faces, vis-à-vis des intervalles des bataillons qui étaient de 120 pas. On devait marcher à l'ennemi par un des angles formés par un bataillon qui était celui de direction. La moitié des autres bataillons était échelonnée à droite et à gauche sur celui-ci. L'autre moitié des bataillons formait la même figure, renversée en arrière. C'était donc un grand losange, fait avec des colonnes à demi-distance par bataillons, prêtes à former le carré. Derrière le bataillon de direction se trouvaient deux bataillons en réserve, et ne faisant pas partie du système, c'est-à-dire pouvant être détachés pour agir selon les circonstances (1). »

Le 12 au soir, les officiers de la colonne campée sur les bords de l'Ouerdefou offrirent à leurs camarades, qui venaient d'arriver, une fête à laquelle fut convié le maréchal. Là, au milieu d'une foule attentive, enthousiaste et dévouée, le commandant en chef indiqua la marche progressive de la bataille, ses épisodes probables et ses résultats; et telle était sa confiance dans le succès de nos armes, qu'au sortir de cette réunion il adressa au ministre de la guerre un rapport qui finissait ainsi :

« J'ai environ 8,500 hommes d'infanterie, 1,400 chevaux réguliers, 400 irréguliers et 16 bouches à feu, dont 4 de campagne : c'est avec cette petite force numérique que nous allons attaquer cette multitude qui, selon tous les dires, compte *trente mille chevaux, dix mille hommes d'infanterie et onze bouches à feu*; mais mon armée est pleine de confiance et d'ardeur : elle compte sur la victoire tout comme son général. Si nous l'obtenons, ce sera un nouvel exemple que le succès n'est pas toujours du côté des gros bataillons, et l'on ne sera plus autorisé à dire que la guerre est *un jeu de hasard.* »

(1) Voy. la *Revue des Deux-Mondes*, n° du 1er mars 1845.

Le 13 au soir, l'armée, simulant un grand fourrage, se porta à quatre lieues en avant, puis s'arrêta. A minuit, elle se remit en marche : au petit jour elle arrivait à la rivière d'Isly, qu'elle devait traverser deux fois pour joindre l'ennemi.

Le passage du premier gué s'effectua sans trop de difficultés ; peu d'heures après, les troupes gagnaient un massif qui forme le coude très peu prononcé de la rivière et voyaient devant elles tous les camps marocains, rangés sur la rive droite au milieu de plusieurs milliers de combattants. Sur une butte dominant les alentours, on distinguait les tentes du fils de l'Empereur, ses drapeaux et son parasol, signe du commandement :

Le maréchal réunit autour de lui les chefs de corps pour leur donner ses dernières instructions, et leur désigne, pour point de direction, la tente même du fils de l'Empereur ; aussitôt après, l'armée descend vers le second gué.

Les Marocains essayent d'en défendre le passage, qui est résolument franchi, et la colonne atteint, sans grandes pertes, un plateau immédiatement inférieur à la butte occupée par le fils du sultan. Les pièces de campagne sont pointées sur cette butte : à l'instant même, des masses de cavaliers arabes débouchent à droite et à gauche des collines et enveloppent notre armée. Nos tirailleurs, placés en avant, se couchent à plat-ventre ; les carrés ouvrent leur feu et les canons tirent à mitraille. Alors toute cette cavalerie s'arrête, inquiète, et commence à tourbillonner. La colonne continue sa marche et, après une assez faible résistance, elle enlève la butte où quelques minutes auparavant brillait le parasol de Mohammed !

Cette butte prise, le maréchal ordonne une conversion à droite et charge la cavalerie, qui n'avait point encore donné, de porter le coup décisif :

Le colonel Tartas divise sa troupe en quatre échelons, formés chacun de quatre à cinq cents cavaliers : le premier de ces échelons se compose en grande partie de spahis indigènes : Youssouf est à leur tête ; il se précipite, tête baissée, vers le camp marocain, traverse, comme une trombe, les masses compactes qui s'efforcent de l'arrêter et arrive aux tentes marocaines remplies de fantassins et de cavaliers, qui lui disputent le terrain pied à pied. A peu de distance des spahis accourent trois escadrons de chasseurs, qui donnent à l'attaque une nouvelle impulsion : les canonniers marocains sont sabrés sur leurs pièces ; leur artillerie est prise, et le camp de Mohammed reste au pouvoir des Français. — Il était encombré de cadavres, de pièces d'artillerie et de drapeaux ; on y retrouva le parasol du fils de l'Empereur, et la tente toute dressée reçut les glorieux trophées que nous venions de conquérir.

Ainsi finit cette bataille mémorable qui devait consacrer la conquête de l'Algérie (1).

Le lendemain même de la victoire d'Isly, l'escadre du duc de Joinville s'embossait sous les canons de Mogador. Après quelques heures d'un feu bien nourri, les batteries arabes furent démontées : cinq cents des nôtres débarquèrent aussitôt dans l'île qui protége la place et s'en rendirent maîtres. L'île prise, on détruisit les batteries de la côte ; les canons furent

(1) En récompense de sa victoire, Bugeaud reçut le titre de Duc d'Isly, au grand regret du maréchal Soult. — Bugeaud accepta le titre, mais refusa tout net de payer les 18,000 francs réclamés pour *droit de sceau*, « estimant que le parchemin, quelle que fût sa valeur, ne valait pas une somme avec laquelle on peut acheter vingt-quatre bœufs limousins de la plus belle espèce. » — Voy. F. RITTIEZ, *Histoire du règne de Louis-Philippe*, t. III.

encloués et jetés à la mer, les poudres noyées. Néanmoins, on ne pénétra pas dans la ville : « Ce n'aurait été, dit le prince dans son rapport, qu'une promenade sans but et sans autre résultat qu'un inutile pillage. » — C'était se montrer généreux. Tandis que le prince écrivait au ministre, la ville était en feu, pillée et dévastée par les Kabyles de l'intérieur, qui, après avoir chassé la garnison impériale, en avaient pris possession.

Ces victoires si rapprochées devaient, il semble, nous rapporter de grands avantages. Il n'en fut rien : Louis-Philippe avait pris envers l'Angleterre l'engagement formel de ne pas entamer l'empire du Maroc ; il tint sa parole. Abd-Er-Rhamann ne supporta pas même les frais de la guerre, « la France, disait M. Guizot, étant assez riche pour payer sa gloire. »

MM. de Glucksberg et de Nyons furent chargés de négocier la paix : ils adoptèrent (13 septembre 1844) la convention connue sous le nom de *Convention de Tanger*, convention qui fut ratifiée le 7 octobre : — Aux termes de ce traité, Abd-el-Kader était mis hors la loi dans toute l'étendue de l'empire du Maroc (art. VII). Quant à la délimitation des frontières, il était statué qu'elle resterait fixée conformément à l'état reconnu par le gouvernement marocain, à l'époque de la domination des Turcs en Algérie.

II. — Depuis notre établissement dans la Régence, le gouvernement avait essayé de tous les systèmes pour mener à bien l'œuvre de la colonisation ; mais, soit qu'il eût été mal compris ou mal secondé, il n'avait pu créer encore rien de sérieux ni de stable.

La fréquence des changements apportés à l'administration avait paralysé tous les efforts. Le maréchal Soult, alors ministre de la guerre, profita du départ du maréchal Vallée pour ressaisir l'autorité que ses devanciers avaient perdue :

« L'abandon du contrôle ministériel, disait-il dans son rapport au roi, a produit les résultats les plus fâcheux. A partir du jour où cet abandon a été consommé, le ministre a cessé d'être informé de ce qui se passait en Afrique. Les instructions n'ont pas été exécutées, souvent même elles n'ont pas été transmises aux chefs de service. Les dépêches ne recevaient pas de réponse, et il en est bon nombre dont les agents supérieurs, que leur objet concernaient, n'ont jamais eu connaissance. Les réformes, comme les améliorations les plus urgentes, sont devenues impossibles, les études préalables ayant été inutilement présentées. Organisation, colonisation, population, travaux publics, justice, finances, législation, les plus importantes parties du service, sont restées fréquemment en souffrance et les communications demeurées sans résultats.

» ... Le gouvernement d'Afrique s'est ainsi successivement affranchi de tous les liens de dépendance, et rien n'attesterait qu'il est placé dans les attributions du ministère de la guerre si le ministre ne continuait à en répondre et s'il n'avait à réclamer, à ses risques et périls, le concours des Chambres pour en obtenir des subsides en échange desquels il n'a pu toujours fournir des renseignements qu'il n'avait pas.

» Une telle situation ne saurait se prolonger... Les moyens de la faire cesser sont fort simples :

» On ne saurait diminuer en rien la haute juridiction du gouverneur général : il faut que sa pensée domine constamment les mesures prises par les fonctionnaires placés sous ses ordres, que rien ne puisse se faire à son insu et surtout contre sa volonté ; que cette volonté, il soit constamment mis en mesure de la manifester, qu'il n'ignore absolument rien de ce qu'il n'écrit ou ne fait pas lui-même ; qu'enfin, des communications permanentes et obligatoires rendent, pour ainsi dire à chaque heure, son intervention possible.

» Mais il faut aussi que, pour répondre de l'Algérie, le ministre soit toujours assuré que ce qui s'y passe est bien son œuvre et qu'on n'y dévie pas du système adopté par le gouvernement; qu'il puisse, en suivant pas à pas les faits et les événements, apprécier leurs conséquences prochaines ou éloignées, sur les demandes à faire d'hommes et d'argent. Il faut qu'il connaisse, dans leurs plus infimes détails, l'état et les progrès du pays; que les moyens de juger ce qu'il convient d'autoriser ou de prescrire lui arrivent par toutes les voies; que chaque grande division administrative, du point de vue et avec la langue qui lui sont propre, l'entretienne des besoins et des ressources de chaque service spécial. Il faut, enfin, ne pas perdre de vue que les nécessités et les motifs de résolution étant, à soixante heures de la côte française, singulièrement analogues à ce qui s'observe en France, on ne saurait de longtemps renfermer dans les seuls rapports d'un officier général — si éclairé qu'on le suppose — des communications correspondant aux attributions de sept départements ministériels dans la métropole... »

En résumé, le ministre de la guerre demandait la remise en vigueur de l'ordonnance de 1834, qui accordait aux chefs de service la correspondance directe avec Paris.

Le gouvernement céda, et il eut grand tort : la Direction de l'intérieur d'Alger ne devint, à dater de ce jour, qu'une sorte d'agence bureaucratique; le gouverneur général fut incessamment gêné dans ses moyens d'action, et cette réforme engendra, entre les deux administrations, d'interminables conflits (1).

Quoi qu'il en soit, on s'occupa sérieusement de la colonisation, et un arrêté ministériel (18 avril 1841) modifia complètement les ordonnances qui jusqu'alors avaient réglé les concessions. — Aux termes de cet arrêté, les concessions furent données gratuitement; le colon recevait, en outre des secours de route jusqu'au port d'embarquement, — le passage

(1) Voy. L. DE BAUDICOURT : *Histoire de la colonisation de l'Algérie*, p. 63 et suiv., 1 vol. in-8° (1860).

gratuit de Toulon ou Marseille à Alger, et des matériaux à bâtiments pour une valeur de 600 francs. On lui prêtait des bœufs, on lui délivrait des instruments aratoires, des semences et des arbres venus de France et de Gênes ; on lui distribuait des bestiaux provenant des razzias, et en certaines circonstances on lui défrichait un ou deux hectares.—Un service médical fut organisé pour la visite des villages et le traitement gratuit des malades.

Le général Bugeaud, dont les connaissances spéciales étaient connues de tous, doutait que les colons pussent suffire aux dépenses qu'entraîne un établissement agricole où tout est à créer : et, dès 1838, prévoyant les mécomptes que devaient faire subir les essais individuels, il avait conçu un système de colonisation militaire, et l'avait formulé en un projet d'ordonnance. En 1842, il avait conservé les mêmes opinions, et il posa, dans une brochure qui fit grand bruit (1), un certain nombre de propositions qui se résumaient ainsi :

« Pour soumettre les tribus indigènes de l'Algérie, il a fallu une armée de 75,000 hommes. Une armée égale est nécessaire pour les maintenir dans la soumission. Abd-el-Kader est détruit et sa puissance est renversée ; mais on s'est bercé d'une folle illusion lorsqu'on a cru que cette ruine étant opérée nous pourrions ramener en France une partie de nos forces. Si l'on veut examiner attentivement l'état social des populations arabes, éparpillées sur un immense territoire, on reconnaîtra qu'il est moins difficile de les vaincre que de les tenir sous le joug.

---

(1) L'ALGÉRIE, *Du moyen de conserver et d'utiliser cette conquête*. 1 vol. in-8º (1842).

» Non-seulement 75,000 hommes ne sont pas trop, mais, à vrai dire, c'est 80,000 hommes qu'il faut, et même il serait d'une bonne politique de grossir ce dernier chiffre plutôt que de le diminuer.

» Du reste, il ne faut ni s'alarmer de cette continuité de charges ni en craindre l'accroissement. Une bonne administration tirera bientôt de l'Algérie les 70 ou 80 millions qu'elle nous coûte; mais si l'on veut atteindre ce but, il faut se bien garder de diminuer l'armée : 30,000 hommes coûteraient bien plus cher que 80,000 ; avec 30,000 hommes on ne dominerait pas en Afrique; avec 80,000, appliqués à la guerre et à la colonisation, on créera bientôt des recettes égales aux dépenses.

» L'armée est tout en Afrique : elle seule a détruit, elle seule peut édifier ; elle seule a conquis le sol, elle seule le fécondera par la culture, et pourra, par de grands travaux publics, le préparer à recevoir une nombreuse population civile.

» Pour qu'elle accomplisse cette double tâche, il ne faut que deux choses : maintenir son effectif au chiffre actuel et conserver en Afrique le régime militaire qui y est en vigueur. Ce dernier point est le plus important. Comme l'armée est tout en Afrique, il n'y a là de pouvoir possible que le pouvoir militaire.

» Ainsi, diminuer l'armée d'Afrique et changer le régime militaire qui y est établi, ce serait non-seulement annuler les bons effets de la guerre, mais encore étouffer dans son germe la colonisation. »

Voilà pour l'armée : « Elle seule a détruit, elle seule peut édifier. » Soit, mais comment peuplera-t-on l'Algérie? M. Bugeaud va nous répondre :

Les colons militaires devaient être choisis parmi les officiers et les soldats ayant passé deux ans au moins sous les drapeaux et ayant au moins trois ans de service à faire ; ils restaient soumis à une discipline rigoureuse pendant toute la durée du service que leur imposait la loi, puis rentraient, à leur libération, sous le régime du droit civil. — Toutefois, latitude était laissée au gouverneur général de prévenir, pour les uns, l'époque de leur libération ou de la retarder pour les autres, afin qu'ils pussent tous dater du même jour leur émancipation définitive.

L'Etat devait supporter les premiers frais de construction et d'installation, fournir tous les matériaux qui ne pouvaient être fabriqués sur les lieux, puis assurer à chaque famille (les colons étant tenus de se marier dans les six mois qui suivraient leur admission) une paire de bœufs de labour, une paire de vaches, des brebis, des moutons, etc. Les colons recevaient, en outre et pendant trois ans, toutes les prestations en nature qui sont accordées à la troupe. Enfin, chacun d'eux avait droit à dix hectares de terres cultivables, distribués en un ou plusieurs lots, et il en devenait propriétaire incommutable aussitôt après son mariage et son installation définitive.

Telle était, dans son économie générale, le système Bugeaud.

Les objections se présentent en foule : qu'on nous permette de rappeler ici ce que nous disions à une autre époque : — Avec l'adoption des colonies militaires, disions-nous, un chef de troupes pouvait, à son gré, avancer pour les uns, retarder pour les autres le temps du service légal. — C'était déjà violer dans son principe l'une des lois organiques de la Charte.

Mais ce n'est pas tout. La création des colonies enlevait à leur service actif des soldats dont l'absence laissait un vide dans les rangs de l'armée ; pour le remplir, il fallait forcément appeler de nouvelles recrues ; de là, augmentation de l'effectif des contingents annuels. — N'était-ce point encore une violation flagrante de la loi sur le recrutement?... Autre anomalie non moins choquante : le gouverneur général pouvait, d'un trait de plume, décharger les colons de toute servitude militaire et valider leur position. Est-ce à dire que les travailleurs fussent plus libres? Non, car une ordonnance royale enchaînait leur liberté d'action et les forçait, eux propriétaires émancipés, à consacrer aux travaux d'utilité publique un nombre déterminé de journées de travail. De là encore, dérogation formelle au droit civil commun.

Donc, au point de vue des lois écrites, le système Bugeaud était irréalisable. Au point de vue de la morale, il était dangereux, car les mariages contractés par les colons se faisaient en quelque sorte sous l'empire d'une nécessité inexorable. Pour être reconnu propriétaire, il fallait pour chacun d'eux que le mariage précédât l'installation. Or, on n'improvise pas en six mois dix mille fiancées pour dix mille hommes ; les choix à faire parmi les jeunes femmes avaient beau rester soumis à l'appréciation personnelle des conseillers municipaux, la garantie de moralité demeurait encore douteuse, car il était à craindre que, dans ces unions, toutes de circonstance, le cœur entrât pour peu de chose : « A tant la dot, tant la femme, » pouvait-on dire, et nous sommes assez pessimiste pour croire que bien des contractants n'auraient point fait d'autre calcul.

Est-ce donc avec des éléments semblables que les sociétés s'organisent ? La famille est chose sainte, et, pour qu'elle prospère sous l'œil de Dieu, il ne faut pas que l'homme fasse marchandise de ses bras, la femme marchandise de son corps.

Autre objection. M. Bugeaud avait dit et répété : « Diminuer l'armée d'Afrique *et changer le régime qui y est établi*, ce serait annuler les effets de la guerre et étouffer dans son germe la colonisation. » Cette phrase souleva des tempêtes, et des officiers d'un mérite incontesté n'hésitèrent point à combattre ouvertement les théories du général. C'est ainsi que M. Leblanc de Prébois traça de main de maître, dans un ouvrage trop peu connu, le tableau de notre situation dans le Nord de l'Afrique, et qu'il demanda, avec une louable insistance, que les habitants fussent mis en possession de leurs droits civils et politiques (1).

Un Député qu'on ne pouvait traiter d'anarchiste, M. Gustave de Beaumont, vint ensuite, qui prit à partie le gouverneur et signala tous les vices du système dont on demandait l'application :

« Un mauvais principe de gouvernement, disait-il, est un vice radical, et il n'existe pas de pire principe de gouvernement, pour une colonie naissante, que le despotisme militaire. » Puis, rappelant que dans tous les États de l'Europe les citoyens jouissent d'une certaine somme de liberté, qu'ils doivent, soit aux lois, soit aux mœurs, il ajoutait : « En général, ce n'est plus la persécution qui fait émigrer, c'est le vague désir d'augmenter son bien-être. Ce sentiment excite aux entreprises les plus aventureuses, quelquefois les plus imprudentes. Mais, ce que nul ne fait jamais, c'est de quitter le pays natal, où il possède quelques droits, plus ou moins bien garantis, pour aller chercher une terre lointaine, où il se

---

(1) Voy. 1° *Etudes sur l'Algérie*. Paris, 1849 ; — 2° LE BLANC DE PRÉBOIS : *Les départements algériens*, chap. v, p. 107 et suiv., 1 vol. in-8°, Paris.

place sciemment sous le caprice violent d'un soldat. S'il existe en Europe un sentiment commun au plus grand nombre, c'est cette répugnance pour le régime de la force. »

Et plus loin :

« M. le gouverneur d'Alger ne peut sans sourire entendre prononcer ce mot de despotisme militaire, qui de notre temps et même en Afrique lui paraît un anachronisme : — Si par despotisme militaire il faut entendre la violence du soldat pillant et dévastant les propriétés, égorgeant les citoyens, outrageant les femmes et les filles, et massacrant les petits enfants, M. le général Bugeaud a raison. Il n'y a à Alger rien de pareil, et en ce sens le gouvernement dont il est le chef suprême n'est point un despotisme militaire ; mais si par ce mot il faut entendre la suprématie absolue du militaire sur le civil, la volonté du maître mise à la place de la loi, l'arbitraire, le dédain du droit et de ses formes, le goût instinctif des procédés de la force, et, entre ces procédés, la préférence constante pour le plus prompt et le plus violent ; le mépris des garanties légales et l'ignorance des conditions auxquelles ces garanties peuvent existir ; en un mot, la violation quotidienne et souvent bien intentionnée de tous les principes qui protégent la propriété, le commerce et l'industrie ; si tout cela peut s'appeler de la tyrannie militaire, je dis que cette tyrannie est en pleine vigueur dans l'Algérie, et je répète qu'aussi longtemps qu'un pareil régime y sera maintenu, on ne verra pas s'y développer une société civile. »

Une seule chose, en effet, peut attirer dans une colonie le capital et l'homme qui se sont mutuellement nécessaires : c'est la sécurité que donnent les institutions. Or, l'Algérie était placée sous un régime qui éloignait de son territoire les capitalistes et les émigrants. Elle n'offrait point assez de gararanties à la liberté individuelle, et M. de Beaumont, qui blâmait cet état de choses, répondait justement à ses contradicteurs : « S'il y avait des institutions en Afrique, M. le gouverneur général n'aurait pas le droit qu'il possède de biffer d'un trait de plume toutes les lois existantes, et qui, par cette raison, ne sont pas des lois ; il n'aurait pas le droit qu'il a de prendre la liberté de celui-ci sans jugement, la propriété de celui-là sans indemnité préalable, et de porter dans ses arrêtés toutes les peines, l'amende, l'emprisonnement et même la peine de mort pour tous faits qu'il lui plaira qualifier crimes ou délits ; il n'aurait pas enfin le pouvoir d'expulser de la colonie qui bon lui semble sans en donner de raisons, et de menacer quiconque n'est pas de son avis de le faire embarquer dans les vingt-quatre heures. (1) »

Mais M. Bugeaud était tenace dans ses idées : il s'opposa à oute réduction de l'armée d'Afrique, — en quoi il fit bien ; et à toute diminution de son autorité, — ce dont on ne saurait l'applaudir.

Joignant la pratique à la théorie, il fonda des colonies militaires et fit choix dans le principe de soldats libérés. Ainsi fut créé (décembre 1841), à 49 kilomètres d'Alger, le village de Fouka. Malheureusement, l'essai ne réussit point, et le gouverneur fut obligé de le confesser : « Ce ne sont pas des soldats libérés qu'il faut, écrivait-il au ministre ; à la première difficulté, au premier découragement ils se rebutent et demandent à s'en aller. » Ce fut alors qu'il adopta le système dont nous avons fait l'analyse. Les villages de Mered et de

---

(1) Voy. GUSTAVE DE BEAUMONT : *État de la question d'Afrique*, p. 18, 21, 22, 24. 1 vol. in-12, Paris, 1843.

Mahelma, construits par le génie, furent peuplés par des soldats ; mais là durent se borner les tentatives : le ministre de la guerre refusa de donner son adhésion aux plans du gouverneur, « parce qu'il les trouvait inconciliables avec l'état actuel de notre législation militaire. »

La colonisation militaire directe ayant été abandonnée, le gouverneur eut recours à la colonisation civile ; mais il voulut y appliquer le travail des troupes. Le soldat fut donc employé à défricher des terres, à creuser les fossés d'enceinte des villages, et à construire des maisons qui étaient ensuite concédées à des familles civiles. — Chaque colon pouvait ainsi recevoir un ou deux hectares défrichés par les soldats.

Cette nouvelle combinaison ne fut pas trouvée plus heureuse que la première. Les troupes se plaignirent d'un surcroît de travail qui ruinait leur santé, et le général Duvivier fit d'énergiques protestations (1) : « Pour que l'armée facilite l'acte de la colonisation, dit-il, elle donnera toutes ces terres et ces maisons aux colons quelconques qui arriveront, et elle ira, au fur et à mesure, défricher de nouvelles terres, bâtir de nouvelles maisons, encombrer de nouveaux cimetières, afin de les livrer ensuite de la même manière au premier arrivant. Pour que ces arrivants soient sans retard établis le plus commodément possible, l'armée leur creusera des canaux d'assainissement, leur fera des routes, des ponts et des fontaines. Tous ces travaux ne coûteront que très peu en argent, car on ne donnera aux soldats que de minimes indemnités ; quant au nombre d'hommes morts ou à jamais perdus de santé que ces

---

(1) DUVIVIER : *Quatorze observations sur le Mémoire de M. le général Bugeaud.* 1842.

mêmes travaux coûteront, le soin d'en faire la somme et l'estimation en sera laissé à leurs familles en France. »

M. Bugeaud laissa dire ses adversaires et persista ; mais un jour vint où il dut s'arrêter. La commission de la chambre des députés (1844) condamna formellement le travail du soldat à la colonisation : « Tout service militaire, dit-elle par l'organe de son rapporteur, est le devoir de l'armée ; elle doit coopérer aux travaux qui s'y rattachent : fortifications, retranchements, routes, hôpitaux, magasins, casernes ; mais nous ne pensons pas que les maisons des colons, le défrichement et surtout les dessèchements, si dangereux pour la santé des travailleurs, puissent être demandés aux soldats. Nous avons été heureux de recevoir de M. le maréchal Soult, président du conseil, dont la constante sollicitude pour le bien-être de l'armée est si grande, l'assurance qu'il adoptait complétement cette opinion (1). »

Dans la presse aussi bien que dans les hautes sphères du pouvoir, on s'occupait activement de l'Algérie. Les opinions étaient partagées, sans doute, sur le mérite et l'opportunité des expéditions militaires : mais toutes se confondaient dans une même pensée et tendaient au même but : asseoir la colonie sur des bases solides.

Déjà M. l'abbé Landmann, curé de Constantine, avait demandé que le christianisme fût mis à même de jouer en Algérie le rôle civilisateur qu'il a joué jadis dans toute l'Europe (2).

Le général Duvivier envisageait la question sous un autre aspect : — D'abord, et en vertu du proverbe « qui est maître de

---

(1) *Rapport de M. le général Bellonèze.* Mai 1844.
(2) Voy. LANDMANN : *Colonisation agricole, religieuse et militaire du nord de l'Afrique.* Paris, 1841.

la montagne est maître de la plaine, » il proposait d'abandonner les plaines et les côtes et d'établir à l'intérieur les villes principales (1). Voilà pour la stratégie ; quant à la colonisation, il lui donnait pour but l'extinction du paupérisme : « On vient, disait-il, d'envoyer des trappistes pour cultiver en Afrique : c'est une heureuse pensée. Des bataillons permanents, cultivant à leur bénéfice, seraient aussi des hommes pliés à la pauvreté, à la discipline et au travail ; ils formeraient un second modèle moins accompli que celui des trappistes. Sous ces exemples et sous ces protections religieuses et militaires s'établiraient les colonies du paupérisme. Alors on serait assuré de progresser vers la colonisation et la civilisation. Oui, pendant un grand siècle, il faut que la colonie d'Afrique soit un immense ordre religieux, agricole et militaire, ayant fait vœu de pauvreté, de discipline et de travail (2). »

Le général Duvivier est un des hommes qui ont le plus écrit sur l'Algérie. Il était bon soldat, administrateur habile et d'une bienveillance rare. Sa troupe l'aimait, les Arabes le vénéraient et disaient de lui : « C'est un homme de bien. » — Ses idées sur la colonisation de l'Algérie ont été trop souvent discutées pour que nous ayons à les analyser ; il en est une, toutefois, que nous nous plaisons à rappeler, à raison même de ce qui se passe aujourd'hui : — Dans une brochure qui date d'hier (3), M. Emile de Girardin demande que l'Algérie soit gouvernée et administrée par un *Lieutenant de l'Empereur*, « exerçant tous les pouvoirs d'organisation, de réorganisation, de réforme législative, judiciaire, administrative,

---

(1) *Solution de la question de l'Algérie*, p. 118. 1841.
(2) *Quatorze observations*, p. 142.
(3) *Civilisation de l'Algérie* (1860).

financière qui appartiennent à l'Empereur, sous la seule réserve de l'approbation directe de Sa Majesté. » Or, voici ce que disait, en 1842, le général Duvivier (1) : « Donnez une armée permanente, rendez une loi qui déclarerait l'Algérie occupée à tout jamais et dont la conséquence forcée serait l'établissement immédiat d'un budget permanent; puis envoyez là un *vice-roi héréditaire*, à pouvoirs excessivement étendus, ne relevant que du roi, et laissez-le faire, en l'aidant toutefois le plus possible dans les premières années, par des recrues, par des colons, par des subsides éventuels. — Qu'on en soit certain, ce vice-roi, qui sentirait bien qu'il a brûlé ses vaisseaux, parviendrait vite à tout consolider. Il formerait un État continental calculé sur une absence absolue des ressources de la mer; il ne regarderait celle-ci que comme une éventualité heureuse, dont il profiterait quand la fortune la lui donnerait. Il laisserait à ses successeurs le soin de se créer une marine et des ports pour la recevoir. La question de l'Algérie prendrait alors un autre esprit, et bientôt elle satisferait à tous les avantages futurs, si âprement vantés et qui ne seront jamais que des utopies passées déjà à l'état fossile, tant que l'on administrera par la France et par des gouverneurs amovibles. »

Enfin, l'un des chefs de l'école saint-simonienne, M. Enfantin, demandait qu'on divisât l'armée « *en armée active de combattants et armée sédentaire de cultivateurs*, et proposait la création d'un ministère spécial (2).

Que faisait, cependant, le maréchal Bugeaud ? En butte aux attaques les plus violentes, mais fort de ses bonnes intentions

---

(1) *Spectateur militaire* (mai 1842).
(2) Voy. ENFANTIN : *Colonisation de l'Algérie*, p. 218, 449, 464. Paris, 1843.

et de l'appui que lui prêtait Louis-Philippe, il défendait ses théories avec une ardeur toute juvénile et en poursuivait l'application avec l'entêtement d'un vieillard. — Il commit des erreurs : tout homme est faillible, mais il fit de grandes choses et aida plus que personne au rapprochement des deux races.

Il s'occupa avec un soin tout paternel de l'administration des Arabes : ses instructions aux généraux d'Afrique témoignent de sa constante sollicitude pour le peuple conquis : « Il ne suffit pas, leur disait-il, de faire un bon choix des fonctionnaires arabes, il faut encore les surveiller, les diriger, s'occuper de leur éducation, de manière à les modifier graduellement; il faut, en même temps, les entourer de considération, afin de maintenir leur dignité et les faire respecter de leurs administrés. » Voilà pour les fonctionnaires; — « les simples Arabes, ajoutait-il, doivent être traités avec bonté, justice, humanité. Il faut écouter leurs plaintes, leurs réclamations; les examiner avec soin, afin de leur faire rendre justice s'ils ont raison, et les punir s'ils se sont plaints à tort (1). » — C'était là tout le secret de sa politique. Il s'attacha surtout à donner aux indigènes une administration qui fût conforme à leurs mœurs, et les forçât à préférer notre autorité à celle de l'Émir. Pour obtenir ce dernier résultat, il lui suffit d'être équitable : Le principe des amendes fut maintenu, mais l'application en fut réglementée de telle sorte que chacun pût payer ou recevoir intégralement ce qui lui était dû (2). L'impôt fut régularisé; les cavaliers arabes qui, sous la dénomination générale de makzen, étaient à notre solde, reçurent une nouvelle organisation ; enfin, les tribus

---

(1) *Circulaire du 7 septembre* 1844.
(2) *Circulaire du 12 février* 1844.

furent déclarées responsables des vols et crimes commis sur leur territoire (1).

Mais la création la plus importante fut celle des bureaux arabes. — Un procès fameux a attiré l'attention publique sur cette institution ; il est de notre devoir de la faire connaître :

Supprimée en 1839, ainsi que nous l'avons dit plus haut, la direction des affaires arabes fut rétablie par un arrêté du maréchal Bugeaud, en date du 16 août 1841. Un arrêté ministériel (1er février 1844) vint donner à ce service tout spécial une organisation régulière ; l'arrêté était ainsi conçu :

« Art. Ier. Il y aura, dans chaque division militaire de l'Algérie, auprès et sous l'autorité immédiate de l'officier général commandant, une direction des affaires arabes.

» Des bureaux désignés sous le nom de bureaux arabes seront en outre institués dans chaque division et sous les ordres directs du général commandant ; subsidiairement, sur chacun des autres points occupés par l'armée où le besoin en sera reconnu, et sous des conditions semblables de subordination à l'égard des officiers investis du commandement.

» Art. II. Les bureaux arabes seront de deux classes, savoir : de première classe, ceux établis aux chefs-lieux de subdivision ; de deuxième classe, ceux établis sur les points secondaires. — Ces bureaux ressortiront respectivement à chacune des divisions militaires dans la circonscription de laquelle ils se trouveront placés.

» Art. III. Les directions divisionnaires et les bureaux de leur ressort seront spécialement chargés de traductions et de rédactions arabes, de la préparation et de l'expédition des ordres et autres travaux relatifs à la conduite des affaires arabes, de la surveillance des marchés et de l'établissement des comptes de toute nature à rendre au gouvernement général sur la situation politique et administrative du pays.

(1) *Circulaire du 2 janvier* 1844.

» Art. IV. Indépendamment de ses attributions comme direction divisionnaire, la direction d'Alger centralisera le travail des directions d'Oran et de Constantine, sera chargée de la réunion et de la conservation des archives et de la préparation des rapports et comptes généraux à adresser au ministère de la guerre, et prendra en conséquence le titre de direction centrale des affaires arabes. Elle exercera sous l'autorité immédiate du gouverneur général.

» Art. V. Partout et à tous les degrés, les affaires arabes dépendront du commandant militaire, qui aura seul qualité pour donner et signer les ordres, et pour correspondre avec son chef immédiat, suivant les règles de la hiérarchie (1). »

Dans ces données, les bureaux arabes n'étaient que des intermédiaires utiles et précieux. Le maréchal définit avec un soin particulier les devoirs des officiers chargés de la direction ; on en jugera par les instructions suivantes, puisées dans le recueil des circulaires :

« Le premier soin de cet officier, qui doit comprendre et parler l'idiome des indigènes, sera de s'appliquer à acquérir une connaissance approfondie du pays, en étudiant les coutumes qui y sont établies, les lois qui y ont été en vigueur, etc., en recueillant, en un mot, tous les renseignements propres à éclairer l'autorité sur la portée des mesures qu'elle peut avoir à prescrire. Il va sans dire que dans cette étude du pays nous comprenons celle des hommes qui le gouvernent au nom de la France. La surveillance active et intelligente des chefs indigènes est une tâche délicate, réservée à l'officier chargé des affaires arabes. Pour la remplir avec succès, il ne devra point hésiter à se porter souvent au milieu des populations, à visiter les marchés, les tribus, et à écouter sur les lieux mêmes toutes les réclamations ; il faut que, placée bien au-dessus de

(1) Voy. *Bulletins officiels*, t. III, p. 21 et 22.

tout soupçon de partialité ou de violence, l'autorité française apparaisse aux indigènes comme la protectrice des opprimés; il faut que, jusque dans les douars les plus éloignés, son bras vienne suspendre les mauvais traitements et arrêter les exactions; c'est ainsi que les peuples, comparant avec raison la justice que leur rendent les Musulmans à la nôtre, seront amenés à reconnaître la supériorité du régime sous lequel ils vivent... D'ailleurs, cette manière de rendre la justice sur les lieux est conforme à l'esprit de tous les peuples primitifs, et elle aura pour nous le double avantage de nous mettre en relation fréquente et intime avec des populations qui nous connaissent peu et nous jugent mal, et de constituer le seul contrôle réel et efficace du gouvernement des chefs indigènes.

» L'officier chargé des affaires arabes devra veiller à la transmission de tous les ordres et à leur traduction; il devra, au besoin, en expliquer le sens aux chefs indigènes. Pour atteindre plus sûrement ce résultat, il devra habituer ces derniers à se mettre fréquemment en rapport avec lui, et chercher à connaître leurs pensées en provoquant leurs avis sur telle ou telle mesure qui pourrait être prise. Ces sortes de consultations, qui peuvent éclairer dans un cas donné, mais dont il faut user avec prudence, doivent paraître l'effet d'une condescendance amenée par le vif désir d'être juste, mais jamais faire supposer la moindre renonciation au droit absolu de commandement.

» L'officier chargé des affaires arabes ne pourra pas avoir des rapports également suivis avec tous nos agents indigènes; mais il devra s'appliquer particulièrement à appeler souvent auprès de lui ceux des chefs influents qui pourraient vouloir se tenir à l'écart, non que nous ayons besoin d'étayer notre autorité de la leur, mais parce que nous ne voulons pas laisser prendre racine à des influences en quelque sorte indépendantes de nous. Il devra faciliter les travaux des commissions administratives, en ce qui concerne la rentrée des contributions; il devra, à cet effet, réunir toutes les listes relatives à la perception de l'achour et du zekkat, et fournir ainsi l'une des bases nécessaires pour la répartition équitable de l'impôt par *aghalik*, *kaïdat* ou *douar*. Il servira d'intermédiaire entre les tribus et les commissions administratives pour le versement de toute espèce d'impôt. Il tiendra un registre où seront inscrits ces versements, et il veillera à ce que les quittances qui leur sont dues soient délivrées aux tribus qui ont fait ces versements.

» L'officier chargé des affaires arabes veillera au payement régulier des cavaliers auxiliaires ; il devra, comme membre du makgzen (gouvernement), entendre certaines plaintes, soit entre indigènes et Français, soit entre indigènes seulement. Sans examiner pour le moment la nature de ces plaintes, nous exigerons que les plus importantes d'entre elles soient inscrites sur des registres particuliers, avec les décisions auxquelles elles ont donné lieu. Un registre semblable sera tenu pour les jugements de quelque importance rendus par les chefs indigènes, et soumis tous les mois par le khalifa à l'officier chargé des affaires arabes qui le fera traduire. La réunion générale de ces registres permettra de tracer un jour des règles invariables pour toutes les questions judiciaires, et de jeter ainsi les bases d'un code applicable aux indigènes. L'officier chargé des affaires arabes devra s'attacher à réunir peu à peu les éléments d'une bonne statistique, dans l'acception la plus large de ce mot. Il devra, autant que possible, consigner toutes les remarques relatives aux coutumes religieuses, aux mœurs, aux lois locales ou générales. Il notera tout ce qui a trait à la richesse du sol, à sa culture, aux délimitations des tribus et fractions de tribus ; il inscrira avec un soin particulier ce qui est relatif aux relations des tribus entre elles, aux marchés publics, aux droits qui y sont perçus, aux poids et mesures qui y sont en usage. Mais la partie la plus essentielle de ces travaux statistiques est celle qui a trait à l'histoire de la tribu, et à laquelle devront être joints, peu à peu, des renseignements sur toutes les familles et sur tous les hommes politiques qui s'y trouvent. La réunion de tous ces documents, si imparfaits qu'ils puissent être d'abord, finira par constituer, dans chaque subdivision, des archives dont le premier avantage sera de ne pas laisser perdre ou tomber dans l'oubli des connaissances acquises, et d'empêcher que le changement de nos agents ne devienne une cause de perturbation. Il faut bien se persuader que notre politique doit être indépendante de la volonté des agents français qui la pratiquent actuellement ; qu'elle doit leur survivre ; et que, pour cette raison, il est indispensable que ses fils puissent toujours être retrouvés avec facilité. Quant à la formation même de ces archives, on ne devra point craindre d'y inscrire des renseignements même contradictoires ; ce n'est que par la comparaison de beaucoup de données rassemblées pour une même question, que nous découvrirons la vérité. Les éléments de ces archives devront autant que possible être clairs, bien ordonnés, détaillés et datés (1). »

Les fonctions de chefs de bureaux arabes exigeaient donc

(1) Voy. *Exposé de l'état actuel de la société arabe, du gouvernement et de la législation qui la régit*, p. 74-80. 1 vol. in-8°, Alger, 1844.

de la part des titulaires beaucoup de tact et d'intelligence, une bravoure à toute épreuve et un désintéressement absolu. — Qu'il se soit trouvé des officiers qui aient failli à leur mission, cela malheureusement n'est point douteux ; mais on ne saurait s'en prévaloir pour condamner une institution qui, nous aimons à le dire, a rendu et rend encore d'immenses services.

Ceux-là le savent, qui ont parcouru l'Algérie.

Le chef du bureau arabe est, en effet, le plus précieux auxiliaire de l'administration supérieure ; il gouverne les tribus, veille à l'ordre public, protége les voyageurs, ouvre aux Européens et au commerce les routes mêmes du Sahara, enseigne aux indigènes notre agriculture, nos constructions ; et, suivant l'expression pittoresque du colonel Ribourt, « fait de constants efforts pour remettre en marche cette société arabe qui, depuis dix siècles, marque le pas. » — Ainsi il va, toujours actif, initiant la race conquise à nos lois et à nos mœurs, implantant, partout où il passe, les premiers germes de la civilisation.

C'est donc à tort qu'on a demandé la suppression de ces bureaux (1). Au lieu de briser l'institution, il conviendrait, pensons-nous, d'assurer aux fonctionnaires une position et un traitement qui fussent en harmonie avec la charge qu'ils exercent. — Tout homme qui représente la France doit être à l'abri du besoin ; il faut qu'il en impose à tous par le prestige de l'autorité et par l'éclat de la fortune : il ne suffit pas

---

(1) Voy. F. RIBOURT : *Le Gouvernement de l'Algérie*, p. 49 et 50. 1 vol. in-8º, Paris, 1850 ; — BOURJOLLY, ouvrage déjà cité ; — V. FOUCHER : *les Bureaux arabes en Algérie*, p. 44 et 45, Paris, 1858.

qu'on le redoute, il faut qu'on le respecte. Or, les Arabes — chacun le sait, — ne respectent que leurs Marabouts et leurs Sultans, — c'est-à-dire les hommes de Dieu et les hommes du Pouvoir.

Le gouvernement a donné aux chefs des bureaux arabes une immense autorité : nous voudrions qu'il leur donnât plus encore, et qu'il assurât à leurs fonctions les avantages de tout genre attachés aux commandements supérieurs.

CHAPITRE ONZIÈME

GOUVERNEMENT DU MARÉCHAL BUGEAUD

(SUITE.)

(AOUT 1844. — SEPTEMBRE 1847.)

I. — Administration : l'Algérie est divisée en trois provinces (avril 1845).— territoires civils, territoires mixtes, territoires arabes. — Direction et Conseil supérieur. — Bou-Maza. — Guerre de l'Onenseris. — Les grottes de Frechich : le colonel Pélissier. — Représailles : Sidi Brahim ; l'insurrection devient générale. — Massacre des prisonniers français. — L'insurrection est vaincue. — Reddition de Bou-Maza. — Expédition contre la grande Kabylie. — Le maréchal Bugeaud donne sa démission.

II. — Des concessions. — Lois et ordonnances. — Projets divers.

I. — Après la bataille d'Isly, le ministère, comptant sur la stricte exécution du traité de Tanger, pensa que la puissance de l'Émir était à jamais anéantie : cette opinion fut généralement partagée. En France, comme en Afrique, on crut à une paix durable, et il parut au gouvernement qu'il pouvait, sans péril, donner à la colonie une administration plus libérale.

Le maréchal Soult, alors président du conseil, expliqua longuement, dans un rapport au roi, les motifs qui le portaient à opérer ces changements :

« La domination française, de jour en jour mieux affermie en Algérie, la sécurité répandue jusque dans les contrées qui étaient tout récemment le théâtre de la guerre, l'affluence croissante des colons et des capitaux, le développement donné aux travaux publics et à l'industrie privée, le vaste champ ouvert aux relations commerciales de la métropole avec la colonie : les villes qui s'élèvent ou qui se réédifient, les villages qui se fondent, les routes qui s'ouvrent, l'augmentation du revenu public, la facilité avec laquelle l'impôt arabe se perçoit : tous ces faits, tous ces résultats caractérisent, disait-il, la situation de l'Algérie, telle que l'ont faite quatorze années de sacrifices et de combats glorieux, les efforts et la persévérance des colons.

» L'action du pouvoir, — ajoutait-il, — se modifie nécessairement selon les temps, les hommes et les lieux. La permanence de la législation ne convient qu'aux États définitivement constitués. Aussi, la loi du 24 avril 1833 a-t-elle décidé que les établissements français en Algérie continueraient d'être régis par les ordonnances royales. Les difficultés et les incertitudes inhérentes à un pays inconnu et nouveau, la mobilité des choses, la soudaineté des besoins, l'imprévu, l'urgence, la guerre, l'éloignement, exigèrent pendant longtemps qu'une grande latitude fût accordée à l'autorité locale. Dans l'intervalle, l'expérience a éclairé les faits ; l'ordre s'est fondé, des communications régulières et rapides ont effacé les distances, et si le régime des ordonnances est maintenu, l'administration peut du moins entrer dans une voie de progrès qui la rapproche davantage des règles et de la hiérachie des pouvoirs. C'est à la faveur de ce progrès que les ordonnances royales s'étendront désormais à toutes les matières d'intérêt général, que leur préparation sera soumise à plusieurs degrés d'examen et que le conseil d'État interviendra dans l'appréciation de celles des mesures qui touchent le plus intimement à l'État et à la sécurité des personnes, ainsi que dans certaines matières qui affectent la politique générale du royaume. »

Aux termes de cette ordonnance, l'Algérie fut divisée en trois provinces : — Province d'Alger, — province de Constantine, — province d'Oran ; chaque province, subdivisée en arrondissements, cercles et communes, soit khalifats, aghaliks, kaidats et cheïkkats. Ces circonscriptions comportaient, suivant l'état des localités et le mode d'administration à elles propres, des *territoires civils*, des *territoires mixtes*, des *territoires arabes* (1).

Sont déclarés :

Territoires civils, ceux sur lesquels il existe une population civile européenne assez nombreuse pour que tous les services publics puissent y être complétement organisés ;

Territoires mixtes, ceux sur lesquels la population civile européenne, encore peu nombreuse, ne comporte pas une complète organisation des services publics ;

Territoires arabes, tous ceux situés, soit sur le littoral, soit dans l'intérieur du pays, qui ne sont ni mixtes ni civils.

Les territoires civils sont régis par le droit commun, tel que la législation spéciale de l'Algérie le constitue et sous la réserve des dispositions particulières relatives aux indigènes qui habitent ces mêmes territoires. L'administration y est civile. — Les Européens sont libres d'y former des établissements de toute nature, d'y acquérir et d'y vendre des immeubles.

Les *territoires mixtes* sont soumis à un régime administratif exceptionnel. Les autorités militaires remplissent sur ces territoires les fonctions administratives, civiles et judiciaires. Les Européens peuvent y former des établissements,

---

(1) Voy. *Ordonnance du roi, du 15 avril 1845, portant réorganisation de l'administration générale et des provinces en Algérie.*

y acquérir et y vendre des immeubles, mais seulement dans les limites déterminées par le ministre de la guerre sur la proposition du gouverneur général.

Les *territoires arabes* sont administrés militairement. Les Européens ne sont admis à s'y établir que dans un but d'utilité publique et en vertu d'autorisations spéciales et personnelles. Ces autorisations sont accordées par le gouverneur général, le directeur des affaires arabes entendu. — Les Européens autorisés à s'établir sur les territoires mixtes et arabes sont soumis au régime administratif propre à chacun de ces territoires.

Les tribus arabes, quels que soient les territoires qu'elles occupent, restent soumises à l'autorité militaire. Néanmoins, pour ce qui concerne l'autorité locale, les indigènes établis sur un territoire civil dépendent de l'autorité civile.

Le commandement général et la haute administration restaient confiés à un gouverneur général, auquel étaient adjoints :

Un directeur général des affaires civiles (1) ;

Des directeurs des services administratifs ;

Un conseil supérieur d'administration ;

Un conseil de contentieux.

Les attributions du gouverneur furent définies, et plutôt

(1) M. Blondel, ancien directeur des finances à Alger, fut nommé directeur des affaires civiles. — Il s'était voué depuis longtemps à l'étude des intérêts de la colonie et avait rendu d'immenses services. On lui doit la plupart des règlements et ordonnances qui, de 1834 à 1845, réparèrent en partie l'imprévoyance des premiers administrateurs et organisèrent la comptabilité et les divers services financiers. Il a publié sur l'Algérie plusieurs brochures justement appréciées.—Homme probe et désintéressé, esprit pratique et organisateur par excellence, M. Blondel est un des rares fonctionnaires algériens dont le nom soit environné d'estime.

augmentées que restreintes (titre III, chap. 1ᵉʳ) ; entre autres pouvoirs, le gouverneur eut celui de chasser de l'Algérie tout individu dont la présence lui semblait dangereuse pour l'ordre et la sécurité publique (art. 31).

Le conseil supérieur d'administration assistait le gouverneur dans l'examen de toutes les affaires qui intéressaient le gouvernement et l'administration de l'Algérie, et le développement de la colonisation, de l'agriculture et du commerce (chap. IV, art. 54) (1).

Le conseil du contentieux connaissait, sauf les exceptions résultant de la législation spéciale de l'Algérie, des matières déférées, en France, aux conseils de préfecture, et des prises maritimes, sous la réserve de la juridiction supérieure du conseil d'État (chap. V, art. 67-89).

Il y eut dans chaque province, pour l'administration des territoires civils : — par arrondissement, un sous-directeur de l'intérieur et des travaux publics; — par cercle (celui du chef-lieu de l'arrondissement excepté), un commissaire civil ; — par centre de population constitué en commune, un maire et des adjoints; — par tribu ou fraction de tribu établie sur le territoire civil, un kaïd ou cheick (art. 90-102).

Enfin, il fut institué, dans chaque arrondissement de *territoires civils*, une *commission consultative* devant se réunir deux fois l'année, à l'effet de donner son avis : « 1° sur les projets de budget des dépenses civiles dans l'arrondissement, tant pour les services généraux que pour les services locaux

---

(1) Directeurs des services administratifs : Le procureur-général, le directeur de l'intérieur et des travaux publics, le directeur des finances et du commerce, le directeur central des affaires arabes. — Voir, pour leurs attributions respectives, chap. II, art. 39-43) et chap. III (art. 45-53) de l'ordonnance précitée.

et municipaux ; 2° d'exprimer les vœux et les besoins de la population européenne et indigène sur tout ce qui touche à la colonisation (art. 103-107).

L'administration des *territoires mixtes* fut laissée aux chefs militaires, auxquels on adjoignit des *commissions consultatives*, créées *ad hoc* (art. 108-119). Celle des *territoires arabes* fut confiée, d'une manière absolue, au lieutenant général commandant la division.

Nous n'avons point à discuter le mérite de cette ordonnance : il nous suffit d'en rappeler les principales dispositions. Nous dirons néanmoins que tout en laissant l'Algérie en dehors du droit commun, elle assurait aux colons certaines garanties et réservait l'avenir : c'est ce qu'indique suffisamment ce passage du rapport : « L'administration civile, disait le maréchal Soult, continuera de fonctionner dans les limites qui lui sont actuellement assignées ; *mais ces limites ne seront point immuables*, et l'un des plus importants avantages de la nouvelle division administrative du territoire algérien sera de préparer le moyen de les étendre, à mesure que les territoires soumis à un régime exceptionnel auront fait, en population européenne et en situation politique, des progrès tels que leur régime administratif puisse être modifié ; mais l'intérêt de notre domination, qu'une force imposante devra longtemps protéger encore, nous fait une loi de ne rien précipiter. »

L'Afrique est la terre des prophètes ; pour un qui tombe, dix se lèvent. Après Abd-el-Kader, voici venir Bou-Maza :

« ..... Si-Mohammed-ben-Abd-Allah vivait depuis quelque temps au milieu des Cheurfa, chez une vieille femme veuve, bonne musulmane, qui l'avait accueilli chez elle pour faire une bonne œuvre et attirer la bénédiction divine sur ses vieux jours ; il menait une vie aussi édifiante que possible, ne parlait à personne, priait du matin au soir, se nourrissait des offrandes qu'on lui apportait, et en enrichissait la pauvre femme qui lui avait donné asile. Sa manière de vivre, ses extases, ses prières continuelles, et même jusqu'à la saleté de ses vêtements, finirent par lui acquérir une certaine réputation de sainteté, qui grandit de jour en jour et s'étendit dans le Dhara. Une chèvre qui partageait sa solitude et ses repas d'Ermite, et qui exécutait à ses ordres quelques tours d'adresse miraculeux pour les Kabyles qui en étaient témoins, complétait le mystérieux et l'originalité de son existence, et lui valut le surnom de Bou-Maza, mot à mot, « le père de la chèvre, » c'est-à-dire, dans notre langue, « l'homme à la chèvre. » Quand il eut bien compris le caractère de la population qui l'entourait, le jeune dérouïche se décida à agir : il convoqua les guerriers de la tribu, leur annonça qu'il était le Sultan choisi par Dieu pour exterminer les Français, et les invita tous à se joindre à lui pour combattre les infidèles ; il promettait l'invulnérabilité aux croyants irréprochables, les joies de l'autre monde à ceux qui, moins purs, ne jouiraient pas de cette précieuse qualité et mourraient dans les combats ; enfin, les richesses terrestres à tous ceux qui survivraient. — En d'autres termes, il promettait à ses compagnons le pillage d'Orléansville et de Ténès.

Ces promesses, et surtout la dernière, produisirent une grande sensation sur les esprits des auditeurs. « La nouvelle de l'événement vola de montagne en montagne, et bientôt, sous tous les gourbis du Dhara et les tentes de la plaine, il ne fut plus question que de l'envoyé du Prophète. Toute la poésie arabe, qui se nourrit de merveilleux et de fables, se plut à embellir les récits qui circulaient sur le compte du dérouïche. On le disait jeune, beau et orné d'une étoile au front; on affirmait qu'il avait fait des miracles, et on trouvait des imposteurs ou des fous qui attestaient sur le Coran en avoir été témoins. On assurait que la poudre n'agissait pas contre lui; on racontait, à l'appui de cette assertion merveilleuse, qu'il s'était fait tirer un coup de fusil à deux pas, et qu'au lieu de détonation de feu et de balle, on n'avait aperçu qu'un simple filet d'eau sortir du canon et venir expirer à ses pieds. Les uns disaient qu'il venait des Cheurfa, des Flittas, d'autres qu'il venait du Maroc, ceux-ci qu'il venait du Sud, et ceux-là de la Mecque. Enfin, les plus rationnels prétendaient qu'il ne devait venir de nulle part, à moins que ce ne fût du Ciel, puisqu'il était envoyé par le Prophète (1). »

Bou-Maza eut bientôt sous ses ordres une bande d'aventuriers; quand il se sentit assez fort, il se mit en campagne et ce fut à nos alliés qu'il s'attaqua d'abord. Il envahit le territoire de Sidi-Kadok, kaïd de Médiouna; pilla la tribu, après en avoir assassiné le chef, puis se jeta sur le douar de Bel-Kassem, un de nos serviteurs. La tribu fut livrée au pillage. Quant à Bel-Kassem, une mort terrible l'attendait : Le chérif lui fit couper successivement tous les membres, après quoi il lui brûla la cervelle et fit égorger sa famille. Ainsi procédait le nouveau sultan.

A la nouvelle de ces événements, le colonel Saint-Arnaud, qui commandait Orléansville, partit avec les troupes disponi-

---

(1) Ch. Richard. *Étude sur l'insurrection du Dahra*, 1 vol. in-8° Alger, 1846.

bles, joignit les bandes insurgées, et les poursuivit à outrance, après les avoir battues (avril 1845). — On pensa que les Arabes comprendraient enfin qu'ils étaient dupes d'un imposteur. C'était méconnaître leur esprit : A ceux qui commençaient à se plaindre, Bou-Maza répondit « que leur malheur était chose toute naturelle ; que Dieu avait voulu les éprouver, et que s'ils avaient eu des intentions plus pures, la victoire eût été certaine ; qu'il leur conseillait, en conséquence, de se purifier par la prière et par une confiance aveugle dans l'exécution de ses ordres, qui étaient ceux de Dieu. » En même temps, il écrivit dans toutes les tribus qu'après avoir exterminé Bel-Kassem et les siens, il nous avait complétement battus. Or, les Arabes ajoutent imperturbablement foi à toute nouvelle qui nous est funeste ; ils restèrent convaincus que nous venions de subir un échec ; leur fanatisme s'en accrut, et nos kaïds, épouvantés de la fin tragique de Bel-Kassem, firent presque tous défection (1).

L'insurrection s'étendit avec une effrayante rapidité. Pour la contenir, il fallut mettre en mouvement plusieurs colonnes. Le général Bourjolly surveilla les cercles de Ténez et d'Orléansville ; le colonel Géry se porta au sud de Mascara, dans le Djebel-Amour, et s'empara des points les plus importants (avril et mai), tandis que le maréchal Bugeaud châtiait les populations de l'Ouenseris qui s'étaient rangées sous les drapeaux du chérif. Mais bien que glorieuses pour nos régiments, ces expéditions n'amenèrent aucun résultat : nos troupes s'étaient à peine éloignées, que les Arabes reprenaient leurs armes et

---

(1) Sur 80 fonctionnaires que nous avions dans la subdivision avant la révolte, 68 nous ont trahis, et 12 seulement nous sont restés fidèles. Voy. *Richard*, p. 199, note 3.

faisaient parler la poudre. — Bou-Maza, se voyant pressé de tous côtés, se jeta dans le Dhara.

Le Dhara s'étend entre la Méditerranée et le Chélif, depuis Ténez jusqu'à l'embouchure du fleuve, sur une longueur d'environ cinquante lieues, et sur une profondeur de vingt au plus. C'est un des plus riches pays de la province d'Alger. Il était alors habité par des populations belliqueuses, au nombre desquelles figurait la tribu des Ouled-Riah.

Trois colonnes, commandées par les colonels Saint-Arnaud, Lamirault et Pélissier, envahirent à la fois le territoire et se mirent à la poursuite de Bou-Maza. Chacune d'elles agit séparément : les deux premières obtinrent sans trop de peine la soumission des tribus révoltées ; mais celle du colonel Pélissier dut faire une épouvantable exécution :

Les Ouled-Riah, perdus pour ainsi dire au milieu des montagnes, avaient jusqu'à ce jour refusé de reconnaître l'autorité de la France. Personne encore n'avait osé les suivre dans les labyrinthes naturels qui protégeaient leurs demeures, et dont seuls ils connaissaient les détours. Le colonel Pélissier tenta l'aventure. A son approche, les Arabes se réfugièrent, avec leurs familles et leurs troupeaux, dans les grottes du Fréchich, qui leur offraient un asile impénétrable. Le colonel les somma de se rendre ; ils répondirent par des coups de fusil, et notre parlementaire fut tué (18 juin 1845). Les assaillants se trouvèrent ainsi placés dans cette alternative : ou faire un siége en règle, et dans ce cas ils servaient de point de mire aux tirailleurs arabes sans pouvoir riposter ; ou bien lever le camp, et donner ainsi un nouvel aliment à l'insurrection, en laissant croire aux tribus qu'elles pouvaient nous braver impunément. Restait un troisième moyen : celui d'une extermination en masse ; — on l'employa :

Des amas de bois et de paille sèche furent jetés au-devant des grottes, puis on y mit le feu. Bientôt après, les flammes et la fumée s'engouffraient dans la caverne... « Alors arrivèrent aux oreilles épouvantées de nos soldats des clameurs déchirantes, puis, de temps à autre, le bruit de la fusillade. Que se passait-il ? Nul n'a pu le redire. — Le soir, les détonnations cessèrent. Le lendemain, à la pointe du jour, une compagnie formée moitié d'hommes du génie, moitié d'artilleurs, eut ordre de pénétrer dans les grottes. Un silence lugubre, entrecoupé de râlements lointains, y régnait. A l'entrée, des animaux dont on avait enveloppé la tête pour les empêcher de voir et de mugir, étaient étendus à moitié calcinés. Puis, c'étaient des groupes effrayants que la mort avait saisis. Ici, une mère avait été asphyxiée au moment où elle défendait son enfant contre la rage d'un taureau dont elle tenait encore les cornes, et que l'incendie avait étouffé. Ailleurs, des cadavres nus rendaient le sang par la bouche, et, par leurs attitudes, témoignaient des convulsions des vivants. Ici, deux époux ou deux amants se tenaient corps à corps, et l'asphyxie avait resserré les liens formés par leurs bras enlacés. Des nouveaux-nés gisaient parmi les caisses et les provisions ; d'autres étaient cachés dans les vêtements de leurs mères. Enfin, çà et là, des masses de chair informes, piétinées durant les luttes intérieures, formaient comme une sorte de bouillie humaine (1) ! »

La tribu des Ouled-Riah n'existait plus.

Cette terrible exécution causa en France une véritable

(1) L. Plée.

stupeur. La conduite du colonel fut condamnée par les deux Chambres et par la presse entière. C'était faire, disait-on, une guerre de sauvages et déshonorer l'armée. Le maréchal Soult lui-même n'osa point amnistier son lieutenant : « Je désavoue cet acte et je le déplore, » dit-il à la chambre des Pairs (1). — Seul, le maréchal Bugeaud se roidit contre l'opinion publique : il approuva sans jactance, mais sans faiblesse, l'acte qu'on incriminait, et en accepta, comme général en chef, l'entière responsabilité.

Abd-el-Kader, qui depuis la bataille d'Isly se tenait de l'autre côté de la frontière, accourut aussitôt dans la province d'Oran et souleva quelques tribus du cercle de Tlemcen. Cavaignac marcha contre les insurgés et les défit; mais ce succès devait avoir un épouvantable lendemain :

Cédant aux suggestions de l'Émir, les Souhalias écrivirent au commandant de Djemma-Gazaouat qu'ils étaient menacés par les réguliers, et lui demandèrent un secours immédiat. Le colonel Montagnac partit avec 420 hommes, établit son camp sur les bords du ruisseau de Sidy-Brahim ; puis, avec trois compagnies du 8ᵉ chasseurs d'Orléans et soixante hussards, se porta à trois kilomètres plus loin, où il joignit un gros de cavaliers. — Il croyait rencontrer des auxiliaires ; il ne trouva que des ennemis.

Abd-el-Kader, en effet, était là, guettant ses adversaires comme la panthère guette sa proie. Au signal qu'il donne, les Arabes enveloppent la colonne française et l'assaillent avec furie. Montagnac, pris à l'improviste, forme sa troupe en carré et

---

(1) Peu de jours après, cependant, il disait à la chambre des Députés : « La guerre a ses nécessités : peut-être moi-même, à la place du colonel, n'aurais-je pas agi différemment. »

l'exhorte à se défendre. Une balle l'atteint, il meurt. Les chasseurs se groupent autour de son cadavre et luttent avec l'énergie du désespoir. Mais on les enferme dans un cercle de feu, et leurs rangs s'éclaircissent (1).

A la fin de la journée (25 septembre), il ne restait de la colonne que quatre-vingt-trois hommes, commandés par le capitaine de Géraux et par le lieutenant Chappedelaine. — La troupe se replie sur le marabout de Sidy-Brahim. Abd-el-Kader ordonne à l'un de ses prisonniers, le capitaine Dutertre, de se rendre auprès des assiégés et de leur conseiller de mettre bas les armes. Dutertre s'avance jusqu'aux murailles, exhorte les chasseurs à combattre jusqu'à leur dernier souffle, puis revient auprès de l'Émir, qui le fait décapiter et ordonne l'assaut.

Après trois attaques infructueuses, les Arabes changent le siège en blocus et se retirent, laissant 450 des leurs autour du marabout. — Deux jours se passent : les assiégés n'ont plus ni munitions ni vivres ; ils se précipitent en avant, traversent la ligne de blocus et gagnent un ravin où ils comptent se reposer ; mais les Arabes accourent comme des bêtes fauves et les entourent ; il faut livrer un nouveau combat. Les chasseurs jettent leurs fusils, désormais inutiles, et, la baïonnette au poing, s'élancent en désespérés contre l'ennemi. Sur quarante qui restent, vingt-sept succombent; treize seulement échappent au massacre et sont recueillis par la garnison de Djemma-Gazaouat qui venait à leur secours.

(1) Au bruit de la fusillade, le chef de bataillon Froment Coste s'était élancé, avec la garde du camp, au secours du colonel. Mais les Arabes l'avaient également enveloppé et il avait subi le sort de ses compagnons d'armes.

Abd-el-Kader avait vengé les Ouled-Riah. Il fit répandre dans toutes les tribus le bruit de sa victoire, et engagea les populations à émigrer en masse. — Cette fois encore, ses conseils font loi : nombre d'Arabes cèdent à ses exhortations et vont grossir sa deïra. Pour arrêter leur mouvement, une exécution devient nécessaire. Le colonel Walsin Esterhazy, prévenu qu'un goum nombreux se dirige vers la frontière, part à la tête des Douars et des Zmélas, atteint les fugitifs, somme deux de leurs chefs de rétrograder, et sur leur refus leur brise la tête. Le goum, épouvanté, demande l'aman. Le général La Moricière, alors gouverneur par intérim, accourt d'Alger et prend aussitôt les mesures nécessaires pour concentrer l'insurrection dans un cercle assez étroit pour qu'il puisse s'en rendre maître. Abd-el-Kader se retranche au col d'Aïn-Kebira; La Moricière l'y attaque et le met en déroute. Puis il tourne, par l'ouest, toutes les tribus qui se dirigeaient vers le Maroc, les chasse en avant et les force à implorer leur pardon.

Cependant, le maréchal Bugeaud revenait à la hâte prendre le commandement des troupes : il devait faire face à tout, n'abandonner ni une position, ni un allié, et empêcher que l'insurrection gagnât le Sahel et la Mitidja. Il fit tout cela.

L'ennemi se fractionnait, allumant partout des foyers de révolte ; le maréchal imita ses efforts. Quatorze colonnes, toujours actives, toujours convergentes, sillonnèrent le pays.

L'Émir tente de pénétrer dans le Dahra ; ne pouvant y réussir, il se jette dans le Sud, traverse le Djebel-Amour et les Ouled-Naïls, soulève les tribus du petit désert ; puis, par une marche rapide, se porte dans la vallée de l'Isser, où Ben-Salem vient le joindre. Leurs deux troupes agissent de concert et enlèvent toutes les tribus qui nous sont soumises : — Le général Gentil part aussitôt de l'Oued-Corso, rallie les troupes du colonel Blangini et tombe à l'improviste sur les Arabes, qui, aux premiers coups de feu, abandonnent le camp : 300 chevaux, 600 fusils, presque tout le bétail pris aux Issers; des selles, des drapeaux, des armes de toute sorte restent en notre pouvoir (janvier 1846).

Le gouverneur se porte avec sa colonne sur les Flissas, tandis que le général Bedeau surveille le Sud, et la grande Kabylie est cernée de tous côtés. L'Émir fait un suprême effort : il convoque les montagnards (27 février) et les conjure de se joindre à lui. « Nous ne croyons plus maintenant qu'à des faits positifs, lui répondent les chefs arabes. Va combattre les chrétiens, et si tu rentres victorieux, nous marcherons sous ton drapeau. » Abd-el-Kader s'éloigne, découragé, parcourt en un jour et deux nuits plus de 200 kilomètres, se rapproche de Boghar et pille la tribu des Douars. Une de nos colonnes, celle du colonel Camou, l'atteint à Ben-Nahar (7 mars) et lui fait éprouver de grandes pertes. — Le lendemain, le colonel ralliait le général Youssouf et sa cavalerie. Les deux commandants se concertent pour envelopper l'ennemi. Youssouf s'acharne à sa poursuite et le force, trois fois en douze heures, à abandonner son campement; enfin (13 mai), il aperçoit l'Émir fuyant à toute bride. Les goums, commandés par le capitaine Ducros et les spahis, redoublent de vitesse, atteignent et sabrent les réguliers. Abd-el-Kader fuit sans combattre et gagne le désert.

Les Ouled-Naïls, las d'une guerre qui les ruinait, demandèrent l'aman ; les Beni-Amer et les Hachem qui, jusqu'alors, avaient été les plus fidèles serviteurs de l'Émir, abandonnèrent la deïra et vinrent s'établir aux environs de Fez, sous la protection des Marocains. Or, les Hachem étaient depuis douze ans attachés à la fortune d'Ab-el-Kader, et leur défection devait avoir dans la Régence une haute portée politique.

A dater de cette époque, les événements se précipitent; les Arabes, reconnaissant leur impuissance, renoncent à une lutte ouverte : ils tuent et ils pillent. Les lieutenants d'Abd-el-Kader vont donner eux-mêmes le signal de l'assassinat :

La deira était venue camper sur la frontière du Maroc : là se trouvaient, sous la garde des réguliers, cinq cents prisonniers français occupant une vingtaine de gourbis au milieu du camp. — Le 27 avril, dans le courant de la journée, des cavaliers viennent, au nom de Ben-Themi, chercher les officiers, invités à une fête donnée par le kalifa; à la nuit tombante, les prisonniers restants sont passés en revue, puis séparés par groupes de sept à huit; chaque groupe est placé dans un gourbi, sous la garde de vingt-quatre hommes. Vers minuit, un grand cri se fait entendre : c'est le signal du massacre. Une lutte horrible s'engage alors : les prisonniers font arme de tout et cherchent à se frayer un passage; mais les Arabes les fusillent à bout portant (1)....

Une heure après, tout bruit avait cessé, et les auteurs ou les complices de cette odieuse exécution se dispersaient dans les douars (28 avril 1846).

Dès qu'il eut connaissance de cette catastrophe, le général Cavaignac se porta sur la frontière du Maroc pour recueillir les hommes échappés au massacre; mais ses recherches fu-

(1) Voy. pour plus amples détails, le *Moniteur* du 31 mai 1846, et les journaux du temps.

rent infructueuses : deux soldats seulement avaient pu fuir (1).

Le maréchal Bugeaud accusa hautement Abd-el-Kader d'avoir ordonné l'assassinat des prisonniers (2). Dans une proclamation qu'il adressa aux Arabes et aux Kabyles, il mit en opposition la cruauté de l'Émir et la générosité de la France, et annonça qu'il sévirait avec la dernière rigueur contre les tribus qui recommenceraient la guerre. Les commandants de division reçurent l'ordre de comprimer, avec un redoublement d'énergie, toute tentative de révolte, et ces instructions furent strictement remplies.

A l'Est, deux foyers de désordre restaient encore à étouffer : l'un, au nord de Sétif, l'autre vers la frontière de Tunis. Le général Randon infligea un châtiment exemplaire aux Ouled-bou-Thaleb qui avaient égorgé un convoi de malades évacués sur Guelma; dispersa, après une charge brillante, 5 ou 6,000 cavaliers tunisiens qui inquiétaient sa colonne, et ramena sous notre obéissance les populations comprises entre Philippeville et Bône.

Les Kabyles avaient attaqué Bougie : ils furent poursuivis à outrance, contraints de demander l'aman, et lourdement imposés.

Le système des razzias, appliqué dans toute sa rigueur par le maréchal Bugeaud et par ses lieutenants, allait enfin porter ses fruits. Les Arabes, réduits littéralement à la misère, mirent bas les armes, isolément ou par fractions. Ce fut d'abord

---

(1) Les officiers furent rachetés : leur rançon, fixée à 40,000 francs, fut envoyée au général d'Arbouville et remise aux Arabes par M. Durande, Enseigne de vaisseau, qui servit d'intermédiaire (21 novembre 1846).

(2) Il est constant que l'Émir désapprouva cet acte.

le cheick du Djebel-Amour qui vint offrir ses services et recevoir des mains du gouverneur le bournous d'investiture (octobre 1846) ; les Kabyles, campés autour de Bougie, se présentent bientôt après et reconnaissent notre autorité : « Convaincus, disent-ils, que l'heure indiquée par Dieu pour la soumission de notre pays et de notre race est arrivée, nous ne pouvons qu'obéir aux décrets du Tout-Puissant. » — Ben-Salem, le plus dévoué des partisans d'Abd-el-Kader et qui, pendant seize ans, nous a fait une guerre implacable, Ben-Salem lui-même se met à la discrétion du maréchal. Bel-Kassem-ou-Kassi imite son exemple.

Seul, Bou-Maza tenait encore la campagne. — Après s'être séparé d'Abd-el-Kader dont il blâmait la prudence et dont il se défiait, il avait repris, à la tête d'une troupe de vagabonds, ses courses aventureuses. — Du Maroc, où il était allé chercher du renfort, il passe dans le Djebel-Amour, de là, chez les Ouled-Naïls, puis dans le Zab. Repoussé par les Arabes, poursuivi sur tous les points par la colonne du général Herbillon, battu au combat d'Ouled-Djellal (10 janvier 1847), il tente un nouvel effort dans le Dahra. Mais les populations restent sourdes à sa voix : traqué de tous côtés par nos troupes, obligé de fuir l'asile qu'il avait trouvé chez les Ouled-Younès, il se fait conduire auprès du commandant d'Orléanville (1) :

— « C'est à toi que j'ai voulu me rendre, dit-il au colonel Saint-Arnaud, parce que tu es celui des Français contre lequel

(1) 13 avril 1847. — Amené en France, Bou-Maza fut interné à Paris et reçut du gouvernement une pension de 15,000 francs. Il s'enfuit le 24 février 1848. Il fut arrêté, enfermé à Ham, puis remis en liberté par le Président de la République (juillet 1849). Pendant la guerre de Crimée, il commanda un corps de Bachi-Bouzouks; passa depuis, en qualité de colonel, au service de la Porte.

j'ai le plus souvent combattu. » Le célèbre agitateur parodiait ainsi, et sans le savoir, le mot de Napoléon au Régent d'Angleterre.

On a beaucoup écrit sur Bou-Maza, dont on a, ce nous semble, singulièrement exagéré le mérite. Ses admirateurs en ont fait l'émule et le rival de l'Émir : c'est, à notre avis, prendre l'ombre pour la lumière. En dépit de ses biographes, nous ne reconnaissons à ce chef de bandes qu'une bravoure insigne et une infernale cruauté.

Après dix-huit mois d'une lutte acharnée, l'insurrection, qui du Dahra avait gagné toute la Régence, était enfin comprimée.

Le maréchal Bugeaud résolut alors de sévir contre quelques tribus de la grande Kabylie, dont il avait à se plaindre. Deux colonnes partirent, l'une d'Aumale, l'autre de Sétif, et se dirigèrent sur Bougie. La première, commandée par le maréchal en personne, attaqua les Beni-Abbas et les Zouaoua qui opposèrent une résistance désespérée, enleva leurs positions et brûla impitoyablement leurs villages (16 mai 1847), puis arriva jusqu'à Bougie ; la seconde le rejoignit bientôt après : — Cinquante-cinq tribus, comprises dans le triangle formé par Hamza, Sétif et Bougie, reconnurent l'autorité de la France : c'était un succès inespéré (1).

Cette expédition fut la dernière que commanda le maréchal;

---

(1) A la même époque (avril et mai 1847), les généraux Cavaignac et Renau firent une expédition dans le Sahara, qui n'avait encore été exploré par aucun Européen. Ce ne fut, à vrai dire, qu'une forte reconnaissance. Voy. F. JACQUOT, *Expédition du général Cavaignac dans le Sahara algérien*, Paris, 1849 ; — G. DE CHAMBERET : *Souvenirs de l'expédition dans le sud de la subdivision de Tlemcen* (1848).

bien que son œuvre ne fût point encore achevée, il donna sa démission.

En quittant Alger, il laissa l'intérim au général Bedeau et publia la proclamation suivante, empreinte d'un bout à l'autre d'une grande franchise et d'un légitime orgueil :

« Colons de l'Algérie,

« Jetez un coup d'œil sur la proclamation que je vous ai adressée en février 1841, à mon arrivée en Afrique; vous verrez que j'ai dépassé de beaucoup le programme que je m'étais tracé. J'avais dit que le drapeau de la France devait seul planer sur l'Algérie : deux fois l'Émir a été refoulé dans le Maroc, et notre domination s'étend, sur le pays des Arabes, de la frontière de Tunis à celle du Maroc, de la mer à 120 ou 130 lieues dans le petit désert.

» J'avais dit que je serais colonisateur ardent. Étendez vos regards au delà du cercle d'Alger, voyez ces villes fondées ou relevées de leurs ruines; voyez les routes, les ponts, les édifices de toute nature, les barrages, les conduites d'eau, les villages qui ont surgi, et dites si nous n'avons pas fait en colonisation, au milieu d'une guerre ardue, plus qu'on n'avait le droit d'attendre en raison des moyens exigus qui ont été mis à notre disposition.

» Mais ce qui est colonisateur et administratif au-dessus de tout, c'est la sécurité. Cette sécurité, vous l'avez; vous pouvez voyager en tous sens et isolément jusqu'à 50 lieues et plus de la côte; les Arabes gardent eux-mêmes les routes par des postes échelonnés de deux lieues en deux lieues ; ces postes vous offrent le soir un asile sûr, et si vous voulez aller dans le douar voisin, vous y trouverez une hospitalité généreuse. Les tribus font elles-mêmes la police, et il est fort rare qu'un crime ou un délit reste impuni. Par les mêmes raisons, le commerce entier du pays vous est ouvert; s'il n'est pas plus considérable, il faut l'attribuer aux maux de la guerre et à ce que les Arabes consomment peu; mais il tend à grandir tous les jours par les bienfaits de la pacification. L'armée, pour ouvrir les voies à la colonisation, ne cesse de travailler que lorsqu'il est nécessaire de prendre les armes. Partout elle aide les colons de son bras, de sa protection et de son budget.

» Les causes de la crise financière et industrielle qui afflige particulièrement Alger et sa banlieue, ne sont ni militaires ni politiques, car nous n'avons jamais été aussi puissants ; notre drapeau est respecté partout, et la sécurité, dans le présent du moins, dépasse nos espérances. Les causes sont uniquement dans les spéculations exagérées et irréfléchies. Un tel état de choses ne peut durer, puisqu'il n'y a dans la situation générale aucun mal sérieux, profond. Quelques individus pourront être victimes des entreprises folles, mais bientôt l'équilibre se rétablira et les affaires, reprenant leur état normal, vous rentrerez dans le progrès mesuré.

» Ma santé et la situation qui m'est faite par l'opposition qu'éprouvent mes idées, ne me permettent plus de me charger de vos destinées. J'ai prié le roi de me donner un successeur, et je vais attendre en France sa décision. Mais, soyez-en sûrs, je resterai toujours profondément attaché à l'œuvre pour laquelle, depuis plus de six ans, j'avais consacré toutes les forces du corps et de l'esprit; je plaiderai vos intérêts près du gouvernement et de la Chambre des Députés. Pour le faire avec quelque avantage, je suivrai toujours avec la plus vive attention toutes les phases de votre carrière. Vous n'aurez pas un avocat plus chaleureux ni plus dévoué que moi.

» Par ce dévouement, par les services que je vous ai rendus et que vous reconnaissez, par l'expérience que j'ai de vos affaires, n'ai-je pas acquis le droit, en vous quittant, de vous donner quelques avis ?

» Votre impatience, naturelle sans doute, mais peu réfléchie, vous fait sans cesse, et en toutes choses, devancer la marche du temps. Vous voudriez voir tout improviser à la fois, comme si on fondait en quelques années, sur un sol nu, un pays à l'image de la France : c'est l'œuvre des siècles. Cette impatience vous rend souvent injustes envers vos administrateurs. Vous vous en prenez presque toujours aux gouvernants de ce qui ne doit être attribué qu'aux difficultés des choses. Ces difficultés, vous les mesurez rarement ; vous considérez peu l'ensemble général de ces nécessités, et vous ne voyez, la plupart du temps, que les intérêts qui vous touchent de plus près.

» Devançant encore le temps, les plus ardents d'entre vous, et certainement les plus irréfléchis, demandent l'assimilation complète avec la France, c'est-à-dire toutes ses institutions civiles et politiques. Ils les demandent sans songer à ce que vous êtes et à la place que vous occupez sur la carte du pays. Vous n'êtes que la quarantième partie de la population que nous devons établir pour utiliser la conquête et dominer les Arabes qui sont quarante fois plus nombreux que vous, et le territoire que vous occupez est à peine la centième partie de la surface conquise.

» Ces manifestations, soyez-en sûrs, ne sont pas sans danger, comme on pourrait le croire ; elles détournent les esprits des questions fondamentales de votre avenir ; elles faussent l'opinion du pays et des Chambres ; elles créent des embarras au gouvernement. En disant sans cesse que le remède aux maux que vous éprouvez, aux obstacles que vous rencontrez est dans l'octroi des institutions civiles et politiques de la France, n'est-ce pas dire en même temps qu'en vous donnant cela on n'a pas besoin de vous accorder autre chose ? N'y a-t-il pas des publicistes qui ont écrit plusieurs fois que, pour faire prospérer l'Algérie, il suffisait d'une loi politique en trois articles ?

» Ah ! si les gens qui se font vos organes comprenaient bien vos besoins, ils n'useraient pas le crédit que la population civile doit avoir sur la métropole à demander des choses tellement illusoires, que, lors même qu'elles vous seraient toutes accordées, elles n'aplaniraient aucune des difficultés qui vous pressent. Ces difficultés sont dans la nature des choses : elles sont dans les Arabes, dans le climat, dans les misères qui entourent les premiers pas de l'agriculture ; les libertés n'ont là absolument aucune puissance.

» Demandez donc d'abord à la mère-patrie qu'elle maintienne l'effectif de l'armée, qu'elle adopte un large système de colonisation civile et militaire, qu'elle augmente les allocations pour nos travaux publics de première urgence ; enfin, qu'elle ôte à la centralisation de Paris tout ce qui peut lui être ôté, sans compromettre la responsabilité ministérielle. Les affaires se feront avec plus de rapidité, et la lenteur de leur marche est le seul côté bien fondé dans les plaintes amères que vous faites entendre tous les jours.

» Voilà les choses qui peuvent influer sur votre avenir. Plus tard, quand vous aurez grandi, quand votre société sera assise sur de larges bases, quand vous aurez assez d'aisance pour payer des impôts, le moment sera venu de demander des institutions en harmonie avec votre état social.... »

M. Bugeaud avait raison de glorifier l'armée, qui rendait

effectivement des services de toute nature, et sans laquelle rien de stable n'eût été fait en Algérie ; il avait raison, c'est encore notre avis, de reprocher aux colons leur excès d'impatience et de les inciter au travail. Mais, comme administrateur, il était trop absolu, trop enclin à ne voir, dans ses administrés, que « *des enfants capricieux et mal élevés, difficiles à conduire ;* » dans ses contradicteurs, que des « *niais ou des sophistes ;* » et, pour ne point céder à de légitimes exigences, il compromettait le succès même de son œuvre.

Les Français, en effet, savent par expérience que le despotisme militaire est d'autant plus à craindre qu'il se cache derrière la gloire ; ils aiment le soldat en tant qu'il combat pour la patrie ou pour le triomphe d'une cause sainte, mais ils le voient avec défiance se mêler à la politique et jouer le rôle de protecteur. — Or, en attribuant à l'armée, et à l'armée seule, le mérite de la colonisation, le maréchal Bugeaud créait entre la troupe et la population civile un antagonisme fâcheux.

— Sans nous, disaient dédaigneusement aux colons les chefs militaires, que feriez-vous ? que seriez-vous ?

Et les colons, blessés au vif, leur répondaient en montrant les bulletins, empreints parfois d'une exagération toute gasconne :

— Si les Arabes n'existaient pas, vous les inventeriez.

Sous tous les rapports, je le répète, cet antagonisme était fâcheux.

Ce reproche est le seul, du reste, qu'on puisse adresser à M. Bugeaud, qui fut un véritable homme de guerre, un homme probe, et dont le souvenir sera éternellement lié à celui de notre colonie d'Afrique.

II. — Les essais de colonisation militaire tentés par le maréchal Bugeaud avaient, nous l'avons dit, complétement échoué ; il fallut chercher des moyens plus pratiques.

A la Chambre des députés, M. Dufaure, rapporteur d'une commission spéciale, avait précédemment formulé (1845) l'opinion de ses collègues au sujet de l'Algérie : « Qu'il soit bien entendu pour tout le monde, avait-il dit, que nous n'y restons pas pour satisfaire les exigences persévérantes de l'honneur national, que nous n'y sommes pas pour nous exercer aux terribles jeux de la guerre ; mais que notre but, notre œuvre, notre mission est d'y fonder, avec des éléments très divers, une société, une famille compacte, unie, digne un jour d'entrer par une alliance indissoluble dans la grande famille européenne (1). » — L'honorable député fixait ainsi le but à atteindre ; mais la voie qu'il indiquait, comme devant mener au but, était semée d'écueils. En résumé, la commission appelait en Algérie les bras et les capitaux : des ouvriers devaient être reçus dans les dépôts, et des concessions étaient offertes aux capitalistes sous des conditions variables.

Sur l'avis de la Commission, le ministre de la guerre modifia, ainsi qu'il suit, l'ordonnance du 1er octobre 1844, qui régissait les concessions :

Les concessions au-dessous de cent hectares furent autorisées par le ministre de la guerre, le Conseil supérieur entendu ;

Toute concession soumit le concessionnaire à payer au domaine de l'État une rente annuelle et perpétuelle dont la quotité était déterminée par l'acte de concession ;

La concession n'était définitive qu'après l'entière exécution

---

(1) Voy. le rapport de la commission, p. 53.

des conditions imposées au concessionnaire ; faute d'avoir rempli ces conditions, le concessionnaire était déclaré déchu de son bénéfice ;

Enfin, tant que le titre n'était pas déclaré définitif, le concessionnaire ne pouvait aliéner ni hypothéquer les biens compris dans la concession sans y être autorisé par le ministre de la guerre. (Ordonn. du 21 juillet 1845.)

Ce système fut soumis à l'épreuve : M. F. Barrot obtint une concession de six cents hectares aux environs de Philippeville, à la charge d'établir trente familles sur ses terres (1) ; une compagnie d'actionnaires (Union agricole d'Afrique) reçut également (8 novembre 1846) la concession de 3,059 hectares dans la province d'Oran, et fonda, non point un phalanstère, comme on l'a dit et répété, mais une vaste exploitation, régie suivant un mode particulier, qui assurait au Capital et au Travail une part proportionnelle dans la propriété et dans les bénéfices (2). — Cette fois encore, le gouvernement faisait fausse route : beaucoup demandèrent une concession pour la revendre aussitôt ; on agiota sur les terrains, on ne cultiva pas.

Le ministre fut bien forcé de le reconnaître, et une nouvelle ordonnance parut (5 juin 1847) qui imposa de plus dures conditions. Tout concessionnaire dut fournir, avant d'entrer en jouissance du terrain concédé, un cautionnement calculé à raison de dix francs par hectare.— Cette mesure arrêta l'agiotage, mais, du même coup, elle éloigna les gens sérieux qui, ayant besoin d'argent pour exploiter leurs terres, se sou-

(1) Voy le *Moniteur* du 15 novembre 1845, et le *National* du 2 juillet 1846.
(2) Voy. J. Duval : *Manuel descriptif et statistique de l'Algérie* p. 345, 346. Paris, 1845.

ciaient peu d'aliéner une partie de leur fortune. Peu de capitalistes osèrent aventurer leurs fonds dans un pays livré aux hasards de la guerre, et les travailleurs refusèrent de s'établir dans une colonie d'où le seul caprice du gouverneur pouvait les expulser.

La situation s'aggravait de jour en jour et on ne savait trop comment en sortir.

Le gouvernement fit appel aux lumières des chefs de l'armée d'Afrique, et MM. La Moricière et Bedeau durent adresser au ministre de la guerre un rapport analytique sur les mesures à prendre pour assurer la prospérité de la colonie. L'idée principale des deux projets qu'ils rédigèrent fut l'occupation stratégique du territoire conquis. Ainsi, et pour la province dont il était gouverneur, le général La Moricière décrivait un vaste triangle de 120,000 hectares environ, ayant pour base le territoire situé entre Mostaganem et Oran, et pour sommet la ville de Mascara. Le système de M. Bedeau, spécial à la province de l'Est, tendait au développement des villages déjà créés, et à la transformation des postes militaires établis entre Philippeville et Constantine en centres de populations que relieraient entre eux des routes commerciales (1).—Ces deux projets furent communiqués aux Chambres et enfouis dans les cartons. A vrai dire, les théories de MM. La Moricière et Bedeau, quant à la colonisation, étaient inapplicables.

M. Lingay, secrétaire du président du conseil et de la commission instituée pour l'examen des affaires d'Afrique publia, vers cette époque, un livre dont le public se préoccupa d'au-

---

(1) Voy. *Projets de colonisation pour les provinces d'Oran et de Constantine, par MM. La Moricière et Bedeau*, p. 17, 83 211 — 1 vol. in-8°. Paris, 1847.

tant plus qu'il reflétait, disait-on, les idées personnelles de M. Guizot. — M. Lingay insistait pour que l'armée exécutât les travaux de routes, de canalisation, de défrichement, de constructions de tous genres, et demandait, pour dégrever le Trésor, « que l'Etat garantît un *minimum* d'intérêt aux capitalistes qui se portent en Afrique, pour toutes les entreprises formées dans le but de développer largement la colonisation (1). » — Enfin, il proposait la création d'un ministère spécial pour l'Algérie, cette création étant « la seule combinaison capable de remédier aux vices de la situation, et d'élever le moyen à la hauteur de l'œuvre. »

Ce n'était là qu'un expédient :

Ce qu'il fallait, avant tout, c'était inspirer aux colons la confiance qu'ils n'avaient pas. — C'était là, précisément, ce que demandait le général La Moricière à ses collègues de la Chambre, alors qu'il répondait à MM. Desjobert et de Tracy, ces irréconciliables ennemis de l'Algérie (2) : « Il faut, disait-il, laisser à chacun sa part : au gouvernement les grands travaux, les routes d'abord, les dessèchements quand il y en aura à faire, et enfin le travail de l'administration, qui sera de préparer les concessions, de faire qu'une intelligence, un capital et deux bras qui voudront venir en Afrique, y trouvent leur place faite, grande si le capital est grand, petite si le capital

---

(1) Voy. *La France en Afrique*, p. 149, 176, 177, 281. 1 vol. in-8°, Paris, 1846.

(2) Chambre des Députés, séance du 9 juin 1847 : M. de Tracy venait de dire avec une solennelle gravité : « L'Algérie est pour vous un immense embarras, elle pourra vous en amener de plus grands encore à l'avenir. Vous êtes vainqueurs des Arabes, l'honneur militaire est sauf; profitons du moment pour restreindre notre occupation à la côte !... » Quant à ce bon M. Desjobert, il voulait mieux encore : il sommait le gouvernement d'abandonner l'Algérie.

est petit; qu'il y ait enfin pour chacun, proportionnellement à ce qu'il est capable de faire, de la terre et du soleil. » Et il déclarait qu'il y avait urgence à changer la législation et à substituer aux ordonnances les lois de la métropole.

Malheureusement, telle n'était point l'opinion des ministres : « L'Afrique, répondaient-ils, doit être longtemps encore soumise à des règles exceptionnelles et temporaires, appropriées à la situation du moment, diverses comme les populations qu'elles doivent régir ».

CHAPITRE DOUZIÈME

GOUVERNEMENT DU DUC D'AUMALE

(11 SEPTEMBRE 1847. — 24 FÉVRIER 1848.)

Le duc d'Aumale, gouverneur. — Ordonnance du 1er septembre 1847. — Proclamation du Prince aux Indigènes. — Abd-el-Kader et le Maroc. — Destruction de la tribu des Hachem. — Reddition de l'Émir. — Révolution de 1848. — Nomination du Général Cavaignac. — Départ du duc d'Aumale.

La nomination du duc d'Aumale souleva dans la presse de vives controverses ; on la tenait pour peu conforme aux véritables principes de droit constitutionnel, et on prétendait, avec quelque apparence de raison, que le désir de Louis-Philippe était d'ériger l'Algérie en vice-royauté au profit de son fils. L'opposition fit rage. Les ministériels répondirent que cette nomination prouvait à l'Europe que la France était loin de vouloir abandonner la colonie, et qu'elle aurait sur les Arabes une influence décisive. — Quant aux colons, depuis longtemps ils désiraient le rappel du maréchal Bugeaud, et ils applaudirent sans réserve.

Le gouvernement avait, du reste, fait de son mieux pour rendre populaire en Algérie la nomination du prince. L'opinion repoussait le système administratif créé par l'ordonnance de 1845 ; les députés le condamnaient et la Chambre des pairs avait déclaré tout récemment (1) que l'organisation de la colonie devait être promptement modifiée. C'est ainsi que M. le baron Dupin, rapporteur d'une commission spéciale, s'était nettement prononcé contre une administration dont les employés supérieurs n'étaient pas toujours capables de remplir leurs emplois.

» Quelle que soit l'organisation simplifiée à laquelle on s'arrête, avait-il dit, il faut que le gouvernement ne perde jamais de vue cette vérité d'expérience : plus les établissements ont d'importance et plus ils sont éloignés, plus il faut en confier la direction à des administrateurs consommés, éprouvés, instruits, irréprochables. Simplifier par les formes n'est un avantage qu'à la condition de fortifier par les hommes, et de confier les affaires à des fonctionnaires plus complets, plus capables et plus actifs. C'est pousser trop loin le régime des influences et celui des complaisances, que de confier aux élèves, aux apprentis, aux auditeurs d'un corps quelconque, pour leur coup d'essai, la destinée, les affaires du peuple français de l'Algérie. Tel pourrait être suffisant dans les cadres rétrécis, connus et tracés partout, d'une simple sous-préfecture, qui se trouve insuffisant et comme perdu dans le dédale que présente la formation d'un peuple neuf, le développement épineux de ses travaux et la variété infinie de ses besoins publics ou privés, comme en Afrique. »

Cette opinion, qui était également celle du duc d'Aumale, prévalut, et le ministère céda. Une ordonnance royale, en date du 1er septembre 1847, modifia ainsi qu'il suit les ordonnances des 15 avril 1845 et 22 avril 1846 :

---

(1) Séance du 31 juillet 1847.

Les Directions de l'intérieur et de la colonisation, des travaux publics, des finances et du commerce furent supprimées; il fut établi dans chacune des trois provinces d'Alger, d'Oran et de Constantine, une *Direction des affaires civiles.* Les directeurs eurent sous leurs ordres tous les chefs des différents services civils et financiers et furent chargés d'exercer dans leurs provinces toutes les attributions antérieurement déférées aux trois directeurs de l'intérieur et de la colonisation, des travaux publics, des finances et du commerce (art. 2); — il y eut, dans chaque province, un *Conseil de direction;* ces conseils devaient connaître, sauf exceptions, des matières déférées en France aux conseils de préfecture. Le conseil du contentieux fût supprimé; — dans les territoires *mixtes*, le lieutenant général commandant la province fut chargé d'exercer, en matière civile, les mêmes attributions que le directeur des affaires civiles dans les territoires civils. Les commissions consultatives d'arrondissement furent supprimées (1).

Une autre ordonnance du même jour portait qu'à l'avenir les concessions provisoires de terres de vingt-cinq hectares et au-dessous seraient autorisées, dans les territoires civils, par le directeur des affaires civiles de la province, sur l'avis du conseil de direction; et, dans les territoires mixtes, par le lieutenant général commandant la province. — Les concessions de cent hectares et au-dessus étaient faites par le roi, sur le rapport du ministre de la guerre et l'avis du conseil d'État.

(1) L'ordonnance dont nous parlons précéda de quelques jours la nomination du duc d'Aumale; mais, pour qui sait lire et comprendre, il est bien évident qu'elle avait été rendue sur les instances du prince, dont le roi voulait grandir la popularité, et qu'elle était pour lui comme un cadeau « de joyeux avénement. »

Cette nouvelle organisation laissait encore beaucoup à désirer ; mais elle était plus libérale que la précédente, donnait à l'autorité civile plus de force et de relief, et assurait aux colons des garanties qu'ils n'avaient point sous le régime militaire ; on l'accueillit avec faveur.

Le jeune prince apprit lui-même aux indigènes qu'il était appelé à les gouverner ; dès son arrivée, il fit adresser à toutes les tribus la proclamation suivante, qui rappelait le passé et faisait envisager l'avenir :

« De la part du duc d'Aumale, fils du roi des Français, gouverneur général de l'Algérie, à tous les Arabes et Kabyles, grands et petits, salut :

» Le Roi des Français, que Dieu bénisse ses desseins et lui donne la victoire ! m'a confié le gouvernement du royaume d'Alger, depuis les frontières du Maroc jusqu'à celles de Tunis. Vous avez compris, ô Musulmans, combien le bras de la France était puissant et redoutable, et combien son gouvernement était juste et clément. Vous avez obéi à l'immuable volonté de Dieu, qui donne les Empires à qui bon lui semble sur la terre. Vous avez fait votre soumission au Maréchal, et vous avez éprouvé la bonté de son gouvernement ; vous vous souviendrez toujours qu'il honora les grands, qu'il protégea les faibles et qu'il fut équitable envers tous. Rien ne sera changé à ce qu'il avait fait, et ce qu'il a établi sera maintenu, car jamais il n'a fait que le bien, et il n'a agi que par la volonté du Roi des Français. C'est le Roi des Français qui lui a ordonné d'être grand et généreux après la victoire ; c'est le Roi qui a voulu que vos biens et votre religion fussent respectés et que vous fussiez gouvernés par les principaux d'entre vous, sous l'autorité bienfaisante de la France ; c'est le Roi, dont la bonté est inépuisable, qui a pardonné tant de fois aux insensés qui, poussés par de perfides conseils, ont trahi la parole qu'ils nous avaient jurée. Les insensés ont reconnu l'inanité de leurs efforts, et la main de Dieu les a frappés jusque sur la terre étrangère, où ils avaient cherché un refuge. Remerciez Dieu de ce qu'il vous a donné les richesses et les jouissances de la paix en échange des maux inséparables de la guerre. »

Après cet éloge du maréchal Bugeaud et du roi, le jeune gouverneur parlait de lui-même :

« C'est, disait-il, pour vous donner encore un gage plus éclatant de ses bonnes intentions à votre égard, que le Roi des Français m'a envoyé au milieu de vous, comme son représentant sur cette terre qu'il aime à l'égal de la France. J'ai déjà vécu parmi vous ; je connais vos lois et vos usages, et tous mes actes tendront à augmenter votre prospérité et celle du pays. Vous savez que notre parole est aussi ferme que notre force est irrésistible ; vous avez éprouvé la puissance terrible de nos armes ; vous avez apprécié, et vous apprécierez chaque jour davantage, les bienfaits de notre amitié ; ceux d'entre vous qui sont restés fidèles à leurs serments ont prospéré ; ceux qui ont été parjures ont souffert tant de malheurs que le cœur en est profondément accablé. Vous connaissez la seule voie qui peut vous conduire au bonheur, et Dieu vous inspirera de la sagesse pour y persévérer. Salut! »

Ce langage plut aux Arabes ; au dire des cheiks qui l'avaient approché, le duc d'Aumale était brave, juste et généreux. Puis, il était fils du sultan de France : les indigènes s'honorèrent de l'avoir pour chef suprême. — Mais Abd-el-Kader était encore debout, et c'était lui qu'il fallait vaincre ; or, sa chute était prochaine :

Depuis la bataille d'Isly et le traité de Tanger, les Marocains supportaient avec peine l'autorité d'Abd-er-Rhaman, dont ils maudissaient la faiblesse. Abd-el-Kader songea à faire tourner à son profit le mécontentement général. Ne pouvant nous arracher la Régence, il convoita l'empire du Maroc et mit tout en œuvre pour s'y créer des partisans (1). — Quelques marabouts secondèrent ses desseins ; les gens du Riff

---

(1) Abd-el-Kader était soutenu par le gouvernement anglais : on lui envoya de Gibraltar des munitions et des armes, sous la promesse expresse que, maître de l'Empire, il céderait à la Grande-Bretagne le port de Tanger.

l'encouragèrent, et des prophéties, habilement répandues, annoncèrent comme imminente la chute de l'Empereur.

Les Beni-Amer et les Hachem, croyant au triomphe de l'Émir, voulurent racheter leur défection ; ils écrivirent à Abd-el-Kader pour lui demander l'aman et lui faire connaître leur intention de rejoindre sa deïra. Abd-el-Kader leur répondit qu'ils y seraient les bien-venus et les engagea à persister dans leurs résolutions. Malheureusement, les lettres furent interceptées; Abd-er-Rhaman vit le danger et il prit aussitôt les dispositions nécessaires pour étouffer la révolte. — Les deux tribus avaient à peine plié leurs tentes, qu'elles furent attaquées par les troupes marocaines, enveloppées de toutes parts et exterminées en masse (1). En même temps, la cavalerie impériale courut à la rencontre de l'Émir, le battit à diverses reprises et le rejeta sur la frontière où campaient nos avant-postes.

Abd-el-Kader se sentit perdu. Il se raidit, néanmoins, contre l'adversité et voulut tenter un suprême effort pour gagner le désert. Mais le général La Moricière surveillait ses mouvements, et Renault, Cavaignac et Mac-Mahon enserraient la deïra dans un cercle infranchissable. La résistance était impossible. — L'Émir comprit qu'engager une bataille c'était courir à une mort certaine ; il s'humilia.

Le 21 novembre 1847, trois cavaliers arabes vinrent prévenir le général La Moricière que l'Émir offrait de se soumettre sous la condition qu'on le transporterait, avec sa famille, soit à Alexandrie, soit à Saint-Jean-d'Acre. C'était montrer peu

---

(1) Quinze mille hommes périrent. Les survivants furent livrés aux vainqueurs.

d'exigences ; La Moricière engagea sa parole qu'il serait fait ainsi que le désirait Abd-el-Kader, et il en instruisit aussitôt le duc d'Aumale. — L'Émir, sans plus tarder, régla ses affaires personnelles, se sépara de ses compagnons d'armes, puis se rendit à Sidy-Brahim, où l'attendait le colonel Montauban (28 novembre). Peu d'instants après, il était rejoint par le général La Moricière, qui le conduisit à Djemma-Gazaouat et le présenta au duc d'Aumale.

— « J'aurais voulu faire plus tôt, dit Abd-el-Kader, ce que je fais aujourd'hui ; j'ai attendu l'heure marquée par Dieu. Le général m'a donné une parole sur laquelle je me fie ; je ne crois pas qu'elle soit violée par le fils d'un grand roi comme celui des Français. »

Le duc d'Aumale ratifia les engagements pris par La Moricière et l'Émir fut embarqué avec toute sa suite. — Mais le ministère, peu soucieux de sa propre dignité, refusa obstinément d'exécuter une promesse qui engageait l'honneur de deux officiers généraux. Abd-el-Kader fut conduit à Toulon, transféré au château de Pau, puis au château d'Amboise (1).

Abd-el-Kader a disparu de la scène du monde, mais il appartient à l'histoire. Aujourd'hui, que le silence s'est fait autour de son nom, on peut, sans craindre d'exciter le fanatisme arabe, dire sur lui la vérité.

Nous disons donc : l'Émir fut un grand politique et un vaillant soldat ; placé sur un autre théâtre, avec d'autres hommes et d'autres moyens d'action, il eut fait des merveilles.

Homme d'État, — et c'est là sa gloire, — il a tenté de reconstituer la nationalité arabe que les Turcs avaient détruite ;

---

(1) Il y resta prisonnier jusqu'au 17 octobre 1852, où il fut mis en liberté par Louis-Napoléon Bonaparte, alors Président de la République.

.mais ses efforts, quelque énergiques qu'ils fussent, devaient se briser contre un obstacle insurmontable : on galvanise un cadavre, on ne le ranime point. Or, grâce à la politique dissolvante des Janissaires, toutes les tribus de la Régence se jalousaient entre elles, et la race conquise, honteusement courbée sous un joug de fer, avait perdu, avec le sentiment de sa dignité, tout sentiment de patriotisme.

Abd-el-Kader ne l'ignorait point : mieux que personne il connaissait la vénalité des cheicks et l'indifférence du peuple; mais, tout en tenant compte de cette indifférence qu'excusait le fatalisme oriental, il espérait ranimer, au souffle de la religion, le feu qui couvait sous la cendre. Il prit donc les Marabouts pour alliés et le Coran pour drapeau. — Les Marabouts lui furent fidèles; mais les soldats l'abandonnèrent.

Comme homme de guerre, il déploya une incontestable supériorité : sans artillerie, sans munitions, avec une troupe mal organisée il tint en échec, pendant quinze ans, une armée de cinquante mille hommes, et battit parfois nos généraux. On se souvient du désastre de la Macta.

On l'a taxé de cruauté; mais, à cette accusation qu'il pourrait retourner contre ses adversaires, nous répondrons encore : la guerre est un jeu terrible, et si jamais guerre fut légitime ce fut celle que soutint Abd-el-Kader, qui combattait au nom de Dieu et de la Patrie : « Pauvre enfant du désert, a dit quel-
» que part Duvivier, n'ayant pour richesse que ton Coran, ton
» chapelet et ton cheval, pour armes que ton génie et ta pa-
» role, tu tomberas peut-être comme le haut palmier sous
» l'effort du simounn! *How stately art thou, son of the desart,*
» *but this tree may fall.* Mais les générations futures exalte-
» ront ton nom. Malheur à l'homme qui ne saurait bénir les
» martyrs de la liberté! » — Nous pensons comme Duvivier :

Le souvenir d'Abd-el-Kader restera, profond et vivace, comme celui de ces personnages merveilleux dont l'histoire est racontée d'âge en âge.

Le gouvernement dut s'estimer heureux d'avoir réduit à l'impuissance celui qu'on appelait « le nouveau Jugurtha », mais il ne jouit pas longtemps de son triomphe : à peu de temps de là, Louis-Philippe était lui-même renversé du trône (24 février 1848), et le peuple proclamait la République.

Il semble, en vérité, que l'Algérie devait porter malheur aux rois de France : Alger prise, Charles X est chassé ; Abd-el-Kader vaincu, Louis-Philippe est contraint d'abandonner Paris. Ce sont là de singuliers rapprochements.

A la nouvelle de la révolution, plusieurs généraux et officiers supérieurs de l'armée d'Afrique offrirent spontanément leurs services au duc d'Aumale et au prince de Joinville, alors à Alger ; les princes refusèrent. Ils ne voulaient à aucun prix, disaient-ils, engager la France dans une guerre civile. — Bientôt on apprit que le général E. Cavaignac était nommé Gouverneur, et le duc d'Aumale résilia ses fonctions.

Avant de partir pour l'exil, le prince adressa aux habitants de la colonie la proclamation suivante :

« Fidèle à mes devoirs de citoyen et de soldat, je suis resté à mon poste tant que j'ai pu croire ma présence utile au pays. Cette situation n'existe plus... Soumis à la volonté nationale, je m'éloigne ; mais du fond de l'exil, tous mes vœux seront pour votre prospérité et pour la gloire de la France ! »

On ne pouvait plus noblement supporter l'infortune.

Le duc d'Aumale est resté trop peu de temps au pouvoir pour qu'il nous soit permis de discuter ses actes : nous croyons, cependant, qu'il voulait sincèrement le bien et qu'il serait parvenu, promptement et sans efforts, à constituer une excellente administration.

Il avait, d'ailleurs, de rares et de solides qualités : il était jeune, ardent, brave parmi les plus braves, sans orgueil, voire sans présomption, ennemi de la routine, partisan du progrès, juste et bienveillant envers tous, riche comme un Nabab et généreux comme un Sultan. — Il voulait faire, et sans la Révolution qui l'emporta il eût fait d'Alger la capitale d'un nouveau royaume : il y aurait injustice à l'oublier, — et Dieu nous garde des gens ingrats !

TROISIÈME PARTIE

GUERRE DES NATIONALITÉS

CHAPITRE TREIZIÈME

La République en Algérie. — Le décret du 4 mars. — La colonie nomme ses représentants. — Conséquences des journées de juin : les colonies agricoles. — Elles ne pouvaient réussir. — Rapport de la Commission d'Enquête. — Arrêté portant organisation de l'administration générale en Algérie.

Au lendemain de la révolution de février, la France entière avait accepté la République. Il n'était pas à craindre que la population civile de l'Algérie méconnût la volonté de la métropole ; mais on pouvait se demander, avec quelque apparence de raison, quelle attitude prendrait l'armée d'Afrique. C'était en Algérie que les jeunes princes avaient fait leur apprentissage de la guerre, et le duc d'Orléans avait laissé dans la colonie de glorieux souvenirs. On ne pouvait donc prévoir si les ducs d'Aumale et de Joinville accepteraient les faits accomplis, ou bien si, comptant sur la fidélité des généraux dont leur père avait fait la fortune, ils ne tenteraient pas

les chances d'une lutte désespérée pour sauver leur dynastie.
— En face de cette alternative, le gouvernement prit à tâche de neutraliser au plus vite l'influence que pouvait exercer en Algérie la présence des fils du roi; il dota les colons du suffrage universel (1).

Plus tard, les événements de juin contraignirent l'Assemblée nationale à s'occuper activement de la colonisation.

Une bataille horrible venait d'imprimer à l'ordre social une secousse profonde, dont le contre-coup atteignait toutes les classes; Paris regorgeait d'indigents; les chantiers étaient déserts, les usines fermées; pas de travail, pas de crédit, pas de commerce; le désespoir parmi les pauvres, la colère parmi les riches; d'une part, la misère et l'effroi; de l'autre, la méfiance et la haine. — Partout la stupeur !...

Que faire cependant de tous ces hommes qui, depuis la brusque dissolution des ateliers nationaux, restaient oisifs et menaçants sur le pavé des rues ?... Étouffer leurs plaintes amères sous le bâillon de l'état de siége ? Mais l'épreuve durait depuis trois mois, le chômage provoquait la grève, et la perspective d'une réforme sociale prenait racine dans le peuple, que laissaient sans ouvrage et sans pain les inquiétudes de la bourgeoisie.

Pour sortir de l'impasse où la population de Paris s'entassait depuis huit mois, il fallait ouvrir une issue au flot des idées nouvelles, opérer dans les esprits une digression salutaire ; tenir tous les instincts en éveil, marquer un but à tous

(1) Décret du 4 mars 1848. — L'Algérie eut quatre représentants du peuple à la Constituante, et trois seulement à la Législative : furent élus, à la première assemblée : MM. Ledru-Rollin, de Rancé, le Blanc de Prébois, H. Didier, puis F. Barrot, en remplacement de Ledru-Rollin ; à la Législative, MM. de Rancé, Didier et Émile Barrault. — Depuis 1852, la colonie n'a plus de députés.

les désirs hautement manifestés. Or, la colonisation de l'Algérie répondait au vœu de la France, et fournissait à l'Assemblée nationale l'occasion de décréter, dans l'intérêt même de la métropole, le peuplement immédiat de nos possessions d'Afrique. L'organisation de nos colonies agricoles fut donc à l'ordre du jour.

Alors il arriva que des hommes énergiques devancèrent l'initiative du ministère ; et, soit qu'ils aient agi en vue de leur intérêt personnel, soit qu'ils aient espéré trouver dans le fait même de l'émigration un allégement à la misère publique, ils régularisèrent le mouvement, organisèrent par séries tous les ouvriers qui voulaient quitter la France, et demandèrent que le gouvernement assurât la prospérité des colonies par l'injonction faite aux émigrants de confondre leur travail et leur avoir dans une association générale, débattue entre les contractants seuls, et volontairement acceptée (1).

M. F. Barrot servit d'intermédiaire officieux entre le Pouvoir exécutif et les collecteurs de signatures. Il mit en relation leurs délégués et les ministres ; puis, secondé par l'honorable M. Pascal (d'Aix), et s'appuyant des délibérations prises par la Société algérienne de Paris, il présenta à l'Assemblée nationale, sur l'organisation des colonies agricoles, un projet de loi qui n'était, pour ainsi dire, que la reproduction des doctrines émises dans la pétition des sociétaires.

Peut-être la mise en pratique des théories développées par l'honorable orateur eût-elle été d'une application réalisable si le principe qui leur servait de base avait puisé sa force dans une solidarité sérieuse et réfléchie, au lieu de la prendre dans

---

(1) Voy. *Association temporaire pour la colonisation en Algérie.* Paris, 1848.

la nécessité des circonstances. Mais il était à craindre que l'association, bien que régie par son conseil de famille, son économat et sa gérance, fût impuissante à satisfaire, nous ne disons pas les exigences, mais les besoins des associés ; car la nature humaine est soupçonneuse plus encore qu'enthousiaste, et la déception paraît d'autant plus cruelle à des esprits ardents, que la réussite semblait plus certaine.

Le général La Moricière se posa comme l'antagoniste de M. F. Barrot et vint présenter à la sanction de l'Assemblée nationale un projet de loi qui fut accepté. Un crédit de cinquante millions fut ouvert au ministère de la guerre (19 septembre) sur les budgets de 1848, 1849, 1850, 1851 et suivants, pour être spécialement appliqué « à l'établissement de colonies agricoles dans les provinces de l'Algérie, et aux travaux d'utilité publique destinés à en assurer la prospérité. » — Le décret portait en substance :

« Art. III. — Les colonies seront fondées par des citoyens français, chefs de famille ou célibataires.

» Les colons cultivateurs, ou qui déclareront vouloir le devenir, recevront de l'Etat, à titre gratuit, des concessions de terre d'une étendue de deux à dix hectares par famille, selon le nombre des membres de la famille, leur profession et la qualité de la terre, et les subventions nécessaires à leur établissement.

» Les colons ouvriers d'art exécuteront, soit individuellement, soit par association, tous les travaux d'installation des familles, et concourront aux travaux d'utilité publique reconnus indispensables pour le développement des colonies.

» Lorsque les colons ouvriers d'art voudront se fixer dans un des centres des colonies agricoles, ils recevront, comme les premiers, dans la localité qui leur sera assignée, un lot à bâtir, un lot de terre et les prestations nécessaires pour faciliter leur établissement.

» Art. IV. — Les subventions de toute nature accordées pour la mise en valeur des terres ne pourront être allouées pendant plus de trois années. Cette durée de temps comptera à partir du jour où chaque colon aura pris possession de son lot. — A l'expiration de ces trois années, les habitations construites pour eux et les lots qui leur auront été affectés deviendront la propriété des colons, à la condition de se conformer aux décrets qui régiront la propriété en Algérie.

» Art. V. — Tous les concessionnaires dont les lots ne seront pas mis en rapport dans le délai de trois ans pourront être dépossédés, suivant les formes et les règles de la législation en Algérie, à moins qu'ils ne puissent justifier de cas de force majeure.

» Art. VI. — Tous les concessionnaires ne pourront, pendant les six premières années de leur mise en possession, aliéner les immeubles à eux concédés qu'à la condition de rembourser à l'Etat le montant des sommes dépensées pour leur installation.

» Art. VII. — Les colons seront soumis aux lois et arrêtés en vigueur dans les territoires sur lesquels ils auront été placés. — Dans le délai d'un an, ou plus tôt s'il est possible, les communes agricoles seront assimilées, pour le régime municipal et judiciaire, aux communes des territoires civils. »

Un arrêté ministériel (27 septembre 1848) rendu en exécution du décret ci-dessus, indiqua les clauses et conditions imposées aux émigrants.

Sans répondre d'une manière absolue à ce que l'opinion publique était en droit d'attendre, l'arrêté ministériel était de nature, cependant, à rassurer sur leur existence matérielle et sur leur avenir toutes les familles qui se résignaient à quitter la mère-patrie. Une Commission fut chargée d'organiser les départs et de sauvegarder les intérêts des émigrants. Les membres de cette Commission furent-ils à la hauteur du mandat qu'ils avaient accepté, — sollicité peut-être? Nous ne le pensons pas; les faits, d'ailleurs, ont complétement justifié les craintes que nous manifestions dès cette époque (1).

« Pour les ouvriers des villes comme pour les paysans de nos campagnes, écrivions-nous alors, l'habitude est une loi; l'esprit de clocher exerce sur toutes les natures, même les plus énergiques, une impression directe, qui réagit presque toujours du moral au physique. Voilà pourquoi la nostalgie décime le peuple plus vite que ne le fait la misère. — L'isolement loin de la France, voilà pour le pauvre et le faible un cruel supplice, qui rend inutile ou funeste l'hospitalité de la terre étrangère; voilà le danger de toute colonisation partielle, incohérente et composée de natures hétérogènes. Agglomérez, sur un point donné, des éléments de population recueillis au hasard; isolez de leur centre, arrachez à leurs habitudes, à leur manière d'être, à leurs affections, pour les grouper sans harmonie, des gens qu'aucune relation antérieure, aucun rapport intime ne rapproche, et vous verrez crouler votre œuvre à peine commencée. »

La Commission devait donc adopter pour base du travail dont elle était chargée ce principe absolu d'identité de caractères. Pour elle, la nécessité de transporter au loin certaine

---

(1) Voy. *Études sur l'Algérie*, 1849.

classe du peuple dont l'indigence inquiétait la bourgeoisie, ne devait être qu'une considération de second ordre, car si le décret du 19 septembre tirait sa source des difficultés du moment, le but que les législateurs se proposaient d'atteindre était bien moins de débarasser Paris des malheureux qui l'encombraient, que d'organiser sérieusement, en vue de l'avenir, le peuplement de la colonie.

Qu'a fait, cependant, la Commission?... Elle a cédé aux exigences de la politique ; elle n'a point vu qu'en organisant les départs avec une rigidité purement mathématique, elle avait le tort d'enfermer dans un cercle isolé des gens inconnus les uns aux autres, et rattachés seulement entre eux par une parité d'infortune.

Que le gouvernement se refusât à valider toutes les associations formées en dehors de son contrôle, nous le concevons ; c'était, pour lui, plus qu'un droit, c'était un devoir. Mais pourquoi n'avoir point réuni tous ceux qui déclaraient vouloir fonder ensemble les établissements agricoles ?... Pourquoi séparer violemment, sans motif plausible, des hommes qu'une impérieuse nécessité — celle de vivre — éloignait de la patrie, mais qui avaient jusqu'à ce jour partagé le même sort, et qui recherchaient dans une sympathie réciproque une force morale prête à leur échapper !...

La Commission restreignit maladroitement l'étendue de son rôle et de ses devoirs ; heureux si du moins elle eût accompli avec intelligence ses plus strictes obligations !

Il ne suffisait pas, en effet, d'annoncer dans les feuilles publiques : A telle heure de tel jour, tant d'hommes sont partis. Les bulletins officiels servaient à constater l'exécution de la loi, mais ils n'indiquaient aucune mesure prise pour garantir aux émigrants le bien-être qu'ils étaient en droit d'attendre.

Pour étouffer les craintes qui se glissaient dans la foule, il fallait pourvoir à tous les besoins, et prouver à la France inquiète que les nouveaux colons trouvaient sur cette terre d'Afrique, réputée inhospitalière et maudite, sinon toutes les commodités, du moins une position telle que l'existence de leur famille ne fût point abandonnée à la merci des évènements.

Est-ce là ce qu'a fait l'administration de la guerre, chargée par le ministre de surveiller l'installation et de faire face à toutes les éventualités? La délimitation des villages, les murailles crénelées et les fossés d'enceinte ne devaient être que les accessoires du travail imposé au génie militaire. La présence de femmes et d'enfants en bas âge exigeait, avant tout, certaines précautions hygiéniques d'une indispensable nécessité, et la sollicitude du pouvoir devait plutôt chercher à garantir les travailleurs de l'insalubrité du climat que de l'hostilité des indigènes.

Pour assurer à chaque famille une habitation commode, certains industriels proposèrent au gouvernement d'utiliser, au profit de l'Algérie, tous les ouvriers de bâtiment que la Révolution laissait inoccupés.

D'autres s'inspirant d'exemples puisés dans les annales des peuplades du Nord, s'offrirent à construire à Paris, pour les transporter en Afrique et les élever sur les lieux, et ce dans le délai de quelques semaines, autant de maisons et de villages qu'il en faudrait pour satisfaire aux besoins de l'émigration. Le comité de l'Algérie aurait dû saisir avec empressement l'occasion qui lui était offerte d'assurer à une classe en souffrance un travail lucratif et qui donnait à l'œuvre de colonisation un développement rapide. Du même coup, l'industrie du bâtiment reprenait son essor, et les colons auraient trouvé, au lieu de baraques mal construites ou de tentes mal fermées, des habitations saines et convenables.

Mais qu'est-il arrivé au plus grand nombre d'entre eux? Qu'ils ont été, pour ainsi dire, parqués sur un terrain dont le gouvernement leur abandonnait l'usufruit, sans que l'Administration eût seulement pourvu aux premiers besoins de leur situation. Rien n'était préparé : enfants et femmes manquaient de tout ; les colons durent souvent recourir à l'hospitalité de leurs compatriotes et à l'assistance de l'armée.

Nous convenons volontiers que l'Administration militaire fut prise à l'improviste, et qu'il lui était difficile de bâtir autre chose que des maisonnettes en planches. Mais son premier devoir était de fournir aux travailleurs, dès leur installation, tous les instruments aratoires que nécessitait la mise en culture d'un sol vierge. La loi du 19 septembre promettait à chaque colon un cheptel de bestiaux, des semences et une charrue. Aux cultivateurs, disait-on, la tâche de labourer le sol ; aux ouvriers d'art celle de construire les habitations. Cependant, grâce à l'imprévoyance des agents du pouvoir, les promesses du décret se changeaient en mensonges. Les convois arrivaient à jour fixe, mais semences, charrues et bestiaux manquaient aux travailleurs. Si bien que, dans certains villages, la population tout entière demeurait désœuvrée et perdait, dans une complète inaction, son temps, son courage et ses espérances.

Quelques mots maintenant sur l'assiette des colonies :

Avec l'esprit de mobilité qui est le propre de notre caractère national, il suffit d'éloigner des villes, d'isoler de la société les villages qui se fondent pour que la nostalgie gagne les travailleurs, décime les familles et paralyse leurs efforts.

Le voisinage d'un grand centre de population fournit à l'habitant des campagnes l'attrait de la nouveauté. Le mouvement commercial croît en raison même de la facilité des relations ; plus les débouchés sont faciles, plus nombreux sont les produits ; et, dans ce va et vient continuel du village à la ville, les travailleurs trouvent toujours un stimulant d'activité. C'est alors que la population s'empare du sol, qu'elle le féconde, qu'elle s'y fixe sans crainte de l'avenir comme sans regrets du passé. — « *Ubi bene, ibi Patria,* » disaient nos pères ; cette maxime est de tous les âges.

Au lieu donc de subordonner l'emplacement des colonies à l'exécution d'un plan stratégique, il fallait concéder aux émigrants tous les terrains incultes qui avoisinent les villes. Les nouveaux colons étaient ainsi moins dépaysés, et l'État n'avait point à dépenser en ouvertures de routes, achat de matériel et transports rendus ruineux par la longueur des distances, une forte partie des cinquante millions votés par l'Assemblée.

Mais le ministère avait commis une faute bien autrement grave en confiant à un fonctionnaire militaire l'administration de chaque colonie. Placer les émigrants sous l'autorité exclusive d'un officier, c'était mettre, en effet, toute une classe d'individus en dehors du droit commun et blesser au vif de justes susceptibilités.

Ainsi disions-nous en 1848 ; l'année suivante, nos craintes étaient complétement justifiées. On assurait que les centres agricoles étaient devenus « autant de foyers d'oisiveté et d'agitations politiques ; que le club et le cabaret tenaient plus de place que le défrichement des jardins, etc., etc. » — Et ces appréciations sévères avaient été portées maintes fois à la tribune.

Le gouvernement voulut connaître au juste l'état moral des colons. — Un arrêté ministériel, en date du 20 juin 1849, institua une commission chargée de se rendre en Algérie afin d'y inspecter les colonies agricoles (1). Le rapporteur de cette commission, M. Louis Reybaud, adressa au ministre de la guerre un rapport que nous voudrions pouvoir reproduire en entier. Nous en extrairons les passages principaux :

« Au sein des colonies agricoles que la commission a visitées, disait l'honorable représentant, se révèlent presque à chaque pas les inconvénients de l'improvisation. Le choix des emplacements s'en est surtout ressenti. Dans la province de Constantine, les conditions de salubrité ; dans la province d'Oran, la nature du sol et la qualité des eaux n'ont pas été suffisamment étudiées. Ici, c'est le manque de bois, là, c'est l'éloignement des grandes voies de communication qui vouent ces établissements à une existence précaire. Il en est d'autres où la lande est couverte de bruyères si enracinées que les frais de défrichement y équivalent à ce que coûterait, dans plusieurs de nos provinces, un fonds de bonne qualité et en plein rapport. Ailleurs, les circonscriptions territoriales demeurent sous le coup d'un litige ou sont combinées de manière à ce que le service des cultures en éprouve un dommage évident. Partout, enfin, se trahit par quelque détail une exécution hâtive, mais qui n'en affecte pas moins d'une manière sensible et le présent et l'avenir des établissements nouveaux.

(1) Cette commission était ainsi composée : MM. DE RANCÉ, représentant du peuple ; FAURE (Haute-Alpes) d° ; LOUIS REYBAUD d° ; RICHIER d° ; DUTRONE membre de la commission des colonies agricoles ; DUSSERT, ancien secrétaire général de la direction des affaires civiles à Alger ; TESTU, chef du bureau de la colonisation au ministère de la guerre ; M. DE RANCÉ en était le président.

» Sur le terrain, d'autres épreuves attendaient les colons. Pour eux, aucune installation définitive n'était possible. Comme logement, ils eurent des tentes, puis des baraques. De là bien des inconvénients : en hiver, l'eau du ciel ; en été, les ardeurs du soleil. — Mal défendus contre les intempéries, les colons l'étaient plus mal encore les uns contre les autres. Dans ces baraques sonores, où les cloisons n'atteignaient pas le faîte, les ménages se voyaient condamnés par la contiguïté à une sorte de vie en commun qui ne tournait au profit ni de la concorde ni des mœurs. Plus d'un spectacle frappait des yeux qui n'eussent pas dû le voir ; plus d'un propos y arrivait à des oreilles qui n'eussent pas dû l'entendre. C'était d'ailleurs une source de gênes et de servitudes réciproques qui aigrissaient leurs esprits et leur faisaient envisager l'isolement comme un véritable bienfait.

» Tout semblait donc se conjurer pour rendre aux émigrants les préludes ingrats et l'initiative difficile. — Mais de toutes les mesures auxquelles le sort de la colonisation est lié, aucune n'est plus grave que le choix des directeurs ; la commission aura à examiner jusqu'à quel point le maintien de leur pouvoir est compatible avec les dispositions légales. Dans tous les cas, le régime actuel, avec son caractère exorbitant, ne peut se faire absoudre qu'au moyen d'un exercice impartial, humain, judicieux, tempéré par une surveillance supérieure. Il confère aux directeurs des droits si étendus, des attributions si vastes ; il a des allures si absolues et si militaires, qu'on ne peut envisager sans inquiétude les écueils dont il est environné. Un officier, chargé de la direction d'un centre agricole, en est à la fois le chef politique, judiciaire et administratif. Sa magistrature embrasse et résume tout ; d'une main il tient les actes de l'état civil, de l'autre il frappe les délits de l'amende et de la prison. Il est, en outre, le dispensateur des subventions et concessions de toute espèce que le gouvernement accorde aux émigrants ; il dispose des maisons, assigne les lots, livre les instruments de travail, règle l'usage et la répartition du cheptel, permet ou interdit l'exercice de certaines industries. Cette population attend de lui la vie et le mouvement. A-t-elle besoin de quelques avances en nature, chaussures, vêtements, linge de corps ? Il peut, à son gré, refuser ou accorder : son appréciation est souveraine. Parfois même il remplit des devoirs plus délicats, et devient le gérant et le trésorier de ses administrés. Tel est le cas pour les récoltes faites en commun. C'est lui qui en détermine l'emploi ou qui en opère la vente ; c'est lui qui en distribue le profit, s'il y a lieu, entre les membres de la communauté. On le voit, jamais tutelle n'eut un caractère plus illimité et plus universel.

» Les inconvénients de cette position se révèlent d'eux-mêmes ; il est rare que la faculté d'abuser n'engendre pas l'abus. Non que l'on puisse élever un doute pour ce qui touche la gestion des intérêts ; l'honneur militaire offre sur ce point des garanties irrécusables. Mais l'épaulette n'exclut pas les erreurs et les faiblesses de la passion ; elle comporte en outre quelque chose d'inflexible dans la volonté, de brusque dans le commandement, dont les populations civiles ne s'accommodent pas sans froissements ni répugnances. De là bien des conflits où tout ce qui résiste est brisé... »

Les colonies agricoles ont été fondées par raison d'État. Elles n'ont point réussi et elles ne pouvaient réussir, entachées qu'elles étaient d'un vice originel. Nous tenions à prouver que la faute n'en saurait être imputée, sans injustice, aux émigrants, et le rapport de la commission le démontre, ce nous semble, d'une manière irréfutable.

Mais reprenons :

Le décret du 4 mars garantissait aux colons leurs droits civils et politiques ; par cela même, il modifiait sensiblement le système administratif de la colonie et provoquait, entre l'autorité civile et l'autorité militaire, d'interminables conflits. Le chef du Pouvoir exécutif, voulant y mettre ordre, organisa sur de nouvelles bases l'administration générale de l'Algérie (9 décembre 1848).

Aux termes de cet arrêté, chaque province fut divisée en territoire civil et en territoire militaire : le territoire civil de chaque province forma un département.

Le département fut soumis au régime administratif des départements de la métropole, sauf les exceptions résultant de la législation spéciale de l'Algérie. Le territoire militaire fut exclusivement administré par l'autorité militaire.

Le gouvernement général de l'Algérie fut ainsi composé :

1° D'un gouverneur général fonctionnant sous l'autorité et les ordres du ministre de la guerre;

2° D'un conseil de gouvernement.

Le gouverneur resta chargé d'administrer toutes les positions du territoire classées en dehors du département; un *secrétaire général* fut chargé de la préparation et de l'expédition des affaires administratives du gouvernement général. — La direction générale des affaires civiles et la direction centrale des affaires arabes furent supprimées.

Le département fut subdivisé en arrondissements et communes; le département fut administré par un préfet, et chaque arrondissement par un sous-préfet. — Il y eut auprès de chaque préfet un conseil de préfecture ayant les mêmes attributions qu'en France, et dans chaque département un conseil général électif.

Les territoires militaires de chaque province furent administrés, sous les ordres du gouverneur général, par les généraux commandant la province.

Le général Cavaignac était fier de son œuvre et ne s'en cachait point; des gens convaincus lui répondirent qu'il avait simplement organisé le désordre. — Sous l'empire de cette loi nouvelle, en effet, chaque préfet *agit* dans sa sphère, *traite* les questions administratives avec le conseil général, et *correspond directement* avec le ministre, sans soumettre ses actes au contrôle du gouverneur;

Le conseil du gouverneur *émet* son avis sur les questions administratives résolues déjà par l'autorité préfectorale;

Le gouverneur *transmet* au ministre la décision du conseil.

Or, qu'arrivera-t-il si le conseil est en dissidence avec le préfet? — Le ministre, recevant des rapports contradictoires,

devra, pour s'éclairer, soumettre à un nouvel examen des questions diversement résolues ; l'expédition des affaires en souffrira, et les colons verront leurs intérêts sacrifiés, comme toujours, à de mesquines rivalités. — M. de Prébois définissait ainsi, à la tribune parlementaire, l'œuvre du Pouvoir exécutif :
« A un régime tel quel, disait-il, on a substitué l'incertitude, le chaos, la confusion et le néant. Il y a, à cette heure, des préfets et pas de départements, des sous-préfets et pas d'arrondissements, des maires et pas de communes ; il y a des textes à l'état de lettre morte, des fonctionnaires sans autorité, des employés sans position ; le régime intact de la veille s'intitulant le régime du lendemain, un payeur qui ne paye point et qui ne peut le faire, placé entre deux autorités détruites et d'autres qui n'existent que de nom ; et, au-dessus de tout ce désordre, de tout ce pêle-mêle, l'administration de la guerre écrit gravement le mot dérisoire d'organisation. »

Nous disons, nous : le décret du 9 décembre donnait la prépondérance à l'autorité civile et tendait à l'assimilation rapide des Arabes : malheureusement, il créait une administration pour une société qui n'existait point encore, — et ce fut là son défaut.

Mais ne soyons pas injustes, et rendons à la République de Février l'hommage qui lui est dû :

Le Gouvernement provisoire avait à cœur la colonisation de l'Algérie : il l'a prouvé en déclarant (2 mars 1848) que la République « défendrait l'Algérie comme le sol même de la France, et que les intérêts matériels et moraux des habitants seraient étudiés et satisfaits ; » — déclaration qui eut en Europe un retentissement immense, parce qu'elle mettait un terme aux incertitudes qui jusqu'alors avaient plané sur l'avenir de la colonie.

Il l'a prouvé, surtout, en émancipant les colons, c'est-à-dire en leur rendant la plénitude de leurs droits politiques.

Le chef du Pouvoir exécutif, Cavaignac, l'homme du devoir, le grand citoyen qu'on a si étrangement calomnié, Cavaignac avait étudié, plus que personne peut-être, les besoins de la colonie : il voulait concilier l'intérêt des Arabes et celui des Européens, l'autorité civile et l'autorité militaire, et doter le pays d'institutions véritablement libérales. Mais ce devait être l'œuvre du temps, et la Révolution ne permit point au général d'achever ce qu'il avait commencé.

CHAPITRE QUATORZIÈME

I. — Faits militaires (1849-1852.)—Les Zaatchas : le colonel Canrobert. — Campagne de Kabylie : le général de Saint-Arnaud. — Laghouat.
II. — Administration. — Création d'un comité consultatif. — Les fonctions de directeur des affaires de l'Algérie sont supprimées. — Des concessions ; délivrance des titres. — L'Algérie après le Deux décembre.
III. (1852-1858). — Les Kabyles : leur organisation. — Conquête de la Kabylie : le maréchal Randon. — Les puits artésiens dans le Sahara : le général Desvaux.

I. — La chute d'Abd-el-Kader avait simplifié la question. Du moment où l'Émir s'avouait vaincu et demandait grâce, les Arabes, si cruellement éprouvés jusqu'alors, devaient renoncer à la lutte et accepter, comme sanctionnée par Dieu même, la domination de la France.

Aussi, et à dater de cette époque, la guerre d'ensemble est finie : le Tell oranais, le Tell algérien et la province de Constantine reconnaissent notre suzeraineté. L'industrie et le commerce fécondent la colonie ; de jour en jour, la fortune publique augmente et la transition de l'ordre ancien à l'ordre nouveau s'opère avec une merveilleuse facilité. — La Kabylie seule échappe à notre autorité. Bientôt nous la verrons soumise. Au Sud, là où le désert commence, quelques aventuriers essayeront encore d'entraîner à leur suite les populations guerrières ; mais ces révoltes partielles seront promptement étouffées, et le Sahara sera conquis.

La prise de Zaatcha, celle de Laghouat et la conquête de la Kabylie sont autant d'épisodes que nous devons raconter, mais qui présentent un caractère spécial qui n'échappera point à l'attention de nos lecteurs (1) :

Les *Zibans*, pluriel du mot *zab*, qui signifie groupe, comprennent une foule de ksars (bourgades) et d'oasis, et forment en quelque sorte la première couche des contrées sahariennes.

Zaatcha était comme la capitale de ces bourgades, bâties de feuillage et de briques, et dont les habitations sont masquées par des palmiers. — Là vivaient l'Arabe nomade et l'Arabe sédentaire, l'homme de la tente et l'homme de la ferme.

Au récit des événements qui se passaient en France (1849), ces populations, jusqu'alors si tranquilles, prêtèrent l'oreille aux conseils d'un fanatique et se livrèrent à quelques actes d'hostilité. Le colonel Canrobert et le général Herbillon marchèrent simultanément contre elles ; mais peu à peu l'insurrection gagna du terrain : toutes les tribus qui avoisinent le Sahara s'excitèrent à secouer un joug qu'elles avaient subi sans combattre, et l'un des cheiks les plus en renom, Sidi-Bou-Zian, prêcha la guerre sainte.

M. Séroka, chef du bureau arabe de Biskara, accourut aussitôt avec quelques spahis, et tenta d'enlever le farouche prédicateur, alors à Zaatcha, où il avait réuni tous les guerriers des Zibans et de l'Aurès ; mais le rusé Kabyle parvint à s'échapper. Peu de temps après (juillet 1849), le colonel Carbuccia tenta, sans plus de succès, un nouveau coup de main ; une guerre générale pouvait s'ensuivre, et le général

---

(1) De 1848 à 1858, il y eut, en Algérie, cinq gouverneurs généraux Voy. à la fin du volume, la note A.

Herbillon, qui commandait alors la province de Constantine, résolut de frapper un grand coup.

Après avoir reçu les renforts qui lui vinrent d'Alger, le général se mit en marche et prit de nouvelles troupes à Batna et à Biskara ; la colonne, forte de près de 4,000 hommes, arriva le 7 octobre devant les palmiers de Zaatcha, qui masquaient absolument la place. — Les premières reconnaissances firent découvrir des sentiers étroits et tortueux qui menaient à la ville, un fossé de sept mètres, deux murailles d'enceinte crénelées à différentes hauteurs, une porte surmontée d'une tour et des jardins garnis de murs qui formaient autour de la ville une nouvelle enceinte.

Dès le premier jour, le colonel Carbuccia se rendit maître, après une lutte acharnée, d'une zaïouïa située près de la ville, ainsi que de ses dépendances. Les chasseurs, qui s'étaient élancés à la poursuite des Arabes à travers les jardins, éprouvèrent des pertes nombreuses et durent battre en retraite ; les jardins furent repris le lendemain, mais aux branches des arbres pendaient les corps mutilés des hommes que nous avions perdus la veille.

Le soir même, on dressa la batterie de brèche. Les reconnaissances qui accompagnèrent les travaux furent des plus périlleuses : l'ennemi dirigeait contre nous des sorties incessantes, le plus souvent imprévues, toujours funestes. — Le 11 et le 12, des luttes sanglantes s'engagèrent, presque sans relâche, au milieu des tranchées, où les deux partis combattirent corps à corps. — Le 12, le colonel de Barral arriva de Sétif avec 1,500 hommes. Quatre jours après, le génie avait atteint le bord du fossé. L'armée s'impatientait de ces lenteurs et de ces pertes ; les convois, insuffisants, n'arrivaient que de

Biskara ; toute communication avec Constantine était interceptée.

Le 20, deux colonnes furent lancées sur les brèches ; mais la première maison qu'atteignirent les assaillants de gauche s'écroula sur eux avec un horrible fracas, et le commandant Bourbacki, qui dirigeait les troupes indigènes, se retira dans la sape avec ses hommes. La colonne de droite, embourbée dans le fossé, ne put faire usage de ses armes et fut décimée. Ce premier et inutile assaut fut suivi d'une sortie vigoureuse ; le vent du désert, qui souffla tout à coup avec violence, vint ajouter encore aux fatigues et aux privations du soldat.

La tranchée fut reprise et poussée activement du 20 au 30. En même temps, le général Herbillon fit abattre les palmiers qui entouraient la place, et leur chute alla porter la rage et le désespoir parmi les assiégés. — Les sorties continuèrent, mais sans grand effet ; pour nous mettre à l'abri des incursions des cavaliers arabes, le colonel de Mirbeck fut rappelé de Biskara, où le colonel Carbuccia, qui le remplaçait, conduisit près de 600 blessés.

Enfin, le 8 novembre, le colonel Canrobert arriva d'Aumale, amenant avec lui un bataillon de zouaves, qui fut salué par de joyeuses acclamations.

On connaît cet axiome : « Les bons chefs font les bonnes troupes. » A l'époque dont nous parlons, M. Canrobert était le plus jeune colonel et l'un des plus vaillants soldats de l'armée d'Afrique, à laquelle il appartenait, sans interruption presque, depuis plus de quatorze ans. Il avait pris part à l'expédition de Mascara, à l'occupation de Tlemcen, au combat de la Tafna, et s'était fait remarquer par sa bravoure chevaleresque, que rehaussait, de l'aveu de tous, une grande modestie ; plus tard, au siége de Constantine, il avait été blessé en montant à l'assaut, et le général Combes avait dit de lui au général Vallée : « C'est un officier d'avenir. » — A la tête du 64ᵉ de ligne, il avait poursuivi Bou-Maza, contribué puissamment à sa défaite, soumis les tribus du Bas-Dahra et dirigé l'expédition contre Mohammed-Seghir.

La troupe, qui apprécie beaucoup mieux qu'on ne croit les qualités de ses officiers, plaçait donc le colonel Canrobert au nombre de ces *soldats de nuit* qu'aucun danger n'épouvante et qui se plaisent à payer de leur personne ; elle l'aimait : aussi, quand on le vit arriver avec ses intrépides zouaves, la confiance reparut. Malheureusement, le choléra, qui depuis quelques mois sévissait en Afrique, envahit les ksours et fit d'épouvantables ravages. — Pour résister à toutes ces épreuves, il fallait avoir un courage surhumain.

On construisit une redoute du côté de Fairfar, sur lequel portaient surtout les attaques des assiégés. Cinq jours après (le 16), le général Herbillon partit de grand matin pour faire la razzia des nomades. Il se porta jusqu'à l'Oued-Djedi, à six lieues du camp, et un plein succès couronna cette entreprise. Les Arabes s'enfuirent au loin, nous laissant toute une ville de tentes, plus de 2,000 chameaux et des troupeaux qui ramenèrent au camp la joie et l'abondance devenues rares.

Les assiégés, profitant de l'absence d'une partie des troupes, avaient fondu à l'improviste sur les gardes des tranchées. Le combat fut long, opiniâtre, et nous perdîmes ce jour-là les jardins, qui ne furent repris que le lendemain. — Une nouvelle batterie fut dirigée contre la place, les sacs à terre épuisés furent remplacés par des tronçons de palmiers ; le 18, la brèche se trouva terminée, et le fossé comblé. La razzia du 16 avait eu d'ailleurs les plus heureux résultats : les Arabes du dehors avaient fait leur soumission, et quelques-uns racheté leurs chameaux et leurs tentes.

L'assaut ne pouvait être encore fixé La sape était défaite. en plusieurs endroits, et l'ennemi, qui se voyait serré de si près, déployait ses derniers efforts. Chacun désirait ardemment voir la fin de cette coûteuse campagne; mais tout semblait conspirer contre nous, — la nature et les éléments : « Nous avions affaire, dit un témoin, à un fléau plus redoutable que les Arabes : le choléra nous enlevait trente à quarante hommes par jour. Une agglomération de tant de monde dans un si petit espace, tel que celui des tranchées et du camp, ne pouvait manquer d'aggraver cette cruelle épidémie. Les détritus d'animaux abattus, le voisinage de tant de cadavres mal enterrés dans les sables et souvent découverts par les bêtes féroces, exhalaient la plus funeste odeur. Les nuits pluvieuses que l'on passait dans les tranchées devenaient mortelles. Les cris des malheureux soldats, mêlés au bruit continuel des coups de feu et au mugissement des palmiers toujours agités par le vent, jetaient dans tous les cœurs la plus profonde tristesse. Du côté des Arabes, les souffrances n'étaient pas moindres : l'épidémie sévissait dans les murs de Zaatcha; mais ces fanatiques supportaient, avec un égal courage et avec l'indifférence du fatalisme, les maux de la guerre et les horreurs de la maladie (1). »

Le 24, veille du jour indiqué pour l'assaut, l'ennemi fit une dernière sortie : il pénétra à l'heure des relevées, suivies forcément de quelque désordre, au milieu des tranchées qu'il dérangea de nouveau, mais il fut enfin refoulé dans la place. L'assaut, reculé de vingt-quatre heures, fut dès lors fixé au 26,

---

(1) Voy. Ch. Bocher : *Le siége de Zaatcha*, 1 vol. in-8°. Paris (1851).

et trois colonnes, sous les ordres des colonels Canrobert, de Barral et de Lourmel, vinrent prendre position au pied de chaque brèche. —Le commandant Bourbacki devait surveiller et contenir les Arabes du dehors.

Avant de commencer l'attaque, le général en chef somma la ville de capituler; les assiégés renvoyèrent dédaigneusement les parlementaires, se rendirent à la mosquée, et jurèrent, à l'exemple de Bou-Zian, de se faire tuer jusqu'au dernier ; puis ils vinrent aux remparts, nous jetèrent comme adieu leurs coups de fusil et leurs insultes, et tout rentra dans un morne silence, image de la ruine et de la mort.

A l'aube du jour, le colonel Canrobert choisit dans sa colonne seize hommes et quatre officiers, auxquels il imprima un rapide élan. A peine entré dans la ville, il était déjà presque seul, et les troupes qui le suivaient durent commencer aussitôt une guerre de ruelles et de maisons. De chaque croisée, de chaque étage, de toutes les ouvertures pratiquées dans la muraille partaient des coups mortels : les assaillants brisent les portes à coups de crosse de fusil, pénètrent dans les habitations et luttent corps à corps avec les Arabes ; point de cris, point de bruit; on s'attaque, on se défend à l'arme blanche. Des deux côtés, égal courage, égale furie.... Bientôt, cependant, le combat se ralentit, et les assiégés, pressés de toutes parts, se dispersèrent.

Bou-Zian s'échappa de sa maison, située au centre de la ville, et vint se réfugier à l'autre extrémité, à la porte de Fairfar ; sa retraite, dénoncée par un Arabe, fut aussitôt cernée par les zouaves. Il fallut, après des efforts inutiles, miner le mur qui s'écroula en découvrant cent cinquante combattants, hommes et femmes, qui furent, en quelques minutes, tués par la fusillade ou achevés par les baïonnettes.—Bou-Zian, blessé, et survivant seul avec son plus jeune fils à tous les membres de sa famille, fut pris par M. de Lavarande, qui envoya deux messagers au général Herbillon. Les deux messagers revinrent avec un ordre de mort. Bou-Zian et son fils furent fusillés.

Les défenseurs de la place avaient tenu leur serment : tous s'étaient fait tuer.— Bourbacki, que sept à huit cents Arabes, venus de la plaine, harcelèrent pendant plus de dix heures, barra le passage à ceux qui voulaient fuir. A midi, tout était fini, et la place n'offrait plus qu'un monceau de ruines et de cadavres.

Le lendemain, la mine fit sauter les deux mosquées, celle de la ville et celle de la Zaïouïa. — L'armée quitta alors ce champ de bataille, emportant le souvenir de ses pertes nombreuses, et les têtes des principaux chefs rebelles, qui restèrent longtemps exposées sur la place de Biskara, comme les trophées de la victoire (1).

En 1851, une vaste insurrection éclata dans la province d'Alger, et embrassa rapidement les subdivisions de Milianah et d'Orléansville. Un prétendu chérif, du nom de Bou-Baghla (*l'homme à la mule*), profitant de l'émotion produite dans les tribus par la crainte des opérations annoncées contre les populations du Djurjura, prêcha la guerre sainte et décida la prise d'armes. Les aventuriers qui le suivaient formèrent bientôt un corps de plusieurs milliers d'hommes, qui chassa

(1) A quelques mois de là, plusieurs tribus de l'Est se soulevèrent de nouveau, mais elles furent promptement et sévèrement châtiées. Voy. pour les opérations militaires : *Rapports adressés au Président de la République par le ministre de la guerre*, p. 6-10. Paris, 1851.

notre allié Ben-Ali (10 mars), et le mouvement gagna toute la vallée de l'Oued-Sahel. — Le général d'Hautpoul, alors gouverneur de l'Algérie, demanda avec instance l'autorisation d'attaquer la Kabylie (1). Le ministère s'y refusa formellement; mais il enjoignit au gouverneur de réunir, pour la fin d'avril, un corps de 8,000 hommes, destiné à opérer dans le triangle compris entre Milah, Djidjelli et Philippeville.

Pour des raisons toutes politiques et dont nous n'avons point à discuter le mérite, l'expédition était confiée au général de Saint-Arnaud, commandant supérieur de la province de Constantine. Elle avait pour but ostensible et avoué d'affermir l'autorité des cheiks, nos alliés, d'étendre nos relations et nos possessions, et de débloquer Djidjelli.

Deux brigades, commandées par les généraux Bosquet et de Luzy, furent promptement organisées; elles comprenaient douze bataillons (environ 9,500 hommes) et huit pièces de campagne; elles commencèrent leur mouvement le 8 mai. — Il n'entre point dans notre cadre de rappeler toutes les opérations de cette campagne qui dura trois mois, et dont la relation officielle a été publiée par le gouvernement (2). Il nous suffit d'en indiquer les résultats : Djidjelli fut débloquée; toutes les tribus voisines firent complète soumission; celles qui résistèrent furent impitoyablement châtiées. On incendia leurs villages, on abattit leurs arbres, on saccagea leurs récoltes. La ville de Collo se rendit à discrétion, et l'autorité de la France fut reconnue dans toute la contrée.

---

(1) Voy. *Du Ministère de la guerre en 1850 et de l'Algérie en 1851*, par le général d'Hautpoul. Paris, 1851.

(2) Voy. *Tableau des établissements français en Algérie* (1851-1852).

A la fin de la campagne, le général Saint-Arnaud fut nommé général de division, puis rappelé en France; peu de temps après, il était ministre de la guerre. On sait le reste.

Le général Saint-Arnaud a été l'un des principaux auteurs de la dernière révolution. La lettre suivante, qu'il adressa à sa femme au retour de l'expédition de la Kabylie, nous a semblé de nature à intéresser les lecteurs :

« La scène du monde et de la politique est glissante, écrivait-il. Le sage reste dans la coulisse, observe et ne paraît qu'à propos. Les Africains qui se sont mis en avant n'ont fait encore que de fausses entrées et de fausses sorties. Le public rit, quand il ne murmure pas. Avec tout cela j'aimerais mieux rester en Afrique, quand je devrais faire chaque année une expédition de deux ou trois mois. Ici, l'on a sa réputation dans sa main; à Paris, on la joue sur une phrase, sur un mot, sur une démarche, sur un sourire. J'aime mieux l'Afrique. M'y laissera-t-on (1) ? » — L'homme est là tout entier.

Un de nos anciens kalifats, Mohammed-ben-Abdallah, s'était détaché de notre cause sur l'ordre exprès qui lui en avait été donné par quelques fanatiques arrivés de la Mecque. Créé ou reconnu par eux chérif d'Ouarghla, — vaste oasis sur la communication du Soudan, — l'ambitieux marabout se présenta comme le successeur d'Abd-el-Kader, recruta quelques hommes, puis attaqua les tribus qui avoisinent Laghouat et qui reconnaissaient l'autorité de la France. L'agitation gagna de proche en proche jusqu'aux limites du Tell;

---

(1) Lettres du maréchal Saint-Arnaud, t. IIe.

elle pouvait s'étendre encore : le gouverneur général se hâta de l'étouffer.

Deux colonnes partirent, l'une de la province d'Alger, sous les ordres du général Youssouf, l'autre de la province d'Oran, sous la conduite du général Pélissier. Le chérif, placé entre ces deux colonnes et désespérant de franchir le cercle où il était enfermé, se jeta dans Laghouat.

Le marabout de Sidi-Aïssa domine la ville. De ce point élevé, l'artillerie pouvait aisément foudroyer la place, dont la défense consistait en trois grandes tours reliées entre elles par des courtines. — Dès son arrivée (3 décembre 1852), le général Pélissier fait enlever cette position, qu'on garnit d'artillerie. Youssouf se porte à l'est, prêt à donner l'assaut au signal convenu, et la cavalerie enveloppe l'oasis de façon à ce que personne n'échappe.

A l'heure désignée, la batterie de Sidi-Aïssa commence le feu ; les murailles tremblent, puis s'écroulent ; la brèche est ouverte. Aussitôt deux colonnes d'attaque s'élancent au pas de course et pénètrent dans la ville. De son côté, la troupe de Youssouf escalade le mur d'enceinte et chasse devant elle la troupe ennemie. Alors, et comme à Zaatcha, les Arabes se jettent dans les maisons et la lutte continue d'homme à homme, à l'arme blanche ; bientôt les rues sont inondées de sang « et pavées de cadavres. » — Cette fois encore la population presque entière fut massacrée. Quelques cavaliers, et parmi eux Ben-Abdallah, parvinrent seuls à s'échapper.

La résistance était vaincue ; mais le péril pouvait renaître. L'occupation permanente de Laghouat fut décidée, et, sur l'ordre du gouverneur, la ville fut transformée en forteresse. — « Nous avions, disaient les indigènes, conquis dans le Sahara un second Alger. »

II. — Durant la période que nous venons de parcourir, l'administration ne subit que peu de changements.

L'article 109 de la Constitution (1848) portait que le territoire de l'Algérie serait régi par des lois particulières. Il fut, en conséquence, institué, auprès du ministre de la guerre, un *comité consultatif* composé de neuf membres, savoir :

Deux Représentants du peuple ;
Deux conseillers d'État ;
Deux officiers généraux ou officiers supérieurs ;
Un membre de la Cour des comptes ou de l'administration des finances ;
Un inspecteur général ou un membre du conseil général d'agriculture ;
Un membre du conseil général des ponts-et-chaussées ou des mines.

Ses attributions furent ainsi déterminées (2 avril 1850) :

Le comité examine et discute tous les projets de loi, décrets et règlements généraux qui lui sont renvoyés par le ministre de la guerre ;

Il est également appelé à donner son avis :

Sur l'organisation de l'administration centrale, en ce qui concerne l'Algérie et les services publics dans ce pays ;

Sur les questions de haute administration relatives à la colonisation, aux indigènes, au développement de l'agriculture, du commerce, de l'industrie et du crédit ;

Sur les circonscriptions territoriales et leurs chefs-lieux ;

Sur les concessions à des individus ou à des compagnies des terres d'une étendue de plus de cent hectares, des mines, minières ou des carrières, des chutes d'eau, de l'exploitation des bois, forêts, lacs salés et d'eau douce, du dessèchement des marais;

Et généralement sur toutes les questions et affaires administratives que le ministre jugera convenable de renvoyer à son examen.

Le comité relevait essentiellement du ministre de la guerre, et donnait son avis motivé sur chacune des affaires qui lui étaient soumises, mais il n'avait aucune action directe sur les services de l'Algérie (1).

Les fonctions de directeur des affaires de l'Algérie furent remplacées (20 avril 1850) par celles de « chef du service de l'Algérie » qui furent confiées au général Daumas. Un peu plus tard, on revint à la première organisation, et la direction des affaires de l'Algérie fut reconstituée : M. Daumas resta comme Directeur.

Un décret d'une bien autre importance fut celui qui modifia les ordonnances relatives aux concessions.

Ces ordonnances imposaient aux concessionnaires des charges trop lourdes, et de nature à décourager les entreprises agricoles ; en effet :

Les colons recevaient, au moment de leur mise en possession, un *titre provisoire* indiquant les conditions imposées et le délai accordé pour leur accomplissement ; pendant toute la durée de ce délai, le concessionnaire ne pouvait valablement conférer une hypothèque sur la propriété, ni l'aliéner, en to-

---

(1) Après le coup d'Etat, le *comité consultatif* fut reconstitué par décret en date du 17 décembre 1851. Le comité fut composé de onze membres, « que des fonctions antérieures ou des études spéciales avaient mis à même d'acquérir la connaissance des besoins et des affaires de la colonie. » Les attributions du comité restèrent ce qu'elles étaient précédemment; les fonctionnaires seuls furent changés : autre temps, autres hommes.

talité ou en partie, sans l'autorisation préalable de l'administration. Ce délai expiré, il était procédé à une vérification des travaux effectués. — Si les conditions étaient remplies en totalité, le colon recevait un titre définitif de propriété, si elles n'étaient remplies qu'en partie, il pouvait obtenir, soit un titre partiel de propriété, soit une prorogation de délai ; si le colon n'avait rien fait, il devait être frappé de déchéance, et l'immeuble retournait à l'Etat. Le titre provisoire ne conférait ainsi qu'un simple droit de jouissance pouvant constituer *plus tard* et à certaines conditions, un droit de propriété ; c'était donc une simple *promesse de concession*, soumise à une condition suspensive.

Ce mode de concession occasionnait de grands embarras aux concessionnaires qui, avec leur titre provisoire, ne pouvaient trouver de crédit qu'à des taux d'intérêts ruineux. — Le général Randon, alors ministre de la guerre, fit ressortir, dans un rapport au président de la République, tous les inconvénients que présentait l'application des ordonnances précédentes (21 juillet 1845, 5 juin et 1ᵉʳ septembre 1847), et un décret, en date du 26 avril 1851, vint modifier, ainsi qu'il suit, le régime des concessions (1) :

Les actes de concession conférèrent la propriété *immédiate* des immeubles concédés, à la charge de l'accomplissement des conditions prescrites ;

Le concessionnaire put hypothéquer et transmettre, à titre gratuit, tout ou partie des terres à lui concédées, les détenteurs successifs restant soumis à toutes les obligations imposées au concessionnaire.

---

(1) Le décret du 26 avril 1851, régit encore les concessions. Voy. à la fin du volume la note C.

C'était donner aux colons une légitime satisfaction.

Mais tandis qu'on favorisait ainsi les agriculteurs, on arrachait aux Algériens celui de leurs droits auquel ils tiennent le plus : la constitution de 1852 leur retira le droit de vote que leur avait reconnu le gouvernement provisoire, et les rejeta brusquement dans l'état où ils vivaient sous la monarchie de Juillet. — Le gouvernement actuel avait, il faut le croire, de puissantes raisons pour en agir ainsi ; mais ses appréhensions, fondées peut-être au lendemain du 2 décembre, doivent être aujourd'hui entièrement dissipées. La colonie d'Afrique a renoncé depuis longtemps aux agitations de la politique : ce qu'elle demande, ce sont des lois protectrices, rien de plus. Or, sa voix ne parvient pas toujours à l'oreille du pouvoir, et peut-être en serait-il autrement si elle avait ses députés au Corps législatif.

III. — La grande Kabylie forme un quadrilatère dont les sommets reposent sur Aumale, Dellys, Bougie et Sétif. Le pays ainsi limité occupe une superficie d'environ cinq cents lieues carrées ; sa population est évaluée approximativement à deux cent quarante mille âmes. — Trois grandes vallées partagent le sol ; celle de l'Oued-Adjeb et les bassins principaux du Sebaou et de la Summan qui débouchent dans la mer. — La chaîne du Djurjura court parallèlement au littoral compris entre Dellys et Bougie ; ses crêtes s'élèvent à deux mille mètres au-dessus du niveau de la mer.

Le peuple kabyle a résisté pendant vingt-sept ans aux attaques de notre armée ; sa soumission date d'hier ; aussi le vainqueur a-t-il cru devoir user de modération, et laisser aux vaincus leurs institutions particulières. Mais le temps, qui nivelle tout, modifiera peu à peu la constitution politique des montagnards; et, dans quelques années, la grande Kabylie ne formera plus qu'une province française. Une esquisse des mœurs et des coutumes de ces populations offre donc un véritable intérêt.

Les Kabyles n'ont de commun avec les Arabes que la religion musulmane, et encore n'ont-ils accepté cette religion (Kabel, il a accepté, d'où probablement leur nom) que sous des restrictions certaines, et en conservant, avec l'opiniâtreté des races vaincues et non soumises, les coutumes, les mœurs et jusqu'aux statuts de leur société première. — On a beaucoup discuté sur leur origine ; qu'ils descendent ou non de ces Vandales auxquels leur amour du pillage a fait une triste célébrité, il est à peu près sûr qu'ils ont subi l'influence du christianisme ; on en retrouve encore chez eux l'empreinte visible, quoiqu'à demi effacée. Il serait difficile d'expliquer, sans cette cause, le tatouage en forme de croix que les femmes kabyles portent entre les deux yeux, ce qui, de toute façon, est contraire au Coran, lequel défend tout stygmate et le considère comme écriture du démon.

Les Kabyles ont aussi une langue qui leur est propre, et ce fait très important conclurait à la diversité de races si le doute était permis d'ailleurs ; il est vrai que l'alphabet berbère est perdu, et que tous les livres écrits dans cet idiome le sont en caractères arabes ; il est vrai encore que la langue berbère a subi plus d'une altération et a dû recevoir plus d'un mot arabe; mais elle n'en reste pas moins une langue aborigène, reliant entre elles toutes les tribus kabyles et attestant une origine commune. Elle s'est subdivisée en plusieurs dialectes, dont le plus pur est le zouaouiah. Tout Kabyle connaît, en outre, plus ou moins, la langue arabe ; c'est une nécessité que lui impose non-seulement la lecture obligatoire du Coran, mais encore des rapports de commerce ; car le Kabyle est volontiers commerçant et voyageur. L'Arabe, au contraire, qui s'enferme dans sa superbe et dans sa paresse, ne daigne retenir de l'idiome berbère que les quelques mots qu'il lui faut absolument savoir s'il entre en relations habituelles avec les Kabyles. — L'Arabe a horreur du travail ; il transporte sa tente de pâturage en pâturage ; la culture chez lui est un fait exceptionnel. Le Kabyle n'est point nomade ; il a une maison appelée Tesaka, qu'il construit en pierres sèches et en briques non cuites ; il l'entoure d'un jardin où il cultive des légumes et des fruits ; actif et industrieux, il considère la paresse comme une honte.

Il fabrique de la poudre, des balles en plomb, des armes, des canons et des batteries de fusil ; il fait de l'huile avec les olives qu'il récolte et l'exporte, dans des outres, à Alger, à Bougie et sur tous les marchés de l'intérieur ; les femmes kabyles, de leur côté, ne restent pas oisives ; tout en vaquant aux soins du ménage, elles tissent la laine et en confectionnent les vêtements et les burnous.

Parmi les industries auxquelles se livrent les Kabyles, il en est une répréhensible et qui ne fait honneur qu'à leur habileté ; c'est la fabrication de la fausse monnaie, qui paraît héréditaire chez certaines tribus. Les principaux ateliers se trouvent au village d'Ayt-el-Arba, des Beni-Janni, d'où les produits sont transportés par des colporteurs hors du territoire, car les Kabyles qui favorisent l'émission de la fausse monnaie au dehors seraient sans pitié contre celui qui tenterait de la faire circuler dans leur pays, et n'admettraient pas rançon pour cette infraction-là, comme ils le font pour la plupart des délits et des crimes.

L'opposition entre le caractère arabe et le caractère kabyle peut se poursuivre sur tous les points. Le Kabyle est orgueilleux, l'Arabe n'est que vaniteux ; celui-ci, en effet, suivant son intérêt, passe de l'arrogance à l'humilité ; celui-là ne laisse jamais entamer sa dignité ; la grande estime qu'il a de lui-même se montre dans la simplicité noble de ses manières. Le mensonge, familier à l'Arabe, lui fait horreur ; il dédaigne la surprise et la trahison ; il dénonce également le combat à son adversaire par l'envoi d'un objet qui prend le nom de mezzag (la lance). Les trahisons dont les Kabyles ont quelquefois usé envers nous ne prouvent rien contre ce caractère général ; outre que, rigoureusement, on pourrait les excuser d'employer contre des étrangers, envahisseurs de leur pays, des moyens dont ils ne se servent pas dans leurs guerres de tribu à tribu, il faut remarquer que les guets-apens tendus contre nous ont été désapprouvés par la majorité des Kabyles. Ainsi, le meurtre commis, en août 1836, sur le commandant Salomon de Mussis, par Mohammed-ou-Amzian, excita dans toutes les tribus une vive réprobation. Lorsqu'un meurtre a été commis chez eux, la loi laisse agir la famille de la victime, qui ne reste jamais inactive ; si le meurtrier ne se dérobe par la fuite aux représailles qui l'attendent, la vendette ne le laissera pas impuni ; souvent même, ne pouvant atteindre le vrai coupable, elle se rejettera sur un de ses proches ; de là des haines éternisées de famille à famille, et qui rappellent singulièrement les mœurs de la Corse. L'Arabe, au contraire, accepte la rançon du sang, qui s'appelle *Dia*.

La condition de la femme arabe est inférieure de beaucoup à celle de la femme kabyle ; la première n'a ni liberté, ni influence ; la seconde, au contraire, exerce un rôle dans la famille, elle marche le visage découvert, elle a sa place au repas commun, alors même qu'il y a des étrangers. Si le degré d'estime et de liberté accordé aux femmes est un indice à peu près sûr de la valeur morale et intellectuelle d'un peuple, on peut établir facilement la supériorité du peuple kabyle sur le peuple arabe ; chez celui-ci, la femme est esclave du mari, chez celui-là, elle est sa compagne.

MM. Daumas et Fabar ont défini la Kabylie, au point de vue politique, une espèce de Suisse sauvage; nous nous garderons bien de chercher une expression meilleure. Le sentiment de dignité personnelle et d'égalité qui règle les rapports des Kabyles entre eux, se retrouve dans les relations de tribu à tribu ; la richesse ou le nombre des guerriers de l'une d'elles n'implique aucune prépondérance politique; chacune s'administre elle-même. La fédération qui les relie n'a pas de caractère permanent ; elle se forme suivant les intérêts du moment. Dans le cas seulement où une ligue (soff) a été consentie, elles obéissent toutes, et pour la direction de la guerre seulement, à un seul chef, choisi généralement dans la tribu qui, plus immédiatement intéressée à la lutte, a fait appel aux autres. Quelquefois le renom militaire d'un chef étranger à cette tribu, ou l'influence d'une famille qui compte des marabouts illustres, détermine un choix différent.

Il est un cas où toutes les rivalités et les haines particulières s'oublient, où le soff proclamé réunit toutes les tribus sans exception : c'est la guerre sainte (djehad), la guerre aux chrétiens, l'appel général aux armes pour repousser l'invasion étrangère.

Mais, on le voit, cette fédération est momentanée et ne présente pas les apparences d'un gouvernement durable; il n'y faut voir que l'accident d'un commandement militaire, qui n'oblige ceux qui s'y soumettent que pour le temps de la lutte. — Pour trouver une convention sociale régulière, une administration permanente, il faut étudier la constitution de la tribu :

La tribu se divise et se subdivise en fractions, dont la moindre est régie par un *amine*. L'amine est une sorte de juge de paix, élu par le suffrage universel ; l'assemblée de tous les amines, appelée Djemma, choisit un chef appelé *amine des amines*, qui a une espèce d'autorité sur toute la tribu, mais qui cependant se garde de prendre aucune décision importante sans consulter les autres amines. Il faut, pour employer une expression vulgaire, qu'il marche droit ; il est révocable dès qu'il mécontente ce peuple, jaloux à l'excès de sa liberté.

Les amines font observer des coutumes particulières à la nation kabyle, coutumes soigneusement conservées en dehors du code musulman, comme une protestation tacite contre l'autorité du plus fort. Ce droit coutumier, transmis d'âge en âge, détermine le rachat de différents délits par des amendes dont le produit est employé à assurer les besoins généraux de la tribu.

Au-dessus des amines, dont le pouvoir est défini, il existe une autorité vague et illimitée qui apparaît principalement dans les circonstances graves : c'est celle du marabout. Le marabout est souvent le chef qu'on appelle à la tête des tribus menacées ; c'est surtout et partout le conciliateur : chéri de Dieu, il connaît les vrais intérêts du peuple, il voit de plus haut que les amines ; son influence bienfaisante se fait sentir pour apaiser les passions surexcitées, pour favoriser l'esprit de paix et d'ordre intérieur, sans lequel l'industrie et le commerce du pays seraient en souffrance.

La maison du marabout est entretenue aux dépens du peuple ; toutes les ressources de la vie lui sont assurées par une cotisation générale ; toutes les forces de la religion et de l'administration se résument si bien en lui, que sa demeure (zouaïa) est en même temps une mosquée, une école, une hôtellerie, ou mieux un lieu d'hospitalité gratuit pour tous ceux qui s'y présentent.

La zouaïa contient tous les degrés d'instruction, depuis l'enseignement primaire, donné au plus grand nombre, jusqu'à l'enseignement le plus élevé, réservé à quelques savants (tolbas), lequel embrasse la grammaire arabe, le droit, l'arithmétique, la géométrie, l'astronomie, et enfin la versification. La zouaïa est une école et une université.

Comme nos couvents avant la révolution, les zouaïas, enrichies par la piété des fidèles, sont arrivées à posséder de grandes propriétés foncières, qu'elles font cultiver par des kermès (métayers). Les pèlerinages à leurs mosquées et les dons que les familles considérables du pays tiennent à honneur de lui faire, lui assurent également de riches revenus.

Si l'on trouve dans cette constitution de la zouaïa un esprit de civilisation qui honore la nation kabyle, il est une coutume admirable qui n'existe que chez elle et qui doit encore plus nous la faire estimer : c'est celle qui a trait à l'anaya. — L'anaya est une sauvegarde qui rend inviolable celui qui en est muni ; son influence est étendue à un plus ou moins vaste territoire, suivant le rang de celui qui l'a donné. Si c'est un marabout, l'étranger ou le fugitif qui l'a reçu peut parcourir sûrement tout le pays kabyle, jusqu'aux limites mêmes où le nom du marabout serait à peine connu.—L'anaya se manifeste par un gage quelconque : un bâton, un poignard, un chapelet. L'anaya, c'est l'appui prêté au faible, c'est quelquefois le droit de grâce qui suspend la justice. On raconte qu'un meurtrier, embrassant les genoux de la veuve de sa victime, en obtint l'anaya et échappa de la sorte aux vengeurs qui l'avaient terrassé. Il est rare qu'on fasse en vain appel à la grandeur d'âme d'un Kabyle; mais du fait qui précède il ne faudrait pas conclure que les coupables, pour tromper la justice, n'ont qu'à invoquer cette sauvegarde toute puissante. Les Kabyles ne prodiguent pas l'anaya; ils en sont trop fiers et trop jaloux pour le décréditer; ils le restreignent à leurs amis, à leurs hôtes (1).

Un peuple ainsi gouverné était difficile à vaincre. Le maréchal Bugeaud avait mainte fois sollicité du ministère l'autorisation d'envahir la Kabylie, que les Arabes se plaisaient à regarder comme un asile inviolable; mais les Chambres étaient systématiquement contraires à cette expédition, et le maréchal dut renoncer à ses projets. Plus tard (1851), le général d'Hautpoul fit la même demande et essuya le même refus, la situation politique de la France s'opposant à ce que l'armée d'Afrique fût engagée dans une lutte dont on ne pouvait prévoir l'issue; mais à quelque temps de là, les choses avaient changé : l'ordre régnait en France et en Europe, et le maré-

(1) Voy. pour tout ce qui concerne la Kabylie :
BERBRUGGER : *la grande Kabylie sous les Romains*, Paris, 1853; — E. LAPÈNE : *les Kabyles comparés aux Numides et aux Vandales*, Metz; — DUPRAT : *une Guerre insensée, — ou Expédition contre les Kabyles*, Paris, 1843; — DAUMAS et FABAR: *la grande Kabylie*, 1847;— E. CARETTE : *Etudes sur la Kabylie proprement dite*, 1848.

chal Randon, plus heureux que ses prédécesseurs, put tenter l'entreprise, et il la mena à bonne fin.

La conquête de la grande Kabylie offre deux périodes distinctes :

Lorsqu'éclata la guerre d'Orient, le ministre dut prendre à l'armée d'Afrique ses plus vieilles et ses meilleures troupes. Le départ de ces régiments réveilla chez quelques marabouts des espérances qu'on croyait à jamais éteintes, et, sur quelques points du Maghreb, l'agitation fut grande. Bou-Baghla reparut aussitôt, prêcha la guerre sainte, et fit si bien que l'insurrection se propagea rapidement (1854). Le maréchal Randon prit immédiatement ses mesures pour comprimer la révolte. Deux divisions, commandées par les généraux Mac-Mahon et Camou, partirent, l'une de Constantine, l'autre d'Alger, et se portèrent dans le massif qui s'élève entre Dellys et Bougie. Les deux troupes agirent d'abord séparément et forcèrent les tribus du littoral à subir notre loi et à livrer des otages ; plus tard, elles se réunirent, remontèrent la vallée du Sebaou, envahirent le territoire des Beni-Yaya (14 juin) qui passait pour inexpugnable, forcèrent les Beni-Hidjer à demander l'aman et ramenèrent sous notre autorité toutes les peuplades comprises entre le Sebaou, Dellys et Bougie.

Cette première expédition contre les tribus du Djurjura produisit d'heureux effets : elle prépara les voies à l'expédition définitive de 1857, et prouva aux colons comme aux indigènes que l'armée d'Afrique, bien que réduite d'un tiers, était encore assez forte pour protéger la colonie.

La leçon avait été dure ; mais les Kabyles, plus encore que les Arabes, aiment la guerre. Nos troupes étaient à peine rentrées dans leurs cantonnements que les marabouts prêchèrent de nouveau la révolte. La tribu des Beni-Raten, une des plus populeuses et la plus guerrière, devint le centre de la rébellion et donna l'exemple : nos alliés furent pillés, nos postes ouvertement insultés ; sept ou huit mille montagnards tentèrent même d'incendier une de nos forteresses, celle de Drah-el-Mizan.

Le maréchal Randon attendit, pour venger ces insultes, que la guerre d'Orient fût terminée ; il prépara de longue main l'expédition, puis, quand l'heure eut sonné où il pouvait agir, il se mit en marche (mai 1857).

Le corps expéditionnaire, formé des troupes régulières et de quelques goums arabes, comprenait trois divisions et deux colonnes d'observation, soit près de 35,000 hommes. La première division était commandée par le général Renault, la seconde par le général Mac-Mahon, la troisième par Youssouf (voy. note D). — Pour bien comprendre les difficultés que présentait l'expédition, il faut se rappeler que les villages kabyles sont édifiés, pour la plupart, au sommet des montagnes, protégés par des obstacles naturels et défendus par la population la plus belliqueuse de l'Algérie. Le maréchal Randon triompha cependant de tous ces obstacles : les troupes, habilement dirigées et vaillamment conduites, escaladèrent, sous un feu continuel, des positions qui semblaient inabordables, poursuivirent l'ennemi dans ses derniers retranchements, prirent d'assaut chaque village et, après soixante jours de combats, forcèrent toutes les tribus à implorer l'aman. — Pour raconter cette lutte, la plus glorieuse peut-être de notre histoire d'Afrique, il faudrait tout un volume. Nous n'en préciserons que les résultats : — la Kabylie entière déposa les armes.

Mais il fallait assurer notre domination : des routes furent percées dans la montagne, qui rendirent les communications plus faciles et plus sûres ; puis, sur le plateau central des Beni-Raten, les troupes construisirent le fort Napoléon, c'est-à-dire une place de guerre qui domine une partie du territoire et, le cas échéant, présenterait aux montagnards une barrière infranchissable (1).

De tous les généraux qui ont gouverné l'Algérie depuis 1848, le maréchal Randon est incontestablement celui dont l'administration a été la mieux entendue et la plus profitable. Plus heureux que le maréchal Bugeaud, dont il a été le continuateur, il n'eut point à s'inquiéter de l'opinion des Chambres, et put appliquer à loisir un système dont il augurait bien. Un long séjour dans la colonie lui avait appris à connaître les hommes et les choses, et il s'attacha à donner aux indigènes une haute idée de notre justice et de notre force. Il développa le plus possible l'agriculture et l'industrie, fit exécuter de grands travaux d'utilité publique, conçut, puis fit adopter par le gouvernement (avril 1857), le projet longtemps caressé de construire en Afrique un réseau de chemins de fer ; il créa des écoles, favorisa le commerce, conquit la grande Kabylie et étendit notre domination jusqu'aux sables du désert. Grâce à son initiative, les produits de l'Algérie figurèrent avec éclat à l'Exposition universelle et fixèrent l'attention de l'Europe.

Au point de vue de l'intérêt de notre colonie, il a fait plus encore : il a soumis, presque sans effusion de sang, tout le

---

(1) Voy. pour les détails de l'expédition :

1° *Le Moniteur* (Rapports officiels du gouverneur et des généraux, juin, juillet et aout 1857).

2° ÉMILE CARREY : *Récits de Kabylie, campagne de* 1857, avec carte. — Paris, 1858.

3° EUG. CLERC : *Campagne de Kabylie en* 1857. — Lille, 1859.

Sahara algérien, et préparé les grandes voies de communication que, dans un temps prochain, suivront les caravanes (1).

Nous venons de parler du Sahara ; quelques explications sont ici nécessaires :

La ligne de nos postes avancés, Géryville, Laghouat, Bouçada et Biskara, formait, en 1852, la limite extrême de nos possessions africaines. Les tribus qui avoisinent le désert ne reconnaissaient pas notre domination et inquiétaient fréquemment nos alliés. — Le maréchal Randon voulut faire cesser cet état de choses : des goums nombreux, que suivaient nos colonnes mobiles, s'enfoncèrent dans le Sud, embrassant dans leur sphère d'action tout le territoire qui s'étend depuis la frontière de Tunis jusqu'à celle du Maroc, et menaçant à la fois tous les insoumis (1853). Metili, Ouarghla et les tribus nomades qui vivent entre ces oasis reconnurent alors notre autorité. L'année suivante, une expédition semblable fut organisée : Touggourt se rendit; les gens de l'Oued-R'ir et de l'Oued-Souf firent leur soumission. En 1855, six colonnes partant de nos postes avancés parcoururent, sans brûler une amorce, les pays nouvellement conquis : partout régnait la paix la plus profonde.

Les Sahariens avaient appris à nous craindre; bientôt ils furent forcés de nous aimer : — dans plusieurs ksours, les puits étaient ensablés et les palmiers, seule richesse du pays, dépérissaient à vue d'œil; les habitants, réduits à la misère, songeaient à abandonner leurs oasis, lorsque le général Desvaux conçut l'heureuse idée d'y faire creuser des puits arté-

---

(1) Voy. le remarquable ouvrage de M. J. Ribourt : *Le gouvernement de l'Algérie de 1852 à 1858*. Paris, 1859.

siens. Le succès le plus complet couronna ses efforts : l'eau jaillit en abondance là où elle commençait à manquer, et vint rendre aux populations émerveillées la richesse et la vie (1).

Le résultat ne se fit point attendre : « De grandes fêtes, dit M. Ribourt, célébraient chaque succès nouveau. On accourait de toutes parts pour voir le miracle. Les coups de fusil de la fantasia joyeuse se mêlaient aux chants religieux des vieillards et des femmes, qui rendaient grâce, à la fois, à Dieu et aux Français. A Temacin, le chef Si-Samar, après avoir chaleureusement témoigné sa gratitude à nos foreurs, se tourna vers les Arabes et leur dit : « Jadis l'arrivée des Français dans l'Oued-R'ir vous effraya; aujourd'hui vos craintes sont changées en cris de reconnaissance, car ils vous ont donné deux choses que vous ne connaissiez plus : la paix et la prospérité. » Et quand nos soldats, reprenant leurs outils de forage, partirent pour chercher plus loin un nouveau puits à creuser, il vint leur serrer la main à tous et les accompagna avec une foule immense jusqu'à ce qu'ils fussent rentrés dans le désert.

« Ainsi allaient ces braves soldats, aussi fiers de leurs fatigues pacifiques que de leurs travaux guerriers, portant la vie là où la nature mettait la mort, et conquérant une seconde fois ces peuples par la reconnaissance. »

Certes, ils ont droit à notre admiration et à notre reconnaissance, ces infatigables pionniers qui vont, sous un ciel torride, féconder la terre : véritables conquérants du Sud, ce

---

(1) Voy. *Mémoires de la Société des ingénieurs civils* (juin 1856); — *Bulletin de la Société géologique de France* (mai 1857); — *Mémoire sur le Sahara oriental au point de vue de l'établissement des puits artésiens*, par Ch. Laurent. — Paris 1859.

sont eux qui, dans ces régions éloignées, affermissent notre domination présente, et qui, devançant l'avenir, préparent à la colonisation européenne de fraîches et riantes oasis. — Honneur à eux !

Le maréchal Randon avait applaudi aux premières tentatives du général Desvaux, et il s'apprêtait à continuer son œuvre, lorsqu'un décret impérial vint changer complétement l'administration de la colonie.

QUATRIÈME PARTIE

CHAPITRE QUINZIÈME

MINISTÈRE DE L'ALGÉRIE ET DES COLONIES

LE PRINCE NAPOLÉON
(juin 1858. — mars 1859.)

Création du ministère de l'Algérie et des Colonies. — Nomination du prince Napoléon. — Partage des attributions. — La charge de gouverneur général est supprimée. — Division administrative. — Administration provinciale. — Conseil supérieur. — Résumé.

Éloge et blâme sont également suspects alors qu'on les adresse aux gens en place : or, nous ne voulons écrire ni panégyrique ni pamphlet. — L'historien a terminé sa tâche; le chroniqueur commence la sienne.

Le 24 juin 1858, le *Moniteur* publiait le décret suivant :
Art. Ier. Il est créé un ministère de l'Algérie et des Colonies.
Art. II. Ce ministère sera formé de la direction des affaires de l'Algérie et de la direction des colonies, qui seront distraites du ministère de la guerre et du ministère de la marine.

Art. iii. Notre bien-aimé cousin le prince Napoléon est chargé de ce ministère.

Art. iv. Nos ministres d'Etat, de la guerre et de la marine sont chargés, chacun en ce qui le concerne, de l'exécution du présent décret, qui sera en vigueur à partir du 1er juillet prochain.

Un mois après (31 juillet), le journal officiel publiait un rapport dont les conclusions, adoptées par l'Empereur, transformaient radicalement l'administration de l'Algérie ; on substituait à l'ancien système un système nouveau. — Les questions relatives au partage d'attributions nécessité par la création du nouveau ministère furent résolues de la manière suivante :

Dispositions générales. — Le gouverneur général est nommé sur la proposition du prince chargé du ministère de l'Algérie et des colonies ; il ne relève que de lui, et, par conséquent, ne correspond qu'avec lui, si ce n'est en ce qui touche les faits purement et exclusivement militaires, n'intéressant pas spécialement l'Algérie.

Les questions qui se rattachent à la position du prince chargé du ministère de l'Algérie et des colonies, quand il sera en Algérie et dans les colonies, surtout en ce qui concerne le commandement des troupes, seront réglées ultérieurement et avec l'approbation de l'Empereur.

Sont réintégrés au ministère de l'Algérie et des colonies, les services de la justice, des cultes, de l'instruction publique et des finances, qui ont été détachés du ministère de la guerre en 1848.

Les officiers du génie et les agents de l'intendance continuent à prêter leur concours pour les travaux et pour l'ordonnancement des dépenses en territoire militaire.

Le personnel des bureaux arabes est mis à la disposition du ministère de l'Algérie et des colonies.

Les interprètes dépendent du ministère de l'Algérie et des colonies.

Direction des affaires. — En ce qui concerne la direction des affaires, les principes suivants ont été établis, qui fixent nettement les attributions du nouveau ministère.

Toutes les dépêches, sans exception, qui concernent la politique et l'administration, toutes celles qui, bien qu'ayant un caractère militaire, intéressent cependant la situation de l'Algérie, sont adressées au prince chargé du ministère de l'Algérie et des colonies, sauf communication, s'il y a lieu, au ministère de la guerre, par le ministère de l'Algérie et des colonies, des dépêches qui pourraient intéresser le ministère de la guerre.

La correspondance relative à l'administration intérieure des corps, aux questions purement militaires et à la justice militaire, sauf certains cas relatifs aux conseils de guerre jugeant des Européens ou des indigènes, est transmise au ministre de la guerre.

Génie. — Ce service est chargé de travaux neufs ou de travaux d'entretien ; dans la première catégorie se placent les constructions de fortifications, de casernes, d'hôpitaux et de bâtiments militaires de tous genres; dans la seconde, les réparations à faire à ces édifices.

Les propositions relatives aux travaux neufs sont adressées au ministère de l'Algérie et des colonies, qui les transmet, avec son avis, au département de la guerre ; les propositions relatives à l'exécution et à l'entretien des travaux déjà approuvés parviennent directement au ministère de la guerre. Celui-ci continue à statuer à l'égard de ces travaux. Le ministère de l'Algérie et des colonies n'a de décision directe à rendre que pour les travaux exécutés par les officiers du génie qui sont inscrits au budget de ses dépenses.

Toutefois, le gouverneur général doit faire parvenir, au commencement de chaque exercice, au ministère de l'Algérie et des colonies, le tableau de sous-répartition des crédits affectés aux différents travaux entrepris pour le compte du budget de la guerre.

Artillerie et administration militaire. — Des principes identiques sont applicables au service de l'artillerie et à celui de l'administration militaire, qui comprend l'habillement, les hôpitaux, les transports et même, jusqu'à un certain point, les vivres de l'armée. Ainsi, par exemple, si l'intendance juge à propos de faire des expériences ou des essais pour modifier l'alimentation, l'habillement de l'armée en Algérie, etc., les projets parviennent au ministère de la guerre par l'intermédiaire du département de l'Algérie et des colonies.

Justice militaire. — En ce qui touche l'armée, la correspondance relative à la justice militaire est transmise directement au ministre de la guerre. Toutefois, comme les conseils de guerre connaissent des crimes et délits commis par les Européens et par les indigènes dans certaines parties du territoire, les jugements de cette catégorie sont adressés au ministère de l'Algérie, qui les notifie au département de la guerre. Les propositions de réduction de peine ou de grâce concernant ces condamnés sont dans les attributions du ministère de l'Algérie et des colonies.

Troupes. — D'après la règle établie, la correspondance concernant la politique et l'administration du pays est adressée au ministère de l'Algérie et des colonies. Il reste à préciser les conséquences de cette règle pour les opérations militaires et le personnel de l'armée :

Les projets relatifs aux opérations militaires sont d'abord soumis au ministère de l'Algérie et des colonies, qui apprécie leur opportunité, et se concerte au besoin avec le département de la guerre au sujet de la force et de la composition des colonnes. Mais, dès l'entrée des troupes en campagne, le ministre de la guerre reçoit un double de tous les rapports qui sont établis par le commandant des troupes, outre la partie de la correspondance militaire comprenant les états de situation, et qui doit lui parvenir directement.

Les propositions d'avancement en faveur du personnel de l'armée d'Algérie peuvent avoir lieu soit à la suite de l'inspection générale, soit pour services extraordinaires.

Dans le premier cas, le rapport général et définitif est adressé en duplicata au département de l'Algérie et des colonies.

Dans le second cas, les propositions sont transmises au ministère de l'Algérie et des colonies, qui les fait parvenir, avec son avis, au ministère de la guerre.

Il en est de même pour les propositions de mutation et de mouvement concernant soit les troupes, soit le personnel des officiers de tous grades.

La création du ministère de l'Algérie et des colonies nécessitait une nouvelle répartition des attributions jusqu'alors concentrées dans la direction de l'Algérie. Sur le rapport du ministre, la charge de directeur général des affaires civiles de l'Algérie fut supprimée, et la tâche dévolue à l'ancienne direction fut partagée entre deux services : l'un, chargé du personnel militaire et des intérêts militaires et maritimes (*Direction des affaires militaires et maritimes*); l'autre, appelé à traiter toutes les affaires civiles et indigènes (*Direction de l'intérieur*).

Justice. — Un décret, en date du 29 juillet, modifia ainsi qu'il suit l'administration de la justice :

ART. 1er. Le service de la justice en Algérie est placé dans les attributions du ministère de l'Algérie et des colonies.

Toutefois, lorsqu'il s'agit de modifier, soit la législation judiciaire, soit l'organisation des tribunaux de l'Algérie, il y est pourvu par des décrets rendus sur le rapport du prince chargé du ministère de l'Algérie et des colonies, et de notre garde des sceaux, ministre de la justice.

Le procureur général et le président de la cour impériale d'Alger adressent tous les trois mois au prince chargé du ministère de l'Algérie et des colonies et à notre garde des sceaux, ministre de la justice, un rapport sur l'administration de la justice et sur la marche de la législation en Algérie.

ART. II. Les décrets portant nomination ou révocation des membres de la cour impériale, des tribunaux de première instance et des justices de paix, ou institution des membres des tribunaux de commerce en Algérie, sont rendus sur la proposition collective du prince chargé du ministère de l'Algérie et des colonies et de notre garde des sceaux, ministre de la justice, qui les contre-signent.

Art. iii. Les magistrats de l'Algérie sont considérés comme détachés du ministère de la justice pour un service public ; ils sont placés sous l'autorité du prince chargé du ministère de l'Algérie et des colonies.

Toutefois, les mesures disciplinaires qu'il y aurait lieu de prendre à leur égard seront arrêtées de concert entre le prince chargé du ministère de l'Algérie et des colonies et notre garde des sceaux, ministre de la justice.

Art. iv. Les officiers publics et ministériels de l'Algérie et les interprètes judiciaires sont nommés et révoqués sur la seule proposition du prince chargé du ministère de l'Algérie et des colonies.

Art. v. L'arrêté du chef du pouvoir exécutif du 20 août 1848 est abrogé.

Toutes les dispositions non contraires au présent décret sont maintenues.

Instruction publique et cultes. — (*Décret du 2 août 1858.*) — Art. Ier. Le service de l'instruction publique et des cultes en Algérie est placé dans les attributions et sous l'autorité du prince chargé du ministère de l'Algérie et des colonies.

Toutefois, lorsqu'il s'agit de modifier soit la législation de l'instruction publique et des cultes, soit l'organisation réglementaire de l'enseignement, il y est pourvu par des décrets rendus sur le rapport du prince chargé du ministère de l'Algérie et des colonies et du ministre secrétaire d'État de l'instruction publique et des cultes.

Le recteur de l'Académie d'Alger adresse, tous les six mois, au prince chargé du ministère de l'Algérie et des colonies et au ministre secrétaire d'État de l'instruction publique, un rapport sur l'état de l'enseignement public en Algérie.

Les rapports des inspecteurs généraux sont adressés direc ement au prince chargé du ministère de l'Algérie et des colonies. Copie en est remise au ministre secrétaire d'État de l'instruction publique et des cultes.

Art. ii. Les décrets *portant nomination de l'Évêque d'Alger*, nomination ou révocation du Recteur, sont rendus sur la proposition collective du prince chargé du ministère de l'Algérie et des colonies et du ministre secrétaire d'État de l'instruction publique et des cultes, qui les contre-signent.

Les arrêtés portant nomination, mise en disponibilité ou révocation des inspecteurs d'Académie, du proviseur, du censeur, des professeurs ou chargés de cours du lycée d'Alger, sont pris par le prince chargé du ministère de l'Algérie et des colonies, après avis du ministre secrétaire d'État et de l'instruction publique et des cultes.

Art. iii. Les fonctionnaires d'académie et les fonctionnaires d'enseignement secondaire placés sous l'autorité du prince chargé du ministère de l'Algérie et des colonies sont considérés comme détachés du ministère de l'instruction publique et des cultes pour un service public. Les mesures disciplinaires auxquelles ils peuvent donner lieu sont arrêtées de concert entre le prince chargé du ministère de l'Algérie et des colonies et le ministre secrétaire d'État de l'instruction publique et des cultes.

Art. iv. L'arrêté du chef du pouvoir exécutif du 16 août 1848 est abrogé.

Toutes les dispositions non contraires au présent décret sont maintenues.

Enfin, la charge de Gouverneur général fut supprimée (31 août 1858). — Les motifs qui portèrent le ministre de l'Algérie et des colonies à demander cette suppression sont longuement exposés dans un rapport à l'Empereur :

« Préoccupé des progrès de l'Algérie, disait le ministre, l'Empereur veut que, tout en continuant d'assurer, au moyen d'une armée suffisante, la soumission des Arabes et leur tranquillité, son gouvernement ait pour principal but la colonisation. Pour cela il faut, à côté de la sécurité, plus de liberté.

» L'Algérie ne peut être assimilée à aucune des grandes possessions étrangères : dans l'Inde, le gouvernement s'exerce par l'intermédiaire des chefs indigènes en éloignant la colonisation ; aux États-unis, l'établissement des Européens s'est fait par l'extermination ou l'expulsion des Indiens. Rien de semblable ne peut se faire en Afrique ; nos difficultés sont beaucoup plus grandes ; nous avons une race belliqueuse à contenir et à civiliser, une population d'émigrants à attirer, une fusion de race à obtenir, une civilisation supérieure à développer par l'application des grandes découvertes de la science moderne.

» Nous sommes en présence d'une nationalité armée et vivace, qu'il faut éteindre par l'assimilation, et d'une population européenne qui s'élève, il faut concilier tous ces intérêts opposés ; et de là les rôles indiqués aux fonctions militaires et aux fonctions civiles en Algérie.

» Jusqu'à ce moment, les résultats obtenus ont entraîné de très grands sacrifices, occasionnés surtout par les nécessités de la conquête et par l'obligation d'entretenir une armée considérable pour maintenir une sécurité complète ; il est temps que le territoire conquis, dont l'étendue embrasse 225 lieues de côtes sur une profondeur illimitée, produise un revenu qui arrive progressivement à couvrir les dépenses de la métropole et à indemniser la mère-patrie de ses sacrifices.

» L'Algérie se divise en trois provinces, subdivisées elles-mêmes en territoires militaires et en territoires civils. Les premiers, où l'élément arabe est presque exclusif, sont administrés par des généraux, parce qu'il est reconnu que l'autorité militaire est celle qui convient le mieux aux mœurs et aux traditions des indigènes.

» Les seconds, où domine l'élément européen, où nos lois, nos habitudes et une civilisation plus avancée réclament et admettent la prépondérance des institutions civiles, sont placés sous la direction des préfets.

» Dans les territoires militaires, des chefs arabes exercent, sous l'autorité supérieure des généraux, une influence que nous devons amoindrir et faire disparaître. Notre but doit être de développer l'action individuelle et de substituer à l'agrégation de la tribu la responsabilité, la propriété et l'impôt individuels, de manière à préparer efficacement les populations à passer sous le régime civil.

» Dans les territoires civils, il faut faire cesser la tutelle étroite qui est exercée par le pouvoir sur les intérêts et sur les personnes; le moment est venu d'accorder à l'autorité locale une action plus libre et plus directe, en lui permettant d'administrer avec plus d'indépendance, et par là même, avec plus de responsabilité.

» Il convient, en un mot, que le ministre laisse aux administrateurs, généraux ou préfets, une plus grande latitude, et n'intervienne que pour les affaires d'une certaine importance et d'un intérêt général.

» Gouverner de Paris et administrer sur les lieux, en divisant l'administration, comme je viens de l'indiquer, tel est le système qui me paraît le plus propre à contribuer au prompt développement de la prospérité de nos possessions du nord de l'Afrique. Les hommes d'État qui ont étudié depuis vingt ans la question algérienne se sont montrés à peu près unanimes pour indiquer ce but, alors même que l'opportunité n'était peut-être pas encore venue comme elle l'est aujourd'hui.

» Dans cet ordre d'idées, la centralisation des affaires à Alger, par un gouvernement général, devient un rouage inutile.

» En effet, deux systèmes étaient seuls rationnels pour réaliser les progrès désirés, ou donner plus de pouvoir au gouverneur général en transportant tous les services à Alger et le faisant ministre, ou absorber le gouverneur général en constituant un ministère spécial. Ces deux solutions ont été soumises à l'Empereur qui a choisi ce dernier parti.

» Il y a urgence de donner satisfaction à l'opinion publique, qui attend du gouvernement une solution de ces graves questions.

» L'état de l'Algérie peut se résumer ainsi :

» Beaucoup de bien a été fait, des résultats immenses ont été obtenus, mais on ne peut se dissimuler qu'il y a des abus à faire cesser, et qu'il faut pour cela beaucoup de force et d'unité de volonté. La conquête et la sécurité sont entières, grâce aux efforts glorieux de notre armée; les crimes sont rares, les routes et les propriétés sont sûres, les impôts rentrent bien. Et cependant la colonisation est nulle : deux cent mille Européens à peine, dont la moitié Français, moins de cent mille agriculteurs, les capitaux rares et chers, l'esprit d'initiative et d'entreprise étouffé, la propriété à constituer dans la plus grande partie du territoire, le découragement jeté parmi les colons et les capitalistes qui se présentent pour féconder le sol de l'Algérie : telle est la situation vraie.

» La suppression des fonctions de gouverneur général rendra l'action du gouvernement plus facile ; elle donnera au ministre et aux autorités locales toute leur liberté d'action ; elle simplifiera la direction et facilitera l'obéissance ; partant du centre du gouvernement, l'impulsion sera plus vive et plus régulière, et ainsi disparaîtra toute possibilité de conflits. Enfin, pourquoi maintenir, avec un ministre spécial, un gouverneur général pour une possession située à trente-six heures de la mère-patrie ?

» La question militaire est entièrement réservée. Sur ce point, la centralisation à Alger doit être maintenue intacte, et le commandement supérieur de l'armée dévolu à un chef unique. Le pouvoir militaire attribué au gouverneur général sera exercé par un commandant supérieur qui aura le commandement en chef de l'armée d'Afrique, et sera responsable de la sécurité du pays et de la sûreté des frontières ; il disposera de l'armée et des forces de la marine affectées à l'Algérie, pour réprimer avec promptitude et énergie toutes les tentatives de désordre.

» Le commandant en chef de l'armée sera, avec plus de pouvoirs, dans une position semblable à celle des maréchaux titulaires des commandements supérieurs des divisions actives et territoriales en France. Les rapports avec les autorités administratives et judiciaires seront réglés d'après les mêmes principes ; les préfets administrant les territoires civils, et particulièrement les généraux administrant les territoires militaires, lui rendront compte de tout ce qui peut intéresser la politique générale et la sûreté du pays.

» De plus, il pourvoira, selon les circonstances et sous sa responsabilité, à toutes les mesures urgentes pour faire respecter l'autorité de l'Empereur et assurer l'exécution des lois. Mais l'administration restera en dehors de ses attributions en territoire militaire aussi bien qu'en territoire civil.

» Ainsi se trouveront réparties les attributions civiles et militaires dévolues aujourd'hui au gouverneur général.

» Chaque autorité aura des attributions mieux définies et plus larges, la solution des affaires sera plus prompte, les intérêts publics et les intérêts privés seront immédiatement en contact avec les pouvoirs qui peuvent leur donner satisfaction. L'autorité militaire restant ce qu'elle doit être, concentrée dans une même main à Alger, et l'autorité administrative remise complétement aux préfets en territoire civil et aux généraux de division en territoire militaire ; enfin, le ministre ayant recouvré sa liberté d'action et de direction, pouvant accepter une responsabilité sérieuse, telles seront les conséquences de cette mesure. »

Ce rapport était accompagné d'un décret ainsi conçu :

Art. 1er. Les fonctions de gouverneur général de l'Algérie sont supprimées.

Art. ii. Sont également supprimés le conseil de gouvernement et le secrétariat général du gouvernement placé auprès du gouverneur général à Alger.

Art. iii. Il est institué un commandement supérieur des forces militaires de terre et de mer employées en Algérie.

Art. iv. Le commandant supérieur exercera le commandement en chef de l'armée de terre et des forces de la marine. Il pourvoira à toutes les mesures nécessaires pour faire respecter l'autorité de l'Empereur et assurer l'exécution des lois.

En cas d'urgence, il pourra suspendre l'exécution des mesures prises par les généraux et les préfets.

Art. v. Ses relations avec le prince chargé du ministère de l'Algérie et des colonies et avec nos ministres de la guerre et de la marine seront réglées d'après les principes du rapport ci-dessus visé du 29 juillet 1858. »

Le même jour, le général Mac-Mahon fut nommé commandant supérieur des forces de terre et de mer employées en Algérie (31 août 1858).

Un autre décret (27 octobre) remania complétement l'administration. Les attributions du gouverneur général furent confiées, en grande partie, aux pouvoirs locaux, et, tout en diminuant l'intervention administrative, on donna plus de liberté à l'initiative individuelle des fonctionnaires.

Ce décret règle l'organisation administrative de l'Algérie; nous le reproduisons en entier.

TITRE Ier.

De la promulgation en Algérie.

Art. 1er. La promulgation des lois, décrets et règlements exécutoires en Algérie est confiée au ministère de l'Algérie et des Colonies, et résulte de l'insertion au Bulletin officiel des actes de ce ministère.

Art. ii. La promulgation est réputée connue :

1° A Paris, le jour de la réception du Bulletin au secrétariat général du ministère;

2° Au chef-lieu de chaque province de l'Algérie, un jour après la réception du préfet du département;

3° Dans les circonscriptions administratives secondaires, après l'expiration du même délai, augmenté d'autant de jours qu'il y aura de fois cinq myriamètres de distance entre le chef-lieu de la province et celui de la circonscription.

Art. iii. Dans les circonstances extraordinaires, la promulgation peut être faite à son de caisse ou par voie d'affiches. Les actes ainsi promulgués sont immédiatement exécutoires.

Art. iv. Le *Bulletin officiel des actes du gouvernement de l'Algérie*, publié à Alger, est supprimé.

TITRE II.

De l'administration provinciale.

Art. v. La division administrative de l'Algérie en trois provinces est maintenue.

Chaque province est divisée en territoire civil et en territoire militaire. Le territoire civil de chaque province forme le département.

Des Préfets.

Art. vi. Le département est administré par le préfet.

Le territoire militaire est administré par le commandant de la division territoriale.

Art. vii. Il y a près de chaque préfecture un secrétaire général, pris en dehors du conseil de préfecture et n'en faisant point partie.

Art. viii. En cas de décès, d'absence ou d'empêchement du secrétaire général, le préfet désigne un conseiller de préfecture pour le remplacer. Il en donne immédiatement avis au ministre.

Art. ix. Le conseil de préfecture est composé de quatre membres pour le département d'Alger, et de trois membres pour chacun des deux autres départements.

Lorsqu'un conseil de préfecture se trouve incomplet, par suite de vacance, d'absence ou d'empêchement d'un de ses membres, le préfet désigne, pour le suppléer, un conseiller général ou un chef de bureau de la préfecture.

Art. x. Les préfets nomment directement, sur la présentation des divers chefs de service, et en se conformant aux conditions d'aptitude déterminées par les réglements et instructions ministérielles, aux emplois désignés par le Ministre.

Art. xi. Ils statuent, soit en conseil de préfecture, soit sans l'intervention de ce conseil, sur toutes les matières administratives indiquées par le ministre.

Art. xii. Sont expressément réservées à la décision du pouvoir central, toutes les matières qui intéressent à la fois deux provinces, ou, dans la même province, les deux territoires et tous les objets d'administration départementale et communale qui affectent directement l'intérêt général de l'État.

Des commandants du territoire militaire.

Art. xiii. Les commandants du territoire militaire exercent dans ce territoire les attributions civiles dévolues à l'autorité préfectorale dans le département.

Art. xiv. Il est institué près du commandement du territoire militaire un conseil des affaires civiles.

Ce conseil est composé d'un sous-intendant militaire à la désignation du commandant du territoire, du chef du service des domaines, du chef du service des contributions diverses, et d'un membre civil à la nomination du Ministre.

Art. xv. Les commandants du territoire militaire statuent en conseil des affaires civiles sur les matières attribuées aux préfets en conseil de préfecture.

Des conseils généraux.

Art. xvi. Il y a dans chaque province un conseil général composé de douze membres au moins et vingt membres au plus.

Art. xvii. Les membres des conseils généraux sont nommés par l'Empereur sur la proposition du ministre de l'Algérie et des colonies. — Ils sont choisis parmi les notables Européens ou indigènes résidant dans la province ou y étant propriétaires.

Art. xviii. Les membres des conseils généraux sont nommés pour trois ans. Ils sont renouvelés par tiers tous les ans et peuvent être renommés.

Pour les deux premiers renouvellements, les conseillers sortants seront désignés par la voie du sort.

Art. xix. Ne peuvent être membres des conseils généraux :

1° Les préfets, sous-préfets, commissaires civils, secrétaires généraux, conseillers de préfecture, les commandants du territoire militaire et les commandants de subdivision et de cercles ;

2° Les agents et comptables employés à l'assiette, à la perception ou au recouvrement des impôts et au payement des dépenses publiques de toute nature ;

3° Les ingénieurs des ponts et chaussées et des mines, les officiers du génie et les architectes actuellement employés par l'administration dans la province ;

4° Les agents forestiers en fonctions dans la province ;

5° Les employés des préfectures, sous-préfectures et commissariats civils, et les employés des bureaux civils du commandement du territoire militaire.

Art. xx. Lorsqu'un membre d'un conseil général a manqué à deux sessions consécutives sans excuses légitimes ou empêchement admis par le conseil, il est considéré comme démissionnaire, et il est pourvu à son remplacement.

Il est toujours pourvu, avant l'ouverture de la session annuelle, aux vacances qui se produisent dans le sein des conseils généraux par suite de décès, démission, perte des droits civils ou politiques ou pour toute autre cause.

Art. xxi. La dissolution d'un conseil général peut être prononcée par l'Empereur; en ce cas, il est procédé à la formation d'un nouveau conseil avant l'ouverture de la session annuelle et au plus tard dans le délai de trois mois, à partir du jour de la dissolution.

Règles pour la session des conseils généraux.

Art. xxii. Le conseil général tient chaque année une session ordinaire au chef-lieu de la province.

Il se réunit en session extraordinaire toutes les fois qu'il est convoqué à cet effet.

Les membres du conseil général sont convoqués par le préfet dans le département, par le commandant du territoire militaire dans ce territoire.

Art. xxiii. L'époque et la durée de chaque session sont fixées par les décrets impériaux.

Les présidents, vice-présidents et secrétaires des conseils généraux seront nommés par l'Empereur.

Art. xxiv. L'ouverture de chaque session est faite par le préfet, qui reçoit des conseillers nouvellement nommés le serment constitutionnel.

Les membres qui n'ont pas assisté à la séance d'ouverture

ne prennent séance qu'après avoir prêté serment entre les mains du président.

Art. xxv. Les séances ne sont pas publiques. Le conseil général ne peut délibérer que si la moitié plus un des conseillers se trouvent présents.

Les votes ont lieu par assis et levé; ils sont recueillis au scrutin secret toutes les fois que quatre des conseillers présents le réclament.

Art. xxvi. Les procès-verbaux, rédigés par le secrétaire et arrêtés au commencement de chaque séance, contiennent l'analyse de la discussion, sans mentionner le nom des membres qui y ont pris part.

Art. xxvii. Le préfet du département et le commandant du territoire militaire ont entrée au conseil général; ils sont entendus quand ils le demandent et assistent aux délibérations, excepté lorsqu'il s'agit de l'apurement de leur compte administratif.

Art. xxviii. Tout acte ou toute délibération d'un conseil général, relatifs à des objets qui ne sont pas légalement compris dans ses attributions, sont nuls et de nul effet. La nullité sera prononcée par un décret impérial.

Art. xxix. Toute délibération prise hors de la réunion légale du conseil général est nulle de droit.

Le préfet, après avoir pris l'avis du commandant du territoire militaire, prononce la nullité par un arrêté pris en conseil de préfecture, et prend les mesures nécessaires pour que l'assemblée se sépare immédiatement.

Le préfet transmet son arrêté au procureur général chargé des poursuites de droit.

En cas de condamnation, les membres condamnés sont exclus du conseil et ne pourront faire partie d'aucun conseil général de province pendant les trois années qui suivront la condamnation.

Art. xxx. Il est interdit à tout conseil général de se mettre en correspondance avec un autre conseil, ou de faire ou publier aucune proclamation ou adresse.

En cas d'infraction, le préfet, après avoir pris l'avis du commandant de la division, suspend la session du conseil général jusqu'à ce qu'il ait été statué par l'Empereur.

L'arrêté de suspension est transmis au procureur général, pour l'exécution des lois et l'application, s'il y a lieu, des peines déterminées par l'article 123 du Code pénal.

Art. xxxi. Tout éditeur, imprimeur, journaliste ou autre, qui rendra publics les actes interdits aux conseils généraux par les articles 28 et 30, sera passible des peines rappelées en l'art. 19 de la loi du 22 juin 1833, sur l'organisation des conseils généraux.

Art. xxxii. Le conseil général peut ordonner la publication de tout ou partie de ses délibérations ou procès-verbaux.

Attributions des conseils généraux.

Art. xxxiii. Le conseil général délibère sur les objets suivants :

1° Contributions spéciales ou extraordinaires à établir et emprunts à contracter dans un intérêt provincial ;

2° Mode de gestion des biens immeubles compris dans le domaine départemental, aux termes du titre II de la loi du 16 juin 1851 ;

3° Acquisition, aliénation et échange des mêmes biens ;

4° Locations d'immeubles au compte du département ;

5° Changement de destination ou d'affectation des édifices départementaux ;

6° Actions à intenter ou à soutenir au nom de la province, transactions concernant les droits du département ou du territoire militaire, sauf les cas d'urgence prévus par l'article 38 ci-après ;

7° Acceptation des dons ou legs faits à la province ;

8° Classement et direction des routes départementales dans les deux territoires de la province ;

9° Projets, plans et devis de tous travaux à exécuter sur les fonds de la province ;

10° Offres faites par des communes, par des associations ou des particuliers, pour concourir à la dépense des routes départementales ou autres travaux à la charge de la province ;

11° Concession à des associations, à des compagnies ou à des particuliers, de travaux d'intérêt provincial ;

12° Part contributive à imposer à la province dans la dépense des travaux exécutés par l'État et qui intéressent la province, ou des travaux qui intéressent à la fois la province et les communes ;

13° Établissement et organisation des caisses de retraite ou autre moyen de rémunération en faveur des agents ou employés du service départemental ou provincial non rétribués directement par l'État ;

14° Fixation de la part de la dépense des enfants trouvés ou abandonnés, des orphelins pauvres et des aliénés indigents, à mettre à la charge des communes, et base de la répartition à faire entre elles.

ART. XXXIV. Les délibérations du conseil général sur les

objets énumérés dans l'article précédent, sont soumises à l'approbation de l'Empereur, du ministre de l'Algérie et des colonies, des préfets ou des commandants du territoire militaire, selon les cas déterminés par la législation.

Art. xxxv. Le conseil général donne son avis :

1° Sur les changements proposés aux circonscriptions administratives, judiciaires ou communales ;

2° Sur les difficultés élevées relativement à la répartition de la dépense des travaux qui intéressent plusieurs communes ;

3° Sur l'établissement, la suppression ou le changement des foires ou marchés;

4° Enfin sur toutes les questions dont il doit connaître en vertu de lois et règlements, ou sur lesquelles il est consulté par l'administration.

Art. xxxvi. Le conseil général vérifie l'état des archives civiles et celui du mobilier de la préfecture et du commandement du territoire militaire.

Art. xxxvii. Le conseil général peut adresser directement au ministre, par l'intermédiaire de son président, les réclamations qu'il aurait à présenter dans l'intérêt spécial de la province, ainsi que son opinion sur l'état et les besoins des différents services publics concourant à l'administration provinciale.

Des actions judiciaires et des transactions.

Art. xxxviii. Les actions de la province sont exercées par le préfet en vertu des délibérations du conseil général.

La province ne peut se pourvoir devant un autre degré de juridiction qu'en vertu d'une nouvelle délibération, à moins que la première n'autorise le préfet à épuiser tous les degrés de juridiction.

En cas d'urgence, le préfet peut intenter toute action ou y défendre sans délibération du conseil général.

Il fait tous actes conservatoires ou interruptifs de la déchéance.

En cas de litige entre l'Etat et la province, l'action est intentée ou soutenue, au nom de la province, par le membre du conseil de préfecture le plus ancien en fonctions.

Art. xxxix. Aucune action judiciaire autre que les actions possessoires ne peut, à peine de nullité, être intentée contre une province qu'autant que le demandeur a préalablement adressé au préfet un mémoire exposant l'objet et les motifs de sa réclamation.

Il lui en est donné un récépissé.

L'action ne peut être portée devant les tribunaux que deux mois après la date du récépissé, sans préjudice des actes conservatoires.

Durant cet intervalle, le cours de toute prescription demeure interrompu.

Art. xl. Les transactions ne peuvent être consenties par le préfet qu'en vertu d'une délibération du conseil général.

Art. xli. Le budget de chaque province, préparé de concert entre le préfet et le commandant du territoire militaire, est présenté au conseil général par le préfet.

Ce budget, après avoir été délibéré par le conseil général, est réglé définitivement par décret impérial.

Art. xlii. Si le conseil général ne se réunissait pas, ou s'il se séparait sans avoir arrêté le budget des dépenses de la province, le préfet, en conseil de préfecture, et le commandant du territoire militaire, en conseil des affaires civiles, établiraient d'office le projet de ce budget, qui serait ensuite réglé par décret impérial.

Des dépenses.

Art. XLIII. Les dépenses à inscrire au budget de la province sont ordinaires ou extraordinaires.

Chaque nature de dépenses forme une section spéciale au budget.

Chaque *action* est divisée en *chapitres*, *articles* et *paragraphes* :

1° Frais de recouvrement des revenus provinciaux ;

2° Remboursement, restitution et non-valeurs sur les contributions, centimes additionnels, taxes, péages et autres droits perçus au profit de la province en vertu des lois et règlements ou d'autorisations spéciales ;

3° Contributions dues par les propriétés du département ;

4° Grosses réparations et entretien des édifices et bâtiments départementaux.

5° Loyer, s'il y a lieu, des hôtels de préfecture, de sous-préfecture et de commissariat civil ;

6° Ameublement et entretien desdits hôtels, de l'hôtel du commandant du territoire militaire et des bureaux administratifs, y compris ceux des affaires civiles du territoire militaire ;

7° Bibliothèques administratives ;

8° Loyer, mobilier et menues dépenses des cours, tribunaux et justices de paix ;

9° Frais de garde et de conservation des archives provinciales ;

10° Dettes exigibles et annuités d'emprunts contractés ;

11° Portion mise à la charge du département et de la province, des frais des tables décennales de l'état civil;

12° Services civils indigènes;

13° Frais de police centrale, autre que le traitement de commissaire central;

14° Dépenses des enfants trouvés et abandonnés et des aliénés indigents, ainsi que du traitement des malades civils indigents dans les hôpitaux civils ou militaires, sauf ce qui pourra être ultérieurement ordonné à cet égard;

15° Service médical de la colonisation, propagation de la vaccine; mesure contre les épidémies et les épizooties;

16° Casernement ordinaire de la gendarmerie;

17° Portion de la dépense ordinaire des prisons laissée à la charge de la province;

18° Chauffage et éclairage des corps-de-garde des établissements départementaux;

19° Frais de route accordés aux voyageurs indigents;

20° Secours pour événements calamiteux;

21° Primes pour la destruction des animaux dangereux ou nuisibles;

22° Grosses réparations, entretien des routes départementales et des ouvrages d'art qui en font partie;

23° Frais de tenue des conseils généraux, des chambres consultatives d'agriculture et de commerce, des conseils d'hygiène publique et des expositions provinciales; impression des budgets et des comptes de recettes et dépenses de la province, et toutes autres impressions mises par les lois et règlements à la charge des départements;

24° Part contributive de la province à la subvention annuelle due à l'école préparatoire de médecine et de pharmacie d'Alger, en vertu d'un décret du 4 août 1857.

Art. xlv. Les dépenses ci-dessus énumérées sont obligatoires. Si elles ne sont pas portées au budget voté par le conseil général, elles y sont inscrites d'office par le préfet, le commandant du territoire militaire ou le ministre.

Art. xlvi. Toutes les autres dépenses sont extraordinaires et facultatives. Aucun crédit ne peut être inscrit d'office dans le chapitre des dépenses extraordinaires, et les allocations qui y sont portées par le conseil général ne peuvent être échangées ni modifiées par le décret qui règle le budget.

Art. xlvii. Le conseil général peut voter au budget du service ordinaire un crédit pour dépenses imprévues, dont l'emploi est laissé à la disposition du préfet et du commandant du territoire militaire, sous leur responsabilité.

Des recettes.

Art. xlviii. Les recettes à inscrire au budget de la province sont ordinaires et extraordinaires.

Les recettes ordinaires comprennent les produits suivants :

1° Loyers, fermages et rentes foncières provenant de biens ou fondations compris dans le domaine départemental ou constitués en propriété au département;

2° Part revenant à la province sur le produit net de l'impôt arabe;

3° Produit des centimes additionnels ordinaires qui pourront être attribués à la province sur les impôts directs établis au profit de l'État;

4° Cinquième du produit net de l'octroi municipal de mer perçu dans les ports de la province tant que le budget provincial restera spécialement chargé des dépenses relatives aux hôpitaux et hospices civils;

5° Remboursement par les communes, les corporations,

les familles ou les particuliers, des frais de traitement et d'entretien dans les hôpitaux et hospices civils, orphelinats et asiles d'aliénés ;

6° Portion des amendes payées par les Arabes en territoire militaire, qui n'est pas attribuée aux chefs indigènes par les arrêtés spéciaux sur la matière ;

7° Portion attribuée au département dans le produit des amendes payées par les Arabes administrés par l'autorité civile (décret du 8 août 1854) ;

8° Plaques, livrets, permis de départ délivrés aux membres des corporations des Besannis ;

9° Amendes payées par les membres desdites corporations ;

10° Produits des expéditions des anciennes pièces ou des actes administratifs déposés aux archives du département ;

11° Droits de péage et taxes ou cotisations autorisés au profit du département ;

12° Enfin, et généralement, tous autres droits et perceptions concédés à titre permanent au département ou territoire militaire par les lois et règlements.

Art. xlix. Les recettes extraordinaires se composent des produits ci-après désignés :

1° Contributions extraordinaires et centimes additionnels facultatifs et dûment autorisés ;

2° Prix de ventes d'immeubles ou d'objets mobiliers ;

3° Dons et legs dûment autorisés ;

4° Remboursement de capitaux exigibles ou de rentes rachetées ;

5° Produits des emprunts autorisés ;

6° Subventions sur le fonds commun ;

7° Subvention de l'Etat, des communes, des associations ou des particuliers, pour concourir à l'exécution des travaux publics, d'utilité départementale;

8° Enfin et généralement toutes recettes accidentelles et imprévues non comprises dans la nomenclature établie par l'article précédent.

Art. l. Les recettes tant ordinaires qu'extraordinaires sont exclusivement appliquées au besoin de la province où elles ont été perçues, sous la réserve ci-après :

Sur l'ensemble des ressources ordinaires de chaque province, il est fait un prélèvement de 10 p. cent destiné à former un fonds commun laissé à la disposition du ministre pour être réparti entre les trois provinces, au prorata de leurs besoins, et à titre de ressources supplémentaires.

Art. li. Les fonds qui n'auront pu recevoir leur emploi dans le cours de l'exercice seront reportés, après clôture, sur l'exercice en cours d'exécution, avec l'affectation qu'ils avaient au budget voté par le conseil général. Les fonds restés libres seront cumulés avec les ressources du budget nouveau.

Art. lii. Le comptable chargé du service des dépenses provinciales ne peut payer que sur des mandats délivrés dans la limite des crédits ouverts au budget :

En territoire civil, par le préfet;

En territoire militaire, par l'intendant militaire, pour les dépenses administratives ;

Par le directeur des fortifications, pour les travaux.

Ces ordonnateurs pourront déléguer leurs pouvoirs dans la limite des instructions ministérielles.

Des comptes d'administration.

Art. liii. Le conseil général entend et débat les comptes

d'administration qui lui sont présentés par le préfet et le commandant du territoire militaire.

Les observations du conseil général sur les comptes présentés à son examen sont adressés directement par son président au ministre de l'Algérie et des colonies.

Ces comptes, provisoirement arrêtés par le conseil général, sont définitivement réglés par décret impérial.

Des budgets des localités non érigées en communes.

Art. LIV. Les budgets des localités non érigées en communes sont réglés dans le département par le préfet, dans le territoire militaire, par le commandant militaire.

Ces budgets s'alimentent :

1° Des recettes, dites communales, réalisées dans ces localités ;

2° De la part qui leur revient au prorata de leur population sur le produit de l'octroi de mer ;

3° Des subdivisions qui pourront leur être accordées sur le budget provincial.

Enfin, le comité consultatif fut supprimé et remplacé par un *Conseil supérieur* dont les attributions furent ainsi définies par un décret (21 novembre 1858) :

Le conseil est appelé à délibérer sur toutes les affaires intéressant l'Algérie et les colonies, à l'occasion desquelles le ministre croit devoir le consulter. Ses avis ont un caractère purement consultatif ; il ne peut prendre l'initiative d'aucune délibération.

Nous avons longuement exposé le nouveau système qui régit la colonie : résumons-le :

Unité de direction, constitution des Provinces, amoindrissement de l'autorité militaire, extension du pouvoir civil, voilà ce qu'il a donné, et il eût produit davantage s'il eût été franchement accepté par tous les fonctionnaires.

Au banquet de Limoges, alors qu'il exposait son programme, le prince avait dit : « L'empereur m'a chargé de compléter
» l'œuvre commencée par notre brave armée sur une terre
» qu'elle a rendue fructueuse en la fécondant de son sang ; en-
» treprise exclusivement nationale, qui admet et appelle le
» concours de tous ceux qui reconnaissent l'œuvre du suf-
» frage universel. Ainsi, il me sera permis de demander aux
» hommes, non d'où ils viennent, mais où ils vont ; de regar-
» der dans l'avenir et non dans le passé. »

Et on avait applaudi à cette promesse pleine d'encouragements pour l'Algérie.

Il avait dit encore :

« Notre unité nationale, préparée pendant une longue suite
» de siècles et établie par la Révolution, n'a rien à redouter
» désormais de l'exagération de l'individualisme et de l'esprit
» local. Le danger n'est pas là ; il serait plutôt dans la ten-
» dence contraire si elle se développait à l'excès. Ce que nous
» devons craindre, en effet, c'est l'absorption des forces indi-
» viduelles par la puissance collective ; c'est la substitution
» du gouvernement au citoyen pour tous les actes de la vie
» sociale ; c'est l'affaiblissement de toute initiative per-
» sonnelle sous la tutelle d'une centralisation administrative
» exagérée. Je voudrais voir les citoyens, cessant de compter
» sur l'intervention et les faveurs de l'Etat, mettre un légi-
» time orgueil à se suffire à eux-mêmes, et fonder sur leur
» propre énergie et sur la force de l'opinion publique le suc-

» cès de leurs entreprises. J'ose dire que si, à notre unité po-
» litique, source de notre puissance, objet d'admiration et
» souvent de crainte pour nos voisins, nous savions joindre
» cette force qui naît du concours spontané des individus et
» des associations libres, notre patrie verrait s'accomplir les
» destinées prévues par les citoyens illustres de 89. »

Ces paroles, qui constituaient comme un engagement moral, avaient une haute signification.

Mais quand on voulut passer des théories à la pratique, on rencontra des obstacles dressés par la politique ombrageuse des uns, par l'égoïsme des autres, et le Prince donna sa démission (7 mars 1859*).

Les colons s'émurent de cette brusque retraite, qui impliquait, pensaient-ils, un changement de système, et ils adressèrent à l'Empereur une pétition dans laquelle ils résumaient ainsi les nombreuses réformes réalisées par le Prince :

Les conseils généraux institués en Algérie (les Israélites et les Musulmans représentés dans ces conseils);

Les départements dotés de budgets spéciaux ; le territoire civil agrandi ; de nouvelles sous-préfectures, de nouveaux commissariats civils créés ;

Le décret sur la décentralisation administrative appliqué à la colonie ; un grand nombre de nouveaux centres de population constitués ;

La cour impériale d'Alger réorganisée ;

La liberté et la fortune des citoyens garanties contre l'erreur ou l'arbitraire, par la création d'une chambre de mises en accusation ;

(*) Le Prince fut remplacé par le comte P. Chasseloup-Laubat (24 mars 1859). — Vers la même époque, le général Mac-Mahon fut appelé au commandement de la 2ᵉ division de l'armée d'Italie; le général Gueswiller lui succéda (24 avril), et fut, bientôt après, remplacé lui-même par le général de Martimprey.

La vénalité des magistrats indigènes réprimée par les tribunaux ;

De nouvelles garanties données aux Arabes par la création de commissions disciplinaires ;

La province de Constantine dotée d'un Tribunal de commerce ;

L'étude des grandes questions d'organisation, de colonisation et de travaux publics confiée à un conseil supérieur ;

Le projet de loi sur les chemins de fer algériens, élaboré, présenté au Corps législatif ;

Un conseil des affaires civiles institué auprès des généraux commandant les divisions militaires ;

Les transactions immobilières en territoire arabe redevenues libres ;

Les agents du domaine invités à faciliter la constitution de la propriété individuelle par l'abandon des instances engagées pour des intérêts d'importance secondaire ;

L'étude du cantonnement et la reconnaissance de la propriété arabe poussées avec activité ;

En un mot les intérêts de la colonisation, du commerce et de l'industrie rassurés et retrouvant la confiance qu'ils avaient perdue ;

Tels sont, résumés en quelques mots, les bienfaits dont l'Algérie a été redevable au court passage de S. A. I. le prince Napoléon à la tête des affaires coloniales.

Les pétitionnaires faisaient ensuite le tableau le plus triste de leur situation et terminaient en demandant, comme remède suprême, le rappel du Prince au ministère de l'Algérie. Mais cette supplique, fort honorable d'ailleurs pour celui qui en était l'objet, resta sans réponse.

CHAPITRE SEIZIÈME.

M. LE COMTE P. DE CHASSELOUP-LAUBAT.

(24 mars 1859.)

Faits généraux. — Les tendances actuelles. — Le crédit foncier. — Service des postes en Algérie. — Organisation de la justice musulmane. — Faits militaires ; expédition contre les Beni-Snassen : le général de Martimprey. — Un nouveau chérif.

M. de Chasseloup-Laubat (1) connaissait l'Algérie pour l'avoir visitée en 1836, en qualité de Commissaire du Roi, et il avait eu souvent l'occasion de défendre, soit au Conseil d'État, soit à la Chambre, les intérêts de la colonie. — On pensa d'abord qu'il continuerait l'œuvre de son devancier, et qu'il suivrait à la lettre le programme de Limoges. Or, c'était lui prêter une intention qu'il n'avait point : le nouveau ministre se rendit à Alger, visita la province et en revint avec un plan bien arrêté.

M. de Chasseloup-Laubat appartient, si nous en jugeons par ses écrits, à l'école des spécialistes : les questions d'économie

---

(1) Né à Alexandrie (Piémont); entra, en 1828, au Conseil d'État ; aide-de-camp de La Fayette en 1830 ; chargé d'une mission temporaire en Algérie (1836) ; député de la Charente-Inférieure (1837) ; conseiller d'État (1838) ; représentant du peuple (1849) ; ministre de la marine et des colonies (1851) ; député (1852-1857) ; membre du conseil supérieur (1858).

politique et sociale lui sont particulièrement familières, et ce à quoi il s'attache de préférence c'est à développer dans nos possessions d'outre-mer le commerce et l'industrie. Aussi le voyons-nous donner aux travaux publics un large développement et doter la colonie d'Afrique d'institutions qui doivent y ramener la confiance et les capitaux. La Société du Crédit foncier étend aujourd'hui ses opérations sur le territoire algérien ; le service des Postes, jusqu'alors mal organisé, a été séparé de celui de la Trésorerie et placé dans les attributions du ministre de l'Algérie ; partant, les communications sont beaucoup plus rapides et on évite aux colons de fâcheux contre-temps ; de nouvelles routes sont ouvertes dans chaque province, d'autres sont continuées, et, sous peu de jours, la question des chemins de fer sera définitivement résolue.

Ce n'est point tout :

La plupart des produits algériens entrent en franchise de droits dans les ports de l'Empire ; les lois qui régissent en France les entrepôts et les docks sont applicables à l'Algérie ; enfin, les barrières du Sud ont été ouvertes au commerce de l'Afrique centrale (1).

En ce qui concerne l'administration proprement dite, M. de Chasseloup-Laubat a modifié trop radicalement, peut-être, certaines mesures prises par son prédécesseur : il a craint d'aller trop vite et a voulu ménager des amours-propres facilement irritables. Il est permis de le regretter : l'Algérie est un pays neuf ; la colonisation s'y trouve encore à l'état d'ébauche ;

---

(1) Consulter, pour la partie commerciale : Th. Laujoulet, *Le commerce en Algérie*. 1 vol. in-8°, Paris, 1860. — M. Laujoulet a formulé et proposé, dès 1851, un décret organique concernant un système d'entrepôts maritimes .... l'idée est bonne ; l'étudiera-t-on ?

pour mettre un terme aux vieux abus qui l'enserrent et l'étouffent, que faut-il, cependant? «*de l'Audace, toujours de l'Audace!* » Donc, en avant! dirons-nous : *sursum corda !*

Néanmoins, et on ne saurait le méconnaître, le ministre actuel a prouvé qu'il avait à cœur de bien faire comprendre aux indigènes notre ferme volonté d'élever en Afrique le glorieux édifice de notre civilisation, et il a le mérite d'avoir donné à la justice musulmane une organisation dont les Arabes peuvent, dès à présent, apprécier les avantages. — Mais pour préciser mieux, citons le rapport officiel; c'est un tableau complet :

Quelle était l'organisation judiciaire indigène au moment de notre conquête? En principe, au criminel comme au civil, un seul juge, le cadi ; un seul recours contre sa sentence, l'appel au souverain. Toutefois, en matière civile, les parties avaient le droit d'en référer au cadi mieux informé. Dans ce cas, ce magistrat réunissait le cadi du rite opposé (1) au sien, lorsqu'il s'en trouvait un, des muphtis et quelques tolbas, et devant cette réunion appelée medjelès, l'affaire se discutait de nouveau. Mais le cadi confirmait ou infirmait sa propre décision sans être tenu de céder à l'avis de la majorité. Le medjelès n'était donc pas un vrai tribunal ; c'était seulement une sorte de comité consultatif.

En droit, il n'y avait d'autre recours contre cette dernière décision du cadi que le recours au souverain (sultan, pacha ou bey), le Koran lui faisant un devoir de se tenir chaque jour pendant quelque temps à la disposition de quiconque veut s'adresser à sa justice. Mais en fait, lorsqu'on n'avait point formé ce recours toujours difficile à introduire, on pouvait, sous le plus vain prétexte, recommencer la contestation devant un autre cadi, et bien souvent le procès n'avait d'autre terme que celui de

---

(1) Les Arabes suivent le rite maleki, les Turcs le rite hanefi, ainsi que les Coulouglis, fils de Turcs et de Maures. — (Voy. au *Moniteur* le rapport du Ministre (12 janvier 1860).

la patience du plaideur le moins opiniâtre, ou plutôt le moins riche, qui ne pouvait ou supporter les frais de déplacement auxquels son adversaire l'entraînait, ou lutter avec lui, il faut bien le dire, pour des dépenses d'un tout autre caractère.

L'expérience ne tarda pas à démontrer les dangers d'une justice ainsi organisée et placée complétement en dehors de notre sphère d'autorité.

Dès 1834, on exigea, en matière criminelle, qu'aucun jugement de condamnation prononcé par les cadis ne fût mis à exécution avant d'avoir été revêtu du visa du procureur général à Alger et de son substitut à Bone et à Oran. Mais ce n'était là *qu'un exécutoire* qui laissait substituer un état de choses aussi contraire aux principes de notre souveraineté qu'opposé aux progrès de notre civilisation. L'ordonnance du 28 février 1841 vint donc sagement déférer aux tribunaux français tous les crimes et délits prévus par le code pénal, et soumit à l'appel devant la cour les jugements rendus en matière civile par les cadis. Puis, l'année suivante, une ordonnance du 26 septembre donna au procureur général la surveillance des tribunaux indigènes situés en territoire civil. Enfin, un arrêté du gouverneur général détermina, en 1848, une meilleure composition des mahakmas de cadis et de medjelès, donna leur présidence au muphti maleki, et fixa le tarif des actes et des droits à percevoir.

C'était, sans aucun doute, une organisation simple et rationnelle. Elle se prêtait sans froissements aux améliorations successives reconnues nécessaires ; elle initiait la magistrature française à la langue, aux coutumes, aux mœurs arabes ; dégageait chaque jour, dans la législation musulmane, l'élément religieux de l'élément civil, et popularisait les idées de droit chez un peuple qui, depuis des siècles, n'a guère connu que l'empire de la force et de la violence.

La faculté d'appel devant la cour était un frein pour le juge indigène. Elle prévenait les abus, ou du moins elle empêchait qu'ils ne devinssent irréparables ; enfin, elle répondait aux traditions mêmes du passé pour le peuple arabe ; elle n'était, en définitive, que le recours au sultan, car la cour était bien la représentation du souverain ; c'est en son nom qu'elle rend la justice.

Le seul inconvénient que présentassent ces utiles réformes venait de l'éloignement qui séparait un grand nombre de justiciables de la résidence de la cour d'Alger, et il était facile d'y remédier.

Pendant le temps qu'a duré cette organisation, les plaintes et les abus furent moins graves que par le passé, et on devrait s'étonner qu'en 1854 on ait songé à reconstituer une justice musulmane entièrement livrée à elle-même et sans lien avec notre magistrature, si un fait considérable ne s'était produit qui avait dû entraîner l'autorité supérieure chargée de l'administration de l'Algérie à chercher les moyens d'action qui lui échappaient, et dont elle avait besoin pour remplir sa tâche.

En effet, plusieurs décrets, rendus dans le mois d'août 1848 par le chef du pouvoir exécutif, avaient divisé entre plusieurs autorités les attributions relatives aux cultes, à l'instruction publique et à la justice. Au ministère des cultes et de l'instruction publique fut confiée toute l'administration concernant le culte chrétien, le culte israélite, les écoles françaises et israélites. Mais tout ce qui se rapportait aux musulmans et aux écoles arabes resta soumis à l'autorité du ministre de la guerre. De même, l'administration de la justice, pour la population française et européenne des territoires civils, fut placée dans le ressort exclusif du ministre de la justice, tandis que le service de la justice indigène resta dans les attributions du ministre de la guerre.

On croyait ainsi faire un pas vers le progrès, parce que c'était un pas vers l'assimilation entre les règles qui devaient régir une partie du territoire plus particulièrement occupée par la population européenne et l'organisation même de la France; mais, en réalité, c'était un obstacle de plus élevé contre toute assimilation entre les deux populations, et en définitive, au point de vue des intérêts généraux de la civilisation, c'était rétrograder. En effet, créer deux justices, les séparer comme si elles ne provenaient pas toutes deux de la même origine et ne prononçaient pas au nom du même souverain, quelles que fussent d'ailleurs les populations sur lesquelles elles s'exerçaient, et placer ces deux justices sous la surveillance de deux autorités différentes, indépendantes l'une de l'autre, c'était pousser fatalement l'autorité à laquelle appartenait l'administration générale de l'Algérie à mettre tout ce qui se rapportait aux indigènes en dehors de nos institutions judiciaires, et à constituer des tribunaux musulmans sans lien et sans contact avec les nôtres.

C'est là, il faut le reconnaître, la cause véritable du décret du 1er octobre 1854 : indépendance absolue en matière civile de la justice indigène vis-à-vis la justice française ; plus, d'appel à la cour impériale ; la surveillance et la direction de la justice arabe enlevées au procureur général et remises en territoire civil aux préfets, en territoire militaire aux généraux ; les medjelès perdant leur caractère purement consultatif, élevés à la hauteur d'une juridiction souveraine, et formant ainsi en Algérie vingt et une cours prononçant sans appel, sans recours possible ; enfin, un conseil de jurisprudence composé de muphtis et de cadis, sans action directe sur ces tribunaux, telles sont les innovations principales introduites par le décret du 1er octobre. En dehors de ces dispositions, ce décret a apporté de sérieuses améliorations. Il a fixé les limites de la compétence générale de la justice indigène, les règles de la poursuite contre ses membres et ses agents, la division du territoire en circonscriptions judiciaires, et a assuré l'exécution des jugements. Enfin, déterminant les obligations des cadis en leur qualité de notaires, il a imposé à la rédaction, à la conservation et à la constatation des actes qui leur sont confiés, des conditions qui sont autant de garanties. Mais si sous ce rapport il a rendu de véritables services, il faut reconnaître que les conséquences de la séparation complète des deux autorités judiciaires qu'il avait établie n'ont point tardé à se produire.

Protégées par leur omnipotence, les décisions des tribunaux musulmans ont donné naissance aux réclamations les plus vives. Plus d'une fois les indigènes, dans l'impuissance où ils étaient de s'adresser à nos magistrats pour obtenir la réformation des jugements de leurs tribunaux, ont fait retentir les cours d'assises de leurs plaintes contre la corruption de leurs juges. Des arrêts ont dû en flétrir quelques-uns, et si, dans quelques occasions, on n'a pas sévi autrement que par la destitution, c'est que, sans profit pour les justiciables on aurait déconsidéré une institution à laquelle les Arabes étaient encore forcés d'avoir recours.

Voilà où en était la justice civile entre les musulmans lorsque parut le décret dont il est question.

Ce décret, comme les actes législatifs antérieurs, reconnaît que la loi musulmane régit toutes les conventions et toutes les contestations civiles et commerciales entre indigènes musulmans, mais en même temps il proclame que les musulmans sont libres de contracter sous l'empire de la loi française.

L'expression de leur volonté, une simple déclaration de leur part dans l'acte, suffit pour cela, et entraîne l'application de cette loi ainsi que la compétence des tribunaux français.

Ce n'est là sans doute qu'une faculté donnée aux Arabes. Aucune obligation ne leur est imposée ; ils conservent leurs lois, leurs coutumes ; mais si, frappés de la sagesse de notre droit, ils veulent profiter de ses bienfaits, la barrière est abaissée devant eux, et, tout en conservant leurs croyances religieuses, ils peuvent venir placer leurs biens et leurs contrats sous l'égide de notre loi.

Tel est le principe nouveau inscrit en tête du décret qui devait réorganiser la justice musulmane. Au temps seul il appartient de le consacrer, car lui seul sans doute pourra en faire comprendre tous les avantages aux indigènes et les entraîner sans réserve vers ces institutions dont aujourd'hui nous leur ouvrons l'accès.

En second lieu, le décret consacre le droit d'appel devant les tribunaux français des jugements des cadis.

C'est tout à la fois rétablir le lien entre la magistrature française et les tribunaux indigènes, et, sans secousses, sans froissements, faire rentrer ceux-ci dans la voie normale.

C'est déjà un frein puissant que ce droit d'appel à des tribunaux supérieurs dont l'intervention possible est un gage assuré d'une justice plus vigilante et plus sévère.

Mais les tribunaux d'appel ne peuvent être saisis de tous les procès, et bien des abus regrettables pourraient se perpétuer dans l'ombre s'ils n'étaient prévenus et redressés par une active surveillance. Cette surveillance est donc indispensable.

On se rappelle qu'elle avait été primitivement confiée au chef de la justice. D'après le décret, elle appartient, sous l'autorité du ministre, en territoire civil, au premier président et au procureur général dans la limite de leurs attributions respectives, et, en territoire militaire, à ces magistrats et au général commandant la division, qui doivent se concerter à cet effet.

Quelque contraire à nos habitudes judiciaires que puisse paraître cette dernière disposition, elle est indispensable pour atteindre le but qu'on se propose.

En effet, si la surveillance des tribunaux musulmans est facile en territoire civil et a dû être exclusivement confiée aux chefs de la justice, il n'en est pas de même en territoire militaire.

Là, nos magistrats manquent de moyens d'action sur les cadis des tribus ; l'autorité, en réalité, est exercée par les commandants de divisions, de subdivisions et de cercles dont les agents nombreux et dévoués connaissent les besoins, les mœurs indigènes. Pour être efficaces, il fallait donc une surveillance mixte, et appeler à y participer le pouvoir judiciaire et l'autorité militaire.

Mais il ne suffisait pas d'ouvrir aux musulmans la voie de recours aux tribunaux français contre les jugements des cadis, il fallait encore rendre ce recours facile, peu coûteux et dégagé de toutes les lenteurs de procédure qui seraient insupportables pour les indigènes.

Quelques dispositions ont suffi à cet égard.

Un mois est accordé pour interjeter appel du jugement du cadi.

Les seules formes à suivre consistent dans une déclaration faite devant l'adel du cadi qui l'enregistre, donne récépissé de la déclaration, et est tenu dans les quarante-huit heures d'en adresser copie au ministère public et d'en donner avis à la partie adverse.

Le magistrat du parquet est chargé de réclamer des parties leurs moyens de défense. Le président désigne un juge rapporteur pour l'affaire qui vient à bref délai.

L'intervention des défenseurs n'est pas obligatoire, mais

le ministère public est toujours entendu. C'est, en quelque sorte, le tuteur impartial des intérêts qui s'agitent.

Aucun recours n'est possible contre le jugement définitif.

Mais avant d'interjeter appel, les Arabes peuvent, dans les trois jours de la sentence du cadi, réclamer que l'affaire soit examinée de nouveau en assemblée de medjelès, constituée d'après les usages musulmans. La nouvelle décision doit être rendue dans la quinzaine, et le délai d'appel ne court que du jour de cette dernière sentence.

Par cette disposition, le décret veut montrer aux Arabes combien il tient compte de leurs habitudes, presque de leurs susceptibilités; il rend ainsi à la juridiction des cadis et aux medjelès leur véritable caractère, de même que le recours à nos tribunaux, à la cour impériale se rattache à la tradition ; c'est le recours au souverain, dans la seule forme possible aujourd'hui. Enfin, pour entourer de plus de lumière les jugements et les arrêts de nos tribunaux sur toutes les contestations des Arabes, deux assesseurs pris parmi les plus instruits et les plus recommandables des muphtis, des oulémas, des tolbas, sont attachés à chaque tribunal.....

Le décret ne pouvait oublier que, indépendamment de leur qualité de juge, les cadis exercent aussi les fonctions de notaires, et il a dû leur tracer, à cet égard, quelques règles aujourd'hui consacrées par l'expérience, pour la stricte exécution de leurs devoirs.

Enfin une disposition détermine que le décret n'est applicable ni à la Kabylie, ni au pays situé au delà du Tell : l'une a sa djemâa, qui rend la justice selon ses coutumes, l'autre est trop éloigné de nos centres de population pour que l'autorité militaire n'y conserve pas toute sa liberté d'action.

En résumé, le décret consacre trois grandes mesures :

1° La faculté pour les musulmans de contracter sous l'empire de la loi française ;

2° La surveillance de la justice indigène par notre magistrature, et le droit d'appel devant nos tribunaux ;

3° Une procédure des plus promptes et des moins coûteuses.

La première abaisse la barrière entre la société arabe et la nôtre ;

La seconde prévient les abus, les répare au besoin, popularise les idées de droit et inspire le respect de la justice.

La dernière, enfin, permet l'entrée de nos prétoires au plus humble des sujets musulmans en Algérie.

Depuis la conquête de la grande Kabylie, les Arabes vivaient paisiblement dans leurs tribus ; les routes étaient sûres, les impôts régulièrement payés, et on croyait à une paix durable quand éclata dans l'Ouest une nouvelle insurrection :

Abd-er-Rhamann venait de mourir, et sa succession était à peine ouverte, que ses héritiers se disputaient l'Empire. Les populations qui avoisinent la frontière, jalouses de suivre l'exemple donné par les Riffains qui assiégeaient les Espagnols dans leur forteresse de Ceuta, et sollicitées peut-être par un des prétendants, voulurent « faire parler la poudre. »

Quelques tribus marocaines, excitées par le chérif Mohammed-ben-Abdallah, violèrent notre territoire (août 1859) ; le 10 et le 11 elles attaquèrent deux convois de charretiers européens qui se rendaient à l'établissement des mines de Ghar-Rouban. Deux de ces charretiers furent tués, un troisième fut blessé. Quelques jours après, elles se précipitèrent sur les douars des Doui-yaya qui nous sont soumis, et leur enlevèrent leurs troupeaux.

A quelques jours de là, notre tribu des Beni-bou-Saïd était aux prises avec les Angades, et le chérif marocain attaquait à l'improviste, près de Sidi-Zaher, nos goums et un escadron de spahis envoyés sur les lieux pour rétablir la tranquillité.

Le 1er septembre, ce chérif surprit avec des forces considérables le poste de Sidi-Zaher, et, le lendemain, d'autres bandes assaillirent le village de Maziz et celui de Léou, chez les Djebbala, incendiant tout sur leur passage. Le 3, Sidi-Aziz fut pillé.

Le 11 septembre, la plupart de ces tribus marocaines étaient réunies du côté de l'Oued-Tiouli, à environ 25 lieues de Nemours, où le commandant Beauprêtre avait établi son camp. Elles l'attaquèrent au point du jour, mais elles furent vigoureusement repoussées.

Tant d'audace méritait un sévère châtiment. Le trouble s'était répandu dans tout l'ouest de l'Algérie, et la sécurité de nos tribus avait été partout gravement compromise. Il fallait agir : une expédition fut décidée. (*Voy. à la fin du volume la note E.*)

Toutes les troupes disponibles furent promptement réunies sur l'Oued-Kiss, en face des Beni-Snassen qu'il s'agissait de châtier sévèrement ; — mais, instruit par l'expérience des guerres précédentes, le général de Martimprey ne se décida à commencer les opérations qu'après s'être créé une base d'opérations solide par la construction de deux grandes redoutes, en avant de ses camps, et y avoir réuni des approvisionnements de guerre de toute sorte et des vivres en quantité suffisante pour les besoins de la colonne pendant vingt jours.

Tandis que s'élevaient ces redoutes et que se formaient ces approvisionnements, deux colonnes légères se constituaient et se mettaient en mouvement.

La première, commandée par le général Durrieu, forte de

8 compagnies d'infanterie, de 3 escadrons de cavalerie et de 1,100 chevaux des goums de Sebdou, Mascara et Sidi-bel-Abbès, se porta à Sebdou.

La deuxième, sous les ordres du commandant de Colomb, se dirigea sur Ben-Khelil. Elle comprenait une compagnie du 1er bataillon d'Afrique et 700 chevaux du Sud.

Elles avaient pour mission de faire une diversion à l'attaque principale contre les Beni-Snassen, et d'empêcher les Maïas, les Angades et autres tribus nomades du Sahara marocain d'inquiéter nos tribus du sud ou de se réunir aux Beni-Snassen. Bien que la chaleur fût accablante et que le choléra fît d'épouvantables ravages, nos troupes étaient pleines d'ardeur et demandaient à combattre ; mais le général de Martimprey contint leur impatience.

Nous l'avons dit : « aux bons officiers les bonnes troupes ; » or, le général de Martimprey est incontestablement un de nos généraux les plus capables (1). Les soldats avaient en lui toute confiance, — et ils avaient raison : quand fut venu le moment d'agir, le général lança ses régiments contre les Beni-Snassen, qui s'étaient groupés sur le col d'aïn-Tacouralt, débusqua l'ennemi de ses positions et le força, après un combat opiniâtre, à demander l'aman.

(1) M. de Martimprey fit ses premières armes en Afrique (1835) : il appartenait au corps royal d'état major et fut d'abord chargé du service topographique ; ce fut lui qui dressa la carte militaire de la province d'Oran ; il prit part à toutes les expéditions commandées par le général La Moricière, dont il était l'émule, et se distingua dans plusieurs rencontres. Colonel en 1848, général de brigade en 1852, général de division en 1855, il fut nommé chef d'état major général de l'armée d'Orient. — M. de Martimprey est tout à la fois un homme de guerre et un administrateur : il a su se concilier l'estime des Colons et l'amour des Indigènes, qui proclament son intégrité ; il est appelé, croyons-nous, à jouer en Algérie le rôle glorieux que joue au Sénégal le colonel Faidherbe.

Depuis, les Marocains ont soigneusement évité de donner à la France un nouveau sujet de plainte ; mais une récente insurrection (avril 1860), nous a prouvé qu'il était sage d'être toujours sur le qui vive.

Au milieu du calme le plus profond, alors que les tribus du Hodna (province de Constantine) jouissaient de tous les biens de la paix, les Ouled-Amar, des Ouled-Derradji (subdivision de Batna), se soulevèrent à la voix de Si-Mohammed-ben-bou-Khrentech, qui se disait l'envoyé du chérif de Sous-el-Aksa, désigné par les prophéties comme devant délivrer le pays du joug des chrétiens.

Etabli à quelque distance de la grande chaîne du Bou-Thaleb, entre la Chebka-Magra et la Chebka-Meleh, Si-Mohammed voyait le nombre de ses partisans grossir d'heure en heure et l'agitation se propager rapidement dans les tribus environnantes.

Prévenus de ce qui se passait, les commandants des subdivisions de Batna et de Sétif se dirigèrent immédiatement sur le Hodna, chacun à la tête d'une colonne légère, et se trouvèrent le 25 mars en face du camp des insurgés, qui disposaient déjà de 1,800 fusils.

Le camp se composait de deux smalas d'environ 800 tentes, situées l'une sur la rive droite de l'Oued-Dra-el-Baïda, et la principale sur la rive gauche.

Le général Desmarest, parvenu le premier en vue de l'ennemi, ne voulant pas donner à ses goums le temps d'hésiter, fit commencer aussitôt l'attaque par une partie de sa cavalerie au sud, en même temps qu'il s'avançait avec le reste de sa colonne par le nord. Le 8ᵉ de chasseurs fit preuve de la plus brillante bravoure. Il traversa la smala principale dans toute sa longueur, repoussant les défenseurs et les poursuivant jusqu'au sommet de collines abruptes où la difficulté du terrain put seule le forcer à s'arrêter. Alors une masse considérable de révoltés, animée du fanatisme le plus sauvage, se rua sur l'escadron et sur quelques compagnies de zouaves arrivées en soutien, et la lutte s'engagea corps à corps avec le plus opiniâtre acharnement.

Craignant le résultat d'un engagement au milieu des tentes où étaient cachés des ennemis qui tiraient à bout portant, le général Desmarest rallia ses soldats sur ses réserves, ouvrit le feu de la section d'obusiers et marcha de nouveau en avant aussitôt que la colonne de Batna apparut à l'est. Sous l'action combinée de nos troupes, la résistance fut bientôt vaincue, et l'ennemi, protégé par des ravins inextricables, prit la fuite dans le plus grand désordre, laissant entre nos mains le chérif Si-Mohammed, cinq drapeaux, tous ses morts et ses blessés, toutes ses tentes et tous ses troupeaux.

Grâce au dévouement de nos soldats et à la résolution de leurs chefs, cinq jours après l'apparition du danger, l'insurrection était vaincue au milieu même des populations où elle avait pris naissance.

Nous verrons encore des chefs intrépides prêcher la guerre sainte et des fanatiques les suivre au combat ; mais ces révoltes partielles ne présentent aucun danger : la nationalité arabe est à jamais détruite, la conquête est achevée. Il ne s'agit plus de vaincre : — il faut coloniser.

NOTES

NOTE A

Ministres de la guerre depuis 1830.

Comte DE BOURMONT, lieutenant général, 8 août 1829.
Comte GÉRARD, lieutenant général, 11 août 1830.
Duc DE DALMATIE, maréchal de France, 17 novembre 1830.
Comte GÉRARD, maréchal de France, 18 juillet 1834.
Baron BERNARD, lieutenant général, 10 novembre 1834.
Duc DE TRÉVISE, maréchal de France, 18 novembre 1834.
Marquis MAISON, maréchal de France, 30 avril 1835.
Baron BERNARD, lieutenant général, 19 septembre 1836.
DE CUBIÈRES, lieutenant général, 31 mars 1839.
SCHNEIDER, lieutenant général, 12 mai 1839.
DE CUBIÈRES, lieutenant général, 1er mars 1840.
Duc DE DALMATIE, maréchal de France, 29 octobre 1840.
MOLINE DE SAINT-YON, lieutenant général, 10 novembre 1845.
TRÉZEL, lieutenant général, 9 mai 1847.
Baron SUBERVIC, lieutenant général, 25 février 1848.
ARAGO, 5 avril 1848.
CAVAIGNAC, général de division, 17 mai 1848.
DE LA MORICIÈRE, général de division, 28 juin 1848.
RULHIÈRE, général de division, 20 décembre 1848.
Comte d'HAUTPOUL, général de division, 31 octobre 1849.
Vicomte de SCHRAMM, général de division, 22 octobre 1850.
REGNAULT DE SAINT-JEAN D'ANGÉLY, g^l de division, 9 janvier 1851.
Comte RANDON, général de division, 24 janvier 1851.
DE SAINT-ARNAUD, général de division, 26 octobre 1851.
VAILLANT, maréchal de France, 11 mars 1854.
Comte RANDON, maréchal de France, 5 mai 1859.

Généraux en chef.

(ARMÉE D'AFRIQUE.)

Comte de Bourmont, lieutenant général, 11 avril 1830.
Comte Clauzel, 12 août 1830.
Baron Berthezène, 31 janvier 1831.
Duc de Rovigo, lieutenant général, 6 décembre 1831.
Avizard (1), maréchal de camp, 3 mars 1833.
Baron Voirol (1), lieutenant général, 29 avril 1833.

Gouverneurs généraux.

Comte d'Erlon, lieutenant général, 27 juillet 1834.
Comte Clauzel, maréchal de France, 8 juillet 1835.
Baron Rapatel (1), lieutenant général, 13 janvier 1837.
Comte de Damrémont, lieutenant général, 12 février 1837.
Négrier (1), lieutenant général, octobre 1837.
Comte Vallée, maréchal de France, 1er décembre 1837.
Vicomte de Schramm (1), lieutenant général.
Bugeaud, lieutenant général, 31 décembre 1839.
De La Moricière (1), lieutenant général, 15 novembre 1844 24 août 1845.
De Bar (1), lieutenant général, 16 juillet 1846.
Bedeau (1), lieutenant général, juillet 1847.
Duc d'Aumale, lieutenant général, 11 septembre 1847.
Cavaignac, général de division, 24 février 1848.
Changarnier, général de division, 29 avril 1848.
Marey-Monge (1), général de division, juillet 1848.
Charon, général de division, 9 septembre 1848.
Comte d'Hautpoul, général de division, 22 octobre 1850.
Pélissier (1), général de division, 25 avril et 10 mai 1851.
Comte Randon, général de division, 11 décembre 1851.

(1) Par intérim.

Ministres de l'Algérie et des colonies.

Le prince Napoléon-Bonaparte, 24 juin 1858.
Le comte Chasseloup-Laubat, 24 mars 1859.

Commandants supérieurs des forces de terre et de mer.

Mac-Mahon, général de division, 31 août 1858.
Gueswiller, général de division, 24 avril 1859.
Martimprey, général de division, 1859.

NOTE B

DÉLIVRANCE D'ABD-EL-KADER.

(*Extrait du* Moniteur, 30 *octobre* 1852.)

Au retour d'un voyage dans le midi de la France (octobre 1852), le président de la République se rendit au château d'Amboise, se fit présenter Abd-el-Kader, et lui apprit en ces termes la fin de sa captivité :

« Abd-el-Kader,

» Je viens vous annoncer votre mise en liberté. Vous serez conduit
» à Brousse, dans les Etats du sultan, dès que les préparatifs néces-
» saires seront faits, et vous y recevrez du gouvernement français
» un traitement digne de votre ancien rang.

» Depuis longtemps, vous le savez, votre captivité me causait
» une peine véritable, car elle me rappelait sans cesse que le gouver-
» nement qui m'a précédé n'avait pas tenu les engagements pris en-
» vers un ennemi malheureux, et rien à mes yeux de plus humiliant
» pour le gouvernement d'une grande nation que de méconnaître
» sa force au point de manquer à sa promesse. La générosité est
» toujours la meilleure conseillère, et je suis convaincu que votre
» séjour en Turquie ne nuira pas à la tranquillité de nos possessions
» d'Afrique.

» Votre religion, comme la nôtre, apprend à se soumettre aux dé-
» crets de la Providence. Or, si la France est maîtresse de l'Algérie,
» c'est que Dieu l'a voulu, et la nation ne renoncera jamais à cette
» conquête.

» Vous avez été l'ennemi de la France, mais je n'en rends pas
» moins justice à votre courage, à votre caractère, à votre résigna-
» tion dans le malheur; c'est pourquoi je tiens à honneur de faire
» cesser votre captivité, ayant pleine foi dans votre parole. »

Après avoir exprimé à Son Altesse sa respectueuse et éternelle reconnaissance, l'Emir jura, sur le livre sacré du Koran, qu'il ne tenterait jamais de troubler notre domination en Afrique, et qu'il se soumettait, sans arrière-pensée, aux volontés de la France. Abd-el-Kader a ajouté que ce serait bien mal connaître l'esprit et la lettre de la loi du Prophète, que de penser qu'elle permet de violer les engagements pris envers les chrétiens, et il a montré au prince un verset du Koran qui condamne formellement, sans exception ni réserve aucune, quiconque viole la foi jurée, même aux *infidèles*.

Le 30 octobre, le ministre de la guerre présenta au prince président, au château de Saint-Cloud, l'Émir Abd-el-Kader.

L'Émir fut accueilli par le prince avec une bienveillance marquée. Le prince, qui était entouré de tous les membres du cabinet et de la plupart de ses aides de camp, releva Abd-el-Kader qui s'inclinait pour lui baiser la main, et le serra dans ses bras avec effusion.

Après ces salutations, Son Altesse offrit à Abd-el-Kader de lui faire visiter le palais, mais l'Émir voulut auparavant renouveler solennellement le serment qu'il avait fait à Amboise, et il demanda au prince la permission de lui adresser quelques paroles dont voici le résumé :

« MONSEIGNEUR,

» Vous avez été bon, généreux pour moi ; je vous dois la liberté
» que d'autres m'avaient promise, que vous ne m'aviez pas promise,
» et que cependant vous m'avez accordée. Je vous jure de ne
» jamais violer le serment que je vous ai fait.

» Je sais qu'on vous dit que je manquerai à mes promesses, mais
» ne le croyez pas ; je suis lié par la reconnaissance et par ma pa-
» role ; soyez assuré que je n'oublierai pas ce que l'une et l'autre
» imposent à un descendant du Prophète et à un homme de ma
» race. »

Puis l'Émir a ajouté :

« Je ne veux pas vous le dire seulement de vive voix, je veux en-
» core laisser entre vos mains un écrit qui soit pour tous un témoi-
» gnage du serment que je viens de renouveler. Je vous remets donc
» cette lettre; elle est la reproduction fidèle de ma pensée. »

Voici la traduction de l'acte remis par Abd-el-Kader à son Altesse :

« Louange au Dieu unique !

» Que Dieu continue à donner la victoire à Napoléon, à notre sei-
» gneur, le seigneur des rois ! Que Dieu lui vienne en aide et dirige
» ses actions !

» Celui qui est actuellement devant vous est l'ancien prisonnier
» que votre générosité a délivré, et qui vient vous remercier de
» vos bienfaits, Abd-el-Kader, fils de Mahhi-ed-Din.

» Il s'est rendu près de Votre Altesse pour lui rendre grâce du
» bien qu'elle lui a fait et pour se réjouir de sa vue ; car, j'en jure
» par Dieu, le maître du monde, vous êtes, monseigneur, plus cher
» à mon cœur qu'aucun de ceux que j'aime. Vous avez fait pour
» moi une chose dont je suis impuissant à vous remercier, mais qui
» n'était pas au-dessus de votre grand cœur et de la noblesse de
» votre origine. Vous n'êtes point de ceux qu'on loue par le men-
» songe et que l'on trompe par l'imposture.

» Vous avez cru en moi, vous n'avez pas ajouté foi aux paroles
» de ceux qui doutaient de moi ; vous m'avez mis en liberté, et moi
» je vous ai juré solennellement, *par le pacte de Dieu, par ses*
» *prophètes et ses envoyés*, que je ne ferai rien de contraire à la
» confiance que vous avez mise en moi, que je ne manquerai ja-
» mais à mes promesses, que je n'oublierai jamais vos bienfaits,
» que jamais je ne remettrai le pied en Algérie. Lorsque Dieu a
» voulu que je fisse la guerre aux Français, je l'ai faite ; j'ai fait
» parler la poudre autant que je l'ai pu ; et quand il a voulu que je
» cessasse de combattre, je me suis soumis à ses décisions et je me
» suis retiré. Ma religion et ma noble origine me font une loi de
» tenir mes serments et de repousser toute fraude. Je suis *chérif*
» (descendant du Prophète), et je ne veux pas que l'on puisse m'ac-
» cuser d'imposture. Comment cela serait-il possible quand votre
» bonté s'est exercée sur moi d'une manière si éclatante ? Les bien-
» faits sont un lien passé au cou des gens de cœur.

» Je suis le témoin de la grandeur de votre empire, de la force
» de vos troupes, de l'immensité des richesses de la France, de
» l'équité de ses chefs et de la droiture de leurs actions. Il n'est
» pas possible de croire que personne puisse vous vaincre et s'op-
» poser à votre volonté, si ce n'est le Dieu tout-puissant.

» J'espère de votre bienveillance et de votre bonté que vous me
» conserverez une place dans votre cœur, car j'étais loin, et vous
» m'avez placé dans le cercle de vos intimes ; si je ne les égale pas
» par mes services, je les égale du moins par l'amitié que je vous
» porte.

» Que Dieu augmente l'amour dans le cœur de vos amis et la ter-
» reur dans le cœur de vos ennemis !

» Je n'ai plus rien à ajouter, sinon que je me confie à votre ami-
» tié. Je vous adresse mes vœux et vous renouvelle mon serment.

» (Ecrit par Abd-el-Kader-ben-Mahhi-ed-Din, 30 octobre 1852.) »

NOTE C

DES CONCESSIONS.

Les conditions imposées aux concessionnaires ont varié suivant les époques et les gouverneurs généraux. Ceux de nos lecteurs qui seraient tentés de connaître toutes les phases de la colonisation, consulteront les lois et ordonnances dont nous indiquons les dates :

2 avril 1834, mode de concession des immeubles domaniaux.

18 avril 1841, règlement sur les concessions.

23 janvier 1841, conversion des baux à long terme en concessions définitives.

21 juillet 1845 et 5 juin 1847, mode de délivrance, rentes à payer, titres définitifs, déchéances, prohibitions d'aliénation et d'hypothèque.

1er septembre 1847, nouvelles conditions auxquelles les concessions sont faites.

2 décembre 1848, vérification générale de l'état des concessions provisoires.

26 avril 1851, délivrance des concessions, propriété des immeubles concédés, mise en possession, autorisation d'hypothèques, exécution des conditions imposées, déchéance.

17 septembre 1851, règles à suivre pour les concessions aux fonctionnaires, officiers et employés civils et militaires.

23 avril 1852, actes de notoriété constatant les ressources des demandeurs en concession.

L'ordonnance du 26 avril 1851 est encore en vigueur (mai 1860); nous la reproduisons :

Art. Ier. .....

Art. II. Les concessions d'une étendue de moins de *cinquante* hectares sont autorisées par le préfet, sur l'avis du conseil de préfecture.

Art. III. Les actes de concessions en Algérie conféreront à l'avenir la propriété immédiate des immeubles concédés, à la charge de l'accomplissement des conditions prescrites.

Ces actes indiqueront :

1° Les nom, prénoms et professions du concessionnaire;

2° La situation, les tenants et aboutissants, la nature et l'étendue de la concession ;

3° Les diverses conditions imposées ;

4° La date de la décision qui a autorisé la concession, et l'autorité de laquelle elle émane.

Ils seront dressés en minute, enregistrés et transcrits. Il en sera remis une expédition accompagnée du plan de l'immeuble, tant au concessionnaire qu'au directeur des domaines.

Le concessionnaire sera tenu de faire élection de domicile dans le ressort du tribunal de la situation de l'immeuble. Il en sera fait mention dans l'acte de concession.

Art. iv. Sur la présentation de l'acte de concession et du plan qui l'accompagne, le concessionnaire est mis en possession de l'immeuble concédé par les soins de l'autorité locale.

Cette opération est constatée par un procès-verbal contradictoirement dressé, et contenant une description de l'état des lieux au moment de l'entrée en possession.

Art. v. Si le concessionnaire ne requiert pas sa mise en possession dans le délai de *trois* mois, à partir de la date de la concession, la déchéance a lieu de plein droit.

Art. vi. .....

Art. vii. Le concessionnaire peut hypothéquer et transmettre, à titre onéreux ou à titre gratuit, tout ou partie des terres à lui concédées.

Les détenteurs successifs sont soumis à toutes les obligations imposées au concessionnaire.

Les affectations hypothécaires sont régies par les dispositions de l'art. 2125 du Code civil.

Art. viii. Dans le mois qui suit l'expiration du délai fixé pour l'exécution des conditions, ou plus tôt si le concessionnaire ou ses ayants droit le demandent, il est procédé contradictoirement à la vérification des travaux par une commission composée de trois membres, savoir :

Un inspecteur de colonisation ;

Un agent du service topographique ;

Un colon désigné par le concessionnaire ou, à son défaut, par le préfet.

Il est dressé procès-verbal de cette opération. Les parties sont admises à faire consigner leurs dires et réquisitions au procès-verbal, dont il leur est donné copie.

Art. ix. Si toutes les conditions sont exécutées, le préfet, après avoir pris l'avis du directeur des domaines, déclare l'immeuble affranchi de la condition résolutoire.

En cas de dissentiment entre le directeur des domaines et le préfet, il est statué par le ministre de l'Algérie et des colonies.

Si toutes les conditions ne sont pas exécutées, il est statué soit sur la prorogation du délai, soit sur la déchéance totale ou partielle.

Art. x. La décision administrative qui déclare l'immeuble affranchi de la clause résolutoire ou qui prononce la déchéance, est transcrite au bureau des hypothèques de la situation des biens.

Art. xi. Lorsque la déchéance sera prononcée, l'immeuble concédé fera retour à l'État, franc et quitte de toutes charges.

Néanmoins, si le concessionnaire a fait sur l'immeuble des améliorations utiles et constatées par le procès-verbal de vérification, il sera procédé publiquement, par voie administrative, à l'adjudication de l'immeuble.

Les concurrents seront tenus de justifier des facultés suffisantes pour satisfaire aux conditions du cahier des charges.

Le prix de l'adjudication, déduction faite des frais, appartiendra au concessionnaire ou à ses ayants cause.

Tous les droits réels, provenant du fait du concessionnaire, seront transportés sur ce prix, et l'immeuble en sera de plein droit affranchi par le seul fait de l'adjudication.

Art. xii .....

Art. xiii.....

Art. xiv. Les dispositions du présent décret sont applicables aux territoires militaires. Dans ces territoires, les attributions conférées au préfet et au conseil de préfecture sont remplies par le général commandant la division et par la commission consultative de la subdivision.

Tout demandeur en concession de terres est tenu d'adresser au Ministre un acte de notoriété destiné à constater ses ressources pécuniaires. Ces actes doivent être passés, tant en France qu'en Algérie, devant les juges de paix. — Cette formalité est indispensable.

NOTE D

CAMPAGNE DE KABYLIE EN 1857.

Composition du corps expéditionnaire.

Commandant en chef : M. le maréchal Randon.
Commandant l'artillerie : le général Devaux.

1re DIVISION.

Commandant : général Renaut.
Artillerie : le capitaine Léveillé.

Les brigades furent disposées en trois colonnes :

1re colonne. Général de Liniers.	8e bataillon de chasseurs..... 23e de ligne................ 90e de ligne................	4 comp. 2 bat. 1 bat.
2e colonne. Colonel Rose.	1er rég. de tirailleurs algériens 8e chasseurs.............. 90e de ligne................	1 bat. 1 comp. 1 bat.
3e colonne. Général Chapuis.	Tirailleurs algériens.......... 8e chasseurs............... 41e de ligne................	1 bat. 2 comp. 2 bat.

2e DIVISION.

Commandant : le général Mac-Mahon.
Chef d'état-major : le colonel Lebrun.
Artillerie : capitaine Clerc.

1re brigade. Général Bourbaki.	2e zouaves................ 2e régiment étranger........ 54e de ligne................	2 bat. 2 bat. 2 bat.
2e brigade. Général Périgot.	11e bataillon de chasseurs.... 3e rég. de tirailleurs algériens. 3e zouaves................ 93e de ligne................	 1 bat. 2 bat. 2 bat.

3ᵉ DIVISION.

Commandant : le général Youssouf.
Artillerie : capitaine Nicolas.

Les brigades furent disposées en trois colonnes :

1ʳᵉ colonne. Général Gastu.	1ᵉʳ de zouaves............	2 bat.
	60ᵉ de ligne...............	2 bat.
2ᵉ colonne. Général de Ligny.	13ᵉ bataillon de chasseurs.....	
	45ᵉ de ligne...............	2 bat.
	1ᵉʳ zouave................	3ᵉ bat.
3ᵉ colonne. (Réserve.)	68ᵉ de ligne...............	
	75ᵉ —	1ᵉʳ bat.
	Artillerie, génie et ambulances.	»

Colonnes d'observation.

1ʳᵉ colonne de Dra-el-Mizan, colonel Drouot.
2ᵉ colonne d'Aumale, colonel Dargent.

Colonne de cavalerie.

Commandant : colonel de Fénélon.

NOTE E

CAMPAGNE DU MAROC EN 1859.

Composition du corps expéditionnaire.

Commandant en chef : M. le général de Martimprey, commandant supérieur des forces de terre et de mer.
Chef d'état-major général : le général de brigade Borel de Brétizel.
Commandant l'artillerie : le colonel Michel.
Commandant le génie : le colonel Lafont.
Intendance : l'intendant Moisez.

1re DIVISION D'INFANTERIE.

Commandant : le général Walsin Esterhazy.
Chef d'état-major : le colonel Renson.
Artillerie : le capitaine Jacquot.
Intendance : le sous-intendant Altmayer.

1re brigade. Général Deligny.	81e de ligne.............. 2 bat. 2e de zouaves............ 4 bat.
2e brigade. Colonel Danget.	3e de ligne.............. 1 bat. 24e de ligne............. 3 bat. 2e de tirailleurs........... 1 bat.

2e DIVISION D'INFANTERIE.

Commandant : le général Youssouf.
Chef d'état-major : le colonel Spitzer.
Artillerie : le commandant Perrault.
Intendance : le sous-intendant Montaudon.

1re brigade. Le général de Liniers.	13e bataillon de chasseurs.... 1 bat. 9e de ligne.............. 3 bat.
2e brigade. Général Thomas.	1er de zouaves............ 1 bat. 2e étranger.............. 2 bat. 1er de tirailleurs........... 1 bat.

DIVISION DE CAVALERIE.

Commandant : le général Desvaux.
Chef d'état-major : le chef d'escadron Gresley.
Intendance : le sous-intendant Lemaître.

1re brigade. Colonel Bonnemains.	1er de chasseurs..........	3 escadr.
	12e de chasseurs...........	4 escadr.
2e brigade. Colonel Brémond d'Ars.	1er de chasseurs d'Afrique...	4 escadr.
	2e de chasseurs d'Afrique...	4 escadr.
	2e de spahis.............	2 escadr.

Les 1er et 3e de zouaves furent envoyés d'Italie dans la province d'Oran pour former la réserve de la colonne.

NOTE F

Traité conclu, après la bataille d'Isly, entre les plénipotentiaires de l'Empereur des Français et des possessions de l'Empire d'Algérie, etc., et de l'Empereur de Maroc, de Suz, de Fez, et des possessions de l'Empire d'Occident.

Les deux Empereurs, animés d'un égal désir de consolider la paix heureusement rétablie entre eux, et voulant, pour cela, régler d'une manière définitive l'exécution de l'article 5 du traité du 10 septembre de l'an de grâce 1844 (24 cha'ban de l'an 1260 de l'hégire),

Ont nommé, pour leurs commissaires plénipotentiaires, à l'effet de procéder à la fixation exacte et définitive de la limite de souveraineté entre les deux pays, savoir :

L'Empereur des Français, le sieur Aristide-Isidore, comte DE LA RUE, maréchal de camp dans ses armées, commandeur de l'Ordre impérial de la Légion d'honneur, commandeur de l'ordre d'Isabelle la Catholique, et chevalier de deuxième classe de l'ordre de Saint-Ferdinand d'Espagne ;

L'Empereur de Maroc, le SID-AHMIDA-BEN-ALI-EL-SUDJAAI, gouverneur d'une des provinces de l'Empire ;

Lesquels, après s'être réciproquement communiqué leurs pleins pouvoirs, sont convenus des articles suivants, dans le but du mutuel avantage des deux pays et d'ajouter aux liens d'amitié qui les unissent :

Art. 1er. Les deux plénipotentiaires sont convenus que les limites qui existaient autrefois entre le Maroc et la Turquie resteraient les mêmes entre l'Algérie et le Maroc.

Aucun des deux Empereurs ne dépassera la limite de l'autre : aucun d'eux n'élèvera à l'avenir de nouvelles constructions sur le tracé de la limite ; elle ne sera pas désignée par des pierres. Elle restera, en un mot, telle qu'elle existait entre les deux pays avant la conquête de l'empire d'Algérie par les Français.

Art. II. Les plénipotentiaires ont tracé la limite au moyen des lieux par lesquels elle passe et touchant lesquels ils sont tombés d'accord, en sorte que cette limite est devenue aussi claire et aussi évidente que le serait une ligne tracée.

Ce qui est à l'est de cette ligne frontière appartient à l'Empire d'Algérie.

Tout ce qui est à l'ouest appartient à l'empire du Maroc.

ART. 3. La désignation du commencement de la limite et des lieux par lesquels elle passe est ainsi qu'il suit :

Cette ligne commence à l'embouchure de l'Oued (c'est-à-dire cours d'eau) Adjeroud dans la mer ; elle remonte avec ce cours d'eau jusqu'au gué où il prend le nom de Kis ; puis elle remonte encore le même cours d'eau jusqu'à la source qui est nommée bas-el-Aïoun, et qui se trouve au pied des trois collines portant le nom de Menassed-Kis, lesquelles, par leur situation à l'est de l'Oued, appartiennent à l'Algérie.

De Ras-el-Aïoun, cette même ligne remonte sur la crête des montagnes avoisinantes jusqu'à ce qu'elle arrive à Drâ-el-Doum ; puis elle descend dans la plaine nommée El-Aoudj. De là, elle se dirige à peu près en ligne droite sur Haouch-Sidi-Aïêd. Toutefois, le Haouch lui-même reste à 500 coudées (250 mètres) environ, du côté de l'Est, dans les limites algériennes. De Haouch-Sidi-Aïêd, elle va sur Djerf-el-Baroud, situé sur l'Oued-bou-Nâïm ; de là, elle arrive à Kerkour-Sidi-Hamza ; de Kerkour-Sidi-Hamza à Zoudj-el-Beghal ; puis, longeant à gauche le pays des Ouled-Ali-ben-Talha, jusqu'à Sidi-Zahïr, qui est sur le territoire algérien, elle remonte sur la grande route jusqu'à Aïn-Takbalet, qui se trouve entre l'Oued-bou-Erda et les deux oliviers nommés El-Toumiet, qui sont sur le territoire marocain.

De Aïn-Takbalet, elle monte avec l'Oued-Roubban jusqu'à Bas-Asfour ; elle suit au delà le Kef, en laissant à l'est le marabout de Sidi-Abd-Allah-ben-Mohammed-el-Hamlïli ; puis, après s'être dirigée vers l'ouest, en suivant le col de El-Mechémiche, elle va en ligne droite jusqu'au marabout de Sidi-Aïssa, qui est à la fin de la plaine de Missiouin. Ce marabout et ses dépendances sont sur le territoire algérien.

De là, elle court vers le sud jusqu'à Koudiet-el-Debbagh, colline située sur la limite extrême du Tell (c'est-à-dire le pays cultivé). De là, elle prend la direction sud jusqu'à Keneg-el-Hada, d'où elle marche sur Teniet-el-Sassi, col dont la jouissance appartient aux deux empires.

Pour établir plus nettement la délimitation à partir de la mer jusqu'au commencement du désert, il ne faut point omettre de faire mention, et du terrain qui touche immédiatement à l'Est la ligne susdésignée, et du nom des tribus qui y sont établies.

A partir de la mer, les premiers territoires et tribus sont ceux des Beni-Mengouche-Tahta et des Aâttia. Ces deux tribus se composent de sujets marocains, qui sont venus habiter sur le territoire de l'Algérie, par suite de graves dissentiments soulevés entre eux et leurs frères du Maroc. Ils s'en séparèrent à la suite de ces discussions, et vinrent chercher un refuge sur la terre qu'ils occupent aujourd'hui, et dont ils n'ont pas cessé jusqu'à présent d'obtenir la jouissance du souverain de l'Algérie, moyennant une redevance annuelle.

Mais le commissaire plénipotentiaire de l'Empereur des Français, voulant donner au représentant de l'Empereur du Maroc une preuve de la générosité française et de sa disposition à resserer l'amitié et entretenir les bonnes relations entre les deux États, a consenti au représentant marocain, à titre de don d'hospitalité, la remise de cette redevance annuelle (500 francs pour chacune des deux tribus); de sorte que les deux tribus susnommées n'auront rien à payer, à aucun titre que ce soit, au gouvernement d'Alger, tant que la paix et la bonne intelligence dureront entre les deux Empereurs des Français et du Maroc.

Après le territoire des Aâttïa vient celui des Messirda, des Achâche, des Ouled-Mellouk, des Beni-bou-Sàid, des Beni-Senous et des Ouled-el-Nahr. Ces six dernières tribus font partie de celles qui sont sous la domination de l'empire d'Alger.

Il est également nécessaire de mentionner le territoire qui touche immédiatement, à l'ouest, la ligne susdésignée, et de nommer les tribus qui habitent sur ce territoire : à partir de la mer, le premier territoire et les premières tribus sont ceux des Ouled-Mansour-Rel-Trifa, ceux des Beni-Iznêssen, des Mezaouir, des Ouled-Ahmed-ben-Brahim, des Ouled-el-Abbès, des Ouled-Ali-ben-Talha, des Ouled-Azouz, des Beni-bou-Hamdoun, des Beni-Hamlil et des Beni-Mathar-Rel-Ras-el-Aïn. Toutes ces tribus dépendent de l'empire du Maroc.

Art. 4. Dans le Sahra (désert), il n'y a pas de limite territoriale à établir entre les deux pays, puisque la terre ne se laboure pas et qu'elle sert de pacage aux Arabes des deux empires, qui viennent y camper pour y trouver les pâturages et les eaux qui leur sont nécessaires. Les deux souverains exerceront de la manière qu'ils l'entendront toute la plénitude de leurs droits sur leurs sujets respectifs dans le Sahra, et toutefois, si l'un des deux souverains avait à procéder contre ces sujets, au moment où ces derniers seraient mêlés avec ceux de l'autre État, il procédera comme il l'entendra sur les siens, mais ils s'abstiendra envers les sujets de l'autre gouvernement.

Ceux des Arabes qui dépendent de l'empire du Maroc sont : les M'bèïa, les Beni-Guil, les Hamian-Djenba, les Eûmour-Sahra et les Ouled-Sidi-Cheikh-el-Gharaba.

Ceux des Arabes qui dépendent de l'Algérie sont : les Ouled-Sidi-el-Cheikh-el-Cheraga et tous les Hamian, excepté les Hamian-Djenba susnommés.

Art. 5. Cet article est relatif à la désignation des kessours (villages du désert) des deux empires. Les deux souverains suivront, à ce sujet, l'ancienne coutume établie par le temps, et accorderont, par considération l'un pour l'autre, égards et bienveillance aux habitants de ces kessours.

Les kessours qui appartiennent au Maroc sont ceux de Yiche et de Figuigue.

Les kessours qui appartiennent à l'Algérie sont : Aïn-Safra, Sfissifa, Assla, Tiout, Chellâla, El-Abiad et Bou-Semghoune.

Art. 6. Quant au pays qui est au sud des kessours des deux gouvernements, comme il n'y a pas d'eau, qu'il est inhabitable, et que c'est le désert proprement dit, la délimitation en serait superflue.

Art. 7. Tout individu qui se réfugiera d'un État dans l'autre ne sera pas rendu au gouvernement qu'il aura quitté par celui auprès duquel il se sera réfugié, tant qu'il voudra y rester.

S'il voulait, au contraire, retourner sur le territoire de son gouvernement, les autorités du lieu où il se sera réfugié ne pourront apporter la moindre entrave à son départ. S'il veut rester, il se conformera aux lois du pays, et il trouvera protection et garantie pour sa personne et ses biens. Par cette clause, les deux souverains ont voulu se donner une marque de leur mutuelle considération.

Il est bien entendu que le présent article ne concerne en rien les tribus; l'empire auquel elles appartiennent étant suffisamment établi dans les articles qui précèdent.

Il est notoire aussi que El-Hadj-Abd-el-Kâder et tous ses partisans ne jouiront pas du bénéfice de cette convention, attendu que ce serait porter atteinte à l'article 4 du traité du 10 septembre de l'an 1844, tandis que l'intention formelle des hautes parties contractantes est de continuer à donner force et vigueur à cette stipulation émanée de la volonté de leurs souverains, et dont l'accomplissement affermira l'amitié et assurera pour toujours la paix et les bons rapports entre les deux États.

Le présent traité, dressé en deux exemplaires, sera soumis à la ratification et au scel des deux Empereurs, pour être ensuite fidèlement exécuté.

L'échange des ratifications aura lieu à Tanger, sitôt que faire se pourra.

En foi de quoi, les commissaires plénipotentiaires susnommés ont apposé au bas de chacun des exemplaires leurs signatures et leurs cachets.

Fait sur le territoire français voisin des limites, le 18 mars 1845, (9 de rabïa-el-ouel 1261 de l'hégire). Puisse Dieu améliorer cet état de choses dans le présent et dans le futur!

(L. S.) *Signé :* Le général comte DE LA RUE.
(L. S.) *Signé :* AHMIDA-BEN-ALI.

MANDONS et ORDONNONS qu'en conséquence les présentes lettres, revêtues du sceau de l'État, soient publiées partout où besoin sera, et insérées au Bulletin des Lois, afin qu'elles soient notoires à tous et chacun.

Notre garde des sceaux, ministre et secrétaire d'État au département de la justice et des cultes, et notre ministre et secrétaire d'État au département des affaires étrangères, sont chargés, chacun en ce qui le concerne, de surveiller ladite publication.

Donné en notre palais d'Eu, le vingt-troisième jour du mois d'août de l'an 1845.

Signé LOUIS-PHILIPPE.

Par le Roi :
Le Ministre et Secrétaire d'État au département de l'intérieur, chargé de l'intérim du ministère des affaires étrangères.
Signé T. DUCHATEL.

Vu et scellé du grand sceau :
Le Garde des sceaux de France, Ministre et Secrétaire d'État au département de la justice et des cultes.
Signé N. MARTIN (du Nord.)

TABLE DES MATIÈRES

Pages.

Préface 1

INTRODUCTION.

Fin de la domination arabe en Espagne. — Expéditions des Espagnols sur la côte d'Afrique. — Origine de la piraterie. — Les Barberousse (Aroudj et Kaïr-ed-Din); leurs conquêtes dans la Régence; fondation de l'Odjeac. — Expéditions et défaites de Charles-Quint. — Situation des esclaves. — Origine des établissements français en Afrique. — Le duc de Beaufort. — Duquesne. — Le maréchal d'Estrées. — Expédition et défaite d'O'Reilly. — Lord Exmouth devant Alger. — Hussein-Dey. — Affaire Busnach et Bacri. — M. Deval. — Le coup d'éventail. — La guerre.

CHAPITRE PREMIER.

COMMANDEMENT DU COMTE DE BOURMONT. 65

La France devant l'Europe; attitude de l'Angleterre. — Choix des généraux : MM. de Bourmont et Duperré. — Composition de l'armée et de la flotte. — La Sublime-Porte offre sa médiation. — Tahir-Pacha. — La rade de Sidi-Ferruch. — Débarquement. — Bataille de Staouëli. — Combat de Sidi-Kalej. — Investissement d'Alger. — Explosion du fort l'Empereur. — Les janissaires. — Hussein-Dey capitule. — Prise et occupation d'Alger.

CHAPITRE DEUXIÈME.

COMMANDEMENT DU GÉNÉRAL CLAUZEL. 95

Administration. — Expédition de Médéah. — Convention avec le Bey de Tunis.

CHAPITRE TROISIÈME.

COMMANDEMENT DU GÉNÉRAL BERTHÉZÈNE. 107

Situation de l'armée. — Excursions dans la plaine. — Expédition de Médéah. — Le commandant Duvivier. — État des provinces. — Expédition de Bône. — Le général Boyer à Oran.

CHAPITRE QUATRIÈME.

COMMANDEMENT DU DUC DE ROVIGO. 117

Nouvelle organisation. — Faits militaires dans la province d'Alger. — Administration civile : MM. Pichon et Genty de Bussy. — État des provinces; occupation définitive de Bône. — Oran. — Abd-el-Kader.

CHAPITRE CINQUIÈME.

COMMANDEMENT DES GÉNÉRAUX AVIZARD ET VOIROL. 135

Le général Avizard. — Création des bureaux arabes; M. de La Moricière. — Le général Voirol. — Prise de Bougie. — Expédition contre les Hadjoutes. — Le général Desmichels à Oran. — Traité du 26 février. — Administration ; faits généraux ; la commission d'enquête. — Débats parlementaires.

CHAPITRE SIXIÈME.

GOUVERNEMENT DU COMTE DROUET D'ERLON. 157

Nouvelle organisation du pouvoir. — Conduite du gouverneur. — Les Hadjoutes. — Événement de Bougie. — Rappel du général Desmichels. — Politique nouvelle d'Abd-el-Kader. — Le général Trézel à Oran. — Soumission des Douairs et des Zmélas. — Combat de Muley-Ismaël. — Désastre de la Macta. — Rappel du comte d'Erlon.

CHAPITRE SEPTIÈME.

COMMANDEMENT DU MARÉCHAL CLAUZEL. 177

Prise de Mascara. — Occupation de Tlemcen. — Arrivée du général Bugeaud. — Combat de la Sickak. — Youssouf à Bône. — L'Algérie devant les chambres. — Expédition et retraite de Constantine.

CHAPITRE HUITIÈME.

GOUVERNEMENT DU GÉNÉRAL DAMRÉMONT. 209

Le général Brossard à Oran. — Combat de Boudouaou. — Traité de la Tafna. — Seconde expédition de Constantine. — Mort du comte Damrémont. — Assaut et prise de la ville. — Le comte Vallée est nommé gouverneur. — Administration.

CHAPITRE NEUVIÈME. 233

Administration. — Abd-el-Kader en Kabylie. — Passage des Portes-de-Fer. — L'Émir prêche la guerre sainte. — Campagne de 1840. — Défense de Mazagran. — Prise de Médéah et de Milianah.

CHAPITRE DIXIÈME.

GOUVERNEMENT DU GÉNÉRAL BUGEAUD. 253

Le général Bugeaud. — Ses proclamations. — Prise de la smala d'Abd-el-Kader. — Expédition dans le Sud ; Laghouat. — Bataille d'Isly. — Les colonies militaires. — Les bureaux arabes.

CHAPITRE ONZIÈME.

GOUVERNEMENT DU MARÉCHAL BUGEAUD (*Suite*). 305

Administration ; l'Algérie est divisée en trois provinces : territoires civils, territoires mixtes, territoires arabes. — Direction et conseil supérieur. — Bou-Maza. — Guerre de l'Ouenseris. — Les grottes de Frechich ; le colonel Pélissier. — Représailles : Sidi-Brahim ; l'insurrection devient générale. — Massacre des prisonniers français. — L'insurrection est vaincue. — Reddition de Bou-Maza. — Expédition contre la grande Kabylie. — Le maréchal Bugeaud donne sa démission. — Des concessions. — Lois et ordonnances. — Projets divers.

CHAPITRE DOUZIÈME.

GOUVERNEMENT DU DUC D'AUMALE. 333

Ordonnance du 1er septembre 1847. — Proclamation du Prince aux indigènes. — Abd-el-Kader et le Maroc. — Destruction de la tribu des Hachem. — Reddition de l'Émir. — Révolution de 1848. — Nomination du général Cavaignac. — Départ du duc d'Aumale.

CHAPITRE TREIZIÈME. 343

La République en Algérie. — Le décret du 4 mars. — La colonie nomme ses représentants. — Conséquence des journées de juin ; les colonies agricoles. — Elles ne pouvaient réussir. — Rapport de la commission d'enquête. — Arrêté portant organisation de l'administration générale en Algérie.

CHAPITRE QUATORZIÈME. 359

I. — Faits militaires (1849-1852). — Les Zaatchas ; le colonel Canrobert. — Expédition en Kabylie ; le général Saint-Arnaud. — Prise et occupation de Laghouat.

II. — Administration. — Création d'un comité consultatif. — Des concessions ; délivrance des titres.
III. — (1852-1858). Conquête de la Kabylie : Le maréchal Randon. — Les puits artésiens dans le Sahra.

CHAPITRE QUINZIÈME.

LE PRINCE NAPOLÉON. 387

Création du ministère de l'Algérie et des colonies. — Nomination du prince Napoléon. — Partage des attributions. — La charge de gouverneur général est supprimée. — Division administrative. — Administration provinciale. — Conseil supérieur. — Résumé.

CHAPITRE SEIZIÈME.

M. LE COMTE P. DE CHASSELOUP-LAUBAT. 419

Faits généraux. — Les tendances actuelles. — Le crédit foncier. — Service des postes en Algérie. — Organisation de la justice musulmane. — Faits militaires ; expédition contre les Beni-Snassen : le général de Martimprey. — Un nouveau chérif.

PARIS. — IMPRIMERIE DE DUBUISSON ET Cie, RUE COQ-HÉRON, 5.

www.ingramcontent.com/pod-product-compliance
Lightning Source LLC
Chambersburg PA
CBHW070209240426
43671CB00007B/595